MINBAN YANGLAO JIGOU
FEIFA JIZI
FENGXIAN FANGFAN YU HUAJIE

民办养老机构非法集资风险防范与化解

龙兴盛　龙峰　等／著

法律出版社
LAW PRESS·CHINA
北京

图书在版编目(CIP)数据

民办养老机构非法集资风险防范与化解 / 龙兴盛等著. -- 北京 : 法律出版社, 2023
ISBN 978-7-5197-7991-7

Ⅰ. ①民… Ⅱ. ①龙… Ⅲ. ①养老院-集资-金融风险防范-研究-中国 Ⅳ. ①D924.334

中国国家版本馆CIP数据核字(2023)第101667号

民办养老机构非法集资风险防范与化解
MINBAN YANGLAO JIGOU FEIFA JIZI FENGXIAN FANGFAN YU HUAJIE

龙兴盛 龙 峰 等著

责任编辑 冯高琼
装帧设计 李 瞻

出版发行 法律出版社
编辑统筹 法规出版分社
责任校对 张红蕊
责任印制 耿润瑜
经　　销 新华书店

开本 710毫米×1000毫米 1/16
印张 23.75 **字数** 388千
版本 2023年6月第1版
印次 2023年6月第1次印刷
印刷 北京新生代彩印制版有限公司

地址:北京市丰台区莲花池西里7号(100073)
网址:www.lawpress.com.cn
投稿邮箱:info@lawpress.com.cn
举报盗版邮箱:jbwq@lawpress.com.cn

销售电话:010-83938349
客服电话:010-83938350
咨询电话:010-63939796

书号:ISBN 978-7-5197-7991-7
定价:98.00元

凡购买本社图书,如有印装错误,我社负责退换。电话:010-83938349

作 者 简 介

龙兴盛

法学博士，中国社会科学院、最高人民法院联合招收博士后，副研究员。现任三级高级法官，长沙市望城区人民法院党组书记、院长，长沙市第十六届人大代表，首届湖南省审判业务专家，首届长沙市委法律专家，湖南省法学会应用法学研究会常委副会长，湖南省法官遴选委员会专家委员，湖南省普通高等学校法学类专业教学指导委员会委员，湖南省优秀公诉人，曾挂任中南大学法学院院长助理及“双千计划”兼职教授等职务。从事侦查、公诉、审判、研究等政法工作近二十年。主要研究方向：经济刑法、司法制度。曾公派赴美国天普大学进行司法考察与学习；后赴马来西亚、我国台湾地区等地学习交流。出版著作四部，发表论文四十余篇。

龙　峰

中南大学法学院博士研究生，长沙市望城区人民法院员额法官，湖南师范大学兼职硕士研究生指导老师。主要研究方向：行政法学、土地法学。主持省部级课题一项，参与国家级、省部级课题三项，发表论文十余篇。

胡芷晴　女，曾就读于海南大学法学专业，现为湖南大学2020级法学硕士，主修方向为理论法学。

吕　香　女，曾就读于山东财经大学国际商务专业，现为中南大学2021级法律硕士，主修方向为国际经济法。

胡雪萌　女，曾就读于中南大学机械电子专业，现为中南大学2021级法律硕士，主修方向为民法。

陈艳秋　女，曾就读于中南林业科技大学会计学专业，现为中南大学2021级法律硕士，主修方向为经济法方向。

陈依婷　女，曾就读于中南林业科技大学环境生态工程专业，现为中南大学2021级法律硕士，主修方向为刑法学。

颜秋诗　女，曾就读于湖南农业大学英语专业，现为中南大学2021级法律硕士，主修方向为行政法。

喻　珏　女，曾就读于华中师范大学社会学专业，现为中南大学2021级法律硕士，主修方向为国际民商法。

序言 Preface

人口老龄化是当今世界的普遍趋势，也已成为我国的基本国情，而且，我国的人口老龄化还呈现出“未富先老、未备先老”的特点。为尽快解决养老服务供给不足的难题，近年来，国家逐渐放开养老服务市场，鼓励社会力量兴办养老服务机构，但民办养老领域总体存在发展不成熟、鱼龙混杂等问题，部分民办养老机构甚至成为非法集资的“温床”。如何正确面对养老服务市场非法集资、养老诈骗乱象是一个有待认真思考的社会问题，如何在法治轨道上规范养老服务市场有序发展是一个亟待摸索的制度问题，如何提升老年人的获得感、幸福感、安全感是一个现实而迫切的民生问题。

老年群体历来是党和国家的重要关切，“十四五”规划把积极应对老龄化上升为国家战略，支持社会力量建设专业化养老机构、提供普惠养老服务。党的二十大报告中对此也作出长远规划，提出要“实施积极应对人口老龄化国家战略，发展养老事业和养老产业，优化孤寡老人服务”以“推动实现全体老年人享有基本养老服务”为未来的任务与目标。为此，必须坚持以习近平新时代中国特色社会主义思想为指导，认真落实党中央关于打击整治养老领域非法集资问题的重要指示精神，坚持运用法治思维和法治方式防范和化解民办养老机构非法集资风险，加快推进养老服务市场高质量发展。

龙兴盛、龙峰两位同志长期工作在司法审判一线，具有较为丰富的审判经验和学术研究基础，《民办养老机构非法集资风险防范与化解》一书既是他们在日常审判工作中的深刻思考,也是在实地调研过程中就这方面研究的系统总结。全书以丰富的调研数据为研究基础,摆事实、讲道理,贴近现实;以四个不同主体视角全面剖析了民办养老机构非法集资的成因、机理,并提出颇有建树的解决路径,视野开阔,眼光独到;以朴实的语言记录了翔实的案例、访谈,见解独到。本书贯彻了"论则析理精微,铭则序事清润"的追求,填补了国内在这个领域研究的空白,对于发展养老事业和养老产业,建设完善的养老服务市场机制具有积极的借鉴意义。

佳作已出,由衷高兴;有感而发,以资祝贺。

江必新

2022 年 12 月 9 日

前言 Foreword

在人口老龄化程度进一步加深的时代背景下，越来越多的老年人倾向于选择机构养老，然而当前民办养老机构的运营模式尚不成熟，普遍难以实现盈利甚至处于长期亏损的状态。其中部分民办养老机构通过民间借贷的方式自筹资金，背负着高额利息，且政府财政扶持对于机构运营而言也只是杯水车薪，机构运营资金十分紧张。另外，“放管服”改革放宽了民间资本投资养老服务行业的门槛，但缺乏健全的监管机制，容易出现“一放就乱”，滋生非法集资风险。部分民办养老机构还采取发售预付卡、预收服务费等借新还旧的方式向社会集资，存在高位资金安全风险。[①]

我国相关法律文件对民办养老机构的定义是：“本办法所称民办养老机构，是指国家机构以外的社会组织或个人举办的，为老年人提供住养、生活照料、康复护理等养老服务的机构。”[②]在我国养老服务领域之下，民办养老机构非法集资主要表现为以下几种形式：(1)以提供养老服务的名义进行非法集资。一些养老机构打着办理会员卡、预付卡的旗号，许诺老年人成为会员后可以享受到打折入住的优惠，向老年人收取高额预付费，从而非法吸纳了老年人的存款。(2)以向养老项目投资的名义进行非法集资。一些养老机构以入股、加盟养老基地为幌子，以投资养老产业为名，利用国家扶持养老行业的各项政策对各种虚假养老项目进行包装，许诺高额回报，非法吸收老年人存款。他们利用老年人的保值增值观念，以高回报为诱饵吸引老年人进行投资。(3)以出售老年产品的方式进行非法集资。一

---

① 参见杨永强：《防范民办养老机构非法集资的路径构建》，江西财经大学2022年硕士学位论文。

② 参见《苏州市民办养老机构管理办法》，其他市的民办养老机构资助办法也采用类似表述，如《珠海市民办养老机构资助办法》将民办养老机构定义为：“在本市依法登记备案、由企事业单位、社会组织、个人或其他社会力量利用非财政资金举办，为老年人提供集中居住、照料服务和医疗康复的养老机构。”

些养老机构通过免费参观、赠送礼品、开办健康讲座等形式，采取商品回购、消费返利、寄存代售等手段，诱导老年人购买其超出市场价的商品。① （4）以出售养老公寓的名义进行非法集资。一些养老机构将不享有所有权的养老公寓、养老山庄以售后返租、协议回购等形式进行销售、出租，利用老年人信息获取渠道窄的特性欺骗老年人，非法吸收老年人的存款。

民办养老机构非法集资案件通常具有以下特征：（1）涉案数额庞大、参与人员众多。老年人经过长期打拼积累，通常拥有比较丰厚的存款，特别是在养老机构居住的老人大多是政府机关和事业单位的退休人员，他们拥有比较稳定的资金来源。不法之徒正是盯紧了老人的“钱袋子”，采取各种行骗方式，将老年人的养老钱吸干榨尽。此外，民办养老机构的广告宣传多以口口相传的方式进行，不法分子就是通过“一传十、十传百”的“多米诺骨牌效应”，不断扩大非法集资诈骗的范围，从而导致非法集资案件受害人众多的局面。（2）跨地区差异显著，流动性强。一方面，网络犯罪的无国界性和网络的迅速传播，打破了地域的局限，降低了跨地域作案的成本；另一方面，由于犯罪组织程度较高，不法分子在各地设立分支机构、子公司，以便跨区域吸收公众存款。（3）非法集资具有较强的迷惑性和隐蔽性。经过数年的发展，非法集资形式多样，手法隐蔽。特别是在我国的养老机构中，存在大量的非法融资行为。不法分子将非法集资行为包装成各种投资、买卖行为，打着“养老”、“保健”和“养生”的幌子，进行非法集资，让人防不胜防。②（4）风险暴露时间较长，追赃挽损难度极大。非法集资案件具有较长的潜伏期，其本质的暴露存在滞后性。一般来说，只有在养老机构资金链断裂，承诺给老年人的高额利息以及本金难以支付的情况下才会案发，且案发后公安机关介入，通常是大案要案。而且在一些非法集资案件中，犯罪嫌疑人为躲避查处而采用发放现金的方式或者人为篡改、销毁账目，导致资金来源和用途难以查明，极大地阻碍了相关机关追赃挽损工作的正常开展。

① 参见王昌浩、魏麒郦：《养老领域非法集资案件侦查与防范对策》，载《辽宁警察学院学报》2022年第4期。

② 参见王彬：《养老诈骗犯罪及其治理》，载《江苏警官学院学报》2022年第5期。

目录 Contents

上篇　民办养老机构经营风险及行业现状

上篇

民办养老机构经营风险及行业现状

第一章　民办养老机构非法集资风险之多视角分析

从养老服务市场的需求端来看，目前我国老年人口不仅基数大、增长快，而且日益呈现空巢化、高龄化、失能化趋势。根据第七次全国人口普查数据，2020 年我国 60 岁及以上的老年人口总量为 2.64 亿人，已占到总人口的 18.7%。自 2000 年步入老龄化社会以来的 20 年间，老年人口比例增长了 8.4 个百分点，其中，从 2010 年第六次全国人口普查到 2020 年第七次全国人口普查的 10 年间升高了 5.44 个百分点，65 岁及以上人口的比重上升 4.63 个百分点。预计到 2035 年，我国老龄化人口将增至 4 亿人。老年群体日益增长的养老服务需求与养老服务供给不平衡、不充分的矛盾也日益凸显。根据《2010 年社会服务发展统计公报》数据，截至 2010 年年底，全国各类老年福利机构有 39904 个，共有床位 314.9 万张。[①] 随着国家各项养老政策的颁布推进，截至 2021 年年底，全国共有各类养老机构和设施 35.8 万个，养老床位合计 815.9 万张。其中，全国共有注册登记的养老机构 4 万个，比上年增长 4.7%，床位 503.6 万张；社区养老服务机构和设施 31.8万个，共有床位 312.3 万张。从上述数据可以看出，短短 10 年内我国养老服务体系建设取得了显著进步，养老机构和养老床位数量逐年快速递增。但是截至 2021 年年底，全国范围内每千名老人养老床位数仅为 30.5 张，该项数据说明全国范围内养老服务水平远不足以满足社会养老需求，因此引入社会资本，大力推进养老机构发展刻不容缓。

从养老服务的供给端来看，巨大的"银发市场"商机和政策红利吸引了大量的社会资本进入养老领域，改变了以往单一的由政府提供养老服务的模式。民办民

---

① 《2010 年社会服务发展统计公报》，载中华人民共和国民政部官网 2011 年 6 月 16 日，https://www.mca.gov.cn/article/sj/tjgb/201107/201107151705659.shtml。

营、公建民营、公办民营、公办公营等多种养老模式极大地促进了养老服务市场的多样化、精细化。然而在这些养老机构经营模式中，民办养老机构往往因种种原因面临更高的行业经营风险，近年来民办养老机构多起非法集资案件的“爆雷”①，更是极大地冲击了养老服务市场的发展。本章将通过调研数据实证分析，从多个主体视角深刻剖析民办养老机构非法集资的规律特征、生成机理与防治路径，尤其在防控非法集资的视角下具体比较四种不同模式的养老机构经营风险，并提出有针对性的对策。

第一节 论民办养老机构非法集资的基本特征、发生机理与防治路径

——基于湖南省四个地级市的实证分析

习近平总书记在党的二十大报告中指出：“实施积极应对人口老龄化国家战略，发展养老事业和养老产业，优化孤寡老人服务，推动实现全体老年人享有基本养老服务。”这一重要指示为推动养老服务高质量发展指明了前进方向，提供了根本遵循。落实到实施层面，《老年人权益保障法》* 明确提出国家要“建立和完善以居家为基础、社区为依托、机构为支撑的社会养老服务体系”。根据“9073”养老模式②，机构养老承担的老人比例最低，但考虑到我国日益庞大的老年人口基数以及少子化、空巢化所导致的家庭养老基础缺失，养老服务机构的“支撑”地位愈加显现，其建设的规范化、专业化与层次化成为保障养老服务体系建设成效的关键一环。然而，我国养老服务市场方兴未艾，现有的各类养老服务机构良莠不齐，尤其是一部分民办养老机构打着“养老”的幌子，诱骗老年人投资所谓高额回报的养

① 爆雷是金融术语，通常是指一些贷款或投资平台因为逾期兑付或经营不善等问题，导致未能按照期限对投资人的本金利息进行偿付，从而出现平台停业、清盘、倒闭等问题，这种情况就被称为平台“爆雷”。

* 为便于阅读，本书中的法律法规名称均省略“中华人民共和国”字样。——编者注

② “9073”养老模式是指90%的老年人由家庭自我照顾，采取以家庭为基础的居家养老；7%的老年人享受社区居家养老服务，提供日间照料；3%的老年人享受机构养老服务。“9073”最早出现于2007年1月24日颁布的《上海民政事业发展“十一五”规划》，并逐渐成为很多地方民政部门养老政策制定的基础性依据和发展目标。

老项目,致使不少老年人上当受骗乃至血本无归,造成了极其恶劣的社会影响,直接损害了养老服务业的公众形象和生存基础。民办养老机构非法集资案件频发引起了中央的高度重视,自2022年4月8日起,由平安中国建设协调小组牵头,在全国部署开展为期半年的声势浩大的打击整治养老诈骗专项行动。各地民政部门、市场监督部门、金融办、公安部门、检察院、法院、网信办等成员单位在本级平安建设领导小组的统筹谋划下,力求形成打击合力,在较短时间内扭转了民办养老机构非法集资的蔓延之势。

相较于实务界热火朝天的治理实践,理论界对于民办养老机构非法集资尚缺乏足够关注,学术成果数量不多且研究视角偏于碎片化,一部分学者(多为实务界人士)将民办养老机构非法集资视为非法集资犯罪①在养老领域的一般形式,关注于此类案件的证据审查、法律适用、侦查方法等技术性问题,②但未进一步挖掘该类案件在养老领域产生的深层次原因和防治路径。另一部分学者已经关注到民办养老机构非法集资的防治问题,但研究成果偏重于政府责任,试图从政府缺位的角度解释民办养老机构非法集资泛滥的原因,并强调由政府主导构建完善、严密的非法集资防治体系,③却忽视了其他参与主体。本书调研组认为,因养老行业的公益性、老人群体的特殊性,民办养老机构非法集资不能等同于一般的非法集资犯罪,应对其产生原因和防治对策进行有针对性的研究。同时,政府并非万能,要构建高质量养老服务体系,离不开"政府—市场—社会"三位一体的共同协作。养老机构和老人群体分别是养老服务的提供者和接受者,也是养老非法集资的实施者和受害者,理应成为民办养老机构非法集资防治的参与主体。因此,本书将摒弃单一视角,采用多主体分析法,从受害老人、养老机构和政府机关的多维角度来系统性检视民办养老机构非法集资的发生过程,同时,为掌握第一手资料,本课题组先后走访长沙、衡阳、郴州、益阳四地,近距离观察各地专项行动开展情况,并

---

① 非法集资并不是一个独立的罪名,本书所指的民办养老机构非法集资包括非法吸收公众存款和集资诈骗两个罪名。

② 参见王彬:《养老诈骗犯罪及其治理》,载《江苏警察学院学报》2022年第5期;宋瑞昂、宋利红:《养老公寓非法集资案件的特点及侦查对策研究》,载《江西警察学院学报》2022年第5期;宣城市公安局"非法集资诈骗法律问题研究"课题组等:《非法集资诈骗案件侦查中存在的问题及对策研究——以集资诈骗罪为研究对象》,载《安徽警察学院学报》2018年第1期。

③ 参见岳向华、林毓铭:《政府监管下养老机构服务质量博弈分析》,载《广西社会科学》2019年第11期;毛艳华:《政府购买居家养老服务监管:基于博弈视角的研究》,载《西北人口》2016年第1期。

与21家民办养老机构负责人(包括“爆雷”机构在押人员)、近200名区市及省直相关部门工作人员以及数百名受害老人深入交流,以求挖掘出民办养老机构非法集资的发生机理,探寻依法防治民办养老机构非法集资的有效路径。另外,根据学术惯例,本书提到的机构及人物名称均用字母代替。

一、民办养老机构非法集资的基本特征梳理

非法集资是一种古老的犯罪形式,源于20世纪初的庞氏骗局(Ponzi Scheme),简言之,就是利用新投资人的钱来向老投资者支付利息和短期回报,以制造赚钱的假象,进而骗取更多的投资。非法集资犯罪蔓延到养老领域后,已然生成了复杂的特征规律,不能将其视为其他领域非法集资犯罪的简单复制,现从受害老人、养老机构以及政府机关等多角度梳理如下。

(一)保本养老:受害老人以投资营利为目的参与非法集资

外界通常以“受害老人”来笼统称呼养老非法集资的受害群体。其实,受害老人是一个数量庞大且成分复杂的群体,本书调研组认为,通过对受害老人群体进行类型化和比对分析,可以刻画出参与非法集资的受害老人的典型面貌。为此,调研组在走访的民办养老机构中分别选取一定数量的入住老人(部分参与非法集资,部分未参与),经分析,得出结论如下:

1. 受害老人参与养老非法集资的初始动机具有趋利性

根据养老服务体系的功能定位,机构养老的服务对象应为占老人群体3%的生活难以自理的部分老人。然而,从各地养老非法集资案件数据以及调研情况来看,绝大部分受害老人身体机能良好,不属于该3%范畴。显然,养老非法集资的受害人群与机构养老的服务对象存在错位,两者并非同一类人,具体如下:

首先,参与非法集资的老人并无入住养老机构的迫切要求。按照养老服务行业的分类,老人根据身体机能的差异,可分为活力老人、半失能失智老人和全失能失智老人。参与集资的老人绝大部分为活力老人,该部分人群相对年轻(70岁以下),具备完全行为能力,并不急于入住养老机构。

其次,参与非法集资的老人经济状况普遍较佳。参与集资的老人通常具有稳定的资金来源,在退休前多从事教师、工人、公务员等职业,能够享受退休金、养老保险等待遇,大多积攒了一定数额的存款,亦即具有“投资”的经济基础。

最后,参与非法集资的老人具有较强的投资理财需求。步入老龄后,我国老人倾向于积攒金钱以备不时之需。为了增加收入,同时减轻子女负担,相当多的老人具有较强的投资理财需求,却缺乏正规投资渠道,容易陷入民办养老机构设置的投资陷阱。

2. 受害老人对养老非法集资行为后果的认知存在模糊性

客观来说,民办养老机构非法集资的手段并不高明。涉非法集资民办养老机构所许诺的高利回报明显畸高于正常的商业投资,具备理性思维能力的人稍加分析就能看出,背负如此高额利息的投资项目必然难以持续。调研组发现,一部分受害老人因文化程度较低、辨识能力不足,确实易被虚假宣传蒙蔽。不过,仍有相当一部分受过教育、具有一定金融知识和社会阅历的受害老人对于养老非法集资的违法性和不可持续性是有一定认知的,但更多的是心存侥幸。非法集资的可怕之处也在于此,其充分利用了人性的贪欲,受害老人纵然明知非法集资终究会因资金链断裂而“爆雷”,但仍觉得自己可以及时抽身离开。因此,在一些案件中,即使职能部门已经发现非法集资线索,并明确发出警示,但因为该养老机构尚能支付高额利息,部分老人为了自身利益,案发前不愿举报、案发后不配合调查,甚至于阻挠办案,担心一旦被查,投入的资金将无法收回。

3. 受害老人在损失难以挽回时维权方式呈现极端性

以长沙市“湖南S实业发展集团股份有限公司涉嫌非法吸收公众存款案”为例,该案受害老人群体遍布湖南、浙江、海南三省,共计2.1万余人,涉案金额17亿余元。涉案养老机构采取私下收受现金、打入负责人私人账户,甚至定期销毁收账记录等方式,致使财务渠道难以查清。而且,受害老人资金一旦到账,就被以销售团队抽成,支付老客户“利息”、员工工资乃至机构负责人挥霍等种种方式瓜分,真正能够投入养老机构运转和项目运行的资金少之又少。调研组发现,一旦“爆雷”案发,民办养老机构往往已经出现严重的资金困难,即使有资金或实物财产,因涉及产权纠纷、异地执行、涉案账款再分配等问题,资金也难以追回。为追回资金,受害老人群体相互串联,多次到当地党委、政府及司法机关开展群体性维权活动,造成极大维稳压力。另外,部分老人因资金难以追回,导致生活陷入困顿,甚至因无钱治病、心情抑郁等原因去世,造成极其恶劣的社会影响。

(二)“巧借名目”:涉非法集资民办养老机构依托“项目投资”吸收资金

养老机构按出资主体可分为公办和民办,其中,公办养老机构享受政府财政拨款及行政划拨用地,是民政部门“直属、直办、直管”的福利事业单位,其建设、运营和管理等都列入国家或地方政府计划。民办养老机构按照政府出资占比从高到低,又可细分为公建民营①、公助民营②以及民办民营。此外,养老机构按登记注册性质,可分为非营利或营利,其中,公办养老机构均为非营利,而民办养老机构则两者兼有之。有学者提出区分民办养老机构的登记注册性质属于非营利或营利,以此判断养老机构是否会因逐利动机而进行非法集资。③ 调研组认为,逐利是资本的天然属性,与机构注册性质并无关碍。民办养老机构选择注册登记为非营利机构,其原因更多在于国家针对性优惠扶持政策的引导,并不意味着民办机构放弃逐利动机。调研组先后走访民办养老机构 21 家,其中,涉及非法集资(包括已“爆雷”的和有集资行为但尚未“爆雷”的)的 10 家。经梳理,涉非法集资的民办养老机构呈现如下特征规律:

1. 民办养老机构非法集资的风险高低与民间资本介入程度呈正相关

在养老非法集资“爆雷”案件中,资金链断裂是养老机构非法集资乃至最终“爆雷”的直接导火索。显而易见,公办养老机构由财政资金供养,政府拥有机构所有权和经营权,受到国家机关财务管理制度的严格监督,几乎不存在非法集资的动机和空间。调研组根据调研数据,将各类型民办养老机构的非法集资风险参照“红绿灯”从低至高排列如下:

首先,公建民营类养老机构涉非法集资风险为“绿灯”。以长沙市 X 颐养院(注册为民办营利性企业单位)为例,该机构同时为长沙市 F 区社会福利中心,由长沙市 F 区政府于 2020 年出资完成主体建设,后委托上海 X 服务(集团)有限公司配备适老化设施并管理运营。在此模式下,出资责任方面,政府负责“重资产”

---

① 公建民营养老机构是指政府划拨土地并出资建设机构用房,招标社会组织或服务团体去经办和运作,政府负责管理和监督。该类养老机构的产权归国家,经营权归民间组织。

② 公助民营养老机构是指民间组织自筹资金购买或租赁土地开办养老机构,其产权属于民间组织。政府以提供租金或资助的形式进行帮助,但不干涉民间组织自主经营权。

③ 参见龙玉其、吴玄娜:《民办非营利性养老机构的困境与出路》,载《广东行政学院学报》2016 年第 6 期。

建设，承担大部分出资额度，而民间资本则以“轻资产”①参与市场竞争，只负责较少部分出资额度；经营导向方面，偏重社会效应，部分床位由政府定价，用于履行政府托底保障职能，享受一定运营补贴，剩余床位投入社会养老市场供给；经营监管方面，虽然机构经营权已移交，但政府承担较大出资比例，仍会从国有资产流失、合同履约等方面进行监管。目前，该类公建民营养老机构普遍运营良好，非法集资风险较低。

其次，公助民营类养老机构涉非法集资风险为“黄灯”。以长沙市 C 县 Q 养老公寓（注册为民办非营利企业单位）为例，该机构同时为长沙市 C 县社会福利院，由 C 县政府划拨土地 50 亩，C 县某老年公寓有限公司出资建立并管理运营。在该模式下，出资责任方面，政府以医疗慈善用地名义提供土地，民间资本负责基础建设、设备采购及日常运营，民间资本承担了对等乃至大部分出资额度；经营导向方面，注重社会和经济效益平衡，少部分床位由政府定价，用于履行政府托底保障职能，享受一定运营补贴。因机构二期建设投入巨大致资金紧张，该机构将剩余床位对外提前预售，并承诺高额返利，却无力支付；经营监管方面，尽管机构占地为政府划拨，但机构所有权和经营权均为民间资本所有，政府监管存在缺位。目前，该机构被列为失信被执行人，存在非法集资“爆雷”风险，C 县政府工作组已进驻调查。

最后，民办民营类养老机构涉非法集资风险为“红灯”。以郴州市 S 区 S 养老公寓（注册为民办营利性企业单位）为例，该机构由法定代表人刘某武自筹资金成立，租赁民房作为养老服务场地，设置养老床位 45 张。在该模式下，出资责任方面，民间资本承担全额出资；经营导向方面，偏重经济效益，该机构成立以来，利用老人预交床位预定金方式向不特定对象吸收资金 3800 余万元，受害老人共计 732 人；经营监管方面，机构所有权和经营权均归民间资本所有，政府监管存在缺位。目前，该机构已“爆雷”，相关责任人因涉集资诈骗罪被追究刑事责任。

综上，简言之，国家出资比例越高，民间资本的出资压力就越小，机构运行的资金流就越稳定，机构涉非法集资的风险就越低。调研结果也印证了此观点，调研组走访的 10 家涉非法集资养老机构均为民办，其中，3 家为公助民营，其余 7 家

① “重资产”“轻资产”属于两种不同的企业经营模式，重资产主要是企业持有的有形资产，如厂房、生产线等，需大额资金投入，但回报率低；轻资产主要是企业的无形资产，包括企业的经营经验、管理架构、人力资源、品牌声誉等，仅需较少资金投入，但回报率高。

为民办民营。

2. 涉非法集资民办养老机构依托于“高利回报”项目吸收资金

一般而言,养老机构正规收取的服务费主要分为三类:床位费、伙食费和护理费,其中,床位费是主体性收费。调研组发现,前述21家民办养老机构收取的该三类费用总额的中位数在2000元/月至2500元/月,该收费标准大致与当地的退休金发放标准相当或稍低。按此收费标准,养老服务行业绝非“暴利”行业,只能算是“薄利”“微利”。显然,民办养老机构据以吸引老人投资的“优质项目”并不局限于此。根据“投资项目”与养老服务业的关联程度,从高到低可分为以下三类:

首先,立足于养老服务业本身以收取高额预付费,可分为两种情形:一种是以预付打折、会员专享服务为噱头,吸引老人超额、提前预交养老服务费。在前述21家民办养老机构中,提前预收1年费用的情况普遍存在,部分养老机构甚至提前预收5年、10年费用;另一种是将养老床位本身作为“投资项目”,即过分夸大养老行业盈利水平,以提供床位使用权、优先居住权、照顾陪护等服务或高额利息分红回报、享受消费优惠为诱饵,高额收取老年人会员费、保证金。需要注意的是,上述两种吸收预付费模式都存在超额预收床位费的情况。[①] 不同的是,前种情形以老人有实际入住需求为前提,预收床位费规模基本遵循养老服务业老人入住规律。在后种情形中,老人没有入住需求,只是将养老床位作为投资项目,如在前述“湖南S实业发展集团股份有限公司涉嫌非法吸收公众存款案”中,机构仅有300张床位,却预收2.1万名老人床位费,显然,绝大部分老人并无入住养老机构的可能性。

其次,依托于养老服务业相关、衍生项目来吸引投资,可分为两种情形:一种是与养老服务业相关的养老公寓类项目。部分民办养老机构以投资、入股、加盟养老服务房地产、基地、公寓等名义,以返本销售、售后返租、约定回购、有限合伙、私募基金等形式,诱惑老人投资入股。以长沙A养老山庄(注册为非营利性企业单位)为例,该机构为公助民营类养老机构,由当地政府划拨土地,自行筹资完成

① 民办养老机构在床位规模相对固定的前提下,普遍存在超额预收费用的情形。以养老机构现有100床位为例,因养老服务行业特殊性,老人一般选择阶段性、周期性入住养老机构,为降低床位空置率,养老机构以超出现有床位数20%～100%向外超额出售床位,养老机构便可维持正常运转。然而,涉非法集资民办养老机构超额出售的床位数甚至会达到实际床位数的10倍以上。

建设,共分为四期,目前已完成第一期建设。为筹措后续建设资金,该机构将尚未建成的养老床位的居住权、出租权对外销售,以返本销售、售后返租等形式吸收了大量老人资金,目前,该机构资金链断裂,二期工程已停工。另一种是与养老服务业关联度较低的养老衍生产品项目,机构本身并无相关资质、经营经验,只是将养老机构作为“融资平台”,取得老人信任后,引诱老年人投资所谓的“高回报”项目。如前述“湖南S实业发展集团股份有限公司涉嫌非法吸收公众存款案”,该公司打着养老企业的幌子,吸引老人投资H茶叶、B富硒矿泉水、M酒店等项目。此类投资项目或本身仅为空壳,不具有经营实体;或经营规模、营利能力被虚假宣传严重夸大,即使能赚取利润,也不足以支付高额返息,因此,一旦新资金停止涌入,机构“爆雷”几乎在所难免。

最后,借助养老机构名义吸引消费以带动主营业务。该类机构本身经营规模较大,实力强劲,较为典型的是房地产企业和保险企业为销售商品房、保险理财产品,在主营业务之外开设养老机构,以高端养老服务带动商品房和保险理财产品销售。以T之家·湘园为例,该养老机构系由T人寿保险公司在长沙开设,服务定位高端,且收费标准适中,但入住该机构需先购买T保险的200万元理财产品。从某种程度上说,养老服务只是客户购买大额理财产品后的“附赠”。T人寿公司本身拥有庞大的客户群和稳定的现金流,另外,保险理财产品的长期持有属性也与养老机构的投资回报周期相匹配,因此,能够为养老机构提供稳定客源以及充足资金。因养老项目只占其庞大企业规模中的小部分,一般不存在非法集资风险。

3. 涉非法集资营销团队床位预售模式“绑架”民办养老机构经营方向

养老机构的主要经营载体是养老床位,如何快速提升入住率乃至实现床位提前预售是机构能否营利的关键。目前,民办养老机构将床位销售外包给专业营销团队是行业普遍做法。营销团队采用“承包+提成”模式,通过为养老机构制定合理的定价策略,搭建有效的销售体系,以期实现床位快速出售。调研组发现,涉非法集资的民办养老机构无一例外存在营销团队提成畸高的问题。在益阳“N公司非法吸收公众存款案”中,该案主犯之一刘某贤及其家族团伙,为谋取不正当利益,长期流窜于湖南省内外从事教唆、帮助民办养老机构进行非法集资活动,从中收取佣金或提成,先后在长沙、衡阳、永州、湘潭以及江西等地从事养老领域非法集资营销活动。该营销团队广泛招募业务员,分为“区域经理、总监、部长、经理、业务员”五个等级,提成比例按级别从下自上逐层提高,最终的提成金额可高达受害老人投资款项的三成。因此,投资项目即使真实存在且能实现盈利,亦难以支付如此高额的提成。为使机构保持运转,民办养老机构不得不“饮鸩止渴”,雇用该营销团伙持续拉来更多投资,这无异于抱薪救火,薪不尽则火不灭,直至机构“爆雷”。

(三)疏堵结合:政府在保障养老服务市场供给的前提下防治民办养老机构非法集资

在很长一段时间内,我国不存在现代意义上的养老服务业。直至2011年,全国老年人口突破2亿,我国人口结构出现拐点,民众养老需求开始凸显。据估计,中国养老服务市场的供需缺口已达数千亿之巨。① 从2013年开始,“政府有形的手”适时宏观引导民间资金进入养老服务市场,国务院及相关部委陆续发文鼓励民间资金进入养老服务市场。② 对政府而言,放开养老服务市场门槛,通过政策扶持③来引导、鼓励民间资本进入养老服务市场以补齐“供给端”缺口是养老领域的首要施政目标。作为长期坚持的施政目标,“解决养老服务供给不足”深度影响并形塑了当前养老行政管理体制的职能职责、组织架构,同时,也在一定程度上决定了当前政府对于民办养老机构非法集资防治机制的展开方式。

1.“双向兼顾”是政府构建民办养老机构非法集资防治机制的基本原则

民办养老机构非法集资防治机制并非建立在白纸之上,而应以既有的养老行政管理体制为基础,在已有的职能、组织、制度上引入新的养老非法集资防治任务。其中,市场准入和扶持政策是政府鼓励民间资本入市的关键环节,无疑也是筛查养老非法集资的重要关口,通过规范分析政府在前述领域的政策文件,能够明晰政府防治养老非法集资的基本路径。

---

① 参见林宝:《中国社会养老服务体系建设研究》,中国社会科学出版社2022年版,第197页。

② 2013年,国务院印发《关于加快发展养老服务业的若干意见》,正式提出“通过简政放权”“充分发挥社会力量的主体作用”。2015年,民政部等十部委出台《关于鼓励民间资本参与养老服务业发展的实施意见》,其宗旨在于“充分发挥市场在资源配置中的决定性作用和更好地发挥政府作用,逐步使社会力量成为发展养老服务业的主体”。2016年国务院制定《关于全面放开养老服务市场提升养老服务质量的若干意见》,强调“进一步降低准入门槛,营造公平竞争环境,积极引导社会资本进入养老服务业”。

③ 根据2022年8月国家发展改革委等十三部委联合发布的《养老托育服务业纾困扶持若干政策措施》,本书将政府给予养老机构在土地供给、税费减免、财政支持等方面的优惠待遇统称为政策扶持。

首先,逐步降低民间资本进入养老服务业的准入门槛。2013 年 6 月,为规范民办养老机构市场准入,民政部颁布《养老机构设立许可办法》(已失效),要求民办养老机构应符合相应条件,经许可后方得设立。2019 年 1 月,因《老年人权益保障法》修改,民政部门贯彻落实新法,不再受理养老机构设立许可申请。此后,若成立民办非营利性养老机构,依照《民办非企业单位登记管理暂行条例》规定,向民政部门申请登记即可;若成立民办营利性养老机构,则向工商部门(后为市场监管部门)申请登记,登记后就可开展养老服务活动,同时应向民政部门备案。由此可见,养老服务业的市场入口,由事前"许可设立"转向事后"登记备案";主管部门也由民政部门(机构只能登记为非营利)一家转向民政(机构登记为非营利)、市场监管(机构登记为营利)两部门平行管理。行政管理职权在养老服务领域的分散设置,这一方面反映了养老服务市场被激活后,市场主体多元化倒逼行政管理体制必须更精细地划分管理职权;另一方面透露出政府进一步放宽、"柔化"养老行业行政管理权力,贯彻落实"放管服"改革的趋势。

其次,利用政策扶持鼓励民间资本进入养老服务业。政府鼓励民间资本进入养老服务市场的手段主要体现在各类政府补贴及优惠扶持政策上。目前,针对民办养老机构的补贴方式主要有四种:建设补贴、运营补贴、消防补贴、责任险补贴。以长沙市为例,根据《长沙市养老机构补贴资金实施细则》规定,建设补贴、运营补贴纳入财政预算,按照养老机构的建筑面积和床位数量给予一次性建设补贴,根据入住老人的身体状况以及数量给予运营补贴。消防补贴、责任险补贴在福彩公益金中支出,按机构的床位数量给予相应的消防、责任险补贴。针对民办养老机构的优惠政策包括:(1)用地保障方面:根据《长沙市人民政府办公厅关于全面放开养老服务市场提升养老服务质量的实施意见》,对于非营利性养老服务机构,其土地用途符合《划拨用地目录》的,可以采取划拨方式供地。(2)税收方面:根据《长沙市人民政府〈关于扶持养老福利机构发展的实施意见〉》,对福利性、非营利性养老服务机构提供的公益性养老服务免征营业税,对福利性、非营利性养老机构自用房产、土地免征房产税、城镇土地使用税。此外,在用电、用水、用热方面执行居民生活类价格。概言之,上述政府补贴及优惠政策可以缩短民间资本的回收周期,降低建设投资风险,提高其助推养老服务业的积极性。

最后,政府采取"政策扶持"民办养老机构与"打击整治"养老非法集资的双向治理模式。截至2022年9月，为期半年的专项行动取得了显著的打击整治效果。[①] 在专项行动开展过程中，包括受害老人在内的社会各界不时有声音提出“一劳永逸”地解决养老集资诈骗，要求“强化准入资格审核”，恢复民办养老机构设立行政许可，这无疑与“逐步使社会力量成为发展养老服务业的主体”[②]的行政目标存在冲突。事实上，政府引导、鼓励民间资金进入养老服务业的既定目标并未受此影响。从湖南省民政厅公布的数据来看，即使在专项行动开展期间，民办养老机构数量仍保持了增长态势。[③] 可见，政府对民办养老机构非法集资的打击整治范围和手段是克制、理性的，保持了对民间资本进入养老服务业的市场开放和扶持政策的连贯性。因此，政府所构建的民办养老机构非法集资防治机制的基本形态是“双向并进”的，在严厉打击整治非法集资犯罪的同时，也在竭力扶持民办养老机构发展，其根本目的是实现养老服务业高质量发展。

2.“联合执法”是政府构建养老非法集资防治机制的基本方式

前文已述，为引入民间资本进入养老服务业，政府设立了规模庞大、名目各样的扶持政策，其中涉及海量财政资金的支出，为保障政策严格贯彻落实到位，民政部门以此为中心设置了“注册(登记)—评估—发放—监督”等相关职能职责并建立了相应的组织机构。然而，近年来养老非法集资案件泛滥，尤其是专项行动开展以来，民政部门的工作重心随之发生改变，其“打击”“整治”职能被动员起来。根据国务院《防范和处置非法集资条例》第5条和湖南省人民政府《湖南省贯彻〈防范和处置非法集资条例〉实施细则》第8条[④]的规定，民政部门作为养老服务

① 根据公安部官网2022年9月26日发布的《陈一新在全国打击整治养老诈骗专项行动总结会上强调 全面总结专项行动成效经验 常态化推进打击整治工作 更好维护老年人合法权益》报道，在专项行动期间，全国共立案侦办养老诈骗刑事案件41090起、破案39294起，打掉犯罪团伙4735个，抓获犯罪嫌疑人6.6万余人，提起公诉8516人，一审判决案件1645起4523人，追赃挽损308亿余元。

② 参见民政部等十部委于2015年出台的《关于鼓励民间资本参与养老服务业发展的实施意见》(民政发〔2015〕33号)。

③ 2022年10月，调研组向湖南省民政厅申请政府信息公开，截至2022年10月，湖南省民办养老机构数量为558家，9.8万张床位，规模持续增长。

④ 《防范和处置非法集资条例》第5条规定：“行业主管部门、监管部门应当按照职责分工，负责本行业、领域非法集资的防范和配合处置工作。”《湖南省贯彻〈防范和处置非法集资条例〉实施细则》第8条规定：“行业主管(监管)部门及相关部门应当落实防范非法集资的日常监督管理工作，明确责任部门和相关人员，做好本行业、本领域非法集资风险排查、监测预警和宣传教育等防范工作；发现非法集资风险的，应当及时将相关信息报送同级处置非法集资牵头部门和上级部门，同时依法依规采取有效的控制措施。”

业的行业主管部门“应当落实防范非法集资的日常监督管理工作”,“做好本行业、本领域非法集资风险排查、监测预警和宣传教育等防范工作”,本次专项行动也将民政部门作为重要的牵头单位。不过,作为传统意义上给付行政领域的养老服务行政管理体制,要对养老非法集资行为进行“打击整治”,存在一定制度性障碍。调研组了解到,区(县)、市民政局养老服务科(处)直接负责本辖区养老机构登记(备案)及补贴发放、管理等事宜,但各地科室工作人员大多不超过3人。专项行动开始后,民政部门在完成既有工作任务的前提下,不但要加强对养老机构的“摸底排查”、编制“红黑榜”等,还需配合其他成员单位完成整治任务,上述人力委实难以应付。而且,民政部门工作人员普遍向调研组反映,对于处置民办养老机构非法集资,其缺乏“有力抓手”。直至2022年11月,民政部才出台《养老机构行政检查办法》,民政部门检查民办养老机构非法集资才有章可循,不过,除了减少或停发补贴外,民政部门对涉非法集资民办养老机构缺乏“强有力”的后续处置手段。基于此,在本次专项行动乃至日常行政执法实务中,对于民办养老机构非法集资行为的行政检查、监督、处罚等防治措施依赖于包括民政、市场监管等各相关职能部门间联合执法。当然,因职权冲突、信息壁垒的客观存在,这种联合执法模式不得不承担部门间衔接的行政成本。

3.“倚重刑事”是政府构建养老非法集资防治机制的基本策略

我国一直采用禁止、限制、打击等命令控制型法律对民间非法集资行为进行法律规制,并且主要依赖刑事打击,即借助刑法的威慑力量事后认定处置非法集资行为。防治民办养老机构非法集资亦是如此。公安机关、检察院、法院被列入专项行动的重要成员单位,在本级平安建设领导小组的统一安排下,不仅承担了大量涉养老非法集资刑事案件的侦查、起诉、审判以及执行工作,而且还需派员积极参与当地政府组织的清底排查、普法宣传等执法行动。事实上,无论是从专项行动执法实践还是从社会认知心理来看,刑事规制都已冲在打击整治养老非法集资的第一线,成为政府构建养老非法集资防治体系的倚重力量。调研组了解到,行政机关工作人员在养老非法集资防治工作中经常遭遇权威性质疑,因此,各行政机关在涉非法集资民办养老机构行政检查、证据收集,尤其是非法集资行为性质认定等环节都依赖于公安机关的权威性。此外,在对外宣传口径上,政府惯于将养老非法集资防治成果单一表述为刑事办案结果,营造出养老非法集资行为最终都会受到严厉刑事打击的宣传效果。

二、民办养老机构非法集资的生成机理解析

非法集资并非养老领域的特有现象，相较而言，养老领域因行业的公益性和受害群体的特殊性而更加受人关注。探究非法集资在养老领域泛滥的根由，要避免过多地纠结于机构负责人的个人品德。延续上文的分析框架，从受害老人、养老机构和政府机关三个维度分析养老领域非法集资频发的真正原因。

（一）“难赚好骗”：受害老人“保本养老”投资心理易被不当利用

可以说，当前的养老服务市场是“跛足”的，作为养老行业服务对象的老年人口数量急剧增加，但并不等于养老服务市场有效需求的增加。相当一部分老人群体及其家庭还未形成正常的养老消费观念，而其“保本养老”投资心理则被部分民办养老机构不当利用。

1. 文化心理：中国社会主流认知尚未形成正确的养老消费观念

数千年来儒家思想的沁润，在中国社会孕育出根深蒂固的孝道思想。在传统孝道价值体系下，在家奉养双亲是子女天然的人伦义务，这也从侧面反映出一个事实，即中国社会缺乏现代养老消费观念。老人的消费观念通常较为保守，过去的储蓄和积累，主要用于应对健康风险而不是即期消费。[①] 即便老人因身体失能而被迫送进养老机构，但无论是老人还是子女均没有形成“机构养老是花钱买服务”的观念。因入住老人缺乏消费热情，养老机构的收费标准以及营利水平只能维持在一个相对较低的水平。各地民办养老机构多次向调研组表示，“老年人舍不得花钱”，“养老行业的钱实在难赚”。

2. 经济基础：“未富先老”促使老人群体寻求养老经济保障

“未富先老”是我国养老金生态“脆弱”的客观描述。我国社会养老保险参保覆盖、实际缴费存在较大的制度“漏损”，尤其是弱势群体无法纳入，而且我国企业年金制度仅覆盖少数央企、金融企业及一些上市公司，整体规模小，发展严重滞后。[②] 当前相对薄弱的国家养老保障落实到每一个家庭后，表现为养老服务供给

① 参见郭正模、魏宇菲：《老龄产业的弱质特征与政府对老龄产业的扶持政策探讨》，载《天府新论》2014 年第 3 期。

② 参见姚余栋、董克用：《中国金融养老之路的战略研究：从“十三五”到 2049》，企业管理出版社 2019 年版，第 5 页。

很大程度上取决于家庭经济状况。在儿女缺乏足够供养能力时，老人不得不自己赚钱养老。

3. 自身条件：受害老人自身普遍缺乏金融投资风险识别能力

对于金融投资风险的识别能力，是投资评估者应否入市的基本前提，而受害老人群体普遍缺乏这一能力。一方面，老人群体获取金融信息的渠道有限，仅仅通过传单、广告、微信等方式获得信息，容易被虚假性、夸大性的宣传欺骗。另一方面，老人群体缺乏足够的金融投资理性。免费礼品、低价商品是吸引老人投资的常见招数，不少老人因贪一时小利而冲动投资，致使终身积蓄一朝尽失。

（二）告贷无门：民办养老机构因融资压力陷入非法集资

通过走访民办养老机构（包括"爆雷"机构在押人员），调研组发现，绝大部分民办养老机构对于非法集资的违法属性以及非法集资终将"爆雷"是心知肚明的。事实上，除了极少数打着"养老"的幌子专职非法集资的犯罪团伙之外，绝大部分涉非法集资民办养老机构在资金出现问题后，都曾积极通过各种渠道进行融资，当所有合法、正规渠道难以奏效时，非法集资才会成为最后一个选项。

1. 养老服务业行业特性致民办养老机构"负重前行"

与其他产业相比，民营养老服务业是一个典型的投资大、利润低、回收慢的产业。[①] 民间资本进入养老服务业后，除少数公建民营养老机构外，其余民办养老机构需要承担高昂的养老用地（场地）成本。因地价上涨，除少数非营利养老机构外，其余采取"重资产"运营的民办养老机构需通过"招拍挂"拿地后完成基础建设；采取"轻资产"运营的民办养老机构可直接租赁废旧教室、医院等场地。获取土地使用权、建设养老机构场地以及完成租赁场地的适老化改造均需大量资金投入。接下来，民办养老机构还需采购养老康护设备，并聘请相应的养老护理人员。因护理工作繁重、社会地位较低，各民办养老机构普遍存在"招人难""留人难"问题，高薪留人是养老服务业的通常做法，用人成本逐年攀升。[②] 此外，民办养老机

---

① 参见李小兰：《我国民营养老服务业财政政策性投融资模式研究》，九州出版社2021年版，第24页。

② 部分地方政府针对养老护理人员流动性过大的问题，对已工作一定年限的养老护理人员提供岗位补贴。以长沙市为例，根据《长沙市养老护理人员岗位补贴补助办法》规定，补助基本标准为：200元/人/月，因补贴标准较低，激励作用有限，养老护理人员无疑更看重各养老机构的工资待遇。

构还需承担设备维护、水电煤气等基本日常费用。一旦机构开始运行,就要面对漫长的资本投资回收周期,调研组了解到,即使在经营良好的前提下,民办养老机构一般需要3年才能实现盈亏平衡,8年才能收回投资成本。

2. 疫情常态化加剧民办养老机构资金压力

养老服务业本就属于微利行业,雪上加霜的是,长期的新冠疫情给养老服务业带来了前所未有的困境与挑战,其中,最直接的影响就是相当一部分中小型民办养老机构营业收入骤降。因疫情防控,养老机构被要求施行封闭化管理,防疫物资采购、生活必要开支等运营成本上升,同时,受严格防疫封控措施以及避免群体聚集活动的避害心理影响,各养老机构的入住老人数量大幅减少。在调研过程中,各养老机构负责人反馈,入住率保持在60%以上,养老机构才能维持收支平衡。然而,在调研组走访的21家养老机构中,只有不到三成能够达到入住率60%以上。因营业收入降低,民办养老机构资金紧张,自我造血能力不足,抵御风险的能力下降。

3. 现有融资渠道难以支持民办养老机构资金需求

在我国,不论规模大小、经营年限长短,民营中小企业都以自我融资为主,自我融资比重高达90%以上。① 自我融资主要来自机构的自有资金、微利性收入等,因营利能力有限、回收周期长等因素的影响,这些资金无法在较短的时间内发挥规模效应,难以有效满足机构生存和发展的资金需求。目光转移到外部融资渠道,从资金端的视角来看,即金融资本如何参与养老产业实体经济发展,其本质上是一个金融投资活动,其出发点、落脚点在于如何实现金融资本的投资收益和回报。② 然而,因身份属性以及行业特性,民办养老机构一般难以满足金融机构的投资回报要求,其外部融资渠道亦并非坦途。

首先,民办养老机构因身份限制难以通过商业银行贷款审批。在传统外部融资模式中,商业银行贷款是最常用的融资模式,具有融资成本低,弹性大,财务杠杆大的特点。一般而言,商业银行贷款可分为抵押贷款和信用贷款,就抵押贷款而言,土地、房屋往往被认为是最可靠的抵押物。但是,民办非营利养老机构所占

① 参见厉以宁:《厉以宁论民营经济》,商务印书馆2020年版,第25页。

② 董克用、姚余栋主编:《中国养老金融发展报告(2019)》,社会科学文献出版社2019年版,第5页。

土地若为医卫慈善划拨用地,因其系无偿取得,不能办理抵押登记;其他民办养老机构所占土地多系租赁,亦难以进行抵押。就信用贷款而言,还款能力是银行信贷审批的重要考察因素。民办养老机构普遍存在前期投入大、回报周期长、盈利能力差等行业通病。此外,若民办养老机构为非营利性质,则其出资者不享有任何财产权利、不能参与分红、不准设立分支机构,也不享有该机构终止时的剩余财产,均难以让银行对其还款能力产生信任。

其次,民办养老机构因其主体资质难以发行企业股票、债券融资。股票、债券融资是已上市或规模化民办养老企业融资的重要途径。相对而言,股票、债券市场的资金提供和需求更为简单直接,有利于提高资金配置效率。不过,股权、债券融资对于机构规模有较高要求,一般限于大型企业机构。目前民办养老机构中绝大多数为中小型企业,不具备股票、债券融资的资格,市场主体范围较窄。此外,股票、债券融资对于民办养老机构的财务管理、风险管理等提出了更高的要求,由于股票、债券融资受市场环境影响较大,机构对于股票发行数量、发行时间的判断必须准确,同时需要及时掌握一手市场信息和政策导向,否则会适得其反,机构将因融资失败而陷入困境。

最后,民办养老机构因企业规模难以获得养老产业基金青睐。自 2015 年湖南省成立全国首只省级政府引导型健康养老产业投资基金(湖南健康养老产业投资基金),各地政府陆续成立类似基金。根据制度设计,政府的养老引导基金在财政资金的基础上,广泛吸纳民间资本及各金融机构出资,对养老服务业初创期的中小企业给予资金支持。产业引导基金的核心目的是将财政资金“从划拨变为投资”,市场化运作是其基本原则,因此,与商业银行贷款相似,中小型民办养老机构因缺乏抵押物以及还款能力偏低,获得基金支持的先例寥寥无几。

此外,社会慈善捐助也是民办养老机构的融资来源,不过,该部分慈善资金一般只流向非营利性养老机构,受惠面较窄且资金规模较小,总体上对民办养老机构的资金支持力度较为有限。

(三)左支右绌:政府“政策扶持—打击整治”双向治理模式存在失效风险

政府采取“政策扶持”民办养老机构和“打击整治”养老非法集资双向共进的两条线索,试图通过“疏堵结合”来实现民办养老机构高质量发展。遗憾的是,在部分地区这两条线索尚未达成有效的功能叠加。一方面,扶持政策并未能有效纾解民办养老机构的融资困难。另一方面,政府通过动员行政力量对民办养老机构非法集资的打击整治效果不尽如人意。

1. 部分地方政府扶持政策未能充分纾缓民办养老机构融资困境

我国养老服务业尚属于草创时期,民办养老机构经营规模偏小、管理制度不规范、盈利能力低下的情况普遍存在,这在某种程度上形成了民办养老机构对政府扶持政策的高度依赖。不过,面对民办养老机构发展"瓶颈"的融资难题,政府扶持政策中被寄予厚望的政府补贴和金融支持还主要停留在直接扶助层面,对于提高民办养老机构融资能力、引导产业发展的功能发挥还不够充分。

首先,"粗放型"政府补贴模式易引发政策套利的道德风险。政府采取补贴支持政策,首要目的在于调动民间资本的积极性,有效扩大养老服务供给。因此,政府针对民办养老机构最核心的补贴项目:建设补贴和运营补贴,均以建筑面积和床位数量作为补贴金额的发放依据,亦即机构面积越大、床位越多,补贴金额越高。在养老服务业市场化早期,这种补贴模式固然能够充分调动民办养老机构积极扩大规模,短时间内缓解养老服务市场供给不足的难题。不过,当民间资本已大量进场,养老服务市场发展进入稳定期后,如仍以经营规模作为单一补贴依据,则有可能导致补贴效果异化。调研组了解到,部分民办养老机构出于谋取更多补贴资金的目的,盲目铺排经营规模,致使资金链紧张,甚至引发非法集资风险。

其次,不合理差异化政府补贴有碍市场公平竞争。调研中,不少民办养老机构经营者谈到机构面临的发展困境时都提到了"不公平竞争"。调研组了解到,部分地方政府对养老机构施行差异化补贴政策,即按政府在养老机构中的出资比例设置补贴标准,公办养老机构获得的补贴最高,公建民营次之,公助民营再次之,民办民营养老机构最低,显然,承担更高出资比例且获得更少补贴的民办养老机构在市场竞争中被迫处于弱势地位。此外,给予民办非营利性与营利性的养老机构不同标准政府补贴的情况依然存在。两者的服务对象、服务标准及运营成本均基本一致,给予非营利性民办养老机构较高的补贴待遇,不仅会挫伤营利性民办养老机构的积极性,还会产生妨碍公平竞争的消极影响。

再次,部分地方政府财政吃紧导致金融支持配套制度难以落地。商业性金融机构需遵循基本的商业逻辑,竭力规避潜在的经营风险。对以银行为主的金融机构而言,在金融管控收紧的背景下,出于维护金融稳定的利益考量,民办养老机构因规模偏小、抗风险能力较弱、还款能力较差,并非优质的放贷对象。因此,仅单方面要求金融机构支持民办养老机构其实是“强人所难”。一个水桶中偶有一块长木板并不能增加盛水量,需所有木板都补齐长度,才能提高整个水桶的盛水量。同理,金融机构能否给予民办养老机构提供足够的资金支持,很大程度上取决于政府能否构建起切实有效的金融配套制度来增加民办养老机构还款能力,降低金融机构放款风险。2015 年湖南省民政厅、财政厅、省金融办、省银监局联合发布《关于信贷扶持养老服务业发展的指导意见》,要求全省金融机构“满足养老服务业金融需求”,具体要“创新信贷产品”“优先安排贷款资金”“提升服务水平”;考虑到金融机构因此而承担的更高的信贷成本,“财政、民政、银监部门将适时推动有关部门为从事养老服务业贷款的融资担保机构提供一定比例的风险补偿和奖励”。实践中,上述“风险补偿和奖励”一般以贷款贴息和担保费补贴的形式支付给银行(担保机构)或养老机构。不过,受经济下行影响,政府财政收紧,此类针对民办养老机构的贷款贴息和担保费补贴发放到位率较低。在调研组走访的 4 个地级市中,仅益阳市 1 家民办养老机构获批。因缺乏配套支持,民办养老机构难以从金融机构融资的局面并未改变。

最后,现有的授信管理制度未能体现养老服务业的特殊性。相较于其他行业,养老服务业在机构属性、经营目的、经营风险等方面具有相当的特殊性,反映到银行授信审批和内部信用评级体系上,在主体资格、流动资金、财务管理等方面均有必要针对养老机构作出专门性规定。例如,民办养老机构在完成设施建设并获批设立之前,不能成为承贷主体;民办非营利养老机构的盈利不得分红,银行难以测算用于还贷的现金流;民办养老机构无须缴纳增值税、所得税,税务部门对其没有财务管理方面的硬性要求,大多数民办养老机构财会管理混乱,不利于银行授信审查等。调研组了解到,以银行为首的金融机构出于审慎经营考虑,并未针对养老服务业的差异性制定专门的信贷管理制度,民办养老机构自然也难以通过授信审批。

2. 民办养老机构非法集资打击整治体系存在行政部门衔接脱节问题

为了在短时间内集中打击整治养老非法集资行为,我国惯用“联合执法式”专项行动,通过动员行政力量,整合跨部门行政力量以进行联合治理。不过,非法集资存在行刑交叉难题和部分行政机关相互推诿的情形,若不能妥善处理,治理效果则难以保证。

一方面,行刑衔接不畅致民办养老机构非法集资前期处置难以成就。一般而言,非法集资具有双重违法属性,该行为既是一种未经审批部门批准的行政违法行为,又是一种涉及犯罪的刑事违法行为。对非法集资的法律规制应进行阶梯设置,其中,刑罚是最严厉的兜底规制手段,只有在非法集资行为的不法属性已突破行政规制的底线时才能适用。倚重于刑事打击手段,这固然是对现有的侧重于行政给付的养老服务行政管理体制的理性让步,也反映出现有行政处置措施的相对乏力和对刑罚威慑力的过度依赖。但是,就整个犯罪过程而言,刑事打击毕竟是非法集资"爆雷"后的后期措施,与非法集资"打早打小"的治理规律不相匹配,在客观上会虚化行政机关在民办养老机构非法集资初期的职责作用。就司法办案而言,行政机关的认定结果并不影响司法机关的判断,司法机关对非法集资犯罪的定性入罪并不以行政处置为前置条件和必经程序。调研过程中,多名行政机关工作人员反映,因行政机关对非法集资行为性质认定的判定结果不具有终局权威性,其在非法集资早期介入时难以把握,往往错过了及早干预的最佳时机。

另一方面,维稳考核压力致使部分行政机关之间存在"投鼠忌器"的不当考虑。在民办养老机构出现非法集资苗头时,彼时资金链往往尚能维持,行政机关若公开信息或阻断机构非法吸收公众存款,可能导致老人集中挤兑致使其资金链提前断裂,急于挽回损失的受害老人的安全、稳定风险难以防控,甚至受害老人群体性前往办案机关索要损失的先例亦不少见。与受害老人群体性维权影响正常办公秩序相比,行政机关更为"头疼"的是后续的维稳考核压力。若演化为群体性、长期性信访事件,行政机关不得不需耗费大量人力、物力妥善处理信访老人,而且一旦处理不当,还可能面临严厉的追责处分。因此,各行政机关即使在明确掌握非法集资线索的情况下,也往往不愿意积极介入干预,致使民办养老机构非法集资不断做大,直至"爆雷"。

三、民办养老机构非法集资的防治路径构建

打击整治养老非法集资,促进养老服务业高质量发展涉及多个方面、多个主体之间的统筹协调。具体而言,养老服务市场需求的有效扩充和老人群体防骗能力的切实提升,民办养老机构的分类管理以及政府对民办养老机构的政策扶持和对养老非法集资行为的打击整治,彼此依存,缺一不可。

(一)需求带动:引导老人群体理性消费和谨慎投资

目前,我国养老服务市场还不够成熟,很大程度上体现在缺乏成熟、理性的消

费人群。我国虽然拥有庞大的老人群体以及消费需求,但尚不具备相应的养老消费社会心理基础。老人群体热衷于“项目投资”,却吝于正常的养老消费。养老服务的社会价值未得到充分认可,养老机构的劳动付出未能获得相应经济回报,这也是民办养老机构走入集资诈骗歧路的一个间接因素。

1. 扩大老人群体对养老服务市场的有效需求

老年人之所以不愿意为养老服务“埋单”,既出于传统社会心理,也受限于现实经济基础,对此,一方面,营造健康、理性的养老消费环境。现在的老年人从小就接受“勤俭节约、艰苦朴素”的教育,节俭朴素已深深刻印在其脑海中,到老了也不舍得花钱。可以通过老年大学授课、举办专题讲座、新型媒体宣传等方式,向老年人普及惠老政策、惠老制度、惠老举措,使其减轻后顾之忧,舍得和敢于消费。另一方面,利用宏观调控提高老年人口养老消费能力。各地应当根据社会平均工资水平变化和养老基金的政府保障能力,建立与物价指数(Consumer Price Index, CPI)协调、联动的财政养老补贴机制,及时、合理调整社会养老保险的养老金水平;按照政府财政收入增长的情况,增加对中高龄老人的社会福利补贴项目和标准,提高老人的消费能力。

2. 提高老人群体对养老非法集资的预防能力

老年人群之所以容易成为非法集资的侵害对象,很重要的一点就是老年人群与涉非法集资民办养老机构之间存在严重的信息不对称。对此,一方面,金融机构要正视老年群体日益增长的金融理财需求,提供更加人性化的金融服务。老年人金融知识相对贫乏,接受能力低,对非传统金融产品难以理解和掌握,不习惯主动去银行和证券公司的零售网点获得基本的咨询服务。① 各金融机构应依托社区居委会、老年大学等平台,定期组织老年人进行金融知识讲座和技能培训,帮助老年人树立正确的理财观,掌握基本的金融知识,具备预防诈骗的意识和能力。另一方面,市场监管、法院、金融办等职能部门应将执法办案与普法宣传、综合治理有机结合,深入各个民办养老机构,以法律宣讲、案例分析、受害者现身说法等多种方式,积极引导老年人摒弃浮躁冲动、暴富投机的心态,培育理性投资风险意识。

① 参见中国开发性金融促进会:《国外养老产业投融资模式案例汇编》,中国金融出版社 2017 年版,第 9 页。

(二)分类管理:立足风险等级构建民办养老机构差异化管理体系

前文已述,民办养老机构可分为多种经营模式,不同经营模式涉非法集资风险程度并不相同。一言以蔽之,民办养老机构的实际经营内容越是脱离养老服务主业,越是依托于其他投资项目,其涉养老集资诈骗的风险也就越高。因此,只有针对民办养老机构的不同经营模式,才能提出更精细化的应对措施,有效降低养老集资诈骗发生风险。

1. 相对限制预付费以保证民办养老机构维持资金流

预付费消费广泛存在于各个商业领域,其既为经营者融通了资金,锁定了客源,也为消费者降低了消费成本,带来了消费便利。在我国,高昂的前期建设投入和人员使用成本,使得部分民办养老机构在后续运营过程中举步维艰,预收一定期限的费用能够提高养老机构资金状况的稳定性,从而也保护了入住老人的权益。问题的关键在于预收费的期限以及监管。经过与各地养老机构负责人和入住老人访谈,大家普遍认为提前预收半年的费用较为合理,既能保障养老机构获得一定资金流,而入住老人也不至于遭受大额财产损失。① 至于预收费用的监管,一方面,成立由入住老人代表、民办养老机构财务人员、民政部门工作人员共同组成的监管小组,共同掌握养老机构资金流向;另一方面,预收资金应存入银行监管账户,民政部门和入住老人能够实时查询资金动向,当有大额资金流出时,该账户会自动发出提示信息。

2. 绝对禁止附属投资项目以防止民办养老机构陷入集资陷阱

养老服务行业是为老年人提供生活照顾和护理服务,满足老年人特殊的生活需求和精神需求的服务行业,其内在具有公益性、慈善性,在根本上不同于一般的商业服务行业,更不应允许养老机构在养老服务主业之外再投资其他“副业”。民办养老机构“投资+”模式在本质上是将养老机构当作吸引客源、吸收投资的平台,而高额的返利、返息成本致使其投资的“副业”严重的先天不足,更遑论此类所谓“副业”是否具备经营资质、条件等问题。因此,建议市场监管部门通过企业注册的经营范围,民政部门以及属地街镇定期上门巡查、网信等方式清查民办养老

① 2022年9月湖南省民政厅发布的《关于推进养老机构预收资金第三方存管工作的通知(征求意见稿)》亦提出“养老机构最多不得预收超过6个月的服务费”。

机构“投资 + ”情况。对于此类养老机构,可采取行政约谈、降低补贴乃至吊销经营执照、强制退市等方式逐步将其清除出养老服务市场。

3. 优化民办养老机构的经营风险自控能力

非法集资具有隐秘性,待外界发觉,危害结果已经铸成,因此,积极引导、培养民办养老机构对非法集资的自控能力,是治理民办养老机构非法集资的一条捷径。

一方面,就民办养老机构自身而言,建立法务部门防控非法集资风险。民办养老机构缺少专业的法务工作管理部门,无法在对诸如营销团队提成畸高等法律风险进行识别、测评和分析后制订相应的重大法律风险防控计划,无法对自身运营进行合规化管理。可以借鉴同类中小型企业做法,由养老机构的总经理兼任法务工作管理部的负责人,通过聘请一名兼职律师或与相关的律师事务所合作的方式成立机构法务风险防控部门,以降低机构的非法集资风险。

另一方面,就民办养老行业整体而言,引导建立行业协会加强自律符合各方利益。行业协会属于专业性质的自治组织,它的主要功能是处理各个行业内部的事宜,是沟通政府与行业市场的纽带,能够推动资源共享和行业自律共同发展。目前,湖南省内多个地级市、自治州已成立养老服务行业协会,可配合政府部门做好养老非法集资法规政策的宣传教育,会员企业的自律自查以及机构融资的相互支持等工作,同时也能发挥自身组织优势积极引导社会力量参与养老服务,协助政府逐步建立完善的养老服务体系。

(三)同向共进:通过制度建构助力政府“政策扶持—打击整治”双向治理机制

通过政策扶持来规范、帮助民办养老机构健康发展,和动员行政力量以“联合执法式”专项行动打击整治养老非法集资行为,这两者方式各异,但目的一致,最终落脚点都在于促进养老服务行业高质量发展。

1. 构建科学、合理的民办养老机构政策扶持体系

进一步完善民办养老机构政策扶持体系,重点缓解民办养老机构的融资难、融资贵等问题,同时,更加注重政策制定、实施的合理性、公平性、效率性和专门性,改善民间资本在养老领域的投资经营环境。

首先,引入补贴关联绩效指标以化解道德风险。为促进补贴资金能够更好地发挥提质增效的作用,各地政府应优化政府补贴模式,将发放标准从"一元"改进为"多元",不再将经营规模作为唯一评价标准。补贴关联绩效指标主要包括床位数量、入住率、服务对象满意度、运营安全、人员持证率、失信经营等综合性指标。同时,继续细化补贴发放方式,根据机构运营周期,合理设置指标的权重系数。如在机构经营初期(一年内),可将一定的床位数量以及入住率作为获取运营补贴的必要条件。此后,应更加注重服务对象满意率、人员持证率等指标的考核。同时,将失信经营、运营安全等指标设置为一票否决型指标,一旦出现非法集资的情况,应取消机构一定年限的运营补贴获取资格,并追回已经发放的补贴资金,待其整改并通过评估后方可再次申请。

其次,根据基本养老服务,公平补贴各种类型的养老机构。政府养老补贴来源于财政资金或福利彩票公益金,取之于民,用之于民,更应注重补贴对象的广泛性和公平性。前文已述,当前养老机构性质各异、类型复杂,应选取各养老机构的最大公约数,以达成养老服务补贴的普惠性目的。不论是公办还是民办,也不论是营利性还是非营利性,都可以为政府兜底保障的高龄、失能、失智等特殊老人提供基本养老服务。鉴于无论是哪种性质的养老机构,同类型基本养老服务质量的标准是大体一致的,建议以统一标准细分基本养老服务类型,政府以相同的标准给予同类型基本养老服务以补贴,维护公平的养老服务市场竞争环境。

再次,侧重需求侧补贴以求优化财政资源配置效率。养老服务业金融支持配套制度在部分地区长期难以落地,一定程度上应归结于当地政府的行政执行力不足。对此,一方面,各地要制定养老服务业金融支持配套制度实施细则或办法,明确各级政府的责任、分工以及落实的时限、效果等要求。同时,要严格落实执行问责,明确政府部门职责及未履行职责的法律责任,确保执行到位。另一方面,巧妇难为无米之炊,在财政支出紧缩的现实情况下,采用更加灵活、合理的财政补贴机制能够更好地激发财政投入的杠杆作用,优化财政资源配置效率。养老金融支持配套制度是一种补供方的补贴方式,资金一旦进入养老机构内部,其使用效率如何,在很大程度上就取决于民办养老机构,因此,为提高补贴资金的使用效率,可以采取补需方的方式为老人发放养老服务补贴,间接地提高老年人的可支配收入,让老人"用脚投票"选择自己满意的养老服务机构,在服务需求者得到优质服务的同时,提高养老服务市场的整体供给效率。

最后,构建养老服务业专门性、综合性授信管理制度。一个应当明确的前提是,构建适合于养老服务业的授信管理制度,其目的绝不是单方面迎合民办养老机构的融资需求而不顾及金融机构的信贷风险。在我国人口已进入快速老龄化的时代节点,加大金融支持力度,有效满足迅速增长的养老服务业金融服务需求,既是金融机构拓展新业务的重要机遇,也是金融机构升级转型的重要途径。因此,金融机构针对养老服务业制定专门性的授信管理制度其实是金融机构实现支持养老服务业和自身转型发展良性互动的必然要求。具体而言,一方面,金融机构应紧密契合养老服务业的经营特点,在保证风险可控、商业可持续的前提下,建立专门性的授信管理体系。针对民办养老机构缺乏抵押物的情况,探索支持以养老机构资产(设施)、"床位收费权"作为抵押物(质押物)的模式;针对民办非营利机构不能分红而难以测算资金流的情况,按实质重于形式的原则,可根据机构基本账户测算资金流。针对民办养老机构财务管理制度不规范的情况,由银行指导建立相对简明扼要的财务管理制度。另一方面,金融机构要主动融入民政、市场等主管部门的信用管理体系,构建综合性的授信管理制度。目前,在部分地区,民政部门已建立养老机构诚信档案,[①]统一纳入养老机构检查评估结果、行政处罚、扶持补贴、考核奖惩等信息,构建完善的养老机构行业信用体系。而作为行业自律部门的养老机构行业协会[②]则建立了养老服务经营者诚信档案和从业人员诚信档案,设立诚信自律监督委员会和专门的诚信基金,对养老机构经营者和从业人员的失信行为进行处理和通报,对守信行为进行表彰和奖励,并接受当地民政部门等主管部门和社会各界监督。为了让信用评价体系"长出牙齿",形成"一处失信,处处受限"的局面,在现阶段应由民政部门主导,与金融机构及行业协会相互对接,构建养老服务业信用数据共享平台,养老机构的信用信息可作为金融机构信贷授信审批、民政部门财政补贴发放、银行信贷推荐的决策依据。

2. 建立严密、有效的民办养老机构非法集资全过程制约机制

涉非法集资的民办养老机构"爆雷"之后,由于集资主体的债权债务关系复

---

① 2022 年 1 月,上海市民政局发布《上海市养老服务机构信用评价管理办法》,要求"建立信用分级制度,确定养老服务机构信用等级,采取差异化监管措施"。成都、合肥、苏州等地也相继建立养老机构诚信档案制度。

② 2019 年 1 月,北京养老行业协会通过了《北京市养老行业诚信自律公约》《〈北京市养老行业诚信自律公约〉实施细则》,提出建立北京市统一的养老服务机构经营者和从业人员诚信档案。

杂,资金流向隐秘,资产处置困难,追赃挽损率低,与受害老人的心理预期相去甚远。因此,无论是从保护受害老人的权益出发,还是基于司法办案规律,打击整治民办养老机构非法集资犯罪都应加强全过程治理,尤其应重视早起干预,防患于未然。根据非法集资类案件的案发规律,可分为“萌芽”、“发展”和“爆雷”三阶段,其中,治理的重点是“萌芽期”和“发展期”。

首先,在民办养老机构非法集资的“萌芽期”进行先期预防。经济社会的有效运行离不开整个法律体系的协调运转,只有调整不同法律关系的法律规范彼此紧密协调配合,才能有效预防和制止违法行为。大量的违法行为应该通过民事、行政法规的作用予以消解,而不待其蔓延、升级。① 通过行政处置对潜在的非法集资活动进行拦截,能够有效地防止其演化为犯罪,起到积极预防的作用。对此,一方面,理顺行政处置和刑事打击之间的阶梯设置关系。针对民办养老机构非法集资的性质认定,如果在制度设计上将非法集资的行政认定作为前置程序,必然会影响刑事办案,使得司法权成为行政权的“附庸”。因此,《防范和处置非法集资条例》第23条已明确规定:“行政机关对非法集资行为的调查认定,不是依法追究刑事责任的必经程序。”行政机关和司法机关分别在行政不法和刑事不法两个层面独立进行认定,行政机关在调查认定之后即应进行先期行政处置,不必也不应消极等待司法调查结果。另一方面,对于各行政机关因担心“爆雷”维稳压力而相互推诿的问题,重点在于设置科学、合理的奖励和追责机制。各行政机关应按职能、行业、辖区建立严密的“网格化”民办养老机构非法集资预防网络,做到“层层设防”“守土有责”,对于职责范围内发生民办养老机构非法集资且产生严重后果的,应进行责任倒查。对于敢于提前介入、处置民办养老机构非法集资的行政机关,即使养老机构因此提前“爆雷”,也应予以鼓励和肯定,注意在信访维稳考评指标上予以特殊考虑。

其次,在民办养老机构非法集资的“发展期”进行预先处置。资本类刑事案件的违法性判断在较大程度上体现为“后果规则”,侧重于社会危害性的实质性判断,而对非法集资案件虽然可以确立以入罪的资金数额作为立案的起点标准,但

---

① 参见杨兴培编著:《犯罪的二次性违法理论与实践:兼以刑民交叉类案例为实践对象》,北京大学出版社2018年版,第50页。

定罪更应以风险和损失作为核心指标,体现不法的可责性。[①] 若能在非法集资滑向失控"爆雷"的前夕及时踩住"刹车",防止非法集资的不法属性因结果危害从行政违法转变成刑事违法,这不但在最大程度上降低了社会的纠错成本,也减轻了涉非法集资民办养老机构的违法程度,能在一定程度上调动其配合积极性。参考英美法系企业破产重整程序中的"预重整"[②]程序概念,在刑事程序前建立类似的行政接管整改程序。根据《防范和处置非法集资条例》所确立的防范和处置非法集资工作机制,县级以上地方政府由金融办牵头,民政部门作为行业主管部门积极配合,市场监管部门、公安机关以及当地街镇等相关部门组成联合工作组进驻涉非法集资民办养老机构,督促其纠正非法集资行为,清退受害老人资金,在刑事程序启动前化解非法集资行为的违法性和可能带来的严重后果。其主要目的是设置缓冲带,防止突然刑事打击所造成的机构资金链断裂而被定性为非法集资犯罪,尽最大限度降低受害老人的损失。另外,可考虑挑选受害老人代表协同磋商制订整改清退方案,并及时对外披露。这有助于受害老人了解资金流向及各方利益,避免因信息不对称所导致的相互猜忌和矛盾加剧,减少受害老人以过激行为表达诉求的非理性事件。

最后,在民办养老机构非法集资的"爆雷期"进行妥善处置。民办养老机构非法集资"爆雷"后的焦点在于集资款的清退。为妥善有序做好此类案件的矛盾化解工作,需要从以下几个角度切入:一是司法机关在运用认罪认罚从宽、少捕慎诉慎押等制度政策时,督促引导犯罪嫌疑人主动退赃退赔,把退赃退赔作为适用不起诉、从宽处罚或者确定从宽幅度的重要条件。二是根据涉案财物情况完善工作机制,例如,对涉案物品易贬值、易损耗的,通过司法拍卖等方式先行处置;对于不宜查封、扣押、冻结的经营性财产,申请当地政府指定有关部门或委托有关机构代管或托管,避免涉案财产价值贬损,损害被害人权益。一些地方对涉嫌非法吸收公众存款犯罪但尚在经营的养老院,探索启动涉案企业合规建设,在维持养老院正常经营的同时做好退赃退赔工作。三是特别关注涉案老年群体的生活状况,对

---

① 参见郭华:《非法集资刑事措施转向与行政治理接序的融贯》,载《江西社会科学》2022 年第 7 期。

② "预重整"是破产重整程序启动之前,债权人、债务人、战略投资者在向法院提起破产重整申请时一并提交重整计划草案的做法。预重整留给债务人的时间比较充裕,债权人和债务人能在较为宽松的环境下达成重整共识、形成重整方案。

因养老诈骗陷入生活困境，符合司法救助条件的老年人，主动依法开展司法救助，更好地保障受害老年人的合法权益。

本节小结

应该看到，民办养老机构在有效增加养老服务业市场供给的同时，也带来了非法集资的风险。追根溯源，民办养老机构非法集资产生的原因既有一般性原因也有特殊性原因。就一般性原因而言，这是非法集资这一古老犯罪形式在养老服务领域的"亚种"，民办养老机构难以从正规渠道融资，只能铤而走险游走在非法集资的边缘；就特殊性原因而言，养老服务业是具有社会公益性质的微利行业，但机构设立和运营成本较高，存在资金断裂的可能性，而老年群体抵御非法集资风险的意识和能力较差，容易成为非法集资的受害人。

因此，民办养老机构非法集资并非只是单纯的法律问题，而是经济、社会与法律相互交织的复合型难题。要解决这个难题仅凭法律约束只是扬汤止沸，应该从行政机关、养老机构以及受害老人多个主体出发，结合行政机关的职权职能、民办养老机构的经营模式以及老人群体的身心情况，注重综合治理、源头治理，打击养老非法集资本身并非行动的终极目的，推动养老服务行业高质量发展才是根本。

第二节　非法集资风险防控视角下民办民营养老机构经营模式分析

在人口老龄化程度日益加深的背景之下，推动养老服务社会化，引导社会力量积极投身于养老服务事业是当前政府深化社会服务改革的重要任务。在此背景之下，养老机构成为众多投资人所认可的新的投资蓝海，养老机构的数目急剧增长，改变了以往仅有政府开办养老机构的单一养老模式，极大地促进了养老服务供给主体的多元化。

在政府一系列政策红利的支持下，近年来民办养老机构蓬勃发展，在满足老年人的养老服务需求方面逐渐发挥着不可替代的作用。然而，随着养老市场的不断扩张，参差不齐的民办养老机构涌入市场，部分经营者以非法占有公私财物的目的进入市场，或是在经营过程中产生非法占有公私财物的意图，导致近年来民办养老机构非法集资案件频发,极大地冲击了养老行业的发展,破坏了社会秩序,损害了人民群众的合法权益。民办养老机构在运营过程中存在不同程度的法律风险,如其所面临的自有资金不足、资金获取渠道不畅等难题,较多养老机构采取预先收取大额费用的收费机制,其所面临的法律风险较高。此外,部分地方政府虽发布较多政策以促进养老机构的发展,但养老机构实际上所获扶持较少,存在较多政策未落实到位的情况。最后,养老机构非法集资案件自身具有较长的潜伏周期和较强的隐蔽性,打非办、民政局等部门的监管存在漏洞,且在养老领域未能充分发挥行业协会、社交媒体的多元主体监管作用,存在监管失效的情况。

本节旨在以民办民营养老机构经营模式角度为切入点,探索分析民办民营养老机构在运营过程中的非法集资风险,形成依法预防和惩治民办民营养老机构非法集资犯罪的有效对策,以推动我国民办民营养老机构的健康可持续发展。

一、机理分析:养老机构经营模式界定及非法集资现状

养老机构的健康可持续发展,关系到老年人晚年的幸福生活,关系到社会的和谐与安定。但在我国养老领域非法集资案件频发,且集中发生在民办民营养老机构中。因此,本节在厘清养老机构概念、分析养老现状的基础上,分析经营模式对于养老机构面临非法集资风险的影响。

(一)概念介绍:养老机构经营模式的内涵外延

养老机构,是指依法办理登记手续,为老年人提供全日集中住宿和照料护理服务,床位数在10张以上的机构。[①] 依据养老机构的组织形式不同可将其划分为:从属于政府或国有企业组织的公办养老机构以及具有独立法人地位的民办养老机构。在老龄化背景下的中国,政府所能投入的资源有限,其所承担的养老兜底保障也是有限的,难以满足日益增长的社会养老需求,因此民办养老机构应运而生并发挥着重要的养老支撑作用。民办养老机构指的是社会资本投资兴办的养老服务机构,具有独立的法人资格并且自负盈亏。民办养老机构根据民间资本的介入程度又可将其分为民办民营、公建民营和公办民营三种类型。

公办养老机构背靠政府部门,机构成立资本完全来自国家财政拨款或者是集

① 参见《养老机构管理办法》(民政部令第66号)。

体供款；机构选址、设置、人员配备都是由政府部门统筹安排；[①]并且会在政府公开网站上公布上一年度的运营情况，其在运营过程中不存在非法集资风险。对于公办民营养老机构与公建民营养老机构，政府在一定程度上进行了介入，民间组织所承担的资金获取压力较小，多项补贴政策向其倾斜，其非法集资风险较小；而民办民营养老机构非法集资案件频发，如在湖南省内，长沙市顺祥养老机构、长沙爱之心养老公寓、益阳市纳诺等养老机构先后“爆雷”，非法集资数额高达数十亿元，涉及数万名老年人的利益。在民办养老机构发展的短短几年内非法集资案件频发，这极大地破坏了社会金融秩序的稳定，损害了老年人的合法权益。因此，本书选取的研究对象是民办民营养老机构，旨在促进养老机构的健康可持续发展，为老年人提供能够安享晚年的基本保障。

1. 公办公营养老机构

公办公营养老机构，是指以政府及其有关部门、国有企业为投资主体，以城市“三无”老人、优抚对象等特殊老年群体为服务对象，以国有资产投资设立的养老机构。该类型的养老机构是我国老年社会福利事业的“最后一道防线”，起到托底保障的基本职能。现阶段，公办养老机构主要包括各级民政部门所直属的社会福利院、光荣院、敬老院、养老院，社区或街道下设的养老院、敬老院等。[②]

2. 民办民营养老机构

民办民营养老机构是指在国家福利政策指引之下，由社会组织或者个人出资建设和经营的养老机构，包括允许获得收益、在工商和税务部门登记注册的营利性养老机构和不允许分红、在民政部门登记注册的非营利性养老机构。[③]

与其他类型的养老机构相比，民办民营养老机构最突出的特点是：纯民办性。纯民办性意味着养老机构完全依靠社会力量投资兴办，机构所有权以及运营权完全归私人所有，是以自筹资金、自主经营、自负盈亏的方式运营的养老机构，其仅接受政府对养老工作的政策性指导，或者接受政府所给予的一定资金扶持，并不

① 参见武萍、付颖光：《责任分担视角下我国机构养老服务困境的法律应对》，载《社会科学家》2021年第4期。

② 参见孙红玉：《我国公办养老机构民营化改革的内涵、理论依据及完善对策》，载《理论月刊》2017年第5期。

③ 参见徐建红、陈建梅：《我国民营养老机构发展存在的问题与对策研究综述》，载《对外经贸》2017年第1期。

是政府或单位的内设机构。

3. 公建民营养老机构

近年来，各地政府出台了相关政策对我国公建民营养老机构进行了界定。如西安市出台的《西安市养老机构公建民营实施办法（试行）》、天津市出台的《天津市养老服务机构公建民营管理办法（试行）》对其进行了明确规定：公建民营指的是政府将其拥有所有权（使用权）的养老设施委托社会力量运营的模式。①

全国老龄办原副主任闫青春对公建民营进行了解释，即公建民营指的是地方政府在新建养老服务机构时，摒弃传统的那种事必躬亲、铺张浪费的管理运行机制，按照管办分离的发展思路，由政府出资建设，公开招标社会组织负责机构的管理运营事务，地方政府主要承担监督职责的一种运营模式。②

公建民营的关键在于对原有的养老机构的管理体制和投入机制进行改革。首先要解决的问题是对政府主办的养老机构的出资经办方式进行根本的改革。③该种经营模式要求在建立养老机构时，不能再像以前一样从制度建设到管理运营都完全由政府来承担，而要打破以前的包办管理制度，尽管仍然是政府全部或者大部分出资，但不再由其直接经办，而是采用与市场接轨的方式，通过招投标的方式，由中标的社会服务团体、民间组织、企业或个人，按标准和要求进行基础建设，并在建成后承担管理、服务和运营的责任，而政府则独立于具体的管理、服务和运营事项之外，对养老机构的建设、管理和服务质量进行检查、监督、质询和惩戒，④即政府不再直接参与养老机构的具体事务，而是承担宏观的监督管理职责。

4. 公办民营养老机构

公办民营养老机构，是指各级政府及公有制单位已建有的公有制性质的养老机构，根据市场经济的发展需要，对其进行改制、改组和改造，并将其独立于政府管理部门，委托于民间组织或是社会力量进行管理与运营。

养老机构运营模式“公办民营”后，政府不但从之前的服务供应者转变成服务

---

① 《西安市养老机构公建民营实施办法（试行）》（西规〔2021〕014 - 民政局 002）；《天津市养老服务机构公建民营管理办法（试行）》（津民规〔2022〕3 号）。

② 参见闫青春：《养老机构的“公办民营”与“公建民营”》，载《社会福利》2011 年第 1 期。

③ 参见杨永、张瑛等：《我国欠发达地区公建民营养老服务体系构建的 SWOT 分析》，载《当代护士（下旬刊）》2019 年第 2 期。

④ 参见张新华：《养老机构实行公建民营应关注的问题及发展思路》，载《社会福利（理论版）》2015 年第 7 期。

监督者,还完成了资金投放方向的战略改变。政府仅仅担负大型设施建设投资,日常运营费用及小型设施建设费用等都是由社会经营者来承担,同时社会经营者每年还需要缴纳部分利润作为机构的折旧费用及发展基金。改制后,许多公办养老机构的运营管理水平得到了明显提高,资源利用率也有了大幅提升,呈现出"当年承包、当年见效"的局面。从另一层面来看,"公办民营"模式无形中降低了社会各方面力量进入养老福利行业的"门槛"。如政府投资将养老机构的基础设施建造完成,这样社会经营者前期资金投入不会太多;政府协助办理养老机构的有关经营手续,这样社会经营者的运营成本会大幅减少。

(二)深层剖析:经营模式对民办民营养老机构非法集资风险的关键性影响

非法集资涉案企业倒闭的表面原因是资金链断裂,产业资本与金融资本没有实现有机结合,其根本原因在于企业缺乏可持续的营利模式和稳定的资金来源,而企业稳定的资金来源以及是否能够持续性盈利取决于企业的经营模式,归根结底,企业的经营模式对企业的非法集资风险具有关键性影响。

企业的经营模式指的是在正常的生产、运营过程中,机构内部人、财、物、信息等要素的结合方式。企业的经营模式就好像是"打地基"一样,这个模式建立、推行得越好,对企业的发展就越有利,不同的结合方式、不同的顺序安排、不同的比例结构,都可能会导致企业运营的不同走向,优质的经营模式促其发展,反之可能使其自取灭亡。

在民办民营养老机构经营模式之下,其与公办民营、公建民营以及公办公营养老机构的差异主要体现在机构权属性质、决策方式、收费模式以及监管机制上。首先,民办民营养老机构经营模式相对而言欠缺稳定性,其机构内部生产不稳定,固定资产相对较少,借贷风险较高,纯民办性决定了其所能获得的政策及资金扶持相较于其他养老机构而言更少;其次,大部分民办民营养老机构规模较小,机构内部上至管理人员下至服务人员可能只有几十人,且机构大小事项的决策权在创办者数人甚至是一人手中,极易产生"一言堂"的局面;再次,民办民营养老机构实行完全自主定价的收费机制,在市场竞争的背景之下,民办民营养老机构出于维持机构运营与营利的目的,收费标准普遍偏高且多采用预收费机制;最后,由于民办民营养老机构起步较晚,我国对民办民营养老机构的监管存在天然不足,监管过度不利于民办民营养老机构的自然发展,监管不足易滋生非法集资风险。综上，民办民营养老机构的经营模式相较于养老机构其他经营模式而言更易滋生高度非法集资风险。

二、风险溯源：民办民营养老机构经营模式的实证分析

为深入了解湖南省民办养老机构经营状况，调研组走访了长沙、益阳、衡阳、郴州等地具有代表性的养老机构 21 家，其中民办民营的 18 家，公建民营的 1 家，公办民营的 2 家，民建公助的 1 家，养老机构基本经营信息见表 1－1。

表 1－1　走访养老机构基本情况

养老机构名称	性质	床位（张）	入住率（%）	收费标准（元）	营业地点
九 D 养护庄园	民办企业	70	40	1500～1800	长沙市长沙县
青 S 老年公寓	民办非企业	2000	40	1900～5000	长沙市长沙县
协 H 颐养院	公建民营	1580	26	3000～6000	长沙市芙蓉区
湖南善孝 TY 康复中心	民办非企业	500	60	2000～4500	长沙市开福区
淮川街道 BY 社区康复中心	民办非企业	100	60	1980～2880	长沙市浏阳市
银 X 养老康复中心	民办企业	280	45	1680～2980	长沙市浏阳市
明 Y 养老之家	民办非企业	52	80	1480～3800	长沙市宁乡市
煤 C 医院养老机构	民办非企业	103	73	2000～5000	长沙市宁乡市
湘 M 康复养老中心	民办非企业	360	64	2000～6000	长沙市天心区
安 H 养老山庄	民办非企业	3000	45	3000～4500	长沙市望城区
乐 L 龄红花坡老年养护院	民办非企业	130	85	1500～4000	长沙市雨花区
永 J 老年养护院	民办非企业	102	45	2400～4000	长沙市雨花区
红 F 康复中心	民建公助	489	50	4500～5000	长沙市岳麓区
郴州市颐 X 养老院	民办非企业	300	78	2500～5000	郴州市北湖区
郴州市苏 F 养老服务有限公司	公办民营	50	90	500～1500	郴州市苏仙区
长乐 YK 养老机构	民办企业	232	68	2600～4000	郴州市北湖区
郴州市 K 养中心	公办民营	500	60	3000～5000	郴州市北湖区
衡阳市悦 X 养老服务有限公司	民办非企业	120	70	2100～5000	衡阳市蒸湘区

续表

养老机构名称	性质	床位（张）	入住率（%）	收费标准（元）	营业地点
衡阳市万Z和养老服务有限公司	民办非企业	100	60	3500～3800	衡阳市珠晖区
益阳市赫山区重Y养老机构	民办非企业	500	50	1500～2000	益阳市赫山区
益阳市纳N老年公寓发展有限公司	民办企业	700	50	3000～5000	益阳市资阳区

在调研组所走访的21家养老机构中，有10家养老机构已"爆雷"，现由政府接管或是有潜在的"爆雷"风险，其中，3家为公助民营，其余7家为民办民营养老机构。从上述数据得以观之，民营养老机构在运营过程中所具有的非法集资风险更高。而在民营养老机构之中，民办民营养老机构非法集资案件又呈高发态势。故本节将从机构权属、决策机制、机构收费机制以及多元主体监管四个方面梳理养老机构运行过程中面临的非法集资风险，从养老机构经营模式的角度为防范化解民办养老机构非法集资风险提出有建设性的对策。

（一）机构权属：部分民办民营养老机构运营持续性不佳

民办民营养老机构是由社会力量投资兴办，机构所有权和运营权都归私人所有；而公办公营、公建民营以及公办民营养老机构的机构所有权均归属于政府，在融资服务、财税支持、土地使用等方面国家都给予所有权归属于政府的养老机构政策支持，而私营养老机构都是自己筹集资金、寻找场地等，其在资金来源以及政策扶持方面存在天然的劣势。

1. 资金来源：部分民办民营养老机构资金链不稳定

资金在民办养老机构的成立以及持续性经营中意义重大，拥有足够的资金才能够支持房地租赁、机构建设、养老设施设备的采买、机构服务人员的配置、水电燃气等日常费用开支等。调研组在通过与养老机构负责人的访谈中了解到，民办民营养老机构主要是以个人合伙或者以家庭为单元投资兴办，投资规模较小。且相较于公办养老机构而言，该类养老机构所投入的资金基本上属于自筹，如益阳市赫山区某老人院负责人称其投入资金5000万元，资金主要来源于自己在建筑行业的存款以及采取民间借贷方式筹得的资金；衡阳市某养老公司负责人称该养老机构开办资金来自其第一家养老机构的经营所得。而公建民营养老机构如长沙市某养老院是由长沙市芙蓉区政府主导，并引入某养老集团投资建设而成；公办民营养老机构如郴州市某养老院是由当地民政局将当地公办敬老院交由该养老院试点托管运营，是将业已建成的具有公共性质的养老机构委托给民间组织进行运营的一种经营模式。

不同类型的民办养老机构除资金来源渠道有差异外，机构运营所依赖的土地获取方式也差异较大。在调研组所走访的 21 家民办养老机构中，获得政府划拨用地的只有 5 家养老机构，仅占所调研养老机构的 23.8%，其余 16 家养老机构只能通过租赁废弃医院、居民楼等场地或者是自行出资购地进行建设的方式经营，采取租赁或者自行购地方式的养老机构花费在租金或是购地费的资金在其成本支出中占比很重，对于规模不大的养老机构而言是一项不小的负担。在调研过程中，调研组发现对于个别养老机构，政府部门会给予其前五年免租金、后五年减租金的福利，这在一定程度上减轻了养老机构的建设负担。

在调研过程中，调研组发现“爆雷”的养老机构主要集中在资金自筹、民间资本介入程度更高的民办民营养老机构。调研组认为，公办民营养老机构以及公建民营养老机构前期资金压力相较于民办民营养老机构而言较小，而在民办民营养老机构中部分养老机构，由于项目优势或是作为当地养老服务示范点能够从政府获得部分资金扶持或者补助，其余养老机构由于体量较小或是其他原因，只能从政府处获取微薄的建设补贴或者运营补贴。对于资金相对充裕的养老机构而言，机构负责人的工作重点就主要集中于养老机构的可持续运营以及如何为老年人提供更多更优质的养老服务上；而对于资金相对紧缺的养老机构而言，在面对自有资金不足、所需投入资金大的背景下，无其他资金合法获取渠道的养老机构负责人可能会为了盘活机构，而在明知自己不具备吸收存款资格的情况下而向社会不特定对象吸收资金，一旦无法偿还所吸收的资金本金及高额利息，就会导致机构“爆雷”。

2. 政策扶持：部分民办民营养老机构政府优待力度不足

随着我国老龄化程度的不断加深，各级政府出台了许多政策以促进养老机构的发展。以湖南省为例，湖南省政府所采取的扶持政策主要包括用地、规划和建设政策，运营资助政策，税费优惠政策，医养结合政策，人才培育政策，政府购买服务以及信贷金融扶持政策。[①] 在养老机构的日常运营起到重要作用的政策主要包括运营资助、税费优惠以及信贷金融扶持政策，本节对此进行了简单梳理（见表1-2）。

表1-2 湖南省养老机构政策扶持情况

补贴政策	补贴项目	补贴对象
运营资助政策	1. 考核合格的养老机构，以机构实际入住人数为标准，按照100元/（人·月）进行补贴，补贴期限不超过5年	所有考核合格的养老机构
	2. 疫情防控期间实行全封闭管理的民营养老机构按在住老人人数，按照100元/人的标准给予一次性补贴	疫情防控管理要求下实行全封闭管理的民营养老机构
	3. 减免公建民营养老机构2020年度的场地租赁、运营管理等上缴费用，免租期内的在原有期限上顺延1年	公建民营养老机构
	4. 各级民政部门要足额保障并及时拨付政府兜底保障对象的生活费、护理费等，要积极争取党委政府重视，按不低于3000元/人/年的标准安排工作经费。优化公建民营养老机构运营环境，有效帮助运营方降低运营成本，提高养老服务质量	
税费优惠政策	1. 非营利性养老机构建设免征有关行政事业性收费	非营利性养老机构
	2. 营利性养老机构建设减半征收有关行政事业性收费	营利性养老机构
	3. 企事业单位、社会团体和个人通过具有公益性捐赠税前扣除资格的公益性社会团体或县级以上人民政府及其部门向社会力量投资举办非营利性养老机构的捐赠支出，准予在计算应纳税所得额时扣除（不超过年度利润总额12%的部分），个人通过公益性社会团体或者县以上人民政府及其部门向非营利性养老服务机构的捐赠，在缴纳个人所得税前准予全额扣除	—

① 参见《湖南省养老服务扶持政策措施和投资清单》、湖南省民政厅《关于规范全省公建民营养老机构运营管理的通知》。

续表

补贴政策	补贴项目	补贴对象
信贷金融扶持政策	1. 创新农村土地承包经营权、农房抵押贷款、农村集体建设用地使用权抵押贷款等用于农村养老服务业的贷款品种;探索支持以租赁用房开办养老服务的机构的信贷产品;探索向合法且产权明晰的社会力量投资举办养老机构发放资产(设施)抵押和应收款质押贷款;支持发放融资性担保公司担保的养老服务业贷款	—
	2. 各金融机构在符合信贷要求的前提下,优先向养老服务机构给予信贷支持。并在国家允许的贷款利率浮动幅度内给予利率优惠,合理确定贷款期限	—
	3. 鼓励金融机构针对部分养老产业项目周期长、利润低等特点,适当延长贷款期限;鼓励开发适合老年人的养老金收付服务结算和理财产品;为境外资本投资我省养老服务业提供配套人民币结算服务	—
	4. 各级人民政府要积极支持社会力量投资举办养老服务机构的融资需求,通过信贷贴息、融资补贴、融资担保等多种途径,引导更多资金投入养老服务业。鼓励金融机构创新金融产品和服务方式,加大对社会力量投资举办养老机构的信贷支持,合理确定贷款期限,并在国家允许的贷款利率浮动幅度内给予利率优惠。对产权明晰、管理规范、诚信度高、偿债能力强的社会力量投资举办的养老机构及其建设项目,金融机构应通过多种方式给予融资支持。鼓励金融机构拓宽抵质押担保物范围,允许社会力量投资举办的养老机构利用有偿取得的土地使用权、产权明晰的房产等固定资产办理抵押贷款,国土资源、房产管理部门应予办理抵押登记手续	—

全省范围内已出台促进养老机构发展的各项政策。对于公办民营养老机构、公建民营养老机构,其在成立之初已经是由政府出资建设基础设施,其所有权性质归属于政府,民营经营者的运营压力较小,且其在运营过程中所获得的优惠政策主要包括税收减免、床位补贴、老年人活动场地费的购买等,所获政策倾斜程度较高。然而,通过与各地养老机构进行的交流,不少民办民营养老机构的负责人

共同指出，政府的扶持政策对于养老机构的运营仅起到杯水车薪的作用，或者是虽有政策但并未落到实处。如益阳市赫山区某老人院负责人提出，融资问题是养老机构在运营过程中遇到的一大难题，虽然政府在相关政策中提出要创新信贷产品，积极支持养老机构的融资信贷需求等，但是在实际融资过程中银行对民办养老机构的要求较高，以租赁方式运营的养老机构难以获得银行的融资。

综上，调研组认为，在实践中民办民营养老机构所承担的运营压力最大，但其所获得的政策支持远不及公办民营养老机构以及公建民营养老机构，且还有相当一部分促民办民营养老机构发展的政策尚未落实到位，因此该类养老机构所面临的非法集资风险较大。

（二）决策机制：部分民办民营养老机构重大事项决定机制不科学

根据民政部于2021年12月10日发布的《养老机构岗位设置及人员配备规范》，养老机构应根据行业特点设置“管理岗位、专业技术岗位和工勤技能岗位等岗位”。[①] 在民办民营养老机构中，通常由管理岗位的工作人员承担着养老机构中重大事项的决策权。然而，通过调研了解到，大多数民办民营养老机构规模不大，且多为家庭管理模式，机构的日常运作管理基本由家庭成员负责，除外部的招聘人员外，内部人员的裙带关系较为明显，尤其是人事、财务、采购等关键岗位。因此，裙带关系导致的绝大多数机构的组织结构构成不合理，在决策机制方面的工作也难以顺利开展。

民办民营养老机构在运行过程中所采取的是“自上而下”式的决策机制，即机构中重大事项由负责人个人或是合伙人拍板决定，机构内其他人员负责实施管理人员所下达的决定，机构所作决策直接由管理人员的素质高低以及内心意图所决定，存在极强的随意性。如在调研过程中某“爆雷”机构营销人员称：其曾经询问过机构负责人所筹集资金的用途，并对其所作决策表示异议，但是机构负责人并未听取其意见，仍然固执己见地将机构资金投入与养老机构运行无关的项目中，从而造成机构“爆雷”的局面。

而公办公营养老机构、公建民营养老机构与公办民营养老机构因地方政府在建设过程中有不同程度的参与，其在机构重大事项决策时享有一定的话语权，能

---

① 参见民政部《养老机构岗位设置及人员配备规范》（MZ/T 187—2021）。

够有效弥补机构运营管理人员素质不高、前瞻性不足、决策作出主观性强的局面，在一定程度上能够预防非法集资的发生。

（三）营利收入：民办民营养老机构收费乱象多发

在养老机构收费机制之下，国家发展改革委与民政部联合出台的《关于规范养老机构服务收费管理促进养老服务业健康发展的指导意见》对不同经营模式下养老机构的收费机制进行了规定：民办营利性养老机构服务收费项目以及标准由经营者合理确定，政府无权干涉；民办非营利性养老机构服务收费标准由经营者合理确定，政府仅进行必要的监督；公办民营养老机构发挥保障基本的作用，区分不同服务对象实行不同收费机制，如对"三无"老年人实行免费政策，对经济困难的孤寡、失独、高龄及失能、半失能老年人实行政府指导价；公建民营养老机构服务收费标准由运营方依据与政府的委托协议进行合理确定。[①] 由于大部分民办养老机构实行的是自主制定收费标准，其收费区间以及收费时长是根据经营主体的意向而确定的。

在调研组走访的 21 家养老机构中，采取预收费模式的养老机构共有 12 家，其中民办营利性养老机构 7 家，民办非营利性养老机构 4 家，公建民营养老机构 1 家，其中"爆雷"的养老机构有 7 家，3 家为民办非营利性养老机构，4 家为民办营利性养老机构。预付费模式是指养老机构在入住前一次性预缴一定的数额，在之后接受养老服务的过程中，以每月的床位费、护理费以及其他服务费用的方式予以扣除；"入会费 + 服务费"模式是指老年人支付一定的金额作为入会金额，之后再定期向机构缴纳服务费及其他相关费用以获取养老服务。当然，根据入会金额缴纳的多少，老年人在入会后也区分不同的服务和优惠等级。调研组在调研过程中发现，大部分已"爆雷"的养老机构预想的是通过这种预先收取养老费用的方式弥补机构的前期投入，以所收取的大额会员费或服务费来维持本机构的日常运营，然而负责人在收取大笔预付费金额后，为了追求更高额的回报而进行盲目扩张或参与风险投资，将养老钱作为投资的本钱。而民办民营养老机构相较于公建民营养老机构以及公办民营养老机构而言享有相对独立的收费机制确定权，其在

---

① 参见国家发展改革委、民政部《关于规范养老机构服务收费管理促进养老服务业健康发展的指导意见》（发改价格〔2015〕129 号）。

确定收费区间以及收费时间时仅考虑市场需求以及自身运营需求;而其他两类养老机构还需考虑政府所承担的养老保障功能,在确定收费标准时政府有不同程度的介入,其收费标准更加清晰透明,因此,公建民营养老机构与公办民营养老机构在机构收费机制下所面临的非法集资风险更小。

(四)过程监管:民办民营养老机构外部监管机制不畅通

在调研过程中,调研组了解到民政、公安等有关部门会不定期对其管辖区域内养老机构进行抽查,排查机构登记信息、机构价格公示情况、非法集资情况等。然而,在所走访的养老机构中,有5家养老机构是在已"爆雷"之后政府才进行介入,媒体才进行相关报道,这说明当前的监管机制仍然存在漏洞。

对于养老机构的监管,湖南省人民政府办公厅出台了《湖南省人民政府办公厅关于加强养老服务机构综合监管的通知》,其中强调要加强组织领导,充分发挥政府的监管作用,发挥行业自律作用以及营造好社会监督环境。①

在多主体监管机制之下,首先,我国当前在深入推进"放管服"政策,我国对于民办养老机构的准入采取的是登记备案制度,无须审查机构主体的资金背景以及从业背景,政府职能部门对民办养老机构的准入管理大多只是走个过场。而公建民营以及公办民营养老机构是在政府已将基础性设施建成的基础之下引入或者通过招投标等形式委托民间资本投入、运营,其在一定程度上已经具有运行资质,政府在引入民间资本前已进行了一定的考察。其次,全国范围内虽已成立各级养老行业协会,但是由于其成立时间不长,在实践中养老行业协会尚未发挥出监督作用,在对民办养老机构监管方面能效不足。最后,社会媒体监督缺位。媒体一般是在养老机构成立之初对其进行广泛的正面宣传或者是在机构"爆雷"之后对案件相关情况进行负面报道,较少对养老机构运营过程中所产生的法律问题进行监管报道。

此外,各有关部门的信息交流不顺畅,无法进行有效的信息交流,造成了"信息孤岛"的局面。不同的部门使用的平台和数据标准不同,彼此之间独立,缺少有效的数据和信息汇总,造成了不同程度的封闭现象。监测预警所需要的多维度数

---

① 参见湖南省人民政府办公厅《关于加强养老服务机构综合监管的通知》(湘政办发〔2021〕80号)。

据信息难以有效整合，各部门监测方式缺乏统筹规划，以致监测预警效果不佳。大部分监测平台的监测范围有限，无法对跨区域的数据进行比对、分析和挖掘，无法应对流动性的跨区域非法集资活动。

综上，在对养老机构监管不到位、监管未形成合力致使监管机制失效的情况下，机构非法集资乱象难以洞察。而具体到三类养老机构之下，公建民营养老机构与公办民营养老机构有政府的参与，其一定程度上受到政府的监管；而民办民营养老机构所受到的监管相对较弱，其所面临的非法集资风险更大。

综上，民办民营养老机构成立之初需要大笔资金投入，运营过程中资金获取渠道相对较窄，政府政策扶持力度相对较低，机构收费机制随意性较大，监管力度不足，与公办民营养老机构和公建民营养老机构相比所面临的非法集资风险更高。因此，政府介入民办养老机构的经营模式具有较大的非法集资风险防范优势。

三、全面检视：民办民营养老机构经营模式的非法集资风险成因

经过实证分析得出，民办民营养老机构的经营模式非法集资风险更高，本节将着重分析其风险成因，分析该经营模式非法集资风险高的根源所在，即机构固有性质内化风险、机构决策机制不科学、预付费机制泛滥以及监管机制不协调，为养老机构经营模式的路径优化奠定基础。

（一）固有性质存风险

民办民营养老机构所有权归私人所有，其纯民办性决定了其在资金获取方面只能依靠自身力量，所有的民办民营养老机构的初始资金大部分来自负责人自筹，少部分以其他资产抵押获得一定的银行贷款，运营后的收入来源主要是收取养老服务费用以及政策给予的各类补贴，或是来自社会慈善机构或者个人的捐赠。但投资兴办养老机构所需要的资金规模是巨大的，无论是机构创立之际还是运行之后，大部分民办民营养老机构所面临的资金压力巨大。

此外，民办民营养老机构无法像公办民营、公建民营、公办公营养老机构一样背靠政府，其所具有的经营风险更高，仅依靠自身信用难以进入融资市场，遭遇

“玻璃门、弹簧门、旋转门”[①]等局面。大部分金融机构在金融管控收紧的背景之下，为了降低自己的经营风险，维护金融稳定，更倾向于为国有企业或者是规模较大、风险承担能力较强的企业提供贷款；尤其在新冠疫情大肆蔓延的背景之下，绝大部分企业的利润有所下降，大部分民办养老机构资金链出现较大缺口，机构经营的可持续性有所降低。大部分养老机构因疫情防控要求短期内难以恢复正常经营，且难以招收新的老年人入住，一些规模较大、缺乏资金周转能力的养老机构面临资金链断裂的风险。在此情况下部分民办民营养老机构出于维持养老机构的正常运转的目的，在难以通过正常渠道获得贷款的情况下，可能会铤而走险走上非法集资的道路。

（二）决策权力不均衡

民办民营养老机构的决策机制颇有家长式“一言堂”之韵味，不利于企业发展。大多数中小型民办民营养老机构都是家族式管理，特别是在机构初创期，很多内部问题都是创始人一人决策，并没有建立科学的决策机制，这样独断专行的决策模式会导致“一言堂”的问题，而这种“一言堂”的个人决策机制具有明显的局限性。一是个人所作出的决策受制于能力、经验、精力的影响，而随着企业的发展、市场的变化，个人能力、精力总是十分有限的；二是个人所作出的决策在没有受到其他力量的约束时，容易片面、极端地看待、分析问题，其所作出的决策往往会受到个人的喜好、兴趣甚至情绪等主观因素的影响，带有极强的个人色彩。除此之外，由于采用独断专行的决策机制，机构内部基本上是一个人或是几个人说了算，无论决策正确与否，机构内部工作人员也会照常执行。当工作人员发现决策存在问题时，通常机构已陷入非法集资风险之中，届时再采取措施弥补已为时过晚。

（三）预付费机制泛滥

根据国家发展改革委与民政部联合出台的《关于规范养老机构服务收费促进

---

① “玻璃门、弹簧门、旋转门”指的是民企进入市场的三道阻碍。玻璃门指的是新政策、新规定、新办法都有了，民营企业看得见却进不去也拿不到，犹如隔了一层玻璃门，总之是兑现难，落实难；弹簧门则指的是民营企业刚刚涉足某一行业领域又被一些市场准入和进入门槛等“硬性政策”弹出门外；旋转门指的是行政机关表面上看对各种体制的企业一视同仁，可招标条件里设定了某些条款，又把民间投资推了出来挡在门外。

养老服务业健康发展的指导意见》，在全国范围内，民办民营养老机构均实行自主定价的模式。而在实践中，民办民营养老机构的收费模式有很多种，而民办养老机构往往为了提高入住率和筹措资金，通过会员卡形式收取高额押金或会费，给予入住老人一定优惠。这种收取大额会员费、大额保证金（押金）或一次性收取数年租金用于弥补前期投入，再按月（年）收取入住期间的服务费用，服务期限届满后退还会员费余额的预付费机制在业内很普遍，已成为行业潜规则。

其实，预付款制度本身没有优劣之分。在合理的商业模式和科学有效的监管条件下，将预付费机制引入到养老服务中，可以使供方和需方达到共赢。对于供方，也就是养老机构的投资人，可以通过预收费的方式，提前收回部分建设资金，让机构尽快达到收支平衡，尽快实现可持续发展的目的，从而提高养老服务质量和各项建筑设施质量，让入住的老人们都能从中获益。对于需方，也就是老人来说，一般而言提前支付费用可以让其享受到一定程度的折扣，从而为他们节省了养老费用，在有限的床位资源之下，他们可以享受到更好的生活。预付费制度引入养老领域的出发点是美好的，但在实践中养老行业却逐渐走偏。在养老机构所发生的非法集资案件中，预付费机制泛滥是养老行业非法集资的导火索，主要表现为以下两种情况：

第一种是善始恶终，即养老机构采用预付费机制的初衷是好的，他们本来是打算将回笼资金用于养老机构建设、运营上，然而在实际收到大笔预付费资金之后，在缺乏有效监管的背景之下，养老机构负责人并不能合理地规划与其匹配的资金用途，很容易改变其初衷，原本打算取之于老人，用之于老人的资金，被转作了其他用途，投资于看似回报更高、实则风险更大的行业。而一旦这些行业发生波动，老人们的“养老钱”就会被葬送。第二种是以吸收公众存款为出发点，打着各种养老的旗号进行非法集资。这样的行为，一开始就是以犯罪为目的。而所谓的“提前支付养老费用 + 投资理财”的高收益模式，其实就是一场“庞氏骗局”。其卖点往往不在于其自身的养老服务，而在于其高收益的投资和金融。那些不法分子不但会将机构已有的所有床位都以预付款的形式出售，甚至会超售几倍乃至十倍，预定出远超养老机构真实床位数量的床位，赚得盆满钵满。这样的行为，最终都是卷了钱，然后逃之夭夭。①

---

① 参见顾严：《预付费式养老亟需规范》，载《中国社会保障》2021 年第 3 期。

（四）监管机制不协调

非法集资案件本身具有隐蔽性，它具有较强的潜伏性，初期往往难以被人察觉，难以做到及时预警和及时处理。在养老领域中，集资人往往给集资参与人展现出来已经向民政部门登记、机构经济实力雄厚、其所投资项目是政府大力扶持项目的假象，以此来打消集资参与人的怀疑，获取集资参与人的信任。而在集资初期，由于参与集资人数较少、涉及金额较少，集资人将陆续吸收的资金用以支付前期利息及借款，因此集资参与人也不会向外界透露集资线索，在此阶段双方表面上属于正常的投资或民间借贷关系，难以发现非法集资的苗头。而在集资前期，养老机构尚未“爆雷”的情形下，大多数老年人在得知养老机构非法集资之后，出于维护自身利益的考量，并不会主动举报，而行政职能部门在获取相关线索之后，由于机构资金链尚未完全断裂，此时如果强行介入，可能导致其资金链提前断裂，易引发群体性事件；若放任其继续经营，又可能导致非法集资波及面扩大，造成追赃挽损难度极大的局面。

此外，由于政府各部门之间在信息交流上存在壁垒，信息共享效率较低，极易导致“信息孤岛”局面的出现。在行政机关内部，由于不同部门所使用的平台及数据标准各不相同，彼此之间相互独立，缺乏统一高效的信息和数据整合平台，难以实现信息交流的互联互通。而非法集资案件涉及的领域较广，其所涉及的部门较多，且各部门之间缺乏协调、配合，导致地方金融监管部门在发现非法集资线索后对于超出部门职责范围的线索没有及时移交有关监管部门，使得案件规模逐渐扩大。在“多管齐下、多头监管”的管理模式下，很容易出现监管漏洞、监管套利等问题。

我国现有的行政监督体制存在部门专业化管理与地方政府领导层管理交叉、层级冗杂的局面，导致管理权限重叠交织、工作效率低，使得跨部门协作存在层层阻碍。此外，行政监管部门之间权责划分不明，尚未形成紧密高效的联动机制，在打击非法集资过程中往往相互推诿，出现无人监管或多头管理的现象。即便是个别部门察觉到了可能存在的非法融资风险，却又得不到其他部门的支援与帮助，常常处于“有心无力”的窘境，只能“单枪匹马”自己解决问题。①

---

① 参见杨永强：《防范民办养老机构非法集资的路径构建》，江西财经大学2022年硕士学位论文。

四、优化路径:民办民营养老机构经营模式非法集资风险防控对策

在深度剖析民办民营养老机构非法集资风险的成因后,有针对性地提出优化路径:推广政府和社会资本合作的养老机构(Public - Private - Partnership,PPP)模式、完善机构决策机制、规范机构预收费模式、加大多元监管力度,旨在促进养老服务事业健康可持续发展,为老年人的幸福晚年保驾护航。

(一)推广政府和社会资本合作的养老机构 PPP 模式

专家认为,在人口老龄化的社会结构下,养老应该走向多元化、市场化。通过市场机制,可以提高我国养老产业的投资和经营效率,构建符合老龄社会结构的养老产业模式,从而有效地应对人口老龄化问题。然而由于我国现有民办民营养老机构在非法集资背景之下天然存在的高风险,调研组认为,大力推广政府介入养老机构的运营、社会主体参与的养老机构 PPP 模式,能够有效降低其存在的天然风险,实现公有主体、私有主体、老年人三方共赢的局面。

养老机构 PPP 模式是指由政府选择具有投资和运营能力的社会资本,以特许社会资本经营养老机构、以社会资本入股的方式设立养老机构或者是政府向社会资本方购买机构养老服务等方式,向社会提供机构养老服务。

首先,养老机构 PPP 模式的特征是:主体之间的权利和责任清晰。在 PPP 模式中,项目各方(政府与社会资本)通过签订协议,明确各自的权利和义务,因此,权责清晰是其优势之一。PPP 模式的基础也是为社会提供优质的公共服务,只要社会资本完成合作协议的安排,能够提高养老服务的质量和水平,企业所谋求的利益就可以得到法律的保护。所以,在 PPP 模式下,社会资本拥有更大的运营动力,努力完成合同约定内容,以期获得己方追求的利益。同时,政府必须遵守合同所规定的义务,受到合同的约束,因此,政府部门也势必要在养老机构运营过程中担任监管的角色,承担着保障养老机构健康可持续发展的功能。①

其次,养老机构 PPP 模式在性质上其产权是共享的。以股份合作方式运作的养老机构,其产权性质并非纯粹的公有或私有,而是具有合作方的共同性质。通

① 参见卢玲岚:《SWOT 视角下我国养老机构建设项目 PPP 模式分析》,载《企业科技与发展》2020 年第 12 期。

过引入社会资本,使其更好地进行运营和管理,PPP 模式可以有效地调动社会资本的积极性,原因在于养老机构的运营状况与其自身收益密切相关。

最后,养老机构 PPP 模式在经营上是双赢的。政府通过参与到养老机构的运营来实现为社会提供养老服务的职能,而社会资本则是通过投资和经营来获取利润。在 PPP 模式下,政府可以充分发挥其自身的信息优势,减少项目建设的风险,并为养老机构运营创造有利的环境,为社会资本减少政策风险等外部风险。而社会资本的引入,可以有效地减少政府的投资风险与债务负担,而且社会资本的运营与管理也可以有效地减少企业的运营风险。

(二)完善机构决策机制

一方面,构建机构管理人员、工作人员代表、老年人代表共同参与的多元决策机制。机构在内部治理中,采取多元决策机制可以统筹兼顾多元主体不同的利益诉求,始终坚持共生的逻辑和众享的价值导向,努力在求同存异中概况提炼出"最大公约数",实现决策成果覆盖面的最大化,让机构所作出的每一项决策能够满足各方需求,且实现决策过程和结果的公开透明化,防止机构管理者主观臆断的"一言堂"局面出现。机构管理人员作为宏观管理者,工作人员代表作为提供服务一方,老年人作为接受服务一方,三方就机构运行事项共同商议、共同决策,能够有效避免任意一方主体擅断的问题发生,以期形成三方共赢的局面。

另一方面,在机构内部设立单独的决策执行监督机构,对于影响机构健康可持续运营较大的决策执行行为实行全方位监督,在执行过程中一旦有非法集资风险的苗头产生,及时介入并向有关部门报告,将非法集资遏制在源头。

(三)规范机构预收费模式

首先,对养老机构投资理财项目进行严格限制。可以参照《北京市养老服务机构监管办法(试行)》中"会员费不得投资风险行业"、《南京市养老服务条例》中"养老机构不得以还本付息、给付回报或者约定回购等方式,诱导社会公众购买养老服务产品、养老公寓、预售卡、优惠卡,或者投资养老服务项目"等规定,对预付费使用途径进行进一步限制,让预付费机制回归到促进老年人与机构双赢的初衷,防止预付费向非法集资的转变。

其次,实行严格的公示报告制度。所有采用预付费机制的养老机构,都要按照《养老机构管理办法》的规定，在办法规定的服务项目和收费基础上，明确规定预付款的标准，并将本机构预付费具体标准上报给当地的养老行业主管部门。各有关部门一方面要在其官方网站和新媒体平台上公布其备案情况，另一方面要与上级行业主管部门、同级金融、执法部门等部门进行信息互通，从根本上解决监管信息不充分的问题。

最后，要建立起第三方存管体系。所有采用预付费机制的养老机构，都要在商业银行设立一个第三方存管账户，并按一定比例将收取的费用存入其中。在老人实际入住后，银行可将其从第三方存管账户转入养老机构。第三方托管机制不仅能起到类似保证金的功能，而且也能保障养老机构与老人之间的协议的有效履行。①

（四）加大多元监管力度

首先，加强对民办民营养老机构非法集资的防范，其核心在于加强对民办民营养老机构的早期监测和预警，织密中央与地方互联互通、线上线下结合的监管网络，实现关口前移。要实现部门间信息资源的整合，打破部门间信息交流的壁垒，建立信息全面共享体系，实现不同部门、不同辖区的信息交流共享，做到民办民营养老机构非法集资的早发现、早预警、早处理。要建立统一、高效、动态跟踪的大数据监控和预警体系。例如，厦门市建立的"天罗地网＋特色"的金融风险防控预警平台，即对高发、易发非法集资风险的金融企业进行重点监测，采取网络捕获关键词的方式建立监测预警体系；并通过开发金融风险随手拍 App，号召广大市民群众参与到非法集资线索收集当中；最后开展对平台交易以及资金监管银行的双层实时监测的综合性监测体系建设工作。在该体系下，平台对涉及的金融企业进行排查后，将高风险的企业移送公安部门进行核实，开展下一步行动，真正实现非法集资早发现、早预警、早处理。

现代信息技术固然能够促进非法集资监测效率，但是日常的监控工作也不可忽视。各级政府、监管部门、行业协会要建立健全日常风险排查机制，强化动态监控，严格管控增量风险。要充分发挥基层组织的监督和预警作用，街道、村委、居委会、居民小区业主委员会、银行网点等部门和人员，常常能够在最短的时间内发

---

① 参见顾严：《预付费式养老亟需规范》，载《中国社会保障》2021 年第 3 期。

现并察觉到非法集资的蛛丝马迹，需要充分发挥这些机构和人员的监测预警功能，实现监测重心下沉。要健全线索举报奖励机制，采取物质层面的激励如发放奖金或是精神层面的奖励如颁发荣誉称号、证书等方式，动员群众积极收集、上报线索。

要真正实现及时预防及时处理，就要及时处置非法集资广告。非法集资影响范围往往是以网络广告、传单广告的方式进行扩大，在此基础之上，及时发现并阻止其扩散对防范非法集资风险具有重要意义。因此，各牵头单位要定期与市场监管部门联合开展专项整治活动，加大对非法集资广告的监管力度，阻断非法集资的传播渠道。在开展非法集资犯罪的前期宣传工作中，要尽早发现微信朋友圈的虚假广告、违规张贴虚假传单、酒店内虚假会议宣传，并将“净网治网”与“扫楼清街”活动相结合，对其进行打击、清理。

其次，要强化协同监管。零散的监管体制不能有效地处理跨区域的非法集资，一个部门的单打独斗是难以解决根本问题的。为此，应当勇于改变传统的分散监管方式，构建分工明确、协作紧密的综合管理体制。各级行政机关要发挥牵头作用，组建专项领导小组，对各成员单位进行职责分工、制度约束和流程优化，以提升监督工作的质量。行业监管机构要对重点领域的非法集资活动进行严密监控，一旦发现有非法集资的苗头，立即报送公安机关，并及时建立部门合作机制。而银行和金融机构一旦发现可疑的交易，应及时通知相关部门和有关单位，采取相应的预防措施，避免事态进一步恶化，如果发现有重大的非法集资风险，可以对其资金申请冻结，以避免资金抽逃、转移。工商、税务机关要强化对重点行业和风险企业的日常监督，定期进行检查，实行“双随机一公开”的监督管理模式，掌握企业经营动态，发现资金安全隐患后，及时通知相关职能部门。公安部门要加强与行政机关的协调，发挥部门协同作用，联合工商、税务、金融等部门，定期进行联合检查。公安经侦部门在打击非法集资过程中要做好分类处置，对尚未达到入罪数额标准的，不能一放了之，要移交其他行政部门处置，并督促集资人退还资金；对达到入罪门槛的，要依法立案侦查，及时采取强制措施控制相关负责人防止其潜逃，并将案件移送司法机关，必要时可申请检察机关提前介入，以形成多部门合作监管工作机制。

本节小结

民办民营养老机构在推进我国养老事业的发展中起到了重要作用，承担着重要的补充职能,但是更要警惕潜在的非法集资风险。民办民营养老机构非法集资风险高发的原因有其特殊性,包括内生缺陷的固有性质、不科学的决策机制、泛滥的预付费机制以及不协调的监管机制。因此,在当今养老需求极大的人口老龄化背景之下,解决这个难题要从多角度出发,采取各个击破的对策,大力推广多方共赢的养老机构 PPP 模式、完善民办民营养老机构不科学的决策机制、规范机构收费模式、加大监管力度、畅通协调机制,举全社会之力防范和打击民办民营养老机构非法集资行为,为广大老年人提供优质安心的养老服务。

第二章　民办养老机构行政监管及扶持政策梳理

为充分激发民间资本进入养老服务市场的积极性,国家正在逐步放宽养老服务市场准入门槛,包括改养老机构设立许可为登记备案制、放宽经营场所登记条件等。与此同时,各级政府出台了一系列优惠扶持政策以鼓励、支持民间资本的入场,民间资本进入养老服务领域有效弥补了国家养老资金的不足,缓解了老年人入住养老机构的供需矛盾。在"放管服"的新的时代背景之下,如何实现对民办养老机构的有效监管、如何保证扶持资金行之有效是一个重要问题。本章将引入新的理论分析我国民办养老机构市场的监管限度,并从行政法角度剖析政府的扶持行为存在的问题及原因,并给出相应的对策。

第一节　民办养老机构的监管限度

——以非法集资风险防控为切入点

从我国的实践来看公共产品市场化并不陌生,教育、医疗等与公共利益相关的行业都经历了市场化的过程。通过市场化,这些行业往往能提供更多样化、更个性化的产品来满足市场需求。故而,行政机关通常也会在合理地考量后去推动公共产品市场化,从而实现相应的行政目标。随着养老机构的不断发展,养老机构提供的服务也更加完善,还出现了比单一养老更能满足人民需求的"医养结合"式养老机构。民间资本涌入市场,在实现服务创新的同时,也带来了新的问题。

"养老型"非法集资频发,受害老人信访不断,也阻碍了养老机构的发展。老人作为养老机构的服务对象反而成为非法集资者的目标,使得人们对于养老机构的信任下降。对于这种情况，一般而言，在其他领域的通常做法是严格市场准入，通过加强入口管理来规范市场主体。但是，要真正解决问题，还是应该从源头——养老机构自身来出发。

一、民办养老机构的行政监管困境及原因分析

国家对养老行业的发展越来越重视，采取了诸多鼓励性政策来促进其发展。以下是本书整理的体现国家对于民间资本参与养老服务态度变化的相关法律文件（见表2－1）。

表2－1　关于民间资本参与养老服务的相关法律和政策文件变化

公布时间	文件名称	相关主要内容	文号
1999年12月	《社会福利机构管理办法》（已失效）	未明确提出民间资本参与养老建设，但将养老院界定在一定程度上允许民间资本参与的机构范围	民政部令第19号
2000年8月	《关于加强老龄工作的决定》	“鼓励和引导社会各方面力量积极参与、共同发展老年服务业，逐步形成政府宏观管理、社会力量兴办、老年服务机构按市场化要求自主经营的管理体制和运行机制。”	中发〔2000〕13号
2005年11月	《关于支持社会力量兴办社会福利机构的意见》	“采取多种形式从政策和资金等方面鼓励和支持社会力量兴办福利机构，促进社会办福利机构的健康、有序、规范和可持续发展。”	民发〔2005〕170号
2006年3月	《关于加快发展养老服务业的意见》（已失效）	要建立公开、平等、规范的养老服务业准入制度，明确提出民间资本参与养老服务体系建设，“地方各级人民政府和有关部门要采取积极措施，大力支持发展各类社会养老服务机构”	国办发〔2006〕6号
2013年6月	《养老机构设立许可办法》（已失效）	“依法成立的组织或者具有完全民事行为能力的自然人可以向养老机构住所地县级以上人民政府民政部门申请设立养老机构。”	民政部令第48号

续表

公布时间	文件名称	相关主要内容	文号
2020 年 9 月	《养老机构管理办法》	“设立营利性养老机构，应当在市场监督管理部门办理登记。设立非营利性养老机构，应当依法办理相应的登记。养老机构登记后即可开展服务活动。”	民政部令第 66 号
2016 年 12 月	《关于全面放开养老服务市场提升养老服务质量的若干意见》	“申请设立养老服务类社会组织，符合直接登记条件的可以直接向民政部门依法申请登记，不再经由业务主管单位审查同意。”	国办发〔2016〕91 号
2017 年 1 月	《关于加快推进养老服务业放管服改革的通知》	“鼓励发起设立采取股权投资等市场化方式独立运作的养老投资基金，吸引社会力量进入养老服务基础设施和服务领域。”	民发〔2017〕25 号
2018 年 12 月	《老年人权益保障法》	鼓励、扶持企业事业单位、社会组织或者个人运营养老。“养老机构登记后即可开展服务活动，并向县级以上人民政府民政部门备案。”	中华人民共和国主席令第 24 号
2019 年 4 月	《关于推进养老服务发展的意见》	激发养老市场活力，持续开展对养老院服务质量建设	国办发〔2019〕5 号

从表 2 - 1 可以看出，从定位上看，我国法律对于养老机构的规定从限制民间资本转变为允许民间资本参与养老机构经营，养老机构作为一种最初的福利机构开始市场化；从市场准入上看，从最开始的民营养老机构进入需要向主管部门申请许可，到现在的取消许可实行备案制，为适应人们的养老需求，养老机构成立的制度环境愈加宽松。养老机构只需在市场监督管理部门进行登记即可对外提供养老服务，是否到民政部门进行备案不影响其市场主体资格。这就极大地鼓励了民间资本涌入养老市场。同时，市场繁荣的背后各种问题纷至沓来。

（一）民办养老机构的监管困境

监管，不仅是指限制、约束的监督，也包括鼓励、促进的管理。以事前监管为例，目前，国家对养老机构市场准入实行的是备案制。备案制本质上是一种事后监管，并不强制要求市场主体在进入市场前去民政部门备案，对市场主体的监管更多的是一种事中监管，但问题在于，事中监管机制在我国尚不完善，这就导致行政机关对养老机构的监管两头失守。一方面，民政部门掌握的养老机构信息不够全面，有的养老机构在民政部门这里甚至处于一种“查无此人”的状态，更不用说去追踪养老机构的后续发展情况；另一方面，事中监管的不到位使得行政机关只能在事后监管上“下功夫”，这就导致事后监管的频繁性和严厉性。有的行政部门负责人抱怨市场准入门槛过低，导致后续监管工作庞大，甚至萌生出重新提高市场准入门槛的想法。但这显然与实际的发展情况不相匹配。这种想法的产生其实反映出目前监管部门对养老机构监管无力、工作量大而收效甚微。在本书看来，对养老行业监管上的乏力并非市场准入门槛的降低所导致，而是根植在我国监管体制中的沉疴使然。这种更深层次的原因将会在下文进行详细分析。

除去监管机构对监管难度提升的反映，被监管主体中也不乏将养老机构“爆雷”归咎于监管不到位的声音。尽管这其中确实存在监管乏力的原因，但将罪责全然归到监管上显然也过于偏激。行业发展的好坏、快慢并非由行政机关一手决定。一个行业腾飞的背后固然少不了行政机关的支持到位，但更多的却是行业自身、企业自身的监管、经营策略的得当等因素。尽管养老行业本身带有公益性，但民办养老行业显然与营利性密不可分。公益事业尚且不是完全由行政机关全管全揽，营利产业更要依靠私人力量。行政机关虽然会对民办养老机构发放补贴以示鼓励，但这种补贴对养老机构的生存起不到决定性作用，最终还是取决于企业的生存能力和行业的长久谋划。故而，目前由行政机关作为养老行业的单一监管主体就存在内在的不可避免的缺陷。

此外，由于养老行业涉及民生之本，关系重大公共社会利益，一旦发生非法集资，极易引发社会不稳定因素，行政机关对“爆雷”的机构往往会采取极为严厉的措施。通过与“爆雷”民办养老机构工作人员的交流，有相当一部分被追究法律责任的工作人员对机构“爆雷”早有察觉，并尽快退出了该机构，然而等到机构“爆雷”时，这些工作人员由于共同犯罪中途退出处罚机制还是要承担刑事责任。因此，部分人员甚至坦言：“如果机构做的事一直没有被发现，那么行政机关还会将这些机构当作成功范例向社会宣传；如果机构‘爆雷’，那么无论你在其中参与了多少，最终都会面临严重的惩罚。”这类“成王败寇”的发言虽然不能尽信，但国家对这类机构的处罚措施之严厉以及对事后监管的重视也可从中窥见一二。而对于没有“爆雷”、正常经营的养老机构,行政机关采取的这些惩治措施也造成了极大的威慑力。在调研过程中,谈及“非法集资”的相关话题,各个养老机构负责人往往极为谨慎,行业协会更是认为国家对非法集资的严厉处罚引发了各个养老机构的恐慌,这对于有意愿进入养老行业的民间力量也起到了一定程度的阻碍作用。

(二)监管困境的原因分析

养老行业虽然是新兴行业,但始终与民生密切相关,关系着重大社会利益。这就导致一方面监管机关对养老行业出现的乱象极为警惕;另一方面养老行业从业者疲惫于监管机关对乱象的过度预防,最终陷入“两头不讨好”的局面。这些现象的出现,归根结底,本书认为有以下三个方面的原因。

1. 养老机构行政监管资源的有限性

当前行政机关在监管养老行业上尚处于探索阶段。相关法律法规无法对养老机构中出现的问题做出合理回应,配套规制方法尚不完善,这就导致在养老机构“爆雷”前后行政机关无法采取有效措施来维护老年人合法权益,从而使得受害老年人情绪得不到有效安抚,加大社会不稳定风险。尤其是近几年大力推行的“服务型政府”,对于行政监管提出了挑战。与“服务型政府”相对应,“放管服”改革几乎席卷了行政机关监管的所有领域,养老机构市场准入也由许可制改为备案制,从表面上看,对事前监管的放松表明行政机关投入的人力、物力、财力大大降低,但结合实际情况来看,行政机关的投入实际上反而变大了。养老机构在“爆雷”后必然会面临后续维稳的难题,受害老人的安抚、如何继续提供养老服务、追赃挽损等都是难以解决的大问题。行政机关不得不投入大量人力、物力去为“爆雷”机构“收拾烂摊子”,且最终效果也难以保证。

在养老行业,行政机关之间的协作难以做到及时、有效。在许可制下,养老机构要进入市场除了要去市场监督管理部门进行登记之外,还要求养老机构获得民政部门的许可。而备案制与许可制的根本区别正在于,获得许可是养老机构进入市场的前提条件,而备案与否则并不影响养老机构提供养老服务。如果养老机构因为没有到民政部门办理备案而无法提供养老服务,那么这种备案只是名为备案,实为许可。对于我国养老机构监管中采取的备案制,其法律性质的定性不应当为行政许可,是否进行备案并不影响养老机构的市场主体资格。同时,由于养老机构只需到市场监督管理部门去办理登记即可进入市场，这就意味着市场监督管理部门成为掌握养老机构信息的先手，很多养老机构在备案上缺乏积极性，故而民政部门反而无法掌握全面、详细的养老机构信息，部门之间无法及时有效地沟通增加了行政监管的难度。养老机构在进行备案后，民政部门还需要去现场进行核对检查。针对不具备消防、医疗卫生、食品经营许可条件或存在风险隐患的经营性养老机构，民政部门有权对其作出处置，如及时通报相关部门依法处置或督促整改。① 然而，问题在于民政部门是行政管理部门，并没有对于消防、医疗卫生、食品经营等"资质"类许可条件的识别与认定能力。此外，在民政部门去现场检查和养老机构开始营业之间存在一段真空期，在这段真空期里，即便养老机构存在安全隐患，仍然可以面向大众提供养老服务。这使得民政部门的现场检查更像是一种"走形式"。同时，民政部门人力资源有限，难以做到面面俱到，最终效果难以保障。

2. 养老机构自我监管意愿的低下性

关于自我监管的概念说法不一。欧盟所认定的自我监管是指"行为准则"(code of conduct)或者私人部门在政府规定的法律框架之下的规制；美国则倾向于认为自我监管是法律的极简主义(minimalist legal environment)，②即波斯特和约翰逊所提倡的"独立于政府法律框架之外的体系——权力下放"③。自我监管的概念一直在随着时间、部门和立场的不同在不断地改变。本书认为，自我监管是为在法律框架下营造适度自由、开放创新的空间，由社会团体或企业等私人主体进行的对自身行为的监管。

自我监管的运作场景是：相关各方自行创建规则或行为守则，定义好和不好的行为标准；由社会团体自己监督规则的遵守和实施制裁。④ 显然，当前养老机构市场未能为自我监管的孕育提供充分的生成动力。在自我监管模式下，行业协会往往被视为对成员服务风险进行评估的最有经验和最有权威的领头人，但这显然

① 参见赵曼、朱丽君：《取消设立许可：养老机构事中事后监管研究》，载《社会保障研究》2020 年第 2 期。

② See Klaus W. Grewlich, *Governance in "Cyberspace": Access and Public Interest in Global Communications*, Kluwer Law International, 1999, p. 110.

③ See David R. Johnson & David G. Post, *Law and Borders – The Rise of Law in Cyberspace*, Stanford Law Review, Vol. 48:5, p. 1367(1996).

④ 参见朱宝丽：《合作监管法律问题研究》，法律出版社 2018 年版，第 12 页。

与当前养老机构行业的经济环境存在显著差异。市场准入门槛的放低会吸引大量小微养老机构,这些小微养老机构中当然不乏认真提高机构信誉、提供高质量服务的养老机构,但也有不少机构投机色彩较重,在日常经营中容易出现违规操作;反倒是规模较大的机构会更加爱惜羽毛,积极维护品牌形象,因此会以积极、主动的态度对待机构自治与行业自律。从目前养老市场发展状况来看,尚未产生一批真正规模较大且具有一定知名度的养老企业。小微养老机构缺乏接受行业规制的意愿,此时要求其积极进行自我监管显然不切实际。这也体现出需要行政机关来为民间资本提供进入市场的引导,让想进入养老市场的企业逐渐清楚市场需要什么样的养老机构,做到在市场准入阶段让养老机构意识到自己可能存在的短板以及能否适应市场。

3. 对于行政规制治理传统的依赖性

我国在古代一直奉行"普天之下,莫非王土;率土之滨,莫非王臣"。新中国成立以来,我国一切权力属于人民,一切权力由人民赋予,情况发生了翻天覆地的改变,但这种重行政监管的理念已成为我国文化不可分割的一部分,即人民把有序的社会秩序当作社会稳定的核心,把强有力的政府看作社会稳定的保障。行政机关被视为公共利益的代表和推动力量,依赖行政规制的传统根植于每个市场主体的意识之中。由于我国进行的社会主义市场经济改革是跨越历史阶段的革命性转变,既面临行政机关转变职能、培育市场的任务,又面临行政机关组织结构调整、行为方式改变以及工作人员观念转变的问题,同时呈现出行政机关职能过度和行政机关职能不足的问题,使改革的过程中市场竞争不充分和市场竞争无序的状况并存,导致了要求加强行政监管和要求放松行政监管的呼声同时出现,这种矛盾性的需求使行政机关在作出决策时往往出现矛盾和反复的局面。有学者指出,我国在改革中出现的这种矛盾现象是传统文化与现代行政理念相互影响的结果:一方面,受"当官要为民做主"的影响,公众对行政机关有较强期待和依赖心理,希望行政机关能有更大作为,自然也会希望行政机关掌握的权力更大;另一方面,受西方各种现代行政理念的影响,又要求行政机关减少干预。这两种相互冲突的理念都会深刻影响行政机关的职能定位,[①]成为行政机关作出决定时进退失

① 参见朱维究:《中国政府适应市场经济职能转变的机构设置研究》,载《中国机构与管理》2012 年第 2 期。

据的原因。

二、回应性监管：民办养老机构监管的应然趋势

(一) 回应性监管理论的引入

为防范非法集资风险，遏止社会不稳定因素，当下行政机关对于所有民办养老机构的监管都处在一种较为严格的状态。在调研过程中，就有养老机构负责人认为对非法集资的过度紧张会让养老机构对自身发展失去信心。同时，行政机关在监管过程中对非法集资犯罪的出现如临大敌，在对待养老机构上也采取一种较为强硬的手段。然而，并非所有的养老机构中存在的非法集资风险都一样高，故而，对所有养老机构采取"一刀切"的方式并不可取。此外，正如前文所提到的，对养老机构的监管主要是行政监管在发挥作用，其他主体的监管在养老机构中处于缺失状态。面对这种情况，亟待一种新的监管方式来有效提升监管效果。

20 世纪六七十年代，西方国家出现了对于公共事业的过度监管，对行政监管究竟是继续加强和应当放松的争论由此而生。在此情势之下，伊恩·艾尔斯(Ian Ayres)和约翰·布雷斯韦特(John Braithwaite)在《回应性监管：超越放松监管的争论》一文中提出了回应性监管理论(responsive regulation)。回应性监管理论的内涵极为丰富，在这里，本书只选择性摘取几个对当下养老机构监管较为实用的理论，主要包括支持性金字塔、结点治理以及差别性对待。

1."软"措施优先——激发主体意识

回应性监管理论的内涵和实践原则被集中描述为"监管策略金字塔"，起初监管策略金字塔主要是"惩罚性金字塔"，后经过实践的不断发展，布雷斯韦特将监管策略金字塔发展为"支持性金字塔"与"惩罚性金字塔"的双重金字塔模型，这两种金字塔在实际运用时有先后之分，即监管者先从"支持性金字塔"开始，不断对被监管者进行鼓励，引导其走向监管者要实现的行政目标；当所有支持性手段都穷尽后，若问题依然没有解决，再转向"惩罚性金字塔"，对违法者实施惩罚措施。在这种模型中，支持性手段是首选，而惩罚性手段则是一种兜底措施。行政机关应首先鼓励、引导养老机构发展，在各种柔性手段都无法解决问题后，再通过惩罚性措施来进行打击。回应性理论将不带有强制性而更多是引导性、鼓励性的措施作为首选，以激发社会个体的公民精神和主体意识，使他们能够积极主动地

履行社会责任。毕竟这些具有公民精神的个体才是社会进步的源泉，他们必须得到保护和鼓励。[①] 这种“先礼后兵”式的监管方式为认真做养老的机构提供有效引导，并为后续养老机构实现更有效的自我监管打下基础。

2.“结点治理”——监管主体多元化

经过实践对回应性理论的不断发展，德拉霍斯和布雷斯韦特提出了“结点治理”(nodal governance)理论[②]。该理论把“监管策略金字塔”发展为“网络治理金字塔”。该理论的前提是肯定监管主体的多元化，强调在出现无法解决的问题时，不仅可以将目光局限于以提高监管强度的方式来达到监管目标，还可以通过加入其他监管主体作为合作伙伴的方式来提升监管效果。该理论将其他合作伙伴看作与行政机关平行的“点”，将这些点联系在一起，织成一张严密的网的点就被称作“结点”。只有当一个组织具备很强的联系其他组织的能力时，才会成为网络治理的结点。理论上任何组织都具有成为结点的资格，而在现实中行政机关因为具有法定职权和该领域专业知识，因此会更多地承担结点的角色。但如果都由行政机关来作为结点，那么其实本质上还是加强了行政机关的干预。网络结点应当作为沟通桥梁，起到上传下达的作用，这里的网络归根结底是要建立起一张多元监管的网，让多个监管主体在其擅长领域充分发挥其监管作用，从而使得监管效果最大化。养老机构的困境有很大一部分原因就是过于依赖行政监管，一旦行政监管没能面面俱到，就会产生各种各样的问题。而回应性监管将监管主体网络化，引入多种监管主体，从而有效弥补单一监管主体下存在的监管漏洞。

3.差别性对待——回应性监管

回应性监管理论产生的背景与其核心在于“回应”，即对监管对象采取差别性待遇，对当下的实际情况进行动态回应。之所以进行分层管理，正是因为每个个体的动机不同。非法集资虽然在养老机构中出现，但并非所有养老机构都是抱着违法的目的来经营。对于其中守法的个体，不应采取严格的措施压抑其发展。如果行政机关对于具有守法意愿，积极履行义务和承担责任的个体采取与自我监管意愿较弱的个体同等严厉的监管，就会挫伤其积极性。故而，对于守法意愿强、致

---

① 参见杨炳霖：《监管治理体系建设理论范式与实施路径研究——回应性监管理论的启示》，载《中国行政管理》2014 年第 6 期。

② See Peter Drahos, *Intellectual Property and Pharmaceutical Market: A Nodal Governance Approach*, Temple Law Review, Vol. 77, p. 401 - 424(2002).

力于提高服务质量的养老机构,监管主体应当更多地进行鼓励和支持,从而进一步提高其积极性,而对守法意愿弱的养老机构,监管主体应当采取高强度监管,将其纳入可控范围内。同时,社会实践是不断发展的,始终采用同一种监管策略手段,监管总有一天会落后于实践,回应性监管理论强调的是一种动态回应,即根据实践的不断发展来进行回应,采取与实际相符的监管策略。

(二)回应性监管理论的适用性分析

回应性监管理论发源于治理主体和治理手段多样化的西方国家,而我国现实的治理则依赖于行政机关。行政机关通过强有力的整治网络对各级各类公有制企业、事业单位进行较充分的引导与监管。[①] 这种情形显然与西方的主体多元化存在差异。此外,与西方市场主体自发生成私人规制的演化路径不同,我国现有的行业协会等私人规制主体,基本上是在行政机关的主导或扶持下成立的。要想完完全全跨过国家监管直接进入企业自我监管的阶段显然与我国国情不符。第三部门往往是在行政机关转变职能和机构改革的背景下产生的,目的是承接行政机关转变职能后转让给社会的部分权力,主要包括行业协会等社会团体。因此第三部门的作用以及地位高低很大程度上依赖于行政机关改革的政策,这就决定了第三部门会深受行政机关掣肘。除去第三部门和企业本身,行政机关对于逐步放权、给予企业更多发展空间也心存顾虑。一方面,行政机关认为第三部门的崛起会危及自身;另一方面,第三部门的确从根本上难以克服其利益趋向性,缺乏独立的法律地位也使得自我监管的效用大打折扣。二者在主体地位上绝非理想市场经济语境下的平等关系,而是错综复杂的组织依附关系。[②] 故而,回应性监管理论在我国直接适用可能会存在水土不服的问题。

从国外的实践来看,第三部门的主要工作人员大多由素质高、经验丰富的高学历人才担任,他们也往往能够胜任专业技术方面的管理。而我国则相反,一般是由退居二线的同志或者是学历不高的人员组成。资金不足、待遇不高,难以吸引高素质、高学历人才,导致主要工作人员年龄偏大,难以胜任高技术复杂的工作。另外,由于内部管理不足等方面的原因,造成其执业道德感不强、组织涣散、

① 参见徐彬:《论加强党的执政能力建设的几个维度》,载《岭南学刊》2010 年第 3 期。

② 参见纪莺莺:《转型国家与行业协会多元关系研究——一种组织分析的视角》,载《社会学研究》2016 年第 2 期。

纪律松弛,缺乏社会信誉度。第三部门要在养老机构监管上发挥其应有作用,要求第三部门本身对养老行业的性质和特点有较为深刻的把握,方能给有进入养老市场愿望的民间资本以正确的引导。显然,在第三部门自身都尚未发展起来,专业素质不高的情况下难以给予民办养老机构较为明确的指引。但这并不意味着当下我国建立多元主体监管体系的尝试没有意义,或者说,这只是表明建立多元监管体系的道路还很远,不能一蹴而就,直接将第三部门放在与行政机关完全相同的位置,而是要循序渐进,促使第三部门地位的提高。

1. 回应性监管理论与当下民办养老机构监管体制改革具有契合性

相较于传统监管模式,回应性监管模式具有诸多优越性。传统意义上的监管主要有国家监管和自我监管两种模式。国家监管是指当局被授予包罗一切的权力,由国家机构来对各行各业进行全面的、直接的监管,其优点是有实施严厉制裁的足够的权力,保证既定规则的实施,①且具有权力来自人民赋予的正当性;缺点也很明显,过度监管将阻碍企业创新,容易让被监管者对监管主体展现出不配合的消极态度,最终反而降低监管实效。庞大的国家机器难以快速跟上社会节奏的变化,完全交由国家去实施规则所花费的成本也十分高昂,有时甚至难以与预期效益相匹配。自我监管是依赖于企业自身或者说是市场逐渐形成的一种监管模式。在这个私人的治理系统中,由社会团体来制定规则、目标,再由各个市场主体自己去贯彻执行,并承担监督规则实施和实现目标的全部责任。在这种情况下,个人、团体会根据自然的本能相互贸易,尽量去制定并遵守双方都能接受的行为规则。在这种监管模式下,机构运作更为灵活,参与成本相对低廉。但自我监管容易出现追求私利的行为,很多时候会受到民主合法性的质疑,认为监管者自己的利益并不能代表社会的整体利益。

当下我国面临的最大挑战之一是市场经济与行政干预的矛盾,解决这个矛盾的关键是构建一套与市场经济相适应的行政执法体制,做到逐步减少行政机关的微观经济管理职能。② 回应性监管理论能够解决我国监管体制改革中的一些基本问题,因此用该理论指导我国监管体制改革具备一定现实可行性。③ 2019 年 3 月

---

① 参见朱宝丽:《合作监管法律问题研究》,法律出版社 2018 年版,第 11 页。

② 参见曾哲:《行政许可执法制度研究》,知识产权出版社 2016 年版,第 115 页。

③ 参见杨炳霖:《监管治理体系建设理论范式与实施路径研究——回应性监管理论的启示》,载《中国行政管理》2014 年第 6 期。

29日，国务院办公厅出台了《关于推进养老服务发展的意见》，围绕在养老服务业发展中的"放管服"改革作出了重要指示。在养老行业，"放"是指放低门槛，致力于让更多机构进入市场，满足人民多样化、个性化的养老需求；"管"是指下放监管权力，让更多主体承担起监管责任，致力于监管主体多元化；"服"则是提高行政机关的服务能力和服务效率，简政放权，使得养老行业在行政机关的引导下持续良性发展。回应性监管理论将除行政机关外的其他监管主体与行政机关一同放到舞台上，而不是仅仅将其视作被监管者或背景板，通过给予更多的信任来激发其主体意识，并进行一定的培训以提高其监管能力。从普遍的角度来说，在东欧等国家转型过程中准确划分行政机关和市场的界限，划定行政监管的范围，并进行合理的制度设计，是转型成功的关键因素。[①] 明确行政权力和市场的界限，形成治理网络，由多个主体共同参与市场监管，优先采用"软"措施，这些理念正与当下"放管服"改革的要求相契合。

2.回应性监管模式相较于传统监管模式具有优越性

回应性监管相较于传统监管模式的优势体现在监管主体、监管手段以及监管方式三个方面。(1)在监管主体上，国家监管的主体单一，自我监管中行政机关的角色缺失；而回应性监管则注重政府部门、行业协会、公众团体、公众以及被监管市场主体等主体的协同参与。(2)在监管手段上，国家监管通过颁布法律法规、强制行政执行等形式进行控制，自我监管能够采取的最严厉的措施是罚款或者开除出行业协会；回应性监管则可以运用劝服、警告、吊销执照等多种惩罚措施。(3)在监管方式上，国家监管机构更多采取命令控制型监管方式，尽管对养老机构产生了极大的威慑力，能在很大程度上遏止非法集资风险，但同时也导致了现有养老管理机构对养老产业发展前景缺乏信心，而自我监管以柔性方式为主，缺乏强有力的惩罚措施，其监管的正当性备受质疑；回应性监管则强调多元主体联合的合作型监管方式，可以发挥各个监管主体的优势，取长补短，从而提高了监管质量。回应性监管模式实现了监管主体和监管手段的多元化，它将行政机关、行业协会、公共利益团体、非营利组织等市场主体涵盖到了监管活动之中，从而真正做到市

① 参见马英娟：《政府监管的正当性分析》，载《甘肃行政学院学报》2008年第3期。

场主体相互平等、共同行动，进而实现监管成本最小化。①

（三）回应性监管理论下民办养老机构的监管限度

党的二十大报告指出："中国共产党和中国人民为解决人类面临的共同问题提供更多更好的中国智慧、中国方案、中国力量。"回应性监管理论将成为未来发展的趋势，但作为舶来品，尚不能完全符合实际国情，故而要将回应性监管理论中国化、本土化、时代化。

要防范养老机构的集资风险，最为简单粗暴的方法是直接加强市场准入，提高门槛，但问题在于，采取这样的措施会带来极为严重的副作用：养老机构无法蓬勃发展，养老供给将会严重不足。当然，不可否认提高市场准入门槛的确能过滤一些企业，对于防范非法集资具有积极作用，然而，提高门槛并不一定能筛选出最为优质的养老机构，也可能会带来养老服务供给不足、优质企业减少、民间资本对养老行业发展失去信心等弊端。以2013年发布的《养老机构设立许可办法》（已废止）为例，该办法分别从养老设施设备、工作人员、资金、床位数量等方面对养老机构的设立作出了限制。而通常来说，小微养老机构具有资金来源少、规模小等特点，且养老机构的工作人员很少能找到专业对口的服务人员。首先，护理人员大多会选择到医院等单位就职，养老机构提供的薪资水平并不高；其次，刚毕业的年轻劳动力对于提供养老服务意愿不强，在养老机构进行服务的大多是45岁以上、自身没有固定工作的人员，难以满足法律规定的要求。故而，加强市场准入会使得大量小微养老机构无法进入市场，从而导致我国养老缺口进一步增大，供给难以满足需求。此外，从调研的养老机构来看，即使是在已经"爆雷"的机构，老人仍然愿意继续给该机构投入资金，原因就在于，相较于对"爆雷"机构的惩处，老人更在乎、更关心的是养老服务能否继续提供、能否得以安享晚年。惩罚性措施的失当也会导致民间资本对养老行业发展失去信心。在调研过程中，行业协会的工作人员就提出，行政机关为防范非法集资开展的专项行动以及相关宣传活动等会让整个行业对未来发展失去信心，更会让还没有进入这个行业的民间资本对养老望而却步。从表面上看，养老机构"爆雷"是负责人经营的利益导向以及行政机关

① 参见谭金可、张莹莹：《回应性监管：基本医疗服务质量综合协同监管的优化路径选择》，载《广西社会科学》2020年第12期。

监管不到位而导致的，但这其实也是市场在用自己的方式去“淘汰”一些经营模式并不成熟的机构。诚然，越轨现象并不为养老行业所特有，但是如此大规模的“爆雷”，甚至“倒逼”行政机关成立各种打击整治养老诈骗专项行动，就足以说明这些“爆雷”机构的运营模式无法推动养老市场健康发展。

鉴于上述情况，我们计划在已有文献研究的基础上，引入回应性监管理论，对民办养老机构的监管限度进行明确。根据上文分析，回应性监管虽然具有巨大优越性，但考虑到我国第三部门深受行政机关影响的实际情况，直接照搬并不实际，故而必须先将回应性监管理论进行本土化。

1. 回应性监管理论强调行政机关之外的第三方组织的作用

从我国的历史和现实来看，我国在对社会方方面面的管控上更加注重单一主体监管，而回应性监管理论将行政机关之外的第三方作为监管主体，公私部门、监管关系双方不再作截然的区分，“不论黑猫、白猫，能抓到老鼠的就是好猫”。相较于监管目标的实现，监管过程本身不再成为重点关注对象，监管问题的研究超越了传统意义上的行政监管，扩展为包括企业、行业协会、公共利益团体等监管在内的大监管模式。[①] 企业、行业协会等第三部门具有监管更加深入、专业性更强、针对性更明显等行政机关难以企及的优势。近年来，对落实企业主体责任、提高个人安全意识等要求的强调，也反映出全社会对于“大监管”理念的深入。实际上，行政机关的监管与企业、行业协会的监管本质上是相辅相成、相互助力的。二者之间并不是一种你输我赢的零和博弈，而是一种相互帮助的互利共赢。第三方组织的参与能够降低行政监管的成本，提高监管效率。

2. 回应性监管理论重新定义了行政机关在监管中所扮演的角色

从我国的历史发展来看，形成一个强有力的领导中心是人民的要求、时代的要求。然而，随着经济社会的不断发展，行政机关处理的事务多样化、复杂化，这就对行政机关的能力提出了更高的要求。在传统监管活动中，行政机关的作用是发布命令与强制执行，带有不容拒绝的权威性，在遇到问题时，企业也会第一时间求助于行政机关，而在回应性监管之下，行政机关的这一角色发生了改变，行政机关依旧是总揽全局的引导者，但其更为重要的使命是成为一个规则的建构者去建

---

① 参见刘鹏、王力：《回应性监管理论及其本土适用性分析》，载《中国人民大学学报》2016 年第 1 期。

构监管活动的制度平台,在这个平台上,行政机关引导其他监管主体(公共利益集团、行业协会或者是企业自身)共同参与监管活动,发挥自身相应的优势,共同扩大监管的力量,提升监管的效果。

3. 回应性监管理论通过回应来塑造主体意识和能力

回应性监管让被监管者本身也成为监管者的一员。回应性监管的核心理念之一就是根据被监管者的动机采取有针对性的监管策略,对其行为进行回应——对守法主体采取放松的监管策略,给予其更多空间;对自我监管意愿低的市场主体采取严厉的监管措施。通过差别性待遇来提高被监管者自我监管的积极性,从而塑造其主体意识和公民精神。正如艾尔斯和布雷斯韦特所说:"保证社会秩序的监管制度有很多种形式,除了行政机关和市场之外,还有介于个人与国家之间的制度形式,包括社区(环保、消费者保护组织)和行业协会,这些监管形式可以通过行为规范、表扬批评等方式对人的行为产生影响。"①在承认监管主体可以多元化的基础上,行政机关就可以不用对监管活动事事亲力亲为,而是将其效用发挥到更需要它的位置上,即塑造其他代理监管者以及被监管者的主体意识,培养其自身的监管能力——企业要自觉遵守并执行规则,进行自我监管;行业协会要充分发挥对本行业的监督管理职能。② 培养主体意识比增强行政机关的监管更为重要,如果说后者是"治标",前者就是"治本"。此外,行政机关对一些做得比较好的企业进行鼓励、支持,往往会引导其他企业向这类企业学习,培养行业中的标杆企业,使其带动其他落后企业全面提高。

因此,在民办养老机构的监管中,行政机关更多的应该是去引导民间资本,而不是去禁止、限制。行业协会在市场准入中要对有进入养老市场意愿的企业进行指导,让企业在进入市场前就对养老行业有较为深刻的了解;在事中监管过程中也要充分发挥引领示范作用,制定行业标准,让养老机构明白养老市场需要什么样的机构,从而形成一种行政机关引导、多方参与的综合监管策略。

三、基于回应性监管理论构建的市场准入监管优化路径

理论最终要落在实践。在对回应性监管理论与养老行业的适配性进行分析

---

① Ian Ayres & John Braithwaite, *Responsive Regulation*: *Transcending the Deregulation Debate*, Oxford University Press, 1992, p. 25 – 26.

② 参见杨炳霖:《回应性监管理论述评:精髓与问题》,载《中国行政管理》2017 年第 4 期。

后,可以发现回应性监管理论与养老行业的监管有诸多契合之处。为防范非法集资风险,以回应性监管理论为指导,可以从以下几个角度促进养老行业发展。

(一)“软”措施:培养公民意识

回应性监管理论强调劝服优先、惩罚为盾,即将“软”措施作为首选,惩罚措施作为最后防线。“软”措施作为首选的原因有三:一是“软”措施的成本低于惩罚的“硬”措施,“软”措施的容错率比“硬”措施要低得多,而采取惩罚措施时需要动用的人力、物力也比“软”措施高;二是以惩罚手段为主容易引发被监管者对监管措施的大规模抵触,反而不利于监管的实效;三是惩罚优先的监管措施有害于监管者的合理性和权威性,处罚过早、过滥会令被监管者对监管者的认同、理解和遵从下降。① 惩罚措施的泛滥会让相对人举步维艰、如履薄冰。现代教育学主张对孩子进行“鼓励教育”来帮助孩子成长,同理,对于新生的养老行业也应当采取鼓励为主、惩罚为辅方能促进其发展。而监管者必须设置惩罚措施的原因在于,被监管者在不履行义务和责任时要被相应的惩处,否则,柔性手段将无法长久,成为虚设。可以说,惩罚的设置是为了让“软”措施更好发挥作用。在现代的各类行政手段中,最符合回应性监管理论的莫过于行政指导。

1.“软”措施的有效实施以强制力为支撑

回应性监管的监管策略金字塔分为两个方面:一方面是以柔性措施为先,在处理监管中遇到的问题时,先进行引导、劝服;另一方面柔性措施作用的有效发挥以国家强制力为支撑。尽管回应性监管强调“软”措施优先,但在缺乏强制力的情况下全然信任被监管对象会认真听取建议显然是过于幼稚的想法。可以说,在大部分时候,建议能否被认真考虑并采纳并不取决于建议的好坏,而是很大程度上依赖于建议者是否具有权威。这与行政指导的运行机制有异曲同工之妙,正如日本今村成和教授所说:“说行政指导是非权力性的活动,只不过是从形式方面来讲……一般来说,行政指导之所以能够发挥作用,是因为其背后有能够发挥强制作用的行政权力间接的控制,那种不问实体的形式的观点,是一种敷衍的观点。”②

---

① See Ian Ayres & John Braithwaite, *Responsive Regulation: Transcending the Deregulation Debate*, Oxford University Press, 1992, p. 25 – 26.

② 参见吴华:《论行政指导的性质及其法律控制》,载《行政法学研究》2001 年第 2 期。

“软”措施要在养老机构的监管中奏效,强制力并不一定要运用在每一次监管中,但监管者必须建立起强制机制。这套机制会让养老机构对监管者所采取的柔性措施予以重视,如果失去这套机制,那么回应性监管就只是“糖衣”,其监管行为也难以得到有效实施。此外,以惩罚措施作为震慑并不是要将惩罚措施广泛运用到监管中。与其说是惩罚措施在回应性监管中发挥作用,不如说是惩罚措施的存在本身对养老机构造成威慑,迫使其认真思考监管者给出的建议,反思当下,规划未来发展方向。现在对于非法集资的惩罚措施就是一种强制。每一次对“爆雷”机构的处罚都是对其他养老机构的震慑,推动其对自身经营规划的不断调整和对市场的适应。同时,以强制力为支撑并不代表着将惩罚措施应用到每一次对养老机构的监管中。惩罚措施说到底只是一个监管的背景色,而不是冲锋兵。在对养老机构进行监管时,还是应当以“软”措施为先,“先礼后兵”,不断引导、帮助养老机构走上正轨。

2. 监管过程中的引导以信息优势为前提

以强制力为支撑为监管者的引导提供了可能性,但要真正对养老机构的发展起到促进作用,这种引导的内容必须具有其合理性和先进性。如果监管者对被监管者的建议滞后于实践发展,那么尽管这种引导依然有效,却无法助力被监管者的成长,甚至可能会反过来阻碍其发展。换句话说,监管者相较于被监管者必须具备某种优势,这种优势能让监管者给出更好的建议,否则被监管者即便采纳了监管者建议也不会得到长足发展。

在信息高速传播的今天,信息成为一种资源。拥有一手信息的人也拥有了一手资源,对于市场来说更是如此。保证市场经济正常有序运行的根本条件之一,是市场主体能够通过其在经营过程中获知的各种信息来预判自己从事某种经营活动可能会付出的成本,从而对自身经营活动做出有效且合理的规划。然而,由于信息不对称的原因,市场经济主体很难获得能够准确核算自身经济成本的全部信息,这使其在进行相关经济行为选择时无法作出符合自身实际情况的选择,从而引发混乱。① 因此,为了实现经济资源的有效配置,由行政机关制定相应的法律制度对相关经济主体进行指导,补足信息差,使市场主体在一定程度上摆脱这种

① 参见史世伟:《开放性、专属性与信息不对称:创新合作中的市场失灵与政府作用——以德国集群政策为例》,载《学海》2014 年第 4 期。

信息不对称的状况,实现公共治理效果的最大化,就成为现代社会的必然选择。[①]行政主体本身具有信息上的优势,享有行政相对人无法掌握的信息,故而能平衡信息差,给相对人以引导,达到节约成本、促进发展的目的。而一个强有力、能给予引导和帮助的领导中心是非常符合我国国情的。一方面,若行政机关选择简单粗暴地将养老机构完全纳入自己的保护范围内,显然不切实际。行政机关的资源并不是无限的,而国家监管也具有无法跨越的缺点。另一方面,行政机关更无法对目前的情况听之任之、袖手旁观。毕竟"治理"一词的主体最初是指行政机关,而行政机关的治理也带有其他主体无法超越的、来自人民赋予的正当性和使命性。基于平衡公益与私益、在降低社会成本的同时增进社会福利、促进社会发展等目的,灵活地运用包括指导、建议、提倡、告诫、提醒等多种不同柔性方式实施管理,并赋予被监管者是否采纳的自主选择权,这正是现代民主社会协商互动、和谐秩序的体现。[②] 采用强制性手段来命令相对人为一定行为或不为一定行为也许能在一段时间内维持较好的效果,但会阻碍相对人能动性的发挥,长此以往必将使市场创新成为一潭死水。行政机关之外的其他监管主体,如第三方组织等,同样具有信息优势,能够给予养老机构较为精确的引导和帮助。

3. 监管过程中的引导以自给自足为目标

以行政机关为例,行政机关为鼓励养老机构的健康发展,主动向中小企业所实施的各种指导措施,并给予的各种优惠政策以及贷款上的优待都属于"软"措施,但这并不意味着行政机关要用这些措施来"拯救"养老机构,其真正目的还是让养老机构通过这些优惠和优待对其自身规划出一个清晰的方向。这些措施对养老机构的生存发展并不起决定作用,而是通过引导为养老机构指明方向,让养老机构自己明白该如何做。行政机关在这其中并不会直接干预养老机构的选择,而是通过引导让民办养老机构能健康发展,不至于走上歧途。"授人以鱼不如授人以渔",这句古话用在养老机构的管理上也十分适用。与其让养老机构事事都依赖行政规制,不如让养老机构能自给自足,顺应市场和时代发展规律,形成良性发展。行政机关为鼓励民间资本进入养老市场,促进养老机构发展,发布各种优

① 参见董国权:《区域经济一体化中区域行政指导规范的制定程序论》,载《河北法学》2020 年第 3 期。

② 参见孙萍、邓小川:《从行政指导视角论我国信访救济的完善》,载《东北大学学报(社会科学版)》2018 年第 1 期。

惠政策，其实就是以“利诱”的方式吸引民间资本，从而达到既定行政目标。在当下的备案制中，行政机关可以通过行政指导，给予备案的养老机构政策上的优惠和助力，推动养老机构积极备案，从而完善养老机构在民政部门的基本信息。这种积极行政的方式不同于“备案式许可”，即便养老机构不选择备案也并不会有处罚措施，但是却从另一种角度提高了养老机构备案的积极性。这也符合回应性监管理论中“先礼后兵”的监管方式，只有当支持性手段都无法奏效时，才采用惩罚性手段。

当然，在对养老机构进行引导时，要避免将这种引导变为一种命令。即便养老机构没有完全遵从引导或者没有接受建议，也不能因此对养老机构采取惩罚措施。养老机构在经营不善后会由市场来进行自然淘汰，而不是由行政机关出面强制关停。只有当养老机构走上违法犯罪的道路，行政机关才会采取惩罚性手段进行强制干预，将养老机构的“自然老化”交由市场自身去调节处理是一种更为妥当的方式。

综上所述，通过引导的方式来对养老机构进行监管，能够以较低成本有效节约交易费用，明确行政权力和市场的界限，推动良性互动关系的形成，激发公民意识，让养老机构在引导下从“站起来”到“强起来”。

（二）网络结点：自我监管深入发展

基于回应性监管，布雷斯韦特又提出了具有中心结点的网络型治理，即通过横向增加监管主体而非纵向提高监管强度来进行治理。在这种网络型治理中存在一个中心结点，将监管者和被监管者交织在一起，使得监管更为有效便捷。中心结点往往具有自己的独特优势，且能够运用这种独特优势来实现有效治理。一般来说，这些中心结点包括行政机关、行业协会、公共利益集团和大型企业。

1. 以行业协会为结点进行监管

因我国养老行业当前属于初期发展阶段，不仅行政机关对养老机构的监管尚在探索，养老机构自身也尚未形成完善的自我监管机制。由于养老机构发展尚处在起步阶段，此前都是公办养老机构占据市场，民办养老机构没能形成具有大规模或者说能让外行人也有所了解的大企业。此时，建立起一个能让大众所理解的评价体系，并用这套评价体系对所有养老机构进行分类，让大众能够对各个养老机构进行甄别是很有必要的。但现阶段，一方面是人们对养老机构的质量以及服务了解还不够深入，另一方面是我国缺少这种评价体系，所以老年人群在进行消费时无法客观地了解养老行业中各类机构的实际情况。① 行业协会作为养老行业的中介组织，是行政机关管理和市场调节后的第三方控制力量，具有国家机关和其他机构不可替代的优势。

首先，行业监管能够培养养老机构有效规划、健康发展的内在动机，并对养老机构的生产经营活动产生细水长流的影响。国家监管是一种阶段性的、外在的监管，其主要意义在于界定并纠正市场违法行为，在防范非法集资风险上不够敏锐，有其局限性。企业自我监管的目光过于狭窄，对整个行业未必具有普适性。而行业监管则是由行业协会所实施的监管，行业协会对于本行业的发展现状、未来规划有更为深刻的把握，能够对企业生产经营活动的观念和细微之处产生更加深刻的影响。此外，行业协会本身并不属于国家机关，能在不增加正式监管体系人员和成本的前提下，提高治理效能。

其次，行业监管能给予各个养老机构交流学习、提升自身管理服务水平的机会。行业监管能以更加细致、明确的方式在养老机构可为的范围之中提供更加清晰的示范。行业协会能将行业中的养老机构聚集在一起，提供交流和分享的平台，行业协会还可以对养老机构进行培训，建立行业协会的认可认证制度，使得养老机构能够学习到优秀的经营管理实践，提升养老机构服务水平，实现可持续发展。

最后，行业监管能反过来提高国家监管的效率，增强监管效果。市场监管的理想状态是国家监管和自我监管的平衡，二者协同能有效加强整体的市场监管能力。自我监管的良好运转依赖于国家监管的有效，国家监管的有效又取决于自我监管运行的效果。在二者相互作用的过程中，行业协会作为网络结点，可以加快养老机构形成自我监管机制的进程，制定行业规范，将很多问题消弭于未萌期，减少对行政机关监管的需求，降低行政机关监管的成本。同时，行业协会可以将养老机构的合理需求直接向行政机关反映，充分发挥其作为沟通桥梁的作用，使得行政机关对养老机构的监管更符合养老行业的实际情况。

因此，行业协会上可直接与行政机关沟通协调，下可调和管理养老机构，将行业协会作为网络型治理中的网络结点是最佳选择。养老行业的乱象与行业协会

---

① 参见李秭蒽：《养老服务机构规范化发展研究——以湖南省为例》，载《经济师》2021 年第 11 期。

的缺位密不可分。故而，提高行业协会在养老行业中的权威性，发挥行业协会作用，制定相关养老服务标准十分必要。

2. 树立行业协会权威助力养老

首先，加强行政机关对行业协会工作的重视和支持。行业监管本质上是一种自我监管，但在当下还未形成有效的社会舆论来迫使行业协会充分发挥作用的情况下，实现行业监管还依赖于主管部门恰当的支持、鼓励和介入。[①] 行政机关需要以鼓励、提倡或者以移交、合作等方式促使自我规制在行业内形成，行政机关的重视和支持将提高行业监管的积极性，并加强行业协会在行业中的权威性。

其次，提高行业协会工作人员的综合素质和专业能力。例如，民政部发布的《养老机构安全管理》中强调，民办养老机构要按照《消防法》的规定，建立第三方评估制度，对养老机构日常消防安全管理进行准确评价。然而，我国目前专业评估团队尚不成熟，对老人的风险评估结果不够准确。而行业协会的工作人员大多是退休同志以及经验丰富但专业知识欠缺的人员。故而，要加强第三方人员专业知识培训、提高其综合素质。

最后，构筑以行业协会牵头、各方参与的交流平台。行业协会在养老机构间属于一种较为特殊的存在，可以较快组织起各个养老机构。通过行业协会的组织，建立起由行业协会制定规则、标准的平台，由具有先进经验的养老机构作为模范向相对落后的养老机构传授管理技能，带动相对落后的养老机构发展。各养老机构在平台上相互交流学习，有助于提高自身管理技术，推动养老行业快速发展。

（三）分级监管：差别性对待灵活回应

回应性监管理论的核心在于回应，即根据不同的对象进行不同程度的监管，从而以相对低的监管成本达到监管效果最大化。回应性监管理论中的监管策略金字塔强调根据被监管对象的具体情况采取不同的应对措施。养老行业会因为行政机关的严厉措施而谨小慎微，很大一部分原因是行政机关目前所采取的是“一刀切”式监管措施，而没能根据不同的养老机构进行差别性对待。

---

① 参见潘翻番、包堉含、薛澜：《市场监管体系转型背景下自我规制的实施机制研究》，载《经济社会体制比较》2022 年第 4 期。

1. 养老机构的非法集资风险分级

通过实地调研，本书认为可以根据养老机构的经营方式以及规模对养老机构进行分类，对不同非法集资风险的养老机构实施分级监管，以达到良好的监管效果。在此模型的构建下，根据行政机关在养老行业中的定位，以非法集资风险为主要标准，经营规模为次要标准，将其分为三类（见表2－2）。

表2－2　养老机构分类

养老机构规模	养老机构所在风险层级	分级监管中行政机关的职能定位	回应性监管模式	监管特点
大型机构/小微机构	低	引导者	自我监管	自律为主
中等机构/小微机构	中	引导者＋监管者	强化型自我监管	适度监管
中等机构	高	监管者	命令型监管	重点监管

首先是大企业，这类大企业指的是非法集资风险较低的企业或者说较为成功的企业，这里的成功不一定是指在养老行业中较为成功，也可以是在另一个领域较为成功。这也是本书认为研究价值较高的案例：将养老服务作为部分经营业务，而非纯养老。换句话说，提供养老服务并不是该机构的全部业务，而是作为其经营业务的一部分甚至是一种附加值去吸引客户。在经营养老服务的同时，建设另一项与养老有关的服务，使得二者相互助力，彼此成就，典型例子就是医养结合。或者通过许诺客户优质的养老服务来提升自己主营产品或服务的附加值，增加竞争力，而主营业务所产生的利润又能投入一部分到养老服务中，从而形成一个较为良性的循环。这种模式让该机构对于养老服务的盈利能否为公司带来巨大利润不具有急迫的需求，而且，对于养老机构前期的巨大投入可以通过另一项业务来进行弥补，延长资金回流周期。之所以将这类机构划分到大型机构的原因在于，两种业务加起来或者是主营业务的规模比较大。这类大企业通过主营业务带动养老服务以及二者相结合的做法是本书认为具有可持续发展性的经营模式。其次是小微养老，由于这类养老成本较低，甚至不需要专门的营销团队来对其进行宣传，而仅仅是依靠邻里口碑，设备较为简陋，服务对象十分有限，犯罪风险也比较低。最后一类则是犯罪风险比较大的、规模中等的养老机构。其负责人自身资金不足以支撑起长期投入，养老机构收回成本又往往要四五年甚至更长，而这还是在较为顺利的情况下。利润过于微薄的养老行业对于这类机构并不具有吸

引力，完全依靠一腔热情显然难以长久，故而本书认为这一类养老机构的公益性大过营利性，非法集资风险高，不具有推广性。之所以根据经营方式和规模大小来对养老机构进行划分，正是由于这两个标准与非法集资风险密切相关。非法集资犯罪的产生除了有一部分从开始就“动机不纯”的养老机构外，其他“爆雷”养老机构则多是由于对自身资金和经营规模的错误预估等问题导致了犯罪的发生。故而资金是影响养老机构非法集资风险的重要因素，而资金因素又往往与其经营规模的大小相绑定。

此外，回应性监管模式中的“回应”是一种动态回应，这意味着随着情况的变化，行政机关将对养老机构采取不同的监管措施。故而，本书在此分类时尽可能考虑到这种情况，将分类的界限进行了略微扩大。不过总体来说，这里的分类并不能一劳永逸，只是一个暂时性分类，未来还会出现更多变化。

2. 不同风险的养老机构监管模式

(1)自我监管模式。此种模式下，主要依靠养老机构自身来制定具体的监管规则并进行落实。行政机关作用的发挥体现在对制度和机制的保障上，如制定相关法规文件以协调各方利益，促进养老机构的自律建设；市场则充分发挥其“看不见的手”的作用推动规则的形成。此种模式对养老机构自身的内部治理能力提出了更高的要求，因此需要加强养老机构内部管理制度建设，通过自我监管、外部制约，形成良性循环。而一般来说，只有较为大型的企业才具备这个能力，由于企业有一定知名度，故而会更加注重建立自我监管机制来维护企业自身形象。同理，大型养老机构在自我监管上的努力往往比中小型机构更多，故而在这类风险较低的养老机构监管上，更多应由行业协会和企业自身来进行监管，过多的行政干预反而会对机构造成不良影响。在对这类机构进行监管时，行政机关应主要扮演引导者而非直接监管者。对于这一层的小微机构来说，与其说是自律为主，不如说是其非法集资的风险过低，以至于没有加强监管的必要。这部分机构规模小、服务对象固定，基本上都是依靠熟人关系，财务状况十分透明，故而主要依靠自我监管。

(2)强化型自我监管模式。此种模式下，养老机构先建立起或者在行政机关的督促下建立起一套自我监管机制，行政机关再根据这套养老机构自己建立的自我监管机制对养老机构进行监督。值得注意的是，在这类机构中，并不完全是小微机构，还有中等规模的机构。将部分中等机构划分到这一层，是出于对部分经营策略好、发展势头强的养老机构的信任。在中等风险的养老机构监管上采取强化型自我监管模式,是基于其初步具备自我监管能力但诚信建设有待提升的现实考量。毕竟,对于这类机构,要完全相信其自我监管的效果显然不切实际。在强化性自我监管模式中,行政机关并不是唯一的监管主体,行业协会、养老机构自身、社会力量等监管主体可以发挥监管作用,帮助其提升服务质量。这类机构是占比最大的养老机构,行政机关在设置市场准入时,要支持、鼓励其进入,以缓解养老行业供不应求的情况。

(3)命令型监管模式。此种模式下,行政机关处于监管的核心地位,被监管主体在很大程度上依赖于行政机关的管理。在低层次养老机构中,机构的自我监管能力弱,尚未形成良好的内部治理体系和自律机制,行业组织、社会公众对其监管作用有限。这里的低层次养老机构并不一定是小规模养老机构,因为在"爆雷"机构中,有一部分养老机构是为了获取行政机关的床位补贴(当养老机构的床位达到一定规模后,行政机关会对达到规模的养老机构发放补贴)。有的养老机构由于自身规划失衡、被营销团队的花销绑架、动机不够纯粹等原因会选择通过增加床位数量来勉强维持其经营。根据对养老机构的调研,行政机关是否给养老机构发放补贴,本身并不会对养老机构的经营起决定性作用,故而养老机构的非法集资风险高低不会与其规模大小成正比。

分级监管的优势有两个方面:一方面,可以"集中力量办大事",重点关注非法集资风险较高的养老机构,将监管资源向其倾斜,有利于降低养老机构"爆雷"可能性,为老人的晚年提供保障;由于行政机关在这类机构监管中发挥了主导作用,其他监管主体也可以将精力放在创新养老机构监管、提高养老机构经营水平上。另一方面,对养老机构实行分级的差别化待遇,对于非法集资风险较低的机构放松监管,为其保留充足的创新空间,有利于激励企业的发展;行政机关在风险高的养老机构上实行的命令型监管会给其他的养老机构一种反向鼓励作用,促进其积极实行自我监管。

回应性监管在养老机构监管中的运用可以弥补养老行业监管的不足,对不同层级的养老机构做出不同回应,量体裁衣,在促进养老机构健康发展的同时防范非法集资风险,有利于社会稳定,维护社会公共利益,构建以行政机关为主导的监管体系,实现有效治理。

本节小结

回应性监管理论具有诸多优势,但并不能直接全盘照搬。本书的所有监管建议都是结合了我国的实际情况对当下养老机构非法集资泛滥的回应。事实上,非法集资犯罪不仅出现在养老行业,其他各行各业也未能幸免。国家为此成立打击整治养老诈骗的专项行动,正体现了国家对养老重要性的认可。养老是一份公益性事业,但同样也可成为一项营利性事业,为老人带来个性化的养老服务,作为前景广阔的朝阳行业,养老行业还能走得更远、做得更好,希望能有更多民间资本进入养老行业,让老人老有所养,为我国的老龄事业贡献力量。

第二节　论民办养老领域行政资助及其困境
——以湖南省为例

人口老龄化的纵深发展加剧了养老服务建设的现实紧迫性,积极应对人口老龄化已经上升到国家战略高度。为解决老年群众日益增长的养老服务需求与养老服务供给不平衡、不充分的发展之间的矛盾,民政部等十部委于2015年联合发布《关于鼓励民间资本参与养老服务业发展的实施意见》(民发〔2015〕33号),明确了鼓励社会资本参与养老服务供给的基本态度,并提出要加大养老服务市场和财政支持。

引入民间资本进入养老领域共同推进社会福利社会化,是市场经济条件下发展我国社会福利事业的客观要求,也是当前我国政府职能转变的主要方向之一。发挥民间资本在养老服务体系建设中的重要作用,需要政府出台政策积极引导。作为一项公共福利政策,民办养老机构优惠扶持政策反映了国家和社会对老年福利机构发展的关注、培育和支持,是对民办养老机构准公共价值的积极回应。[①] 本书将从扶持和资助民办养老机构的必要性和重要性出发,分析现有的扶持政策状况及其存在的问题,深刻剖析政府目前的扶持行为是否促进了民办养老市场有序

① 参见周成、韩振燕、钱再见:《积极老龄化视阈下政府扶持与民办养老机构发展——基于动态演化博弈的分析》,载《当代经济管理》2022年第8期。

发展，是否满足了老年群体多层次的养老服务需求，是否实现预期的行政资助目的，并提出有针对性的对策。

一、民办养老机构优惠扶持政策现状

新时代社会主要矛盾下，"公共行政"和"服务行政"以提供多元化养老服务供给、满足多层次养老服务需求为导向。政府为鼓励和引进社会力量投资养老行业，出台了一系列优惠扶持政策，在政策红利的吸引下，大批民间资本涌入养老市场，但目前养老服务市场的供给端和需求端仍然存在脱节的问题。

（一）民办养老机构的发展现状分析

高涨的养老服务需求与滞后的养老服务供给之间的矛盾是吸引更多社会力量兴办养老机构的"拉力"，而2000年以后我国政府出台的一系列的扶持、保护社会资本兴办养老服务业的政策和措施则是民间资本投资养老服务业的巨大"推力"。① 尽管政策红利在吸引民间资本进场方面发挥了重大作用，但目前我国民办养老机构的供给仍然无法满足养老需求。

1.政策红利吸引机构养老的飞速发展

据了解，养老行业较其他行业而言只能说是微利行业，且面临着更高的经营风险，民间资本之所以愿意进入这个行业，一方面是由于国家的优惠扶持政策，另一方面是基于庞大的养老服务需求而判断养老是一个朝阳产业。前文已然提到全国民办养老机构的蓬勃发展之势，本书将视野聚集于湖南省的数据，2010年前，湖南省有敬老院2008所，"五保之家"1550所，共有老年床位11.1万张；综合性社会福利院127所，有2万张床位；登记注册的各类民办养老机构112所，床位约1万张，全省老年人养老床位占有率为14.2%。截至2020年年底，湖南省共有各类养老服务机构和设施18194个，其中注册登记的养老服务机构2403个，建有养老服务设施的村居（社区）15791个，全省共有养老床位50.5万张，每千名老人养老床位数达39.22张。全省医疗卫生机构与养老服务机构建立签约合作关系的共有2419对，"两证"齐全（指具备医疗机构执业许可或备案，并进行养老机构备案）

① 参见范西莹：《政策性支持对于我国民办养老机构发展的推助作用分析》，载《甘肃理论学刊》2013年第6期。

的医养结合机构共有180家。可见,国家不断出台的优惠政策红利给民办养老机构发展带来了无限可能,10年间养老机构呈飞速发展状态。

2.养老服务供给与需求之间仍然脱节

截至2020年年末,湖南省常住人口6645.39万,其中60岁及以上老年人口占19.88%,65岁及以上老人人口占14.81%,80岁以上高龄老人193.43万人,90岁以上高龄老人22.16万人,分别占60岁及以上老年人口数的14.64%和1.68%。[①]全省有完全失能老人32.11万人,部分失能老人91.15万人。[②] 按照联合国标准,当一个地区65岁以上的老年人口比例超过7%就达到了老龄化社会的标准,如果这个比重超过14%则被视为进入深度老龄化,可见2010年至2020年,我国已跨过了第一个快速人口老龄化期,逐渐逼近深度老龄化。

采取积极措施应对人口老龄化受到党和国家的高度重视。然而养老服务供给与养老需求之间仍然存在巨大脱节,据预测,到2025年,高龄老年人口中最基本生活需要长期护理的人数将超过690万,比2000年增长1.7倍,2050年将超过2200万,比2000年增长7.5倍以上。为了适应这种状况,全国每年要增加11万张床位。[③] 而2022年《湖南省老龄事业发展和养老服务体系"十四五"规划》(湘卫老龄发〔2022〕4号)同样显示了这样的状况,即符合《养老机构服务质量基本规范》(GB/T 35796—2017)的养老机构不断增加,但每千名老人拥有的养老床位只接近38张,[④]比例仅为3.8%。

(二)民办养老机构的优惠政策实析

政府在刺激养老服务供给方面的行政活动包括提供养老服务、出台养老服务管理和指导细则等,在行为内容上表现为以各种方式鼓励引导民间资本参与、设立相应优惠补贴政策并进行监督和管理等。发展机构养老主要通过直接建设、委

---

① 数据来源:2020年度湖南省老龄事业发展统计公报。

② 完全失能老人是指生活不能自理必须依靠他人照料的老年人,即按国际通行标准,吃饭、穿衣、上下床、上厕所、室内走动、洗澡6项指标中有5项以上不能独立完成。部分失能老人指日常生活行为部分丧失自理能力,以上6项指标中有1~4项不能独立完成,需要依赖拐杖、扶手、轮椅和升降等设备或他人帮助的老年人。

③ 参见赵青航:《民办非企业单位的困境与发展——从民办养老机构的发展现状谈起》,载《社团管理研究》2012年第11期。

④ 参见《湖南省老龄事业发展和养老服务体系"十四五"规则》(湘卫老龄发〔2022〕4号)。

托运营、购买服务、鼓励社会投资等多种方式,针对民办养老机构的扶持政策主要涉及补贴、税收和信贷优惠等方面。

1. 补贴补助

从全国对养老机构的优惠政策实施细则来看,各地的补贴拨付条件和补贴力度由于经济发展水平等差异而各异,如有的省市对床位数量、建筑面积、入住率、运营年限等均有不同要求。其中,吉林省长春市将养老机构一次性建设补贴、运营补贴合并作为综合运营补贴,并按照机构收住老人的情况给予不同数额的补贴。① 江苏省南京市则区分以自建产权用房创办的养老机构和以租赁用房创办的养老机构,给予不同的一次性建设补贴,并将床位维护补贴、护理补贴和综合保险补贴这三项补贴合并为综合运营补贴,补贴标准按照收住对象失能、半失能身体情况发放。值得注意的是,湖北省武汉市对于当地已注册、连锁运营 3A 及以上等次社区养老服务设施达到 10 家(含)以上的同一法人主体,市级层面给予 20 万元一次性品牌扶持补贴。② 表 2 – 3 简单列举了全国各地民办养老机构一次性建设补贴和床位运营补贴标准,由于同一省(自治区、直辖市)内各城市补贴标准也不一,故以下数据以各省会城市为标准。

表 2 – 3　全国对各地民办养老机构的建设补贴和运营补贴情况

地区	一次性建设补贴（元/张）	床位运营补贴（元/张）	政策依据
北京市	20000 ~ 25000	300 ~ 500	《北京市人民政府办公厅印发关于加快本市养老机构建设实施办法的通知》
天津市	6000 ~ 15000	100 ~ 300	《天津市养老机构补贴管理办法(试行)》
河北省	1500 ~ 4000	100 ~ 200	《石家庄市市级养老服务体系建设补助资金管理办法》
山西省	5000 ~ 9000	100 ~ 200	《太原市民办养老机构建设与运营补助资金管理暂行办法》

① 参见长春市人民政府办公厅《关于全面放开养老服务市场提升养老服务质量的实施意见》(长府办发〔2018〕53 号)。

② 参见武汉市人民政府《关于加快推进养老服务高质量发展的实施意见》。

续表

地区	一次性建设补贴（元/张）	床位运营补贴（元/张）	政策依据
内蒙古自治区	1000～5000	100～300	《呼和浩特市民政局呼和浩特市财政局关于申报2018年社会办养老机构床位运营补贴一次性建设补贴和责任保险补贴的通知》
辽宁省	6000～10000	85～165	《沈阳市民办养老机构补贴资金管理办法》
吉林省	260（两项合并为综合补贴，单位为：人/月）		《长春市人民政府办公厅关于全面放开养老服务市场提升养老服务质量的实施意见》
黑龙江省	6000～10000	100	《哈尔滨市人民政府关于加快推进养老服务业发展的实施意见》
上海	10000～20000		《上海市人民政府办公厅关于推进本市“十四五”期间养老服务设施建设的实施意见》
江苏省	3000～10000	160～400	《关于进一步规范养老机构服务补贴实施办法的通知》
安徽省	2000～5000	200	《合肥市社会养老服务体系建设实施办法》
福建省	2000～10000		《福州市人民政府关于加快发展养老服务业的实施意见》
山东省	6000～12000	220～350	《济南市加快发展养老服务业市级专项资金资助项目实施方案》
河南省	2000～3000	50～150	《郑州市资助民办养老机构实施办法》
湖北省	5000～8000	200～300	《武汉市人民政府关于提升养老服务供给水平加快发展养老服务业的实施意见》
湖南省	5000～10000	160	《长沙市养老机构财政扶持资金管理实施细则》
广东省	10000～15000	200～500	《广州市民政局广州市财政局关于印发广州市民办养老机构资助办法的通知》
广西壮族自治区	1000～3000		《广西壮族自治区民办养老机构补贴暂行办法》
重庆市	5000～10000		《重庆市人民政府办公厅关于全面放开养老服务市场提升养老服务质量的实施意见》
四川省	4000～12000	150	《成都市人民政府关于加快养老服务业创新发展的实施意见》

续表

地区	一次性建设补贴（元/张）	床位运营补贴（元/张）	政策依据
贵州省	不低于 3000	不低于 600	《贵阳市全国养老服务业综合改革试点城市建设行动计划》
云南省	5000 ~ 10000	50	《昆明市人民政府关于鼓励社会力量投资兴办养老服务机构的实施意见》
西藏自治区	50000 ~ 100000（家/年）	200 ~ 500	《关于建立养老服务补贴制度的通知》
陕西省	5000 ~ 10000	40 ~ 150	《西安市人民政府办公厅关于印发破解“养老难”提升服务质量推进养老服务业创新发展的实施方案》
甘肃省	5000 ~ 10000	100 ~ 300	《兰州市关于改进养老机构建设和运营管理提高床位利用率的通知》
青海省	5000	180 ~ 500	《青海省民办养老机构资助管理办法》
新疆维吾尔自治区	3000 ~ 5000	120	《乌鲁木齐市加快推进社会化养老服务体系建设暂行办法》

以湖南省长沙市针对民办养老机构的补贴和补助为例，对建筑面积 300 平方米（含）、床位 10 张（含）以上、已在民政部门备案且通过消防备案或者消防验收合格、未获取过建设补贴的民办养老机构，自建新增床位每张给予 10000 元的一次性建设补贴，租用（改、扩建）新增床位每张给予 5000 元的一次性建设补贴。申请条件是养老机构正式运营（收住老人）1 年（含）以上，方可申请建设补贴，且同一地址同类型养老机构，建设补贴只发放一次。

运营补贴的条件和标准是：已在民政部门备案且通过消防备案或者消防验收合格的民办养老机构每接收 1 名本市户籍老年人、公建民营（民建公助）的社会福利中心每接收 1 名非特困供养对象的本市户籍老年人，按照自理、部分失能、全失能老人分别给予每床每月 160 元、350 元和 500 元的运营补贴，运营补贴的床位数不得超过备案床位数。公办养老机构在满足特困人员集中供养需求的基础上接收本市户籍、非特困供养对象的部分失能、全失能老人，按照每床每月 200 元的标准给予运营补贴。补贴床位所对应的老人至少连续入住机构 15 日（含）以上，方可申请当月运营补贴。

民办养老机构在2018年12月31日前取得法人登记并运营，床位达到50张(含)以上，并且通过了消防改造获得消防备案或者验收合格凭证并在民政部门备案的，市级按照1000元每张床的标准给予一次性消防补贴，已获取过消防补贴的不再重复补贴。对已购买养老机构责任险的养老机构，公办养老机构按实际购买床位数，已在民政部门备案且通过消防备案或者消防验收合格的民办养老机构和公建民营(民建公助)的社会福利中心，按照不超过备案床位数的原则，市级财政补贴购买责任险发票金额的50%。[①] 2022年8月，长沙市民政局、市发展改革委、市财政局、市人社局印发《长沙市养老护理人员岗位补贴补助办法》，对已建立并实施养老护理人员岗位补贴制度的养老服务机构进行资金补助，对符合条件的养老护理人员给予每月200元的岗位补贴。在此基础上，广州、上海等较发达地区还设有医养结合补贴、等级评定补贴、机构延伸服务补贴等。

2. 优惠政策

在税收优惠方面，非营利性民办养老机构的自用房产、土地享受免征房产税、城镇土地使用税的优惠，对非营利性养老机构建设免征有关行政事业性收费，对营利性民办养老机构建设减半征收有关行政事业性收费，对养老机构提供的养老服务适当减免行政事业性收费。

在用电、用水、用气、用热方面，民办养老机构可按居民生活类价格执行。对企事业单位、社会团体及个人等社会力量，通过非营利性的社会团体和政府部门向非营利性养老机构的捐赠，符合相关规定的，准予在计算捐赠方应纳税所得额时按税法规定比例扣除。

在用地优惠上，根据自然资源部印发的《产业用地政策实施工作指引(2019年版)》(自然资办发〔2019〕31号)，养老服务设施用地属于“公共管理与公共服务用地”一级类中的“社会福利用地”，民办非营利性养老机构可享受划拨用地政策，鼓励其以租赁、出让等有偿方式取得用地使用权，政府可通过作价出资、入股等方式共同参与建设，鼓励盘活闲置校舍、厂房等用于养老服务设施建设。对于营利性养老机构建设用地，按照国家对经营性用地依法办理有偿用地手续的规定，予以优先保障。将社会力量投资举办养老机构所需用地纳入城镇土地总体规划和城乡规划，社会力量投资举办的非营利性养老机构与政府举办的养老机构享有相

① 以上政策参见《长沙市养老机构补贴资金实施细则》第8条至第11条。

同的土地使用政策,使其可以依法申请使用国有划拨土地或者农民集体所有的土地,优先为其办理土地审批手续和规划审批手续。对营利性养老机构的建设,按照国家对经营性用地依法办理有偿用地手续和规划审批手续的规定,优先给予保障。对利用集体所有的山坡荒地或其他不影响城乡规划的建设用地建设并用于社会力量投资举办非营利性养老机构的,应当优先为其办理土地审批手续和规划审批手续。社会力量举办的非营利性养老服务机构,经养老主管部门认定后同意变更为营利性养老服务机构的,其养老服务设施用地报经市、县人民政府批准后,可以办理协议出让(租赁)土地手续,补缴土地出让金(租金),但法律法规规章和原《国有建设用地划拨决定书》明确规定应当收回划拨建设用地使用权的除外。社会力量投资举办的非营利性养老机构停办后,其通过行政划拨方式取得的土地使用权由政府收回或经批准后转由其他社会力量投资举办的非营利性养老机构使用。严禁养老设施建设用地改变用途、容积率等土地使用条件搞房地产开发。探索允许营利性养老机构以有偿取得的土地、设施等资产进行抵押融资。

3. 金融支持

一方面,将承担护理服务的养老机构、老年日间照料服务中心(承包运营照料床位机构)和开展社区延伸服务的养老机构等,纳入养老床位综合责任保险范围,保险费用由市级财政负担。另一方面,政府还引导银行进行融资支持,包括专项信贷额度支持,如中国银行天津市分行设立的20亿元专项养老信贷额度,根据企业情况提供流动资金贷款、固定资产贷款、贸易融资等融资服务,以满足企业支付租金、员工工资、日常经营采购、购买自建改建经营场所、购买专用养老服务设备等需求。中国银行天津市分行还为养老行业提供专属融资产品服务、优先受理快速审批、降低服务收费标准、提供线上金融便利服务、多元化提供综合解决方案、全球化搭建跨境撮合平台、积极参与政府智慧养老平台建设、积极参与政府智慧养老平台建设等支持。

4. 政府购买养老服务

政府购买养老服务,是指通过发挥市场机制作用,把政府直接提供的一部分养老服务事项以及政府履职所需服务事项,按照一定的方式和程序,交由具备条件的社会组织、机构和企业以及事业单位承担,并由政府根据合同向其支付费用的养老服务供给方式。[①] 正如前文所述，居家养老目前仍是我国老年群众养老场所的首选，在我国养老服务体系中居于基础地位，政府购买养老服务的行为依据主要是《预算法》《政府采购法》，尤其是各地政府出台的购买养老服务基本办法。这种由政府花钱购买养老机构上门为居家老人提供养老服务的方式迎合了我国现阶段养老群体的迫切需求，并以其灵活性和有效性成为我国政府利用市场化手段应对老龄化挑战的手段之一。2014年8月26日，财政部、国家发展和改革委员会、民政部和全国老龄工作委员会办公室四部门联合下发了《关于做好政府购买养老服务工作的通知》（财社〔2014〕105号），提出"政府购买养老服务内容应突出公共性和公益性，按照量力而行、尽力而为、可持续的原则确定"购买服务的目录清单，并指出"各地要全面梳理现行由财政支出安排的各类养老服务项目，凡适合市场化方式提供、社会力量能够承担的，应按照转变政府职能要求，通过政府购买服务方式提供方便可及、价格合理的养老服务"。

政府购买养老服务是政府参与养老服务供给的另一种方式，主要是根据养老服务的性质、对象、特点和地方实际情况，重点选取生活照料、康复护理和养老服务人员培养等方面开展政府购买服务工作。不过目前国家层面尚未制定政府购买养老服务目录。上海在2003年首次创新开展政府购买居家养老服务，"十三五"规划进一步提出"建立以居家为基础、社区为依托、机构为补充的多层次养老服务体系，全面放开养老服务市场并以购买服务、股权合作等形式发展养老市场"，表明了政府对购买服务的支持态度。2015年湖南省财政厅、民政厅、老龄办联合制定了《湖南省政府购买养老服务试点方案》，该方案明确了养老服务的购买主体为市（州）、县（市、区）、乡（镇）人民政府及街道办事处，具体由同级民政、老龄部门组织实施，并列举了购买居家养老服务、社区日间照料服务、机构养老服务、养老服务人员培训和养老评估等购买内容。前三种属于基本养老服务事项，其中居家养老服务项目主要包括为符合政府资助条件的老年人购买助餐、助浴、助洁、助急、助医、护理等上门服务和信息服务。社区养老服务项目，主要包括为老年人购买社区日间照料、老年康复护理等服务。机构养老服务项目，主要为"三无"（无劳动能力，无生活来源，无赡养人和扶养人或者其赡养人和扶养人确无赡养和扶养能力）老人、低收入老人、经济困难的失能半失能老人购买机构供养、护

---

① 参见《青岛市民政局政府购买养老服务管理办法》（青民福〔2019〕26号）。

理服务及其他符合政策的购买养老服务事项等。

二、民办养老机构扶持必要性分析

(一)“生存照顾”到“发展照顾”的政府职能扩张

资助、补贴和优惠这些都不是法律术语,在行政法概念中属于给付行政。福尔斯托霍夫(Ernst Forsthoff,又译为福斯多夫)最早在其著作《作为给付主体的行政》一书中首先提出“服务行政”(Leistungv serw alt ung)一词,日本和我国台湾地区的学者将其译为“给付行政”。[①] 福尔斯托霍夫在该著作中明确提出“生存照顾乃现代行政之任务”,由此将给付行政搭建在“生存照顾”这一理念之上,发展为与侵害行政(又叫干预行政)并立的一类行政领域。随着进入现代社会后自由法治国向社会法治国的转向,政府职能扩张使得给付行政超出了生存照顾的范围,延伸到了“发展照顾”甚至“享受照顾”的内容。[②] 随着人们需求层次的不断提升,给付行政的权利基础也已由生存权转变为受益权。[③] 不论是直接给予资金、实物,还是减免税、费,都属于“为了实现一定的公共目的,行政主体直接或通过第三人给私人无偿地提供金钱或其他财产利益,引导私人的发展,促进其事业成功的活动”。[④] 有学者对行政给付和给付行政作出了区分,认为给付行政是相对于干预行政而言的一种状态,行政给付则是一种单方的、授益性的具体而独立的行政行为。理论上,给付行政包含行政给付,[⑤]但这不在本书的主要讨论范围之内。

具体在行政法领域探讨政府给予民办养老机构各种补助补贴、税收减免和土地融资等优惠行为,应当将其归类为给付行政下的行政资助行为,与供给行政和社会保障行政行为并列。行政机关的这类扶持行为既包括以补贴、信贷优惠为表现的积极的给付性资助,也包括税收减免、用地、水电优惠等减免性资助。[⑥] 其本质是行政机关运用行政权力,将公共财政资金用于扶持特定市场主体的成型与发

① 参见司雪侠:《资源配置视角下的行政给付法治化研究》,载《理论探讨》2012 年第 4 期。

② 参见李国兴:《超越“生存照顾”的给付行政:论给付行政的发展及对传统行政法理论的挑战》,载《中外法学》2009 年第 6 期。

③ 参见柳砚涛、刘宏渭:《行政给付的性质界说》,载《东岳论丛》2006 年第 1 期。

④ 参见杨建顺:《日本行政法通论》,中国法制出版社 1998 年版,第 330 页。转引自陈无风:《民办养老机构行政补助研究》,载《兰州学刊》2014 年第 6 期。

⑤ 参见杨东升:《行政给付程序论》,载《上海政法学院学报(法治论丛)》2014 年第 1 期。

⑥ 参见王贵松:《行政资助裁量的正当化规制》,载《学习与探索》2008 年第 6 期。

展,具备行政法上的处分性和外部性特征。行政资助的理论基础之一是社会法治国理论,即政府为保护社会弱势群体,采取必要的措施促进经济发展、社会保障等公共利益,以实现实质正义的要求。在人口老龄化深度发展压力加大的背景下,老百姓对养老服务市场的需求使得政府必须采取措施扶持养老行业的发展,以提供多层次、多样化的养老服务。在补贴扶持机制下,民办非营利性养老机构被视为政府的亲密伙伴,政府通过给予经费资助等手段鼓励民办非营利性养老机构提供更多更好的养老服务,政府和民办非营利性养老机构之间存在一种相依并存、共进共荣的互补型协力关系。①

(二)"放管服"背景下社会福利社会化的发展趋势

随着社会生活的发展,政府公共事务不断扩张和日益复杂,民众在对政府服务依赖的同时也对政府的公共服务提出了更高要求。而政府所拥有的资源有限,无法满足民众多样化、细致化的服务要求。特别是20世纪70年代的经济危机使得各国开始反省社会福利制度、政府扩大福利支出规模造成的福利资源浪费以及行政官僚组织体系僵化。在新自由主义经济思想的影响下,1980年以来开始兴起一股社会福利民营化思潮,将主要由公共部门承担的社会福利任务通过契约外包、财务辅助等方式,转由市场或民间资本来承担。早在1999年3月15日,民政部就发布了《民政部办公厅关于深入开展社会福利社会化调查研究工作的通知》,表示我国对"社会福利社会化"的关注,并先后在广州、上海、温州等城市开展民办养老机构改革试点,为引进民间资本进入养老市场提供了经验。后民政部等部委又发布了《关于加快实现社会福利社会化的意见》,进一步明确了推动和实现社会福利社会化的重要意义以及相关优惠政策。需要注意的是,保障"老有所养"是政府的基本职责之一,民营化和社会化的本质不在于使政府卸免责任,而是为人民提供多元化、有保障的福利服务。②

随着我国经济发展和社会变迁进程,家庭规模缩小、劳动力流动性增强、家庭亲属联系弱化等因素凸显,不少家庭越来越不是完全依靠子女养老,社会化的养老服务供给已然成为养老服务体系中的重要一环。近年来,老年人能力评估师、

① 参见杜亚斌、田蕴祥:《公私协力视角下机构养老服务运行机制研究——以武汉市民办非营利性养老机构为例》,载《治理现代化研究》2019年第3期。

② 参见李玉君:《社会福利民营化法律观点之探讨》,载《月旦法学杂志》2003年第102期。

陪诊师、临终关怀师、养老顾问等角色逐渐为社会所熟知，他们通过提供更为专业的康养、医养、咨询评估等服务，不断提升养老服务精细化水平。由民间资本提供的社会化养老服务更加多元化，老年群体可获得的养老服务就更加精细化。我国的历史本身就是一个“由家到国”的过程，受千百年来的传统农耕思想和小农经济影响，养老不离家仍是首选。满足全社会对养老服务事业发展的迫切需求，妥善解决好现阶段供需矛盾，仍需在现有体系框架的基础上强化政策落实，加大投入力度，在扩大供给和提升效能方面不断探索，促进养老服务持续健康发展。尤其是在“放管服”的大背景下，政府虽然不直接参与养老机构的运营和建设，但通过政策引导、资金补助、优惠减免激励和扶持养老福利发展，同样意味着政府的责任没有缺位。

（三）民办养老机构具备准公共产品性质之剖析

按照经济学上对产品依据是否具有排他性和竞争性进行分类，民办养老机构具有准公共产品的性质，既具有利他的公益性，也具有利己的私人性，是介于公共产品与私人产品之间的一种物品。①

除了公益属性，民办养老机构的生存和发展特点也决定了政府给予其优惠和扶持是至关重要的。一方面，民办养老机构前期投入大，其成本除了养老机构的维护费用、水电煤等基本费用和人工费用外，还包括土地或者房屋使用费用，如果没有政府给予资金补贴、用地优惠等来分摊成本，民办养老机构通过自我筹资和建设很难保持持续运转，尤其是在机构扩大规模和发展壮大的过程中，持续的信贷和资金补助不可或缺。② 另一方面，养老服务属于利润低、回报周期长的产业，资本具有逐利性和嗜血性，缺乏政府优惠政策引导将很难吸引民间资本在养老服务市场进行投资和建设。

事实上，机构养老在提供基本养老服务方面有着不可替代的作用。《国务院办公厅关于推进养老服务发展的意见》（国办发〔2019〕5 号）提出以居家养老为基础、社区养老为依托、机构养老为补充的基本养老格局，机构养老作为社区和居家养老的补充，是政府、市场和社会共同参与到提供多元化养老服务的重要途径，也

① 参见吕江：《准公共产品与非营利组织刍议》，载《中共山西省委党校学报》2006 年第 5 期。

② 参见范西莹：《政策性支持对于我国民办养老机构发展的推助作用分析》，载《甘肃理论学刊》2013 年第 6 期。

是在推进社会福利社会化过程中将长期存在的养老模式。民间资本参与投资建设养老服务市场能够有效弥补国家在养老服务供给方面的不足，为老年人提供多元化的养老选择，因此，政府对民办养老行业进行优惠扶持具有必要性。

三、扶持民办养老机构的合法性分析

（一）优惠扶持政策之历史回顾

回溯国家鼓励民间资本推进养老服务体系建设的历史，早在2012年民政部就出台了《关于鼓励和引导民间资本进入养老服务领域的实施意见》（民发〔2012〕129号），初步规定了民办养老机构的优惠政策。2013年，国务院也发布了《关于加快发展养老服务业的若干意见》（国发〔2013〕35号），提出要完善投融资、土地供应、税费优惠、补贴支持、人才培养和就业等优惠扶持政策，培育和扶持民办养老机构的建设与发展。同年民政部为了规范民办养老机构的管理，提升服务质量，出台了《民办养老机构管理办法》，进一步完善了民办养老机构的扶持政策，2013年也因此被视为民办养老机构的发展元年。2016年国务院发布《国务院办公厅关于全面放开养老服务市场提升养老服务质量的若干意见》（国办发〔2016〕91号），提出要进一步放宽养老服务市场准入条件，全力建设优质养老服务供给体系。2019年国务院再次发布《国务院办公厅关于推进养老服务发展的意见》（国办发〔2019〕5号），要求深化放管服改革，民政部本级和地方各级政府用于社会福利事业的彩票公益金，要加大倾斜力度，到2022年要将不低于55%的资金用于支持发展养老服务，提升政府投入精准化水平。在养老压力持续增大的背景下，各省市纷纷响应中央政策出台了《老龄事业发展和养老服务体系“十四五”规划》，明确要充分调动各类市场主体进入养老服务市场的积极性，使得社会力量成为推动老龄和养老事业发展的重要主体。

（二）优惠扶持政策之行而有据

作为“控权保民”的行政法必须遵循“法无授权不可为”的基本原则，因此行政主体的扶持行为必须要“行之有据”。一方面，无论是中央层面的法律和部门规章，还是地方针对自身情况灵活设置的资助细则，都为行政主体扶持和资助民办养老机构发展提供了有力的法律依据。《宪法》第45条是规定政府具有发展养老服务、提供养老保障职责的最高效力依据，《老年人权益保障法》则从法律层面明确了国家具有保障养老服务的义务。保障和支持社会的弱势群体以及对国计民生有着重要作用、需要给予特殊保护的行业、产业及法人企业等,是维护社会公平正义,提高社会整体效率有效手段,也是主动承担社会责任、解决民生问题的服务型政府的体现。另一方面,补贴民办养老机构及其从业人员的资金来自各地财政,取之于税收的财政资金是行政主体实施资助行为的有力保障。例如,广州市的优惠政策实施细则中明确规定:“市、区民政部门按照职责负责养老机构的资助管理工作,所需经费按规定和程序列入年度部门预算。市、区财政部门按照部门职责保障养老机构资助经费。”①长沙市则是将社会办养老机构的建设和运营补贴专项资金纳入财政年度预算,按属地管理原则,分级负担,市级财政给予一定补助。而根据《预算法》第 21 条规定:“县级以上地方各级人民代表大会审查本级总预算草案及本级总预算执行情况的报告;批准本级预算和本级预算执行情况的报告。”可见,地方政府设置的行政资助资金都被纳入年度财政预算(含预算调整方案)并经本级人民代表大会及其常务委员会批准。从这个角度来说,资助资金预算获得批准后,所设立的行政资助具有合法性和最终的确定力。

(三)优惠扶持政策之特征梳理

目前我国并没有一部专门的“行政给付法”或“行政资助法”,没有对于给付行政或资助行政行为的种类、范围、程序等进行统一规制。针对民办养老机构资助的规定散布在各层级的规范性文件中,其中顶层设计层面大多采取“鼓励”“支持”“促进”的表述,如民政部《关于鼓励和引导民间资本进入养老服务领域的实施意见》(民发〔2012〕129 号),民政部、发展改革委、教育部等十部委《关于鼓励民间资本参与养老服务业发展的实施意见》(民发〔2015〕33 号)、《关于推进基本养老服务体系建设的意见》(中发办〔2022〕42 号)等。从上述文件的内容来看,较高层级的规范性文件大多是宏观而笼统地表明态度,如“纳入社会发展规划、提供优惠政策、提供资金补助、加大财政投入”。为细化落实中央的指示,各省市政府纷纷出台资助民办养老机构的具体办法,如《贵州省资助民办养老服务机构暂行办法》(2012)、《广西壮族自治区民办养老机构补贴办法》(2016)、《郑州市资助民办养老机构实施办法》(2018)等,甚至有些县政府也出台了各县的补贴实施方案。

① 参见《广州市民办养老机构资助办法》(穗民规字〔2020〕11 号)第 3 条。

地方政府出台的文件更加侧重于具体的政策实施,包括领取补贴的要求、程序、提供多少金额的补贴、实施怎么样的优惠等。总体来看,各地优惠政策中确定的优惠项目和优惠标准及其条件各不相同,也缺乏一套合理的测算标准来科学地确定补助的金额。

四、民办养老机构行政资助的现实困境

参差不齐的规范性文件和政策环境是民办养老机构生存和发展的重要障碍,而我国对于民办养老机构的行政资助行为又尚未有一套完整的制度体系规范,在政策施用对象、实施程序和实施效果方面存在种种不规范的问题,甚至导致非法集资、养老诈骗等乱象频发,导致扶持民办养老机构的最终效果与扶持初心有所偏差。

(一)政策施用对象:竞争不公与职能错位

1. 民办和公办养老机构不公平竞争

基于社会福利追求社会公平的基本原则与基本公共服务均等化的现代理念,养老服务等社会保障领域尤其需要贯彻平等权意旨下的制度推进,①但是目前针对公办养老机构的优惠政策倾斜造成强者越强、弱者越弱的“马太效应”。一方面政府利用公共资源不断地给公办养老机构发放固定事业费以及大量的经费资助,其中还包括许多隐性补贴;另一方面给予民办养老机构的补贴力度和政策资源支持却远远不够。从各地民办养老机构优惠政策实施细则来看,多地政府只是简单地细化和完成国家扶持民办养老机构的任务,并未真正厘清扶持民办养老机构的政策价值取向,没有深刻理解民办养老机构与公办养老机构都是提供养老服务的重要市场主体,使得在优惠方面区别对待二者。有学者对浙江省34家养老机构调查后发现,民办养老机构的政府拨款是公办机构的约十二分之一,②政策扶持不足会导致本就利润低的民办养老机构在与公办养老机构的竞争中处于天然的弱势,使两者不能在公平环境下竞争。民办养老机构的资本回收周期少则5年,长则在10年以上,而各区县民政局和各民办养老机构一致认为,养老机构入住率达

① 参见于新循:《我国养老机构的判析:法律定位及平等对待》,载《理论与改革》2011年第6期。

② 参见邵胜等:《杭州市养老机构发展现状与对策研究》,载浙江省民政厅编:《浙江民政政策理论研究2009》,杭州出版社2011年版,第250页。

到60%，才能保证机构能够收支平衡，入住率低于60%，则意味着该机构处于亏损状态。可见，建设和维持机构运营的巨大投入，与民办养老机构能够申请到的一次性建设补贴和机构运营补贴完全不成比例，目前民办养老机构前期经营大多是在保本线上苦苦挣扎。

2. 民办和公办养老机构职能错位

从机构属性和功能定位来看，公办养老机构具有“兜底线、保基本”的职能，应当优先为经济困难的失能失智老年人、孤寡或失独特殊家庭老年人提供优惠或低收费托养服务。按照《国务院关于加快发展养老服务业的若干意见》要求，“各地公办养老机构要充分发挥托底作用，重点为‘三无’（无劳动能力，无生活来源，无赡养人和扶养人，或者其赡养人和扶养人确无赡养和扶养能力）老人、低收入老人、经济困难的失能半失能老人提供无偿或低收费的供养、护理服务”。2021年11月24日发布的《中共中央、国务院关于加强新时代老龄工作的意见》，同样强调要强化公办养老机构兜底保障功能，建立公办养老机构入住管理制度，优先为经济困难的孤寡、失能、残疾、高龄、计划生育特殊家庭、为社会作出重要贡献的老年人提供符合质量和安全标准的养老服务。但现实中却出现了公办机构不愿接受高龄失能老人、少有“三无”老人，而民办机构不得不接受高龄失能老人、也无力接受“三无”老人的困境，这部分老年人面临“民办机构住不起，公办机构住不进”的困境。行政主体差异性资助公办和民办养老机构，不合理地致使二者的基本职能错位，这种错位严重偏离了社会主体公平享有社会福利的基本要求，也有违基本公共服务均等化的现代理念，无法实现老年群体都“老有所养”的社会目标。

（二）政策操作细则：程序控制不足

正当程序既有利于相对人权利保障，又是控制和限制行政权力的重要方式，同时有助于保障政府扶持行为的效率。行政资助作为一种授益性行政行为，如果没有相应的程序性控制，行政主体在决定和实施授益的过程中很可能会将自己的利益凌驾于行政相对人的利益之上，滋生权力腐败和滥用。并且，“授益”一方相对于请求资助和补贴的行政相对人而言处于优势地位，这也容易导致权力分赃和官僚主义盛行，与行政资助的最初目的背道而驰。目前我国给付行政领域缺乏相应的程序立法，各地法规和规章中程序的设定也比较笼统，主要是为方便行政给付主体自身权力目的实现而设定，在机构评估标准、补贴对象、补贴发放方面缺乏统一的规定。从权利和义务角度看行政资助行为往往具有复效性,它并非纯授益的行为,对某一些民办养老机构补贴而不给予另一些机构,可能会使其他竞争者丧失竞争优势而蒙受损失,对应当补助的机构没有补助可能涉及侵害行为。但目前各地资助办法大都缺少机构申领的异议复核程序和听取意见机制,民办养老机构没有相应的程序渠道提出异议或陈述意见。

(三)政策实施效果:难以落到实处

各地优惠政策实施细则中详细规定了民办养老机构的权利与义务,但对民政机构的延迟发放、漏发补贴行为的规定过于笼统和模糊,而多地养老机构都反映许多具体优惠政策并未落实到位。例如,有学者对山东省45家养老机构调查发现,享受到政府建设(改建)补助的养老机构占57.6%,享受到运营补助的比率只有48.6%。[①] 根据有关研究,土地使用优惠是推进民办养老机构发展的行业保护政策中最重要的优惠措施,土地使用费用占民办养老机构成本支出甚至达到70%左右,[②]信贷和持续的资金补助对于养老机构经营过程的可持续性发展则更为重要,[③]而现实中对民办养老机构发展至关重要的两项政策却由于种种原因难以落到实处。

1.养老用地供需之间匹配失衡

尽管中央层面和各地文件都提出对于该类公益性机构在土地使用问题上要给予最大限度的支持和优惠,但是在具体执行过程中,由于缺乏用于养老的用地规划,养老机构往往会因为土地问题与自然资源规划部门产生矛盾,很大一部分养老机构由于土地使用的期限、权限等问题陷入了发展窘境,且土地性质变更审批手续烦琐,基层操作难。民办养老机构的用地陷入两难困境,一方面,各地政府基于土地收益最大化考量,难以将城市较好区位的地段作为划拨用地交由养老机构使用,采用出让方式又会面临养老机构缺乏足够的用地资金,因而城市中心的民办养老机构设施和数量难以满足需求;另一方面,郊区和农村地带的养老机构

---

① 参见田杨、崔树义、杨素雯:《养老机构扶持政策实施效果研究——基于山东省45家养老机构的调查分析》,载《山东大学学报(哲学社会科学版)》2018年第3期。

② 参见吴雅琴、韩旭:《浅析我国民办养老机构成本控制及融资对策建议》,载《商业经济》2016年第10期。

③ 参见范西莹:《政策性支持对于我国民办养老机构发展的推助作用分析》,载《甘肃理论学刊》2013年第6期。

则往往因地理位置偏僻而难以有足够的入住率，这就出现了养老用地供需之间的匹配失衡现象。虽然民政部等部门通过发布《关于支持整合改造闲置社会资源发展养老服务的通知》，支持改造存量土地和房产资源兴办养老服务机构和设施，但由于没有可操作的政策指引，缺乏专业的改造评估标准和科学高效的改造流程设计，导致耗时过长、成本过高、审批不通过等现象。①

2. 融资扶持政策缺乏顶层设计

2015 年 2 月 26 日，湖南省民政厅会同省财政厅、金融办和银监局在全国率先出台了《关于信贷扶持养老服务业发展的指导意见》，力求“满足养老服务业金融服务需求，推进社会养老服务体系建设”。遗憾的是，因缺乏对应的配套机制和具体的实施方案，缺乏信贷支持仍是制约民办养老机构发展的重要“瓶颈”。

首先，民办养老机构在资产抵押方面存在障碍。民办养老机构用地多为划拨用地或者租赁土地，很少有适宜的抵押物用于抵押以获取银行贷款。其次，民办养老机构的银行授信审批难以通过。养老产业前期投入大，成本回收周期长，根据调研，稍具规模的民办养老机构前期投资动辄上千万元，而投资回收周期至少 10 年以上，银行审批此类授信时较为谨慎。另外，民办非企业养老机构因不需要多种税费，很少聘请专业的财务管理人员，难以达到税务部门的财务管理要求，管理相对粗放，难以通过银行授信审批。再次，银行向民办养老机构发放贷款，信贷风险偏大。养老服务机构普遍利润不高，难以承担银行贷款的利率。此外，养老机构经营风险较大，常出现因老年人死亡、受伤而索赔的情况，影响银行信贷安全。最后，由于在民营非企业性质承贷主体的认定上相关法律法规不够完善，同时受到民办养老机构无抵押、无担保问题的限制，民办养老机构想要通过抵押担保和信用评级来获得贷款十分艰难。说到底，银行从性质上说是商业机构，发放贷款需要仔细审核企业资质、项目质量、股东实力、信用风险等，否则一旦资金难以收回将严重损害银行债权人的利益。因此没有政府银行和信贷项目支持，民办养老机构很难从银行融资成功。据调研了解，湖南省益阳市 19 家银行机构中只有中国建设银行益阳市分行有养老行业授信客户，71 家民办养老机构中只有 3 家获得贷款。2021 年，长沙市民政局牵头，由长沙银行通过扩大贷款抵押担保范围

① 参见李小兰：《我国民营养老服务业财政政策性投融资模式研究》，九州出版社 2021 年版，第 103～104 页。

等途径为养老项目或养老机构提供差异化信贷支持，包括以民办养老机构的应收债款、稳定的流水进账和养老机构股东个人的信用和资产进行抵押，但仅长沙市雨花区一家养老机构以股东自有的50平方米商业用房做抵押才勉强向银行借到了200万元的贷款。

3. 补贴补助拨付缺乏监督落实

根据《养老机构管理办法》第3条规定："县级以上人民政府民政部门负责养老机构的指导、监督和管理。其他有关部门依照职责分工对养老机构实施监督。"长沙市养老优惠政策实施细则也明确规定："区县（市）民政部门负责补贴项目的实地核查和补贴资金的审核、公示、申报、资金使用情况检查及绩效评价自评等工作……财政部门负责补贴资金预算安排、资金拨付、资金使用情况监督检查以及绩效综合评价等工作。"①可见，比较确定的是民政部门负责民办养老机构的补贴发放和实施监督，但事实上优惠政策不仅涉及补贴，还包括税收减免、划拨用地、信贷融资等多个方面。除了税收的优惠项目是由财政部和税务总局确定并在全国统一实施之外，其他的优惠政策实施则有待相关部门的配合和协调落实，但民政部门印发的文件难以对其他相关部门产生执行效力，从而无法在操作层面贯彻落实相应优惠。此外，由于地方财政体制不完善，地方政府自身财力有时难以满足其行政管理的需要，地方政府依赖上级政府的财政转移支付。如民办非营利性养老机构一次性建设补贴和床位运营补贴需要地方财政补助50%～70%，地方财政难以满足需求。②

4. 养老护理专业人才严重缺乏

养老服务市场服务对象的特殊性决定了护理人员对于该行业的重要性，现实情况却是养老行业严重缺乏专业的护理人才，这主要体现在护理群体具有极大不稳定性、护理人员普遍缺乏专业知识以及护理人员供给不足三个方面。从调研资料可知，民办养老机构护理人员的工资普遍偏低，但照护老年人却是一个需要时间和精力的职业，与同属家政服务的月子照护等工作的收入差距过大，养老机构的"半自理"和"完全不能自理"的老人更是加大了护理难度。许多护理人员从事

---

① 参见《长沙市养老机构补贴资金实施细则》第6条。

② 余新仁：《民办养老机构优惠扶持政策落实研究——以福建省为例》，载《社会福利（理论版）》2015年第6期。

这个行业一段时间后便会辞职寻找性价比更高的工作，使得养老行业的护理人员流动性大、不稳定性强。针对民办养老机构从业人员供给不足的行业困境，长沙市雨花区民政局、财政局于2021年6月制定了《关于建立养老机构从业人员岗位补贴制度的通知（试行）》，岗位补贴分为在岗补贴和持证补贴，其中，持证补贴由养老机构自行发放；在岗补贴为“凡在雨花区同一养老机构连续工作满一年的，从第二年开始每月补贴50元，每增加一年每月补贴增加10元”。2022年调整为200元每个月，虽然补贴数额上有所增加，但仍然形同虚设，难以起到激励作用。

许多地方尤其是农村地区的护理人员，大部分年龄在40～50岁，出现“较年轻老人”护理“较年老老人”的局面，且这些护理人员普遍文化程度不高、缺乏专业而必要的护理知识培训。《老年人社会福利机构基本规范》中对护理人员配置及素质要求作了明确规定，“各专业工作人员应具有相关部门颁发的职业资格证书或国家承认的相关专业大专以上学历。无专业技术职务的护理人员应接受岗前培训，经省级以上主管机关培训考核后持证上岗”。[①] 但很少有能达到上述专业要求的护理人员，而接受过专业培训的年轻人受传统看法所羁束，大多不愿意从事该行业，这又加剧了护理人才供给不足的问题。据调研的民办养老机构经营者所述，一个护理人员平均要照顾5个老人，为应对护理人员不足的困境，他们只能寄希望于学校和社会的志愿者组织来帮忙，但志愿者始终无法做到像专业护理人员一样长时间的照护工作，护理需求与护理供给存在严重失衡。

（四）补贴发放方式：容易诱发道德风险

1.一次性补贴方式容易招致政策套利

当前政府对民办养老机构的建设补贴和运营补贴采取前期一次性资金给予的方式，即按床位数量每床每月给予财政补贴，这种方式容易导致政策套利。这种粗犷的补贴方式容易导致财政资金的无效使用，即使是闲置床位也能获得补贴。除大量的床位空置外，有的民办养老机构打着为老服务、发展养老产业的幌子，利用国家对社会福利事业用地采取划拨土地的优惠政策，有目的地圈取、套用土地及发展房地产业。部分养老机构为了获取政府的一次性建设补贴和床位补贴，增加的床位数与自身规模完全不成比例，最后走上非法集资的道路；一些养老

① 参见《老年人社会福利机构基本规范》4.2.3。

机构投资者虚报机构床位数量,违法套取国家财政补贴;为达到规定的床位规模,养老机构经营者会尽量把床位数上报到最多,以获得更多的补贴资金,有些养老机构甚至将获取财政补贴作为主要营利的手段。民办养老机构负责人的高度期望盈利、低估建设及运营难度,导致盲目扩张,进而在资金链出现断裂时向社会吸收资金,是导致目前民办养老机构规模较大、床位数与入住人数不成比例的重要因素。

开办养老机构前期的建设投入、人员工资成本耗费巨大,机构的维持和发展需要持续投入,前期一次性补贴的方式也不利于养老机构的可持续发展,容易造成养老机构套取政策优惠卷钱而走的情况。行政资助本质上是利用行政手段干预了市场主体的经济活动,因此在资助的过程中必须理顺政府的介入行为与市场机制运行之间的界限,如果资助行为实施不当,将会影响养老服务市场中资源配置的作用。

2. 大额预收费制度前期缺乏有效规制

大额预收费制度成为养老机构非法吸收公众存款犯罪的滋生土壤,该行为的合理性、可操作性等问题在政府部门间的联合座谈会中频频被提起讨论。简言之,由于养老机构融资渠道狭窄,在面临融资难的问题时养老机构另辟蹊径,通过预先收取老年人一段时期的床位费和护理费等,给予老年人在优先入住、服务折扣、还本付息等方面的优待。近年来,湖南省内"爆雷"了多起养老机构非法吸收公众存款的案件,有许多都是通过"预收费"模式进行犯罪,如"顺祥""夕阳红""爱之心"等,涉及人数多、范围广、金额大,但湖南省内没有针对"预收费"模式制定可操作的规范。相应制度的缺位一方面为不良机构经营者提供了可乘之机,另一方面加大了政府机关依法执法的难度。有的养老机构预先收取费用或销售"会员卡"时,在收取数额和优惠力度上与企业服务实力不匹配,导致机构最后无法生存下去。更有甚者,部分机构或企业无经营之实,打着"养老服务"的旗号,以返本付息或许以高额回报等形式,欺骗诱导社会公众尤其是老年人办理大额"会员卡""预付卡""贵宾卡"等,非法吸收公众资金,对老年人、养老行业乃至社会安定都造成了恶劣影响。2021 年 12 月,国务院下发的《"十四五"国家老龄事业发展和养老服务体系规划》(国发〔2021〕35 号)明确指出:"完善养老服务领域预付费管理制度,探索建立对预付费的资金监管机制。"后多地纷纷出台文件规定养老机构床位费、护理费原则上按月度收取,一次性收取费用期限最高不得超过一年。[①]

五、民办养老机构优惠政策困境之成因分析

(一)法律规范可操作性不足

现有针对民办养老机构优惠政策的法律规范效力层级较低。顶层设计层面发布的政策规定主要是宏观性的,表明我国对加快引入民间资本进入养老行业的支持态度,系统而具体落实民办养老机构补贴和优惠政策的规定则散见于部门规章、地方性法规和规章以及规范性文件中。法律规范位阶较低使得政策代替法律充当优惠政策实施的主要依据,各地政策又存在可变性和随意性,导致民办养老机构的优惠政策实施没有长期稳定可操作的规范。民办养老机构的补贴种类和标准大多因相关政策而产生,缺乏决策制定应有的调研和论证,有时甚至需要结合机构等级评定、老年群体身体状况评估等进行考量,但目前这些配套政策尚未形成体系,导致在现实中出现异化执行或无法执行的状况。政策扶持的效果必须通过执行得以体现,而目前的规定大多处于原则性的框架和倡导层面,有待进一步明确。我国大力推动医养结合方向清晰,但相关细则仍不够明确,如对没有护理保险的地区,在医养结合与医保衔接、报销标准设定等方面,仍待建立健全相应标准。以政府购买养老服务为例,大多数文件只是规定"对政府购买养老服务资金数额较大、服务对象较多、影响面较广的项目,应委托第三方独立审计机构进行审计",并未对数额较大、服务对象较多、影响面较广作出进一步解释。此处的争议在于给付行政一般属于授益性行政行为,对当事人的权益干涉较少,因此行政行为的方式较为自由,无须遵循严格的法律保留。在给付行政领域,行政有自我形成的自由,可以脱离法律而作出行政行为。此外,缺乏具体明确民政、市监、卫健等执法部门如何协调和监督的规定,导致存在监管的真空地带和推诿扯皮的情况。

(二)行政资助监督机制乏力

在国家"放管服"政策实施以来,2018 年正式取消养老机构设立许可,只需要

---

① 例如,湖南省《关于规范养老机构服务收费促进养老服务业健康发展的实施意见》、天津市《关于做好养老服务领域防范和处置非法集资工作的意见》、河南省《河南省养老服务条例》等都对养老机构"预收费"金额作出了规定。

备案即可进入养老服务市场。2020 年 9 月 1 日,民政部发布《养老机构管理办法》更是进一步明确全国民办养老机构均进行备案管理。这意味着根据《老年人权益保障法》《养老机构管理办法》的规定,民办养老机构只需登记即可开展养老服务。在降低民间资本进入养老服务市场门槛的同时,缺乏对民办养老机构优惠扶持政策的程序性规定,扶持民办养老机构的监管又严重缺位,导致政府扶持行为和民办养老机构一度缺乏监督和控制。尤其是在发放补贴过程中,对于行政主体是否存在违规操作、权力寻租的情况,无法做到公开透明,缺乏对行政主体行为的有效监督机制,出现了资金挪作他用和政策套利现象。因此,必须要有监督机制,一方面行政给付的实施过程和各个环节缺乏有效监督条款,另一方面行政给付的公开化、透明化程度较低,难以体现公平合理。这其中原因包括行政主体自身的监管力量不足、监管方式和执法能力有限,多种监管主体职能重叠下的部门监管壁垒等。

1. 监管资源不足

民政部门主要以书面审查和实地检查相结合的方式进行审核,其中实地检查主要针对已经备案的养老机构,民政部门自备案之日起 20 个工作日以内对已备案的养老机构进行现场检查,并核实备案信息;对未备案的养老机构,服务场所所在地的县级人民政府民政部门自发现其收住老年人之日起 20 个工作日以内对其进行现场检查,并督促该机构及时备案。各地具体落实民办养老机构监管的主要是各区县民政部门的养老科,然而从现实情况来看,该科室日常执法力量薄弱。从调研数据来看,湖南省各区县民政局养老科人员配备最多为 8 人,最少仅为 3 人。其中衡阳市目前有 85 家民办养老机构,床位达 8520 张,而养老科配备人员却只有 3 人,且从执法人员性质上看,科室中大多是合同工。益阳市目前有民办养老机构 71 家,养老床位 6640 张,然而该市养老服务科只配备了 6 人,其中包括乡镇挂职人员、专班工作人员、区县跟班学习人员。

由于没有一个统一有效的管理工作模式,各区县民政部门对各辖区内的养老机构的管理模式也各不相同,有的区县以“周巡”的模式进行摸排,有的区县由于养老机构过多,连“月巡”都难以办到。监管人员每天要处理大量市民投诉,上报各类报表、参加各种学习和会议,没有充足时间进行高频次高质量的监管,更难以充分学习专业技能和提升综合素质。除了监管部门工作量大、执法力量薄弱外,还存在执法队伍年龄结构老化等问题,据了解,监管人员的年龄大部分在 50 岁左右。有些地区的民办养老机构优惠政策发放细则明文要求行政机关除了材料审核还要进行实地检查，如《长沙市养老机构补贴资金实施细则》第6条规定："区县(市)民政部门负责补贴项目的实地核查和补贴资金的审核、公示、申报、资金使用情况检查及绩效评价自评等工作；市级民政部门负责市本级公办养老机构补贴资金的审核、区县(市)补贴项目的抽查核实、资金使用情况监督检查及绩效评价自评等工作；财政部门负责补贴资金预算安排、资金拨付、资金使用情况监督检查以及绩效综合评价等工作。"但从现有人员配备来看，目前的监管部门很难腾置出足够力量实现对养老机构的考核评估和有效监管。

2. 监管方式有限

对民办养老机构监管的另一方式是书面审查，这主要是对民办养老机构的基本情况进行形式上的审查，如审查备案申请书，包括机构名称、住所、法定代表人或者主要负责人信息、服务场所权属、养老床位数量和服务设施面积等，并无过多实质意义。目前养老机构市场准入门槛较低，在资料完备的情况下最快1小时即可登记成为一家合法养老服务机构。然而从民办养老机构运营者的行业背景来看，大部分机构负责人在进入养老行业之前多从事与养老无关的行业，如益阳市资阳区纳诺老年公寓负责人长期从事养殖业，益阳市高新区衡福海老年服务中心负责人以经营超市为业，对养老行业缺乏专业知识和经营规划，前期盲目投入导致经营过程高开低走。由于养老行业的微利性和回报周期长的特点，不少与谈方提出，民政部门可以做一些实质上的审查，如运营可行性研究报告、机构发展规划等，以防范社会投资者缺乏养老市场规划。此外，会员制是我国民办养老机构目前普遍采取的经营模式之一，由于机构收入高达90%的来源都在于床位费，因而会员制这种可以快速回笼资金的模式备受养老机构经营者青睐。然而，若没有一套完善的监管机制及时发现和预警，民办养老机构走上非法集资道路后无法回头，甚至出现了许多打着养老旗号向老年群众非法吸收资金的机构。

同时，监管部门在日常监管中缺乏相应的执法权力。正如长沙市天心区民政局工作人员所言："在没有公安立案侦查、检察院审查起诉、法院受理审判等相关部门进行定性之前，就算知道菜市场有人在那里拉人集资，我们民政局也不能把他们抓走，只能以劝导的方式进行处理。"此外，监管机构还应当开展对安全生产、自建房隐患排查、非法集资风险排查等"运动式"的专项检查、多部门联合督查。但是在一批民办养老机构"爆雷"之后，职能部门为了风险防范而进行的全面排查和整治,其采取的也仅仅是没有强制性的上门约谈、风险提示、签订不“涉非”承诺等方式。

3. 部门监管壁垒

养老机构根据主体性质不同分属于不同部门监管,如民办营利性养老机构到市场监管局登记、民办非企业机构由民政部门管理、公办养老机构属于事业登记部门管理,这容易导致养老机构同时持有两个以上证照,监管存在一定难度。当前的民办养老机构有的在民政部门注册,有的在市场监管部门注册,管理主体的混乱也造成了管理上的无序和低效。民办养老机构的监管涉及多部门职责范围,而各部门发布的规章对于别的部门不具强制约束力,不利于部门之间的分工和协同监管。目前对民办养老机构非法集资的行业风险管控主要是由政府金融办牵头,民政局、公安局经侦支队等部门进行实际管理,但工作落实仍由各区县民政相关部门具体负责。现实中,各行政部门的办公系统难以做到互通互联,一些单位的相关数据连传输都存在困难。如市场监督管理部门的公司企业注册登记信息、税务部门的纳税申报异常信息、网管部门的公司企业的网站注册信息、银监部门的大额资金异动信息、相关职能部门的行政许可信息、公安机关的涉众型经济犯罪黑名单等重点人员信息。各部门有关民办养老机构的监管缺乏相关基础信息的互通共享,往往是养老机构卷补贴资金而走、借提供养老服务名义利用优惠政策实施其他产业“倒闭”“崩盘”或实际控制人跑路等问题出现后,监管机关才意识到问题,但为时已晚。而有的单位内设机构较多,又是存在单位内部责任不明晰甚至推诿扯皮的问题。另外,职能部门属地管辖导致监管存在“真空地带”,涉及非法集资的民办养老机构普遍存在异地经营的问题,即民办养老企业实际经营活动不在注册地,直接导致注册地管理部门无法实际行使管理职权,而实际经营地管理部门又不是法律规定的管理机关,存在两头管理不便的问题。

(三)法律规定与机构性质冲突

民办养老机构有营利性和非营利性之分,大多数机构经营者为了获得政府的优惠政策将机构性质登记为“民办非企业性质”,这部分养老机构主要通过政府划拨土地,用地成本低于民营企业性质的养老机构。由于建设用地、地上建筑物等共有的性质,这类养老机构不能用土地及地上建筑物抵押贷款,导致很多民办非企业性质的养老机构都存在资金短缺的问题,这也是其逐利动机的来源之一。[①]与兴办养老机构的投入相比,政府的优惠扶持、社会捐赠等的作用可谓杯水车薪,经营者自我出资经营是兴建和营运民办养老机构的资金的主要来源,这意味着出资人将私人财产投资到公共领域,同样有着极强的营利动机。

1. 养老行业公益性与社会资本逐利性冲突

《民办非企业单位登记管理暂行条例》第2条明确规定民办非企业单位的资产必须是非国有且具有非营利性。同时《民间非营利组织会计制度》(财会〔2004〕7号)第2条也界定了民间非营利组织应当同时具备以下三项特征:一是该组织不以营利为宗旨和目的;二是资源提供者向该组织投入资源不取得经济回报;三是资源提供者不享有该组织的所有权。因此,民办非企业性质养老机构的出资者不享有任何财产权利、不能参与分红、不准设立分支机构,也不享有该机构终止时的剩余财产。这使得民办非企业性质养老机构本身应保持的非营利性与民间资本逐利性之间的割裂与矛盾进一步凸显。[②] 要求民办养老机构不以营利为目的不符合大多数民间资本逐利的现实需求,要求资金投入者不取得经济回报严重挫伤了社会资本投资养老机构的积极性,也不符合"谁出资,谁拥有"的公平原则。据调研了解,许多民办养老机构的经营者只能以个人名义、用自己的资产走正常的商业贷款渠道,甚至不少出资兴办民办非企业养老机构的经营者表示并不知道自己并不享有该机构的所有权。投资者不具有产权,在融资时就无法进行抵押登记,划拨土地上的建筑要想流通变现就必须要转换企业和土地性质,导致民办养老机构总是在营利性与公益性之间模糊不定。

2. 民办养老机构经营乏力时缺乏有效退出机制

民办非营利养老机构的退出也存在难题,一方面,民办非企业养老机构转换为企业性质的,需要先在民政部门办理注销登记,根据《民办非企业单位登记管理暂行条例》第16条、第17条规定,办理注销登记前,应当在业务主管单位和其他有关机关的指导下,成立清算组织,完成清算工作。之后,需向登记管理机关提交

---

① 李卫华:《"官办民助"抑或"官助民办"——政府在老年人社区照顾中的责任定位》,载《浙江学刊》2012年第5期。

② 参见伍治良:《我国非营利组织立法的原则、模式及结构》,载《经济社会体制比较》2014年第6期;谢鸿飞:《论民法典法人性质的定位:法律历史社会学与法教义学分析》,载《中外法学》2015年第6期。

注销登记申请书、业务主管单位的审查文件和清算报告。民办非企业养老机构办理注销程序后，如需转换为企业性质，由其自行向市场监管部门重新申请注册登记。这意味着经营者投入养老机构的宅基地及其他资源都将作为法人财产，无权再取回，也不能通过转让经营权来实现退出。另一方面，当民办养老机构经营惨淡难以为继时，大多数经营者表示也不会选择主动放弃。以上种种因素使得民办养老机构走入“欲进无力、欲罢不能”的局面。

从性质上说，民办非营利性养老机构具有公共福利性，能够弥补政府和市场在养老服务供应中的不足，但非营利机构自身无法产生充足可靠的资源，导致其发展所需的资源与其所能募集到的资源之间存在巨大的缺口。[①] 我国的行政给付活动目前经常被纳入社会保障的范畴，不仅不能起到完善资源配置机制、促进整体效率的作用，还经常被以社会化的名义将责任推给社会，造成更多的社会不公正。[②] 有学者由此指出“公办民营”“公助民办”这种以政府主导，基于公益性质的养老机构，才是在市场经济条件下兴办养老服务事业的有效途径。[③]

六、民办养老机构行政资助困境之破解

在新的时代背景下加强老龄工作，提升老年群体的普遍幸福感、获得感、安全感，是党和国家始终坚持以人民为中心，让老年人共享发展成果、安享晚年的重要体现。民间资本参与养老服务供给，对于弥补养老服务需求缺口有着重要作用，也是在推进社会福利社会化过程中将长期存在的养老模式。民办养老机构面临的种种困境将是暂时性的，应当通过采取针对性的措施予以完善，确保各项政策制度目标一致、功能协调、衔接配套。

（一）自下而上——实行差异化机构补贴

“自下而上”是指具体政策的设计起点需要从民办养老机构的分类管理标准、

---

① 参见丁学娜：《民办非营利养老机构的政府补偿机制研究——基于 S 市民办非营利养老机构的分析》，载《中州学刊》2012 年第 6 期。

② 参见司雪侠：《资源配置视角下的行政给付法治化研究》，载《理论探讨》2012 年第 4 期。

③ 参见穆光宗：《我国机构养老发展的困境与对策》，载《华中师范大学学报（人文社会科学版）》2012 年第 2 期。

服务细则，以及民办养老行业的准入、退出机制出发。[①] 从民办养老机构的功能定位和机构属性出发，有必要进一步界定民办养老机构的权利义务和服务对象，从而帮助行政机关以此为根据实行差异化机构管理、补贴、评估与监管。

1. 将优惠与机构职能挂钩

由于政府介入的程度不同，不同性质的养老机构理应承担相应不同的职能，因此有必要将机构的职能定位与入住老人的差异分类匹配，提供更丰富、有层次的养老服务。具体而言，主要依赖政府财政开办的公办养老机构，鉴于机构的公共属性，承担的是"托底"保障的责任，而民办化程度较高的养老机构主要按照市场化规则运行，面向的是社会一般老年群体。建设类型也应是差异补贴考虑因素之一，对自有产权用房和租赁厂房兴办的养老机构也应给予不同的补贴。在性质属性和功能定位各异的情况下，不同类型的养老服务组织享有不同的权利义务，适用不同的设立标准、政府补贴政策和税收政策。[②]

对不同类型和补贴标准的养老机构进行分类管理，可以按照市场需求将其划分为高端养老机构、大众养老机构和保障性养老机构，以此吸引民间资本参与。对于高端养老机构，应尽可能地向市场化方向引导，可采取政府土地投入，民间资本建设、运营、管理的模式；对于大众养老机构，可采取政府投入土地和部分建设资金，民间资本投入其余部分建设资金，民间资本来运营、管理，政府监管的模式；对于保障性养老机构，应由政府全资投资建设，也可以由政府提供场地进行改造，民间资本运营、管理，政府监管的模式。对重资产的社会力量建设项目实施贷款贴息、税费优惠，对轻资产的民营服务企业实施公建民营改革、政府购买服务，实现精准引导。通过引导、鼓励，扶持培育一批连锁化、专业化、规模化的养老服务品牌标杆。

2. 需方与供方补贴相结合

政府提供补贴鼓励民间资本参与养老服务体系建设，旨在满足老年群体多样化的养老需求，因此必须将老年人的需求放在首位，充分考虑我国现阶段老年人的现实情况。一方面基于老年消费群体的特殊性，老年人可用收入和积蓄处于下

---

① 参见乐章、刘铁锋：《民营养老机构政府扶持：研究进展与若干争议》，载《学习与实践》2016 年第 4 期。

② 参见李芳：《我国养老服务组织的分类管理》，载《中国海洋大学学报（社会科学版）》2015 年第 6 期。

降阶段;另一方面中国养老传统使得居家养老可接受度高于机构养老,老年人常常因身体状况而在居家养老和机构养老之间流动。仅从供给方的角度根据养老床位的多少而给予补贴,无法将供需统一起来,将补贴和优惠政策落到最需要的地方。由此,政府可以采用根据床位数和入住老人数相结合的补贴方式,这种做法也可以在一定程度上抑制机构床位盲目扩张骗取补贴的行为。

一切优惠扶持政策都要紧紧围绕着满足老年群体的服务需求,因此需要在制定和实施优惠政策过程中准确而充分地评估老年人的切实需要。补助补贴不应当以养老机构的性质为基础进行区别对待,而更应该以服务质量、服务价格、服务等级等核心养老服务内容为依据实行有差别的补贴力度和补贴金额。行政机关应当精准识别完全失能老人、部分失能老人、"三无老人"[①]、低保群体、特困救助人员等弱势群体,将一部分资金直补需方,由其将补贴资金带到养老机构,使政府保障的对象有一定的购买力,同时充分考虑到老人的偏好、养老机构之间的有序竞争和运行效率。[②] 总体来说,补供方可以分摊养老机构的运营成本,进而降低机构收费价格,使更多有需要的老年人能够住得起;补需方则可以将实际养老床位、老年人需求纳入机构补贴发放机制,既满足机构生存和发展的基本需求,又能达到补贴政策预期,提高老年人所享受的服务满意度。这种将静态的床位和动态的床位入住率相结合的方式,是一种更符合市场导向、结果导向和目的导向的扶持逻辑,能够从根本上杜绝民办养老机构为了政策套利而实施的"机会性行为",转向产生更多以创新产品开发、服务质量提升而实施的"投资性行为"。[③]

为坚持公办养老机构的公共属性,政府需要提升护理型床位占比,建立公平、公正、公开的入住评估制度,重点为特困人员、经济困难的失能失智老年人、计划生育特殊家庭老年人提供托养服务。因此有必要按照市场化机制对养老机构进行等级评估,评估的主体可以是直接主管的民政部门或市场监管部门、第三方机构,定期向社会公布评估结果,接受公众、社会监督。如荷兰建立了全国性的非营

① "三无老人"指同时具备无劳动能力,无生活来源,无法定赡养、抚养、扶养义务人或者其法定义务人无法履行义务能力的老年人。

② 参见丁学娜:《民办非营利养老机构的政府补偿机制研究——基于S市民办非营利养老机构的分析》,载《中州学刊》2012年第6期。

③ 参见周成、韩振燕、钱再见:《积极老龄化视阈下政府扶持与民办养老机构发展——基于动态演化博弈的分析》,载《当代经济管理》2022年第8期。

利评估组织，仅鹿特丹市评估机构就有专职评估员 110 人，每年评估约为 3 万老人。[①] 对养老机构及政府购买服务进行定期评估，改变当前政府机构与养老机构之间缺乏“裁判”，政府或是养老机构既当“裁判员”又当“运动员”的局面，奖优罚劣，进一步加强对养老机构的后期监督管理，形成“补助过程公开”“补助前评估”“补助后效果评价”的补助评估机制，以评估结果作为获得补贴的根据和必要条件。

（二）规行矩步——加强程序性控制

在市场机制之下，政府的职责在于政策制定、引导规范、监督管理，既要遵循市场经济的基本规律，保证民办养老行业在规范市场环境下得到充分发展，又要加强顶层设计，制定完善的程序机制和监管体制，以保证养老领域的行政给付始终在法治的轨道上运行，实现法治目的。利用优惠和补贴吸引民间资本共同建设养老福利体系，本质上是政府用行政手段对市场活动进行的介入和干预，如果缺乏有效的控制程序很可能导致行政资助实施不当，资助的效果大打折扣。公平、公开、公正应当贯穿在政府给付行为的始终和全过程。首先，在设置资助时，行政主体负有提供信息的义务，要平等地向社会主体公布获得资助的条件和资助的标准。在资助过程中要求政府在确定给谁补贴、补贴多少、如何补贴的程序方面符合公正的要求，定期公示民办养老机构的补贴名册、补助金额，以便应当补贴而未得到补贴的对象得以诉诸有效的救济渠道，使得不应补贴而通过违规操作实际获取补贴的主体能被披露。要给予公民或其他组织充分参与和表达意见的机会，改变目前公示范围窄、渠道单一、透明度低的现状。其次，各地应当制定实施办法明确各级政府的责任、各部门之间的分工以及政策实施的程序、时限等要求，督促各部门积极落实养老服务优惠政策，明确未履行职责的法律责任。此外，民政、市场监管等部门要对养老机构经营的合法性、实际运营情况进行深层次了解，并监督其严格守法经营。尤其对养老机构的账户和资金要予以严格监管，对各类补贴的获取资格、使用去向等进行系统监管，严防补贴资金被借用、挪用和挥霍，确保资金补贴能规范运作并充分发挥实效。监管部门要将检查的结果与优惠政策关联起来，优先对表现较好的机构发放下一年度补贴。

---

① 参见董红亚：《中国养老服务补贴制度研究》，载《社会科学辑刊》2012 年第 1 期。

(三)攻难克坚——全面落实优惠政策

满足全社会对养老服务发展的迫切需求,解决好现阶段供需矛盾,仍需在现有体系框架基础上强化政策落实,加大投入力度,在扩大供给和提升效能方面不断探索,促进养老服务持续健康发展。目前,各项针对民办养老机构的优惠政策和补贴已经较为齐全,涉及资金补助、税费和信贷利息优惠、水电费优惠、土地优惠、通讯费优惠、保险优惠等方面,较大的问题在于补贴发放不及时和不到位。因此,从行政资助的实施监督方面出发,各地政府应当采取措施认真落实各项政策,加大政策实施情况和实施效果的检查和监督力度。

与此同时,在养老服务和老年人福利方面需继续加大财政投入,设置专门的养老支出项目,进行财政投入经费的预算和管理,建立与经济发展、人口老龄化程度相适应的财政投入增长机制。在规范民办养老机构补贴资金的使用方面,有必要制定民办非营利性养老机构发展的经费管理办法,建立和健全民办非营利性养老机构发展的资金投入、资金使用和资金监管机制,规定具体的奖惩办法、利润分成方式以及相应退出机制,为民间资本投资者提供权益保障。

在人才培养方面,有必要加强宣传教育,转变人们的传统观念,改变将养老护理看作保姆、护工的错误认知,改变认为护理专业是一项没出息、没前途的工作的看法。关键是要有可行的人才激励机制,可从薪酬保障、保险津贴、奖励机制等多个方面吸引养老服务人才的加入。此外,行政机关可组织定向培训,建立多途径人才专业化、技能化培养机制。同时提高从业人员待遇,激发从业人员职业荣誉感,加强养老服务人才职业化再教育。

在最重要的土地政策上,各地方政府需要在其土地利用的总体规划中纳入民间资本参与养老服务机构建设这一项目,确保土地供应的充足性,并为养老机构提供闲置的公益性用地。同时,合理安排民间资本在投资建设养老机构时的用地需求,出台可操作的政策指引,明确规定加大养老服务设施供给的工作机制、实施方案、政策依据,为拿地和用地的办理流程做出详细而具体的安排。在盘活存量土地和闲置厂房资源用于养老服务时,加强自然资源、城建、环保等部门之间的协调,在审批手续和审批时限等方面真正做到高效便捷。

社会福利社会化的一个重要方面就是资金来源的社会化,单纯依靠国家财政来兴办社会福利事业不是社会主义市场经济发展的客观要求,也无法为庞大的老年群众提供多元化的公共服务。实现资金渠道多元化，一要推动银行业务创新，立足养老服务业，从拓宽抵押范围、创新信贷方式、完善信贷管理等方面入手，积极推出面向民营养老服务机构的信贷产品。二要完善多层次的养老服务业市场性融资组织体系，创新并使用多元化市场融资方式，如上市融资、债券融资、PPP项目融资等，引导保险、房地产、公益性基金、公益慈善组织等多样化的社会资本投入老龄事业和产业发展，形成财政资金、民间资本、慈善基金等相结合的多元投资机制。相关职能部门应当有规划、有实效地在融资方面支持民办养老事业的发展，将各项政策明确化、制度化、标准化、有效化，让民间资本放心地进入养老领域，形成政府与民办养老机构之间良性的互补和合作。

（四）谨本详始——落实监管职能

在市场经济之中，政府的职责在于政策制定、引导规范、监督管理，既要遵循市场经济的基本规律，保证民办养老行业在规范的市场环境下得到充分发展，又要加强顶层设计，建立统一的事前、事中和事后监管机制，以保证养老领域的行政给付始终在法治的轨道上运行，实现法治目的。

1. 防范风险源头监管

民办养老尚处于发展的初级阶段，由于发展的困境、规划的缺失和法律知识的欠缺，一大批民办养老机构容易因为资金链断裂、政策套利而走上非法集资的道路。而且养老领域的非法集资呈现出隐蔽化、多样化的态势，通过一般的摸排、巡查、检查等方法难以发现其中的违法违规行为，而目前的监管制度往往注重事后的打击，在事前预防工作方面有所欠缺。往往当民办养老机构曝出非法集资、养老诈骗行为之后，各职能机关才纷纷加强打击，在追赃挽损方面已为时已晚，因此必须从源头入手防范。

政府虽然不直接参与养老机构的制度建设，但应对养老机构内部管理制度的建设进行引导和规范，并对其制度执行情况进行监管。民政、市场管理等部门要对养老机构经营的合法性、实际运营情况进行深层次了解，并监督其严格守法经营。同时民政、税务等部门要对养老机构的账户和资金予以严格监管。对通过销售预付费性质的“会员卡”“体验卡”“爱心卡”等形式进行经营的养老服务机构，明确限制性条件，按照各类收费的性质采取“列举＋兜底”的方式对“预收费”的范围进行规定。由于“预收费”的市场性，为了引导养老机构良性竞争、正向发展，应对机构性质、机构服务能力、预收费的额度、预收费使用方向等作出细化规定，也可以采取商业银行第三方存管的方式确保资金管理使用安全。对于出现问题但尚可整改的，应责令限期改正，不整改或经整改仍达不到标准以及违法情节严重的，应依法责令其退出养老服务市场。对可能涉及非法集资的情况，督促涉非集资类的养老机构立即整改，建立风险管控名单，并及时对接公安机关。

2. 压实监管主体责任

各地应当制定优惠政策实施办法，明确各级政府的责任、各部门之间的分工以及政策实施的程序、时限等要求，督促各部门积极落实养老服务优惠政策，明确未履行职责的法律责任。同时要建立起民办养老机构有序进入、运营和退出的制度机制，形成在民政部门统领基础上的政府合力监管。民政、市场监管部门作为登记和备案机关，应当贯彻“谁批准，谁主管，谁负责”的原则。对未备案的养老机构，服务场所所在地的民政部门应当自发现其收住老年人之日起 20 个工作日之内进行现场检查，并督促其及时备案，制订系统的抽查、巡查计划，对养老服务质量、消防安全、食品安全、服务规模等继续检查。现有监管的不足之一还在于没有运用信息化方式进行监管，如机构设立的网上申请、养老服务需求的大数据库、养老信息资源共享等，因此有必要在现有监管手段的基础上创新监管方式，多采用实地考察和动态监管方式，少采用审计报告、审查材料等静态监管方式。

3. 完善各部门间协调

各部门之间需要建立起强有力的协调机制，以确保民政、财政、国土资源管理、发展改革、税务、金融、工商、质检、住房和城乡建设、卫生健康等部门之间有效沟通、步调一致；发挥各级老龄委统筹协调作用，推动各级老龄委成员单位履职尽责，形成工作合力；量化常规检查和突击检查次数，及时公布对各养老机构各方面的评估结果、处理意见和改进情况、优惠政策落实情况、投诉受理情况等，由上级部门对汇报内容进行核查。在对民营养老机构的进行监管的过程中，老龄委可以发挥其在老龄工作上收集与传播信息、协调组织和跨部门沟通方面的突出优势，除了在各部门联合执法时充当“和事佬”进行跨界沟通，还应当利用其亲民性，对民营养老机构定期进行调研，随时掌握民营养老机构的经营状况，与入住老人进行面对面沟通，了解其在养老机构的亲身感受，并将这些信息以报告的形式及时反馈到相关部门，促成监管制度的完善和落实。此外，对“监管者”也需要“监管”,各级民政部门应以半年或一年为期,定期向上一级的民政部门进行汇报,汇报内容应当包括辖区范围内养老机构的数量、当期新增数量等。

4. 加强行业协会监管

根据国务院关于老龄工作的决策部署,坚持党委领导、政府主导、社会参与、全民行动,以加强老年社会保障、养老服务和健康支撑体系建设。民政部门代表政府监督管理养老机构,指导其发展的脉络,其角色偏向于管理者而非服务者,主导权力的行使而非服务的提供。政府部门单方面通过书面和实地对养老机构检查、综合评价与处理投诉等事无巨细的监督方式,与现代政府简政放权的管理理念相违背。随着居家、社区、机构、农村老年关爱之家等相衔接的养老服务体系的逐步形成,社会力量兴办养老机构的积极性日趋高涨,成立行业协会以加强政府与养老机构之间的联系和沟通是基于现实情境的迫切需要。行业协会属于专业性质的自治组织,它的主要功能是处理各个行业内部的事宜,是沟通政府与行业市场的纽带,是疏通市场行为的桥梁,是指引行业整体利益的指挥棒。对比其他服务类行业,民办养老机构缺乏行业协会的管理协调,社会养老服务行业的市场主体之间、政府与市场之间、行业内外之间似乎都缺少了调节者,无形中阻碍了民办养老机构的发展。

民办养老机构的利益诉求无法得到主张,与各个组织间错综复杂的关系无法得到梳理,使得养老机构发展模式滞后,而这些问题在成立养老服务行业协会后都能得到有效解决。行业协会可配合相关部门做好养老事业政策推进、宣传教育、人才培训、对外合作交流和行业建设等工作,同时也能发挥自身组织优势积极引导社会力量参与养老服务,推进养老工作的改革和发展,协助政府逐步建立完善的养老服务体系。

本节小结

党的二十大报告指出:“我们深入贯彻以人民为中心的发展思想,在幼有所育、学有所教、劳有所得、病有所医、老有所养、住有所居、弱有所扶上持续用力,人民生活全方位改善。”在社会福利社会化和“放管服”改革的双重背景之下,养老领域的给付行政行为既承担着相应的法律功能,又作为一种政府的“治理工具”,在发动社会力量参与构建多元化养老服务体系中作用巨大。基于养老事业的公益属性和民办养老机构的“准公共”性质,采取多种优惠措施吸引民间资本的进入、扶持民办养老机构的发展是必不可少的。实施积极应对人口老龄化国家战略,需要把积极老龄观、健康老龄化理念融入经济社会发展全过程,推动我国养老服务体系建设更加规范化和制度化,走出一条中国特色积极应对人口老龄化的道路。而完善的养老福利体系建设是一个长期过程,随之而来的一系列社会问题和种种阵痛是在所难免的,有待慢慢摸索完善。

下篇

民办养老机构非法集资风险防控及化解路径

第三章 民办养老机构非法集资困境检视

"爆雷"的民办养老机构大体可以分为两类：一类是一开始就以"集资"等不法目的进入养老市场；另一类是由于经营不善但融资渠道有限，"铤而走险"向社会老人预收入住费，最后资金链断裂难以还款。本章将聚焦于导致民办养老机构非法集资的融资难题和营销团队"绑架式"嵌入机构的风险，一方面归纳民办养老机构融资困境的成因，提出完善民办养老机构融资渠道的相应措施；另一方面分析营销团队嵌入民办养老机构的异化风险以及风险防范，从资金管理、政府监管、司法打击、社会宣传等多角度回应营销团队嵌入民办养老机构的规制进路，守好老人的"钱袋子"。

第一节 非法集资防控视角下民办养老机构融资困境之反思与出路

当前，我国的老龄化进程明显加快。由于我国曾多年倡导"一胎化"人口生育控制政策，以及社会经济发展带来"优生优育""少子化"的普遍观念，医疗技术进步和生活环境改善使得人民健康一路向好，平均寿命大幅延长，直接加速了人口结构转变进程。自"十一五"规划起，国家明确了未来将实行"9073"的养老模式。迄今为止，我国初步建立了以居家为基础、社区为依托、机构为支撑的社会养老服务体系。

随着老年化程度的逐渐加深，社会对于养老服务和养老产品的需求也在迅速增加。为刺激养老服务发展、促进养老市场建立，国家对养老行业的重视程度逐渐提高，历年来出台多项优惠政策扶持养老行业发展。经过一段时间的努力，养老行业发展取得了一定成效，养老服务市场的主体从只有公办养老院、敬老院转变成为公办、公建民营、公助民营、民办民营等多种服务主体共同发展，并在职能和服务对象上互为补充。虽然养老行业的发展势头向好，市场潜力巨大，但是还存在不少问题。一方面，社会消费观念的改变和生活水平的进步使得老年人对于养老服务提出了更高的要求，然而市场中提供的养老服务水平有待提高，设施建设不太完善，供给与需求之间还存在矛盾；另一方面，社会资本进入养老行业为大势所趋，未来民办养老机构将成为养老服务供给中的主体，但资本进入养老行业时具有盲目性和滞后性，不法分子利用养老行业还不成熟的特点，实施犯罪行为。其中，民办养老机构非法集资问题尤为突出，已然成为建成健康、稳定的机构养老模式的绊脚石。

近年来，养老机构非法集资案件持续高发，给广大的老年人群体造成了严重的财产损失和精神伤害。全国各地的养老机构“爆雷”案例数不胜数，例如，长沙某养老公寓以业务员推广的方式，在床位仅有600个的情况下，发展了客户5792人次，非法集资金额高达8.11亿元，案发后仍有6.07亿元资金未归还，受害人达4739人。由此可见，打着“养老”旗号实施的非法集资案件普遍呈现出涉案人数多、集资金额大、资金追回难等特点。不仅如此，此类非法集资的参与对象是老年人，群体的特殊性导致“爆雷”后社会影响更恶劣，维稳难度极大。2022年4月，全国公安机关打击整治养老诈骗专项行动全面部署展开，在中央的领导下各地方政府也积极响应行动，对养老行业非法集资行为打击的高压态势可见其对社会、经济稳定的威胁愈演愈烈，故探究在养老机构建设运营过程中如何防范其走向非法集资的道路也成为当今社会及学者热议的话题。

一、民办养老机构非法集资犯罪发生机理

经济发展，需要资金支持。随着中国经济的高速发展，企业对资金的需求也日渐紧迫。在资金规模需求较大时，一般的私人借贷无法满足要求。此时，资金需求者就需要从更多的资金供给者手中募集资金。[①] 由于涉及他人的财产利益、影响市场的稳定运行，企业进行融资时往往会受到法律的规制，需要满足一定的条件。也就是说，在法律的限制条件内，市场主体的融资行为是合法的，并不会引发经济类犯罪，而擅自突破法律限制进行的集资行为是不被允许的。但由于市场

① 参见彭冰：《非法集资活动规制研究》，载《中国法学》2008年第4期。

中资金的需求方本身处于弱势地位,资金需求方就是需要通过筹集资金使自己取得在某些方面的进步,或用以弥补现有的缺陷和不规范,导致其很难完全满足法律规定的各种条件,或者说为了达成合法集资的目的需要花费很高的成本。除此之外,中国金融体系对于民办企业确实提出了更为苛刻的要求,相较而言民办企业更难得到正规渠道的资金支持,此时民办企业就产生了通过其他方式募集资金的思路,而这些思路往往导致其走向非法集资的道路。民办养老机构非法集资的原因同理可得,在这种融资背景下,民办养老机构非法集资活动频繁发生,表现形式也层出不穷。

(一)民办养老机构非法集资犯罪的类型

中国人民银行《关于取缔非法金融机构和非法金融业务活动中有关问题的通知》(银发〔1999〕41 号)第 1 条规定,非法集资是指单位或者个人未依照法定程序经有关部门批准,以发行股票、债券、彩票、投资基金证券或其他债权凭证的方式向社会公众筹集资金,并承诺在一定期限内以货币、实物及其他方式向出资人还本付息或给予回报的行为。当前,民办养老机构非法集资主要涉及两类罪名。

1. 集资诈骗罪

根据《刑法》第 192 条的规定,以非法占有为目的,使用诈骗手段非法集资,数额较大的,应当追究刑事责任。在适用于非法集资活动时,本罪要求"以非法占有为目的",证明非法集资者是否具有占有目的,构成了能否适用本罪的关键点。这类诈骗型非法集资在养老行业中一般体现为养老机构或企业没有实际经营的项目,打着"养老服务""健康养老"等名义,采取虚构"养老服务"内容、投资"养老项目"、销售"养老产品"、宣传"以房养老"等形式,并许以"高利息、高回报"等承诺,诱使老年人盲目投入资金,实施非法集资行为。

2. 非法吸收公众存款罪或变相吸收公众存款罪

依据最高人民法院《关于审理非法集资刑事案件具体应用法律若干问题的解释》第 1 条的规定,违反国家金融管理法律规定,向社会公众(包括单位和个人)吸收资金的行为,同时具备非法性、公开性、利诱性和社会性四个特性,应认定为非法吸收公众存款或者变相吸收公众存款。民办养老机构在经营过程中,由于其本身具有投入高、回报慢、回报难等特点,在入住率低、收益低、流动资金不足的情况下，未经有关部门批准，在没有满足集资需要的条件的情况下擅自作为，向大量老年人吸收存款，并许以回报和利息，虽对集资款项没有占为己有的目的，大部分集资款项用于投入生产或维持运营，但由于集资成本过高导致陷入难以偿付利息不得不扩大集资的恶性循环中，这种“拆东墙补西墙”的行为最终也走向非法集资的道路。

民办养老机构实施以上两类非法集资犯罪时存在一定的共性，如公开性、利诱性等，其后果都将造成严重的财产损失和不良的社会影响，其主要区别有二：一是犯罪主观故意不同，集资诈骗罪名中行为人对于老人的资金有非法占有的目的，而非法吸收公众存款罪或变相吸收公众存款罪名中的行为人并无此目的；二是社会危害程度不同，虽然二者都是涉众类型的经济犯罪，但集资诈骗罪这一罪名中行为人采取了“诈骗”这一手段，将吸收的资金占为己有、用于挥霍或从事其他违法活动，社会影响更加恶劣、而非法吸收公众存款罪或变相吸收公众存款罪名中行为人吸收的存款主要用于正常经营活动，相对来说危害性较小。在现实某些情况中，民办养老机构的经营者最初将集资资金投入机构建设运营中，但后来在明知高额返息无法实现时破罐破摔，任由事态发展，并产生将集资资金占为己有的主观故意，此时对其前后行为应区别看待。

（二）民办养老机构非法集资外源性成因

非法集资现象在市场经济中时有发生，养老行业也不特殊，只是在老龄化社会建成初期非法集资行为带来的社会影响更加恶劣，矛盾更为突出。在探究市场主体非法集资成因时，部分学者提出了经济、社会、立法、行政、司法、主体等成因。① 这些观点不同维度和程度地为找出民办养老机构非法集资频发的原因提供了思路。本书将民办养老机构非法集资的形成原因分为外源性成因与内源性成因两部分并分别探讨。在外源性成因方面主要包含以下因素：

1. 老年人防控意识不强

随着经济社会的发展以及社会福利的优化，老年人的退休工资能够负担基本的日常生活开销，且当代老年人受勤俭节约观念的影响较深，都有省钱存钱的习

---

① 参见周悦、崔炜：《养老机构风险管理的路径探析——国内外比较的视角》，载《中共福建省委党校学报》2017 年第 12 期。

惯,在新型经济观念的影响下,也为了减轻子女经济负担,普遍具有投资意愿与投资能力。但是,受其成长时经济和教育环境影响,老年人大多没有接受过高等教育,没有学习过投融资相关的知识,对于新兴的养老服务行业无法理性看待,对于金融和理财没有正确认识能力,过分追求“高回报”而忽视“高风险”。除此之外,老年人缺乏多种渠道获取信息的能力,养老项目尤其是养老服务是老年人最为关心和需要的,但对于相关投资老年人只能通过微信、宣传单、线下宣传会等方式了解,这就给了不法分子利用信息不对称诱骗老人钱财的机会。

2. 政府监管规制不严

政府是社会主义市场经济的重要抓手,建设“服务型政府”要求政府搭建优质平台,为市场中的主体优化营商环境,而在养老行业中,政府的管理作为有所欠缺。首先体现在现阶段的监管体制缺乏提前干预的能力,政府介入的时间往往是非法集资开展甚至已经“爆雷”后,此时追赃挽损已经非常困难,容易造成巨大的经济损失。当前政策虽一直强调建设预警平台,但一方面没有制定统一的规章制度,各地依据自身情况自行建设,效率有高有低,成效有好有坏,同时也没有实现全国数据互通,犯罪活动存在换个区域依然继续的风险;另一方面由于养老机构非法集资行为往往与养老项目、养老服务相关联,具有买卖、借贷等合法外衣,非法集资行为具有隐蔽性,当前金融监管体制下,监管机构的监管对象一般不包括自然人,故吸收普通老年群众资金的行为难以被察觉并制止,导致民办养老机构非法集资行为泛滥。除此之外,政府对于养老机构广告的监管也存在漏洞,养老机构的宣传内容夸大其词,虚假广告乱象丛生,有的甚至引入明星代言、政府背书,导致老年人群无法辨别真假,容易轻信养老机构投资项目。[①] 监管漏洞的存在也导致行政的公信力受到一定影响,如何提高监管效力亟须得到重视。

3. 正规市场融资困难

当前养老市场中的中小型民办养老机构占据绝大多数,实力较弱,所以对资金的需求更高。也正是源于中小企业资金的匮乏,难以形成规模化、连锁化效应,它们在市场融资过程中往往受到偏见,困难更多。但中小企业融资困难并非只存在养老领域,在我国不论规模大小、经营年限长短,民营中小企业都以自我融资为

① 参见李秭蒽:《养老服务机构规范化发展研究——以湖南省为例》,载《经济师》2021 年第 11 期。

主,自我融资比重高达90%以上。[①] 大部分正规的金融机构对于民办养老机构的营利能力和付息能力持怀疑态度,为了规避贷款风险也为了追求贷款利润更大化,不愿意给中小民办养老机构提供贷款,这也侧面导致了资金缺乏又告贷无门的机构成为非法集资犯罪的主体。在此情况下,国家看到了当前金融体制下民办养老机构难以获得贷款或贷款成本较高的困境,意识到了发展养老金融对于养老行业长足发展的重要性,鼓励形成多元的养老金融体系,但当前我国的养老金融还处于"家底较薄""生态脆弱"的境况,亟待建设起来成为养老行业的长钱来源。[②]

影响民办养老机构非法集资的外源性因素是多样的,除上述因素外,防范非法集资宣教不到位导致公众对集资犯罪和投资风险没有正确认识、老人缺乏家人陪伴渴望亲情的关怀让不法分子有可乘之机、互联网的发达使得犯罪形式多样打击难度大,都给民办养老机构非法集资犯罪提供了乘虚而入的机会。

(三)民办养老机构非法集资内源性成因

外源性因素为民办养老机构非法集资行为提供了生存土壤,但究其根本原因,还是民办养老机构内在原因所致。

1. 经营入不敷出

民办养老机构的初始资金主要来源于机构经营者的自有资金,少部分以其他资产抵押获得一定的银行贷款,运营后的收入来源主要是收取养老服务费用以及政策给予的各类补贴,少数机构能收到社会其他自然人或组织的捐赠资金。但投资兴办养老机构需要的资金规模是巨大的。无论是运营开始前还是投入运营后,大部分民办养老机构都存在着或多或少的资金压力。以调研组走访的湖南省21家养老机构为例,前期筹备资金最低的为100万元,最多的高达十几亿元,前期投入巨大。前期投入的资金主要用于机构场地的购买或租用、养老设施的购置等,运营过程中的支出项目更多,包括人工、伙食、水电、保险、设备等多个类目。回顾调研过程中对多家民办养老机构负责人的采访,只有极少数开办年份较长的企业

---

① 参见厉以宁:《厉以宁论民营经济》,商务印书馆2020年版,第25页。

② 参见姚余栋、董克用等:《中国金融养老之路的战略研究:从"十三五"到2049》,企业管理出版社2019年版,第1~4页。

全部收回了初期投入资金开始营利，绝大部分机构都处于半收回或完全没有收回初始资金的状态，依靠微薄的利润勉强维持运营。运营成本高，亏损面广，利润低，已经严重影响经营者的积极性，入不敷出的经营状态长期存在使得许多小型民办养老机构面临被市场淘汰的风险，致使其铤而走险，使用集资方式以谋求活路。

2. 制度结构混乱

中小企业财务管理制度和经营管理制度不规范，在财务管理方面存在很大的随意性，为非法集资提供了机会。[①] 据调研组走访湖南省的养老机构知悉，早期许多中小民办养老机构设立时，对于建设规范财务制度的观念淡薄，尤其是当一些机构资产结构有公有私时，机构经营者更迭换代频繁，使得机构财务混乱不清。但随着养老市场走向规范化以及政府监管更为严格后，民办养老机构基本上都建立起清晰的支出账目。但存在不足的是，极少有民办养老机构专门设置机构防范经营过程中的财务风险或法律风险，这使得民办养老机构及其经营者受功利心理影响，出于追求高额的非法利益的目的，欠缺风险防范意识和法律底线意识，在利益的驱使下走上非法集资的犯罪道路。

3. 服务供需失调

综观整个民办养老机构市场，普遍存在养老服务供给数量不足、供给质量较低、供给内容单一、机构和从业人员素质良莠不齐等问题，即市场成熟度不高，也导致了养老服务供需矛盾。

政策对于养老行业的导引取得了成效，社会资本纷纷涌入养老行业，民办养老机构的数量如雨后春笋般增加。民间资本的进入固然为养老行业尤其是民办养老机构的发展注入了活力，但同时也为民办养老机构市场和养老服务供给带来了许多问题。一方面，由于社会资本进入养老产业不过20余年，没有盘活整个养老市场，同时并未建立起相应的配套措施，评估机制不完善和监管手段不全面，民办养老机构在发展伊始之际存在发展不充分等问题。另一方面，市场配置资源虽具有高效性，但同时也有盲目性、滞后性，不加干预地进入养老行业往往导致行业内主体呈现“强的更强，弱的更弱”的趋势，中小民办养老机构地位的弱化和淘汰使得市场供给更为短缺。随着经济和社会不断进步，人民的生活水平和医疗保健

① 参见李秭蒽：《养老服务机构规范化发展研究——以湖南省为例》，载《经济师》2021年第11期。

水平有了很大的提升,对于养老服务的质量提出了更高层次、更多元的要求,而当前养老服务内容较为单一、质量参差不齐,远无法满足市场的需求。服务供给不足致使市场竞争缺失,可供老人选择的服务供给主体有限,出现集资“爆雷”时波及范围广、受害人数多,服务水平不高导致老人关注点偏移至养老服务外的其他优惠,如折扣力度、返利返息等,为机构集资提供了钻空子的机会。养老服务供给与养老服务需求的缺口正是新时代我国人民日益增长的美好生活需要和不平衡不充分的发展之间的矛盾在养老产业中的体现。未能调和的供需矛盾最终导致资金通过消费、购买服务的正当方式流入民办养老机构的道路受到阻碍,成为机构流动资金不足的一个重大原因。

目前养老服务的供需矛盾亟待解决,市场的评估和监管制度还在逐步制定和建设之中,这些都为预备非法集资的不法分子提供了可乘之机。总之,数量与质量的缺口无法高效缓解养老压力,导致了养老机构市场非法集资的乱象。党的二十大报告指出,“我们要坚持以推动高质量发展为主题,把实施扩大内需战略同深化供给侧结构性改革有机结合起来,增强国内大循环内生动力和可靠性,提升国际循环质量和水平,加快建设现代化经济体系”①。由此可见,促进养老产业高质量发展,需要解决供给侧与需求侧的矛盾,使市场供给与市场需求相匹配。

由上述分析可知,无论是外源性因素还是内源性因素,抑或从供需角度进行分析,资金都牵动着民办养老机构生存与发展的命门,资金问题是民办养老机构逃不开的难题,如果能够解决民办养老机构资金短缺的困境,许多难题将迎刃而解,也可以避免养老行业中大部分非法集资犯罪的发生。在市场经济中,企业一般通过融资的手段解决资金难题。一方面,融资可以为企业提供流动资金在其周转困难时维持运营;另一方面,融资可以成为企业生产升级和规模扩大的资金助推器,推动企业的成长和发展。因此,如何调整和引导民办养老机构合理融资是实现打击非法集资犯罪和发展养老行业双重目标的必然出路。

二、民办养老机构融资困境成因分析

民营经济是社会主义市场经济的重要组成部分,民办养老机构作为养老服务

① 习近平:《高举中国特色社会主义伟大旗帜　为全面建设社会主义现代化国家而团结奋斗——在中国共产党第二十次全国代表大会上的报告》,载求是网 2022 年 10 月 16 日,http://www.qstheory.cn/dukan/qs/2022-11/01/c_1129089160.htm。

供给的主力军，无论是营利性质还是非营利性质都在一定程度上肩负着建设老年人友好型社会、优化国家养老服务体系的社会公益责任；同时，民办养老机构作为社会主义市场经济主体，也有促进老年人消费、增加养老产业活力、推动"银发经济"蓬勃发展的市场作用。如今，融资问题已经成为制约民办养老机构发展的"瓶颈"问题，破解民办养老机构"融资难"，需要意识到融资对于民办养老机构的重要性。合理有效的融资对于繁荣养老市场、促进机构成长、丰富养老服务、提升养老水平、建设适老社会都有着重要影响。

（一）民办养老机构融资构成及困境

我国民办养老机构资金来源方式主要有六种：银行贷款、政府补贴、机构自我筹资、运营收入、捐助资金以及股权融资，部分大规模养老企业还有发行债券、房地产信托投资基金或利用其他养老金融等方式进行融资。而走向集资犯罪的民办养老机构在融资过程中普遍存在结构失衡、规模失度等诸多问题。

1. 银行贷款：供给偏向与资金需求错位

就我国投融资概况而言，受"金融二元主义"影响，银行资本更愿意流入国有企业或规模较大、产业较成熟的企业，对于数量较多、规模较小、利润较低、产业伊始却又具有强烈资金需求的中小企业往往积极性不高，且有更高的信贷门槛。一方面，初始资本有限的民办养老机构大多选择"轻资产模式"，通过租赁或者划拨的方式取得场地，将多数资金投入床位建设和日常运营，但在向银行贷款过程中，动产抵押制度尚不健全，不动产依旧是最被认同的抵押物，大部分民营养老机构难以满足商业银行抵押贷款的运作要求，告贷无门。另一方面，资本的逐利性与养老行业的公益性有着天然的矛盾。以调研组调研走访的长沙、郴州、衡阳、益阳4市县21家民办养老机构为例，每家机构的自我融资比例均高达90%以上，剩余资金或来源于政府补贴，或来源于政策奖励，或来源于民间赞助和捐赠，极少数机构能获得银行贷款，而这些机构一般是当地的养老建设示范项目。而对于绝大多数民办养老机构而言，没有政府背书很难获得资本的青睐，难以持续经营下去。金融资金供给偏向与民办养老企业借贷需求间普遍存在错位的尴尬。

2. 自我筹资：持续力和控制力双重缺失

自我筹资是养老机构融资过程中最灵活的形式，也是占比最大的融资方式。

民办养老机构成立的基础资金一般是经营者自有出资,但机构的前期投入和运营成本客观存在,利润微薄与回报时间长也是行业不可避免的特性,资金很难在短时间内回笼、周转,机构的自我融资持续力不足。面对经营压力,民办养老机构不得不通过向其他方借贷等方式缓解资金困难。但如前所述,商业银行等正规金融贷款方式存在困难,民办养老机构只能转向利率较高的民间贷款,甚至通过向老年群体集资的方式勉力维持经营。这种筹资方式融资成本高,与行业的营利能力不相匹配,且机构在实施此类筹资时缺乏自我管理与风险评估的能力,筹资数额与实际建设需要相去甚远,“拆东墙补西墙”的方式无异于饮鸩止渴,最后一发不可收拾,只能“爆雷”。自我筹资的失控也是近年来国家重点打击养老诈骗、养老集资的最主要原因。在调研组走访调研过程中,不少养老机构负责人表示,希望政府机关除了通过规制、监管、巡查等手段防范养老机构融资和用资非法化,还能教会养老机构自己如何在合法的范围内筹好、管好、用好资金。

3. 政府补贴:直接补贴与产业引导偏移

养老事业是公共事业,养老问题是国家问题,随着国家对养老问题的越发重视,对于养老行业的支持力度也逐年加大,无论是政策还是财政上都给予了优惠。政府机关的补贴一般由各地民政部门发放,具有直接性。直接补贴虽然能解决民办养老机构建设运营资金紧缺的燃眉之急,但并非长久之策。以湖南省长沙市为例,现有政策对于养老机构的补贴主要有四种:建设补贴、运营补贴、消防补贴和责任险补贴。从四种补贴设置目的来看,建设补贴促进养老机构升级床位、扩充数量,运营补贴鼓励养老机构提高入住率和服务普惠性,消防补贴和责任险补贴指导机构安全运营、合理避险。由此可见,政府机关运用补贴政策吸引资本与经营者进入养老行业、建设养老机构的目的初见成效,但是现有补贴政策还是存在两个弊端:一方面,补贴模式机械,由于建设补贴的补贴数额最大,获得方式最容易,民办养老机构往往通过大量建设床位的方式以快速获取补贴资金,急功近利,难以形成多元丰富的服务体系,更有盲目扩张忽视市场需求导致机构经营失败的风险,补贴资金没有发挥促进产业转型升级的引导作用;另一方面,近年受新冠疫情的影响,经济处于下行周期,各地方政府财政或多或少已经存在现有补贴措施落实不到位的情况,长期的直接补贴既加重了财政负担,又使得民办养老机构过分依赖政府的扶持,影响机构和行业的自我探索和成长。

4. 捐助资金:支持力度和支持效力偏弱

慈善资金一般是指自然人、法人或者其他组织自愿无偿捐赠的、从事慈善公益获得的财产性资金。在养老行业中,非营利性养老机构可能从中受益,但该领域能获得的资金体量相对较小,即慈善资金很难对养老服务业提供有力的支持。此外,扶贫、赈灾、教科文事业等相关公益事业所涉范围较广,虽然我国的慈善组织数量逐年增长,但其重点关注与投入的领域并不在养老服务领域,相关资金对于养老服务质量的提升以及老年福利保障方面所提供的支持十分有限。[①] 从另一个角度来看,捐赠者对于慈善组织如何使用相关资金拥有相当的决定权,并有权要求慈善组织及时反馈资金的使用情况、产生的效益等。同时,政府对于资金使用的监督以及面向公众公开资金使用情况也十分严格。相对来说,民办养老机构对于捐赠资金的使用灵活度较低,且数额对于民办养老机构的支持难以起到规模性的影响。除此之外,民办养老机构获得的捐赠款物以捐物为主,捐款的金额及捐物的数量不固定,使得捐助资金注定只能成为民办养老机构资金的补充来源。

5. 运营收入:入住率和营利能力较低

运营收入是指民办养老机构为入住老年人提供养老服务,老年人为此支付的伙食费、床位费、照护费等与服务相应的对价。据调研组走访得知,运营收入是民办养老机构流动资金的最主要来源。民办养老机构的服务收费应控制在合理的范围,必须遵守国家及地方政府的相关规定,依据登记类型的不同、经营性质的差别、硬件设施的好坏、照料护理等级的不同合理制定养老服务项目的收费金额。依据管理能力高低、服务质量的不同,收费金额也有差别。当前运营收入的困境主要在于民办养老机构提供的养老服务与当代老年人对服务的需求有所差距,且大部分中国老人在心理上还是不愿意离开家庭,更愿意采取居家养老的形式,故即使大多退休老人的收入完全能支付得起住进养老机构的费用却还是不会选择入住养老机构,致使民办养老机构的床位空缺率极高。而研究显示,当机构入住率达到60%时,民办养老机构才能够处于盈利状态,[②]较高的空床率使得民办养

① 参见李小兰:《我国民营养老服务业财政政策性投融资模式研究》,九州出版社2021年版,第28页。

② 参见吴雅琴、韩旭:《浅析我国民办养老机构成本控制及融资对策建议》,载《商业经济》2016年第10期。

老机构无法负担起日常运营支出，民办养老机构运营常因此陷入入不敷出的窘境。

6. 股权融资：适用主体及限制条件严格

股权融资是已经上市的民办养老机构融资的重要手段。一则，股权融资通过新股东带来资金使得机构总股本增加，且不用偿还其他融资方式所需要的利息，融资成本较低、压力较小；二则，股权融资能在融资期间内将大笔资金迅速投入机构建设运营中，可以发挥投入资金的集中效应，对于机构改革升级具有重大作用。总之，股权融资在养老企业创建运营中可以在相当大的程度上降低企业的财务成本，是发展高质量、规模化的大型养老产业必经之路。① 但民办养老机构股权融资一般仅限于大型企业机构，一方面，目前民办养老机构市场中中小型企业占大多数，其不具备股权融资的资格，市场主体范围较窄；另一方面，股权融资对于民办养老机构的财务管理、风险管理等提出了更高的要求，由于股权融资受市场环境影响较大，机构需要准确判断股票发行数量、发行时间，需要及时掌握市场信息和政策导向，否则容易适得其反，陷入困境。

从当前民办养老机构各类融资渠道分析总结可得：民办养老机构的融资现状不容乐观。一则，民办养老机构融资渠道较少，尤其是中小型民办养老机构缺乏银行贷款和股权融资这两种能够规模化发挥资金效用的贷款渠道，资金对于养老机构及养老市场的整体引导作用较弱；二则，民办养老机构融资成本普遍偏高，无论是银行融资还是通过民间借贷的方式融资，抑或向老年人预收部分资金的融资方式，都需要满足较严的条件或支付较高的利息，加大融资的难度；三则，民间资本进入养老领域欠缺合理引导，虽然政策一直持鼓励态度，但缺乏具体的指导和实际的优惠，民间资本难以真正进入民办养老机构市场体内循环，资本的逐利性质使得民办养老机构融资现状更是雪上加霜。

（二）民办养老机构融资困境之成因

如前文所述，民办养老机构在融资过程中普遍陷入“融资难”的困境，而民办养老机构在养老服务市场中又起着稳定市场环境、推动产业升级、促进良性竞争

① 参见谢乙溱、王宇龙：《老龄化背景下养老产业发展的金融支持研究》，载《农村经济与科技》2021 年第 16 期。

的重要作用,其融资问题应当受到重视。知其因晓其果,分析民办养老机构融资困境的成因是提出解决办法的必由之路,而造成民办养老机构融资困境的因素是多样的。

1. 微利公益的行业特性

众所周知,养老属于社会问题,养老服务天然具有社会公共服务的性质,故养老机构无论是公办还是民办,无论是营利性质还是非营利性质,都带有公益性色彩。虽然养老市场中养老服务供给主体的类型是多样的,但是各类主体享受的待遇却有所差别。

相较于民办养老机构,政府投资兴办或国有资本举办的养老机构一般不存在资金短缺的情况,它们一般通过划拨的方式取得土地使用权,机构花销由政府财政支出,无须考虑运营的亏损问题,且由于价格低廉、服务保障好等优势使得床位供不应求,需要排队入住。而对于民办养老机构,前文就其在运营过程中入住率低、营利能力差、前期投入大、回报周期长等行业特点已进行过论述,在此不再赘述。而正是这些行业特点,使其陷入融资困境。一方面,养老行业的微利性质,使得其在仅有的利润空间下只能维持运营,无法进行改造升级,也无法满足群众的更高期待,若要其在现有条件下扩大营利收入,必然要降低现有服务水平,使得企业品牌和声誉受到影响,最后失去市场,故大部分民办养老机构的发展只能"原地踏步",而资本更愿意投入有发展前景和利润空间的企业或领域;另一方面,由于大部分中小型养老机构储备资金不足,受市场变化和政策变化影响大,抗风险能力差。据调研组走访得知,受疫情等因素影响,在经济下行周期的大环境中,大部分民办养老机构维持经营受到阻碍,偿还贷款和利息的能力更是不佳,资本投入其中面临着巨大的风险和不确定性。

2. 信用评价体系不健全

企业信用体系建设是指在政府的推动下,通过社会各方的密切配合和信用中介机构的市场化运作,逐步建立和完善适应市场经济发展要求的一系列制度。①信用是融资的基础和前提,诚实守信也是中华民族的传统美德,诚信是社会主义核心价值观的重要内容,在市场中信用是有价值的、可被衡量的,故诚信经营、信用高的企业在融资过程中更易获得资金支持。在当前市场环境中建设健全信用

① 参见佟聿松:《浅议企业信用体系建设》,载《企业研究》2010 年第 20 期。

评价体系可以更好地发挥信用信息对中小微企业融资的支持作用,畅通中小微企业的融资通道并形成长效机制,从而有利于稳定市场秩序、优化资源配置、促进中小微企业的健康发展。① 而当前的民办养老机构市场信用机制建设存在许多漏洞。

一则,调研组在开展座谈的过程中发现,在市场监督管理局以“养老”为服务内容登记的机构数量远远超过在民政部门备案登记的数量,且多市均有此现象。市场监管局的负责人表示,即使多次提醒机构经营者需要依据《养老机构管理办法》相关规定向民政部门备案登记,但仍有部分经营者置若罔闻,导致监管出现漏洞。民政部门也表示,自打击整治养老诈骗专项行动开展以来,虽然政府加大了对市场中提供养老服务主体的巡查与监管,但是仍无法做到面面俱到,部分机构接收老人入住后没有主动登记的情况时有存在,只能通过群众举报后再介入,无法对市场中的全部主体进行信用评价。二则,调研组在走访过程中发现,大部分市县只有在区一级实现了区域内养老机构联网互通,可以通过联网监控养老机构经营现状以及服务现状,但并未实现更大区域的信息交流,养老产业信用建设缺乏全国性的大数据,信用评价可参考的区域窄、资源少。三则,我国在养老领域的信用评级机制有所欠缺,尚未建设起科学、公正、客观的评级标准,无论是对于企业提供服务质量本身,还是企业的经营管理水平,抑或信用信誉等级都没有可考量的数据,增大了借贷的不确定性和难度。② 民办养老机构融资过程中缺少了信用基础,从而加重了贷款融资难度。

3. 金融体制存在漏洞

自改革开放以来,我国在建设社会主义市场经济过程中积极发挥金融体制对于产业结构升级的巨大作用。中国人民银行、民政部等《关于金融支持养老服务业加快发展的指导意见》(银发〔2016〕65 号)中提到,要加大金融支持力度,有效满足迅速增长的养老服务业发展和居民养老领域金融服务需求。但我国目前的金融体制对于民办养老机构的支持力度确实有限,主要原因有以下四点。

第一,我国金融发展处于“供给引导”的地位。我国金融发展与产业结构升级之间虽然存在长期稳定关系,但二者并未形成良性的互动。③ 也就是说,金融对于

① 参见丁亚丽:《依托信用体系建设助推中小微企业融资对策研究》,载《商业经济》2022 年第 12 期。

② 参见张留禄、李骁辰:《养老产业融资风险问题研究》,载《上海商学院学报》2017 年第 5 期。

③ 参见王立国、赵婉妤:《我国金融发展与产业结构升级研究》,载《财经问题研究》2015 年第 1 期。

养老产业的供给并非契合养老产业的真正需要。如前文所述，资本为民办养老机构注入了活力，同时也带来了乱象，民办养老机构的数量逐年增加，质量却并未升级，资本在养老服务人才培养以及养老服务配套措施等领域供给力度不够，对中小型养老服务企业支持不够导致市场结构错乱、淘汰率高，企业生存压力大。

第二，我国长期存在不均衡的二元经济和社会结构，导致市场经济体系和金融体系也有明显的二元特征。经济体系中分化出了以大型国有企业集团为代表的国有经济体系和以中小企业为代表的私人经济体系，金融体系中产生了正规金融与民间金融的二元市场，这种“双重”的二元结构直接造成了金融资源分配机会和占用成本的严重失衡与不公，产生了对中小企业等弱势群体的金融排斥。① 在金融体系中正规金融占据合法融资资源的绝大多数，而银行贷款是正规金融融资的主要渠道。但目前商业银行对于民办养老机构的信贷业务持审慎态度，提供的信贷有限。在调研组走访的21家民办养老机构中，获得银行贷款支持的仅1家，该机构能够获得贷款是因为被政府列为养老服务示范单位或示范项目，其因政府信用背书而获得资金支持，不具有普适性。据调研组询问原银保监会和银行的负责人得知，其认为在整个金融市场中民办养老机构与其他市场主体并无二致，虽然有信贷政策支持，但是在信贷准入门槛上依旧需要满足相关规定，在已经缺乏市场信用评价机制作为信贷参考的情况下，只有土地、房屋等不动产作为抵押物能够被银行认同，机构的负责人对经营现状和融资风险认识不清、公司财务结构混乱、营利能力低下不止让机构融资受阻，也让在严格贷款责任下的银行工作人员审批时更为严格。

第三，我国金融市场监管制度存在问题。在民办养老机构融资领域内，存在监管机构专业化程度不足、规则不细致、对于中小投资者的保护不够等问题。首先，在民办养老机构融资过程中监管存在较大漏洞。调研组在座谈过程中向政府各职能部门询问监管相关问题，原银保监会负责人表示其监管对象限于市场中的“金融机构”，而对于大部分中小型民办养老机构很难将其定性为“金融机构”，在被举报其非法集资行为之前机构并不在原银保监会主动监管的范围内；市场监督管理局负责人则表示，民办养老机构作为市场主体，其集资行为往往以市场交易行为作为外衣，难以察觉，对行为的定性、合法与否的判定具有争议，存在监管难

① 参见吕劲松：《关于中小企业融资难、融资贵问题的思考》，载《金融研究》2015年第11期。

题;民政部门负责人表示自己虽为养老事业的牵头单位,但囿于对市场和金融专业知识的欠缺,且人员数量紧缺使得监管无法面面俱到。由此可见,监管部门的职能划分不定,监管权限不清,监管不专业导致融资资金来去不清晰,难以发挥融资效用,增加了投资难度。其次,对于养老这一新兴发展的行业,政策持“审慎监管”的导向,但对于监管的“宽”与“严”界限如何划分,如何具体操作,并未出台相关文件进行细致规定。最后,相关法律法规对养老领域中小投资者的保护力度不够,信息的不对称、专业性不强以及所投资金数额有限等因素,都使得其在交易时处于弱势地位,其利益容易受到侵害,而我国目前并没有比较合理的管理措施来保护中小投资者的合法权益。①

第四,我国金融市场的运行效率有待提高。反思当前,金融市场运行效率不高的原因是没有回归到产业经济发展对金融体系最基本的功能要求,即有效率地实现储蓄向投资转化。只有资金向最有效率的产业部门配置,才能推进产业结构升级的实现,促进经济增长。② 从老年人向民办养老机构投资这一微观角度看,当前中国老龄化属于“未富先老”,导致了社会中的老年人群对于养老金的储备量能否满足未来需求有所担忧,因而产生了“以钱生钱”的投资想法,加之手中确有存款具备投资能力,愿意将原本储蓄的钱用于投资,但由于投资知识的匮乏,也由于当前养老相关投资渠道较少,投资信息不畅通,导致被诱骗或误导,不能作出正确选择,甚至成为集资犯罪中的集资参与人,其投资行为不仅没能达到“保本升值”的投资目的,社会中老年人的整体资产结构也未改善,更没能发挥资金效用推动产业发展,金融运行效率低。

4. 投资人认识偏差

随着老龄人口对养老系列产品和养老服务市场需求的不断加大,养老服务基础设施的供不应求,国家对于民间资本进入养老行业的政策支持,都预示着养老产业有很广阔的发展空间。但是,投资者并没有充分认识到养老市场的发展前景,认为我国老龄人都有勤俭节约的生活习惯,以及普遍追求低价格的养老产品和养老服务,这样的误区也使得许多投资者并不看好养老产业,不敢贸然投资。

---

① 参见陈燕娟、吕津:《养老服务产业融资支持的现状、问题及对策分析》,载《商业经济》2020 年第 9 期。

② 参见王立国、赵婉妤:《我国金融发展与产业结构升级研究》,载《财经问题研究》2015 年第 1 期。

但事实与政策和投资人的认识存在出入，在调研组走访的21家民办养老机构中，月最低服务收费金额在2000元以上的高于60%。在采访入住老年人的过程中，调研组知悉老年人并不一味追求价格的低廉，影响其选择哪家机构入住的根本原因还是服务质量和收费金额之间的性价比。当代老年人追求的与其说是“便宜”不如说是“划算”，这就对养老机构市场供给提出了更高的要求。当前，我国民间资本的现存量较大，但不少投资人认为养老机构的公益性与投资资本的逐利性存在冲突，导致其投资兴趣不高。除此之外，近年来社会“爆雷”诸多养老机构非法集资的案例，以及政府部门严厉打击犯罪的高压态势，使投资者对养老行业更加望而却步，持观望态度。那些已经拿到资金的养老机构短期内也难以提供满足市场多样化需求的老龄产品和服务，无法激活现有养老市场活力或更改投资者的保守观念。因此，养老行业的潜在商机不能被投资者充分认识到，进而影响着养老机构融资。

三、提高民办养老机构市场资金活力

人口老龄化是全世界各国均面临的重大问题。上文通过对民办养老机构非法集资现象和融资困境的分析，反思非法集资以及融资难间的成因与联系，目的均指向如何进一步提高民办养老机构市场资金活力，拓宽民办养老机构融资渠道，使得市场中各类资本有意愿、有效率地参与养老产业建设，并成为其高质量发展的推动器，助力老年人友好型社会的建成。

（一）社会资本参与民办养老机构政策背景

我国自改革开放初期就意识到了未来将面临的巨大挑战，逐渐颁布实施了一系列维护老年人权益的法律法规和政策，初步着手应对老龄化。但长期以来，养老作为公共事业，其责任一直由政府承担，在社会资本进入养老领域前，由国家财政出资建设的公办养老院、敬老院是养老服务的提供者，主要针对人群是社会弱势群体，如“三无”老人、“五保户”老人、特困或残疾老人等，具有福利性质和兜底性质，没有引入市场机制，没有形成市场竞争。为了彻底激活养老市场，国家陆续出台了相关文件将社会资本引入养老行业，并逐渐重视金融在养老事业中的支持作用，部分重大政策及文件梳理见表3－1：

表 3-1　社会资本参与民办养老机构部分政策

发布时间	发布单位	文件名称	主要内容
1994 年 12 月	国家教育委员会、民政部、财政部等	中国老龄工作七年发展纲要(1994—2000年)	多渠道筹措老龄事业发展资金。各级政府逐步增加对老龄福利事业的投入;鼓励旨在促进老龄事业发展的社会资助和个人捐助;支持老龄工作综合部门、老年基金会向社会募集老龄福利事业发展资金;大力发展由老年人参与或老龄工作机构创办的老年福利企业,以积累资金,增加和改善老年福利设施
2000 年 8 月	中国共产党中央委员会、国务院	中共中央、国务院关于加强老龄工作的决定	国家鼓励社会力量兴办老年福利服务设施。对社会力量投资兴办的福利性、非营利性的老年服务机构和有关捐赠,要实行减免税等优惠政策,具体办法由财政部、国家税务总局制定。 金融机构要充分发挥信贷支持作用,热情关注、积极支持社区老年服务设施、活动场所和福利设施的建设,按照信贷通则加大贷款支持力度
2001 年 7 月	国务院	中国老龄事业发展“十五”计划纲要(2001—2005 年)	要调动社会各方面的积极性,建立多元化的老龄事业投入机制。 鼓励社会团体、民办非企业单位、私营企业和国内外人士投资老龄事业,发展老年产业,满足不断增长的老年群体对设施、产品与服务的需求。政府办的老年福利事业也要引入市场机制,并积极探索公办民营等委托运作形式……逐步形成政府引导和宏观管理、社会中介组织经办运作、福利机构自主经营的管理体制
2012 年 7 月	民政部	民政部关于鼓励和引导民间资本进入养老服务领域的实施意见	鼓励和引导民间资本进入养老服务领域,对于实现养老服务投资主体多元化,缓解养老服务供需矛盾,加快推进以居家为基础、社区为依托、机构为支撑的社会养老服务体系建设,具有重要意义

续表

发布时间	发布单位	文件名称	主要内容
2015 年 2 月	民政部、国家发展改革委等	关于鼓励民间资本参与养老服务业发展的实施意见	通过政府购买服务、协调指导、评估认证等方式,鼓励民间资本举办家政服务企业、居家养老服务专业机构或企业。 支持采取股份制、股份合作制、PPP(政府和民间资本合作)等模式建设或发展养老机构……鼓励将政府投资举办的养老机构特别是新建机构,在明晰产权的基础上,通过公开招投标,以承包、联营、合资、合作等方式,交由社会力量来运营,实现运行机制市场化。 引导和规范商业银行、保险公司、证券公司等金融机构开发适合老年人的理财、信贷、保险等产品。 加大对养老服务业发展的财政资金投入。有条件的地区,可设立专项扶持资金。充分利用支持服务业发展的各类财政资金,探索采取建立产业基金、PPP 等模式,支持发展面向大众的社会化养老服务产业,带动社会资本加大投入。通过中央基建投资等现有资金渠道,对社会急需、项目发展前景好的养老项目予以适当扶持。 鼓励通过财政贴息、补助投资、风险补偿等方式,支持金融机构加快金融产品和服务方式创新,推进实施健康与养老服务工程。研究以养老服务产业为基础资产的证券化产品,稳步推进金融机构直接或间接投资养老服务业
2021 年 12 月	国务院	关于印发"十四五"国家老龄事业发展和养老服务体系规划的通知	充分调动社会力量参与积极性。综合运用规划、土地、住房、财政、投资、融资、人才等支持政策,引导各类主体提供普惠养老服务,扩大供给,提高质量,提升可持续发展能力。进一步完善市场原则下的普惠价格形成机制。 鼓励金融机构开发符合老年人特点的支付、储蓄、理财、信托、保险、公募基金等养老金融产品,研究完善金融等配套政策支持。加强涉老金融市场的风险管理,严禁金融机构误导老年人开展风险投资。 拓宽金融支持养老服务渠道。鼓励金融机构按照市场化、法治化原则,提供差异化信贷支持,满足养老服务机构合理融资需求

总结表 3 - 1 得知，直至 1994 年，民间资本对于养老市场的作用还停留在资助和捐助的阶段。[①] 进入 21 世纪后，我国经济一路向好，人均寿命大幅延长，同时社会主义市场制度建设逐步完善，结合我国人口老龄化的实际，从支持社会资本进入福利性、非营利性养老机构开始，养老市场的大门逐步向社会资本打开。国务院于 2001 年首次提出利用优惠政策吸引社会力量投资兴办以社区为基础、不同档次的养老服务设施，同时注意以需求为导向发展护理型养老设施，[②]初步体现了政策对于发展层次多元的养老机构服务体系的肯定和支持。自“十一五”规划起，我国明确未来将实行“9073”的养老模式，民政部贯彻落实国家关于养老体系建设的重要精神，发布文件从鼓励民间资本参与提供养老服务和支持养老产业出发，涵盖政策优惠、资金支持、政府合作、财政投入、指导规范等多项内容并提出了相应的操作模式，[③]对引导社会资本进入养老行业以及以金融助推养老产业事业发展都进行了较为具体的指导，是探索民间资本进入养老行业路径进步的里程碑。自此之后，国家对于老龄化的重视程度和养老产业的支持力度逐年升高，中央与地方政府均出台相应文件对养老产业和养老事业建设予以规划并落实。迄今为止，政策的导向已然演变为凡是法律法规没有明令禁入的养老服务领域，都向民间资本开放，未来在公办养老领域也能看到更多民间资本的参与。

（二）公益性与逐利性关系认识之纠偏

在历年政策的鼓励下，各类资本对于民办养老机构的投资热情并未显著增长，其中一个重要原因是公众对于养老服务的公益性与资本的逐利性之间的关系理解存在误区。据调研组走访得知，不少人认为公益性与逐利性不可兼得，而本书认为二者之间的确存在矛盾，但并不是完全对立的，对于二者的关系既需要认识到其发生冲突的一面，也需要看到其相互促进的一面，公益性与逐利性之间是对立统一的。

首先，在审视民办养老机构融资问题时，不应过分地关注民办养老机构通过融资资金进行扩大或升级后投资者所取得的回报以及机构获得的利润收入，而应注重金融促使民办养老机构服务范围更广、服务质量更高、服务能力更强。从宏

---

① 参见《中国老龄工作七年发展纲要（1994—2000 年）》。
② 参见《中国老龄事业发展“十五”计划纲要（2001—2005 年）》。
③ 参见《关于鼓励民间资本参与养老服务业发展的实施意见》。

观上看，民办养老机构的蓬勃发展有利于补充公办养老机构的不足，有利于完善养老服务市场，提高养老服务效率，为社会大众带来普惠型养老服务，强化养老服务的整体公益性属性。

其次，民办养老机构养老服务的公益性并不等于完全不能营利。无论是营利性质的机构还是非营利性质的机构在经营顺利的情况下都有一定程度的经营盈余，只是对于这部分资产的处理方式不同。营利性质的机构除了将盈余在用于机构规划发展之外，还被允许给予经营者和投资主体一定的回报分红。在坚持公益性的属性上，资本为民办养老机构及其服务提供产业化运作模式，机构以营利为驱动推动现实发展，既提高了服务的质量，又能从中获得合理利润，实现了资本的逐利性和养老服务公益性的兼顾。

再次，社会资本可以弥补财政投入建设养老机构的不足。社会资本进入养老行业既是政策导向，也是社会主义市场经济的现实需求。虽然当前党和国家把积极应对老龄化提升到战略高度，但财政经费确实有限，部分地方财政甚至难以落实既有补贴政策，故国家鼓励多渠道筹措资金。对资本的引导有助于将资本转化为符合社会需要的优质养老服务资源，提高金融市场的效率，发挥促进养老产业高质量发展的作用，普惠于公众。

最后，追求利润并不是社会资本的唯一目标，社会资本在寻利的同时，也越来越多地将社会公共利益纳入其考虑的范围。参与社会公共事业可以提升个人或者企业的社会知名度，可以带来更多的机遇，更好地促进其寻利行为。① 调研组走访某一家高端养老机构与一家知名保险公司系同一母公司下的两家子公司，其养老服务与资本的互动模式值得借鉴：保险公司向社会公众出售养老相关保险，购买保险后可以在高端养老机构享受优先入住的资格和其他服务优惠。在这种模式下，一方面，保险公司通过合法合规的保险理财产品吸收资金，投入养老机构建设和运营，避免了养老机构因资金困难无法维持或进行集资，并为机构稳定客源；另一方面，养老机构为参保客户提供优质养老服务，产生运营收入，在入住床位有余的同时也能向社会大众提供养老服务，履行其社会职能，侧面扩大了保险公司的知名度和社会影响力。

综上所述，养老服务的公益性和资本逐利性之间的矛盾并非不可化解，反而

① 参见刘军、陈建红：《民营养老机构融资难破解》，载《开放导报》2017 年第 6 期。

可以相互调和促进，实现共赢。投资者应正确认识公益性与逐利性之间的关系，政府也应继续发挥导向作用，让投资者意识到民办养老机构的潜在商机和广阔市场；除此之外，政府需要主动公开对于各养老机构的检查和奖惩情况，尽量减少资金供需双方的信息差，保护投资者的合法权益，加强投资者对民办养老机构投资的信心。

（三）进一步拓宽民办养老机构资金来源方式

突破民办养老服务机构的融资困境，需要进一步拓宽民办养老机构资金来源渠道，为其提供多元化的发展资金从而有效改善经营状况，同时也能降低其融资风险，达到防控其非法集资的目的。本书主要从扩大正规金融融资渠道、规范机构预收费制度、发挥财政引导效用、发展养老产业基金、倡导社会爱心捐赠五个方面提出建议。

1.扩大正规金融融资渠道

当前国家鼓励拓宽金融支持养老服务渠道，加大金融对养老服务的支持力度。首先，需要扩大合格抵押品范围，探索以应收账款、动产、知识产权、股权等抵质押贷款，满足养老服务机构多样化融资需求。近年来消费服务在国民经济中的地位进一步提升，金融机构需要与时俱进，不断创新和丰富抵押担保形式，提高资金投放能力。[①] 其次，为民办养老机构融资提供信贷优惠，如鼓励商业银行出台专门针对养服务行业的贷款政策，适当降低贷款条件，给予贷款利率方面的优惠，对于有实力、项目好的机构政府还可以实行养老贷款贴息政策，对于符合条件的养老机构可以通过适当减息或延迟还款等形式减轻其融资压力，鼓励养老机构到资本市场以发行股票、债券等方式融资，并适当降低养老机构发行股票和债券的条件等。再次，金融机构需要按照市场化、法治化的原则，开发适合养老产业的金融产品，创新信贷方式，满足养老机构差别化的信贷要求，如在依法合规、风险可控的前提下，审慎有序探索养老服务领域资产证券化，鼓励保险机构开发相关责任险及机构运营相关保险等。[②] 最后，除了通过政策引导，有条件的民办养老机构可

---

① 参见卜振兴：《从融资角度解析中小民营企业发展困境》，载《当代经济管理》2019年第4期。

② 参见程养林：《供给侧改革背景下民间资本参与养老服务业发展研究——以广东地区为例》，载《天津商务职业学院学报》2019年第6期。

以通过创新与银行或其他金融机构的合作方式争取获得信贷支持，如将机构的运营收入与融资账户存入指定银行，将经营过程中购置的保险固定为指定保险公司，也可以对持指定银行的银行卡进行机构内养老服务消费的老人提供优惠或奖励等，通过互利的方式吸引投资。

2. 规范机构预收费制度

前文通过对民办养老机构经营、融资及风险的分析明确了"预收费"是养老机构的资金来源，同时也是集资犯罪的主要形式。当前，我国的政策并没有完全禁止养老机构"预收费"的行为，国务院办公厅于 2019 年出台的《关于推进养老服务发展的意见》中明确："对养老机构为弥补设施建设资金不足，通过销售预付费性质'会员卡'等形式进行营销的，按照包容审慎监管原则，明确限制性条件，采取商业银行第三方存管方式确保资金管理使用安全。"预收费在养老机构周转资金、提供现金流有着重要作用，将长期存在于养老市场，故需要建章立制予以规范。

在制定民办养老机构预收费制度时，首先，应明确养老机构"预收费"的范围和条件，政府不能对机构收取的每一笔资金进行监督管理，且"预收费"具有市场性，为了引导养老机构良性竞争，应对机构性质、机构服务能力、预收费的额度、预收费使用方向、预收费资金管理等需要更详细的规范，当前天津市与河南省的相关文件等对此都有规定。[①] 其次，在制定规则时需要贯彻落实"宽严相济"的原则，充分尊重市场规律，避免打击机构经营的自主性和积极性；同时由于各地养老市场发展程度不同，机构规模不一，需要差别化管理，在制定规则时需要因地制宜，充分听取多方意见；除此之外，对于机构的违规行为和职能单位的失职行为应制定透明公开的惩处措施。最后，建议在审核养老机构预收费资格时，由市场监管部门为登记部门和主要监督部门，由金融监督管理局协助监督。虽然民政部门是养老事业的牵头部门和主要责任部门，但"预收费"模式是市场主体在自由竞争中产生，实施"预收费"的机构性质与市场监督管理局的管理对象具有范围一致性，市场监督管理部门对机构市场行为的监管也有职能契合性，且在行政管理中一般遵循"谁批准，谁主管，谁负责"的原则，故由市场监督管理部门作为民办养老机构预收费制度的主要管理机构更为合理。金融监督管理局是商业银行的直接

① 参见天津市民政局、天津市处非办《关于做好养老服务领域防范和处置非法集资工作的意见》、《河南省养老服务条例》。

监管单位,也是打击养老机构非法集资的职能部门之一,其监管职责义不容辞。

3. 发挥财政引导效用

养老属于公共事业,养老服务是带有公益性的产品,政府财政一直是支持民办养老机构建设发展的"领头羊"。当前,政府财政对民办养老机构的补贴形式主要有两种:一种是直接补贴和优惠,另一种是政府购买服务和财政投资,二者互为补充。

直接补贴和优惠对于解决民办养老机构资金短缺有较快的成效。当前补贴的种类主要有建设补贴、运营补贴、安全责任险补贴以及消防补贴等。首先,需要保证既已制定的补贴优惠政策严格落实到位,这也影响行政公信力。这就要求应依据各地财政收入水平和责任能力的不同制订不同的补贴优惠方案。其次,政府应当创新补贴和优惠的形式。从产业要素上看,土地、人才和资金是民办养老服务业建设与发展不可或缺的要素,关乎养老服务供给能力的强弱及供给效率的高低。[①] 故政府可以从减免土地使用费用、减免企业营业所得税收、减免水电煤气等运营费用、协助专业人才培养、"以奖代补"等方式减轻民办养老机构资金负担。再次,应制定差异化与统一化结合的补贴政策。毋庸置疑,民办养老机构与公办养老机构功能定位与性质属性各异,享有不同的权利义务,理应区别补贴。[②] 但在民办的范围内,无论是营利性质还是非营利性质,都面对社会一般老年群体,都按照市场化规则运行,只是在财产和利润分配上有所区别,统一补贴政策有利于营造公平的竞争环境、增加养老服务数量。另外,政府可以依据对于养老服务的导向和偏好适当予以差别化补贴,起到财政引导作用。最后,应保证补贴程序的合规与公正。一方面,要防止公职人员利用相关权利敛财、贪污受贿;另一方面,需要对申请企业的建设情况、经营规模进行考察,避免部分机构为了获取补贴而忽略自身服务能力盲目扩建。

直接的资金补贴和政策优惠对解决民办养老机构的资金难题成效迅速,但政府财政对于养老产业长期向好的引导作用没有充分发挥,因此需要购买服务和财政投资以进行补充。政府购买服务与财政投资需要与国家政策相契合,应从供给

---

① 参见李小兰:《我国民营养老服务业财政政策性投融资模式研究》,九州出版社 2021 年版,第 92 页。

② 参见李芳:《我国养老服务组织的分类管理》,载《中国海洋大学学报(社会科学版)》2015 年第 6 期。

端与需求端同时发力。“十四五”规划与党的二十大报告中都强调了养老服务应普惠大众。结合我国的养老模式，在政府购买服务方面，应制订政府采购计划，以社会需求为导向，着重对提供居家养老服务以及社区养老服务的机构予以支持。同时在选择供给服务主体时，应遵循“公平竞争”的原则，综合考量机构提供服务的质量和价格，保证购买效果。在财政投资方面，财政可以采取养老服务 PPP 模式、养老产业专项债券模式、养老产业引导基金模式、养老服务开发新金融模式，拓宽民办养老机构政策性融资之路径，以国家财政或信用为基础、以融资政策为框架，发挥财政资本撬动政策资本的作用，推动民办养老机构在未来长时间内高水平发展。①

4. 发展养老产业基金

养老产业基金可以由政府财政出资设立，也可以由社会中其他资本出资设立。2014 年，财政部下拨资金于湖南、内蒙古、吉林、江西、山东、安徽、湖北和甘肃 8 地开展养老产业投资基金试点。调研组走访湖南省养老机构的过程中，不少机构负责人表示知晓产业基金的存在，但是自己并未切实得到产业基金的支持，认为产业基金的效用有待进一步发挥。

产业基金不仅起到向养老机构投资的作用，还具有整合资源分布、引导行业改制升级等功能。由于养老产业基金具有专项性，往往比政府部门更了解养老行业的发展情况，又比养老机构更好把握行业的宏观动态，影响未来行业的结构布局。针对养老产业基金效力欠佳的现状，首先，应明确产业基金的结构，要以社会投资为主导，政府投资配合扶持，可以采取财政设立引导资金先行，吸引社会资金跟随投入的方式；其次，需要保证产业基金专款专用，完善监管的规章制度，明确监管主体和职责，建立监管协调联席会议制度和跨部门协调机制，避免产业基金被侵吞或滥用；再次，还要完善系列配套措施，如基金管理人的选择和绩效考核、基金的使用和信息公开、基金投资的条件与程序、基金的发展方向与规划，等等；②最后，重视养老产业基金需要坚持与养老服务的公益性质相匹配，契合养老服务

① 参见李小兰：《我国民营养老服务业财政政策性投融资模式研究》，九州出版社 2021 年版，第 90、102 页。

② 参见杨复卫：《地方养老服务业引导资金运行模式效率改进研究——基于八个试点省区的实证调研》，载《经济体制改革》2018 年第 1 期；吴宾、刘雯雯：《中国养老服务业政策文本量化研究（1994—2016 年）》，载《经济体制改革》2017 年第 4 期。

收入的微利性、周期的长期性,助力养老机构可持续发展,避免此类基金成为逐利投资的工具。

5. 倡导社会爱心捐赠

社会资本首先出现在养老行业就是以捐赠的形式出现的。倡导社会对于民办养老机构捐赠行为既可以作为机构资金来源的补充渠道,又可以让入住老人在生活上物质上感受到社会的温暖,还可以在新时代体现团结友善这一中华民族优良传统美德,具有现实意义。

人是社会中的人,企业是社会主义市场经济中的企业,企业与个人愿意在力所能及的范围内承担社会责任,可以补充财政对于民办养老机构支持的不足。要调动社会广大群众爱心捐赠的热情,一方面,需要政府予以倡导支持,政府可以通过发放奖励、授予荣誉等形式对个人捐赠行为予以表扬,可以通过减免部分税收、报道宣传等方式对企业的捐赠行为予以鼓励,机构也可以尽自己之力为捐赠个人提供服务优待,为捐赠企业提供宣传等;另一方面,需要建章立制,明确捐赠的流程、责任,资金的管理,保证捐赠资金用于机构的运营或建设,避免机构胡乱挥霍捐赠资金,也避免捐赠单位利用捐赠行为偷税漏税、规避监管。制度化的捐赠程序和规范化地使用捐赠资金能够推动捐赠工作深入、持久地推进下去,成为民办养老机构资金重要的补充来源。

四、完善民办养老机构融资配套措施

针对因资金问题导致非法集资的民办养老机构,除了拓宽融资渠道、打开资金来路外,还需要完善相应的配套措施用以清扫障碍,提供保障。一方面,针对民办养老机构信用信息缺失,未来应完善对机构的信用评级机制,或通过建设信用担保机构提升养老机构信用;另一方面,对民办养老机构融资过程和使用资金应形成全面的监管,防控其利用不法手段骗取融资或非法集资,也能避免资金滥用。

(一)完善信用评级机制

融资是靠信任为基础支撑起的交易。投资对象的信用状况左右投资人的投资意向,投资人与投资对象之间形成了一条以信用串联的资金供需线,养老服务市场亟须建立起信用评价机制,为投资者提供客观的信用参考。

首先,要引入专业的第三方信用评价机构,针对养老行业的特殊性制定行业专门的信用评分标准。在进行信用评级时要注意养老机构的出资结构、营利性质、规模大小之间的差异性,全方位考评机构的建设运营、部门管理、服务水平、人员专业素质等内容,同时结合机构入住老人的满意程度、行政机关与行业协会的检查惩处情况、纠纷及后续处理情况、机构经营年限等多个评估角度,然后量化出评价机制。其次,在对民办养老机构进行等级划分时可以根据制度建设的逐渐完善采取从粗略到精细的演变,先初步将养老机构信用等级分为优秀、良好、合格与不合格四类,主要考察其是否存在严重的违法或失信行为以及是否有重大处罚和经营异常情况,给予投资者基本的信用参考,再通过评价指标体系对其进行细化打分,将等级和评分予以公示。最后,要建设大范围、跨地区的信用信息平台,实现全国民办养老机构信用联网互通,以保证投融资过程中信息的对称透明,保护投资者的合法权益。

信用评级机制也可以让政府部门、机构自身对于经营状况有更客观更专业的了解,一方面方便政府部门开展定期清理失信养老机构,完善民办养老机构退出机制,提前捕捉机构走向集资犯罪的可能,做到"打早打小",有利于养老市场的清明和繁荣;另一方面有利于机构根据评分对现有经营和服务进行改进,补齐短板,实现高质量发展。

(二)建设信用担保机构

鉴于当前民办养老机构市场中还未建立起统一的信用评级机制,针对这一薄弱环节,可以通过建设信用担保机构,在养老机构与投资者之间搭建起信用担保平台,用以增强投资者对民办养老机构的信任。

养老机构的信用担保机构可以有多种类型:可以是一般的担保公司,可以是多家民办养老企业联合成立的担保机构,可以是行业协会组织成立的担保机构,也可以是政府成立的担保机构。在调研组走访过程中,获得银行贷款的几家养老机构就是因为在政府的大力支持下成为建设示范单位,银行出于对政府背书的信任投放资金。因此,养老机构的信用担保机构的存在可以加强投资者对养老行业的投资兴趣和投资信心。对于投资者而言,在投资者投入资金前,通过信用担保机构预先对养老机构的财务和经营状况进行审核评级,待担保机构作为担保人加入融资交易过程,减少了投资者获取投资对象信息的时间和成本,可以在一定程度上解决信息不对称的风险,进一步降低融资行为的道德风险。对于民办养老机构而言,信用担保机构解决了自身信用不足或不明确的问题,信用担保机构以及投资者的双重评估、监督也使得其不得不加强自身经营、财务和资金使用的规范,最大限度地发挥融资的规模化作用。对于信用担保机构而言,作为中间者能比投资者更为灵活地掌握养老机构信用信息,民办养老机构能够抵押的范围扩大,便于落实灵活担保机制,且担保机构也能作为养老机构无法偿还贷款时投资者资金的收回保障,还能促使民办养老机构信用评级机制和信用大数据平台尽快建立完善,影响整个行业发展。总之,信用担保机构的存在,使得投资者与民办养老机构融资过程贯彻效率优先的原则,交易过程阳光化。

(三)构建全面监管体系

党的二十大报告指出,构建高水平社会主义市场经济体制,需要“深化简政放权、放管结合、优化服务改革”。针对民办养老机构市场,政府放低准入门槛,致力于吸引更多资本投入,丰富养老服务层次,满足人民多样化需求。虽然在行政审批程序上简政放权,但并不意味着政府对于民办养老机构市场的发展袖手旁观、听之任之,构建全面的监管体系对于防控民办养老机构非法集资、发挥融资资金,对于机构建设和产业发展的促进效果、营造良好营商环境和融资环境具有重要意义。

1.制度先行,完善监管顶层设计

市场监管是行政机关的重要职能,然在“法无授权不可为”的原则下,完善监管相关的制度建设的重要性可见一斑。一方面,制度对实现监管程序的规范化、监管权责的明晰化、监管方法的科学化起着重大作用;另一方面,建设完备的监管制度对于民办养老机构如何依据监管标准开展运营都有一定的提示和指导,对政府机关如何切实可操地开展监管工作提供遵循的依据。

故在建设民办养老机构监管制度时,首先,应以相关的法律法规、政策法令为依据,如《老年人权益保障法》《养老机构管理办法》《防范和处置非法集资条例》等,既要甄别民办养老机构的合法经营行为和非法集资行为,又要监督防范其合法的市场行为变质,防止造成社会公共利益损失。其次,监管制度设计需要加大各地行政机关对辖区内民办养老机构经营状况、经营模式的了解,准确掌握其运营难处和融资困境,把握监管中宽严相济的原则,有针对性地给予机构优惠和惩罚,才能因地制宜,促进民办养老机构和地区经济的发展。再次,在多个行政单位都参与对民办养老机构的监管时，既要明确职责，避免职责重叠导致相互推诿或多次重复检查浪费人力、物力资源，也要防止出现因职责覆盖不全出现监管漏洞的情况。最后，由于民办养老机构在性质上并非金融主体，其非法行为大多披着合法行为的外衣，使得行政机关的监管具有一定滞后性，故在设计监管制度时应发挥基层治理的重要作用，通过乡镇（街道）和城乡社区、基层党组织、政府、社会组织、个人对区域内养老机构进行监督，有效控制风险，实现公共利益最大化。

2. 政府牵头，多主体协作参与监管

养老服务监管内容较多，无法依靠单个部门独立完成。[①] 以打击养老诈骗专项行动为例，涉及十余个政府部门。各职能部门之间需要建立综合监管协调配合机制，依靠大数据等现代手段创新监管方式，提高监管效率。如发现违法违规行为，应责令机构进行改正，并视情况予以处罚或责令退出市场；若出现公职人员失职导致监管不力，应当严明惩罚，予以公示。

虽由政府牵头监管工作，但做到全面监管离不开社会中其他主体的积极参与。养老行业协会应发挥协会自律作用，对机构进行定期检查或抽查，也可以通过协会内成员互评强化监督和加强交流。机构应发挥主观能动性，通过财务部门定期梳理核对账目、法律部门风险自查等方式进行自我监督，也可以聘请第三方机构或从入住老人中选择高知分子对机构经营情况进行监督反馈，还可以通过财务公开、成立财务管理委员会等方式主动接受社会监督。另外，人民群众可以通过举报热线或网上通道向政府机关进行监督反馈，入住老人和养老机构投资者可以在法定职权范围内对机构的建设服务以及资金使用进行监管，新闻媒体也可以积极对于机构违规违法行为予以披露报道，回应社会需要。

3. 全面监管，贯穿事前、事中、事后

对民办养老机构的监管需要贯穿其建设运营的全过程。一则，在设立民办养老机构时，市场监督管理部门和民政部门应督促机构依法登记备案，减少政府部门间的信息差异；在建设运营过程中，政府部门应对房屋安全、设施安全、消防安全、食品安全等方面进行监督，分别验收，防范安全责任事件发生。二则，对于民办养老机构的资金安全监管需要兼顾严密和审慎，政府部门可以与商业银行联动对机构的资金来源、融资的数额和范围、使用方式进行监督，保证资金来源合法、

---

① 参见魏宇：《“十四五”时期我国养老服务模式的创新战略探讨》，载《西南金融》2021年第5期。

使用合理、融资规模适当，保障专项资金使用方向的唯一性，维护入住老人、机构、投资人、政府等多方主体的利益。三则，政府部门应将监管结果予以公开，将违规严重、屡教不改的机构列入“黑名单”，将规范合格、信誉优良的机构列入“红名单”，为社会和市场优胜劣汰提供参考依据，提高产业资源配置效率。另外，虽然监管布局严密，但也应避免走向极端，对民办养老机构事事干预，打压其经营自主性和积极性，应在法治化、合理化的范围内实现对民办养老服务机构的全流程、全链条、全方位监管。

本节小结

当前政策对于资本进入民办养老机构持鼓励态度，社会应认识到养老服务的公益性与资本逐利性之间的矛盾是可以化解并可以相互促进的，通过进一步拓宽民办养老机构资金来源渠道可以很大程度地解决养老机构资金难题，防范非法集资。在未来一段时间，政策应延续现有的支持态度，更大程度地开放养老服务市场，鼓励社会资本积极参与民办养老机构融资，探索政府与机构新的合作模式。同时应抓紧建设全国范围内的养老机构信用评价机制，既要简政放权，做好服务型政府，又要在法治路径上加强监管，在将民办养老机构的融资、服务行为纳入监管之余，应提高监管意识、拓宽监管层面，对其宣传、营销行为也应当进一步规范。只有全面打击违规违法行为，才能实现民办养老机构高质量发展。

第二节　营销团队嵌入民办养老机构的经营问题及规制进路

2021 年国务院出台《关于印发“十四五”国家老龄事业发展和养老服务体系规划的通知》，开展持续提升养老服务质量的专门行动，为我国民办养老机构的持续运营建设提供政策环境。民间资本力量逐渐成长为养老事业建设的主力军，其中民办养老机构非法集资乱象频发，前文以融资角度切入，从内源性与外源性两方面对其生成机理进行分析，指出民办养老机构因资金短缺导致养老服务供需失调。此种情况下，不少民办养老机构通过引入营销团队的方式募集社会老人的融资化解资金困境，以维系机构的生存发展，但因监管制度的漏洞、团队利益的博弈、防范意识的不足导致民办养老机构嵌入营销团队后走上异化经营的非法集资道路。在我国民办养老机构的发展过程中，市场利益与社会公益需要共存，而信息不对称的存在对民办养老机构创办人的自律性提出更大挑战。为使机构利益尽可能最大化，内部委托人试图嵌入营销团队代理人，由此产生多重委托代理关系、种种寻租行为与代理人的道德风险问题。[①] 本应该服务老年人群体的养老机构却成为损害老年人权益的罪恶滋生地，因此，确有必要在国务院深化"放管服"改革的进程中探究民办养老机构异化的根本原因，破解民办养老机构的异化困境，落实民办养老机构的政策制度支持，融通资本进入途径；夯实机构内外营销监管，建立健全监督体系；有效打击异化的民办养老机构，提升司法审判质效；加强宣传教育，提高老年人法律防范意识，营造养老行业平等参与、公平竞争的市场环境，提供方便可及、价格合理的各类养老服务和产品，满足养老服务多样化、多层次需求，推动民办养老机构的良性发展。

一、营销团队嵌入民办养老机构的经营逻辑概述

企业的发展壮大需要台前幕后种种工作的持续推进，营销活动作为企业运营的重要一环，可以帮助企业获得更多的客源与外部的支持资金，因此，部分民办养老机构试图通过委托营销团队的介入获取资金的支持，打破民办养老机构的营销困境。

（一）民办养老机构的营销博弈现状解构

民办养老机构兼具社会公益性与营利性的企业特点，在经营过程中前期投资的成本建设资金庞大，且投资回报周期长，成本负担压力大的同时行业利润少，致使民办养老机构陷入经营过程中的博弈困境。

1. 经营目标的矛盾性：养老行业的公益性与民办企业的逐利性

现如今，医疗和养老金等基本社会服务得到改善，保护政策更加全面，人们的预期寿命也在不断提高，国家对老年人的福利保障也在逐步发展，养老作为备受关注的民生工程，兼具普惠性与公益性的社会特点。经调研走访发现，民办养老机构多数以个人或者家庭投资为主，以租地自建或者租房改建的形式创设机构场

① 参见任勇、李晓光：《委托代理理论：模型、对策及评析》，载《经济问题》2007 年第 7 期。

地,且在创办者自有资金不足的情况下,负有民间借贷的债务负担,难以形成长期性的投资发展。通过与机构负责人的访谈发现,民办养老机构的稳定收入主要来源于入住老人缴纳的床位费,因追求利益的最大化需要尽可能高的床位入住率,而这收入并非可增值性经济活动所创造的收益,还需要保障老人入住后有必要的陪同看护、合理饮食等服务,难以形成稳定资金流。正如弗斯顿伯格在《非营利机构的生财之道》中所说,经济活动的利润对经济组织的生存起着决定性作用,组织往往为了能正常运作生存拼命聚集资金。[①] 民办养老机构需要保障入住老人的基本生活质量,在实现养老服务公益性的基础上追求利润的最大化,但机构的运营成本难以降低,通常因经济压力想方设法营利而偏离养老的普惠性与公益性,难以平衡行业与企业的双重目标,形成恶性循环。

2. 运营过程的艰难性:政策落实的偏差和资源供给的失衡

我国相继出台各类对民办养老机构的具体优惠补贴政策,但在执行的过程中仍遭遇阻力,难以兑现相关政策的支持。比如用地优惠,民办养老机构通常难以用优惠低价购买建设用地,或者虽然用优惠用地规划至偏僻地区,但却陷入入住率低的运营困境。与此同时,民办养老机构已经成为我国养老服务供给的重要力量,但很多地方仍存在公办养老机构"一床难求"而民办养老机构床位大量闲置的现象。在公共资源供给的过程中,一方面,由于各项政策的贯彻实施牵涉民政、市场监管、财税等众多部门,资金优惠与税收优惠的供方与需方存在错位,比如政府对床位的入住数据缺乏监测,机构利用增设床位套取政府补贴;另一方面,相关政策支持与公共资金补贴的边界模糊,比如某些地区的医疗保险、老年补贴等存在重复覆盖老年群体的状况与各地之间无法界定发放标准的窘境,这些都在一定程度上削弱了公共资金发挥作用的效力。

3. 利益竞争的激烈性:成本管理的失范与融资渠道的阻碍

民办养老机构在一定程度上具有非营利组织的色彩,需要有足够的责任心、道德心和爱心等道德约束来促成机构正常运营。民办养老机构的创设人和工作人员的组成是基于共同的信念、目标和兴趣,道德约束对于机构来说尤为重要。然而,不少民办养老机构还处于无法人资格、工作人员无明确身份待遇、管理经费

---

① 参见[美]弗斯顿伯格:《非营利机构的生财之道》,朱进宁等译,科学出版社 1991 年版,第 53 页。

无保障、规范化管理水平低的状态，由此导致组织内部的松散与管理的失范。同时，民办养老机构的开办前期投入成本高、回报周期长，机构的运营成本难以削减，其划拨性质的养老建设土地不能用于抵押贷款融资，机构亦难成为银行的优质贷款对象，所需要的开支与所能筹集到的资源之间存在巨大的缺口，由此导致民办养老机构陷入营利困境，易陷入通过营销渠道扩展客源以达自救的非法集资经营道路。

（二）营销团队嵌入养老机构的动因探究

民办养老机构的不断发展不仅需要具有核心的业务能力，即服务老人的专业护理能力，也需要吸引老人入住选择的专业口碑与品牌形象。营销资源虽具有企业资源的一般属性，但还具有无形性与外生性的显著特点，是一种集信息、技能、声望、经验、品牌、商标等无形要素于一体的知识型资源。[①] 这些无形要素的集合与有形要素如资金、用地的结合对企业的生存发挥关键性作用，因此民办养老机构嵌入营销团队发展营销活动的同时可以满足机构委托与营销代理的双方需求，并获得外部竞争的资源优势。（见图 3－1）

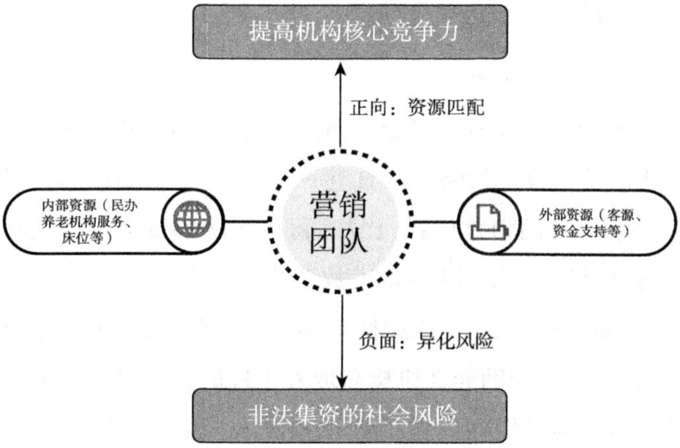

图 3－1　营销团队嵌入养老机构的动因

① 参见唐玉生：《基于资源与能力的营销战略——营销战略框架构建与营销战略优势确立》，载《改革与战略》2005 年第 3 期。

1. 满足委托代理双方需求

营销团队嵌入民办养老机构可以细化分工，提高养老机构的服务水平。随着社会主义市场经济的发展，民间资本参与养老服务的微观制度环境渐趋宽松。在社会分工日益专业化与细化的今天，机构企业难以拥有维持所有业务竞争优势的资源，为了保持机构在专业领域内的服务水平，部分企业嵌入营销团队负责非核心的宣传业务，规避消耗大量的人力、物力与财力运作机构不擅长的业务，通过营销运营的规模效益来降低企业的运营成本，相较于传统的“纵向一体化”企业，能更好链接内向配置的服务业务与外向配置的辅助业务，①使得民办养老机构更具市场竞争力。

营销团队嵌入民办养老机构可以提升团队的文化建设氛围，形成团队合力。通过调研发现，嵌入营销团队的民办养老机构通常规模较大，资金链在初创阶段能保持良性运转。民办养老机构的运营中营销技巧的使用与团队建设通常不是业务链中的关键一环，但若能将营销管理中的人力资源管理、财务管理与销售技巧正确运用到民办养老机构的建设上，营销团队的专业化水平与团队运作的能力可提高机构的专业认同度与人员素质，打造机构工作人员的团队合力，提高组织的凝聚向心力，形成民办养老机构的独有企业文化。

2. 适应外部市场竞争压力

营销团队具备专业的策划宣传能力，能够吸引更多老年客源。具有营销团队的民办养老机构的销售宣传策略通常具有一定的体系性与规律性，针对老年客户群体有一套“对症下药”的销售体系，比如，营销团队成员会筛选老年人常去的小区、公园、菜市场、广场等场所，以免费发放毛巾、鸡蛋等物品的方式，吸引老年人的注意，与老年人攀谈拉近关系，以此使老年人放下防备，进而有策略地宣传推销养老机构及其内部产品，帮助养老机构获取外生性的客户市场资源。

营销团队可以为养老机构后期扩展规模注入资金。设置营销团队的养老机构通常不满足于其现有经营规模的大小，机构内部委托人往往具有扩大市场的需求，设置营销团队一方面可以抢占客户群体，吸引更多老年人的资金解决机构发展难题，撷取更多经营性利益；另一方面可以获得政府的关注与政策补助，为机构

① 参见吕建中：《外包——企业获得竞争优势的手段》，载《北京工商大学学报（社会科学版）》2002年第6期。

的运营提供再次分配的福利资金补贴,营销团队的专业分工代理可以促进机构的规模发展,提供效益支持。

(三)营销团队嵌入养老机构的实现方式

企业的发展需要两条线并行:一是产品开发,二是产品销售,只有这两条线共同发展,企业才能不断发展壮大。[①] 民办养老机构相比一般的企业更具社会效益性,更多地注重机构的服务设置与提供,但口碑的塑造也是老年人入住的重要考虑因素,基于此,民办养老机构通常会在内部设置市场营销部门。在调研过程中我们也发现,有部分机构会将营销业务外包于专业的营销团队,以此细分机构服务并提高机构知名度吸引老年人选择。

1. 内部营销团队的设置

理想状况下,民办养老机构内设财务部、行政部、护理部、后勤部与营销部(见图3-2),全院按照运营规范配置专业的看护人员、社工等,行政和后勤人员按照实际需要配置,营销部下配备营销员,负责机构的对外宣传工作,通常营销部不能在机构中发挥重要的拓展客源的作用,原因有二:一是传统民办养老机构对于营销部门业务不够重视;二是营销部人数相较于其他部门要少,发挥的作用较小。

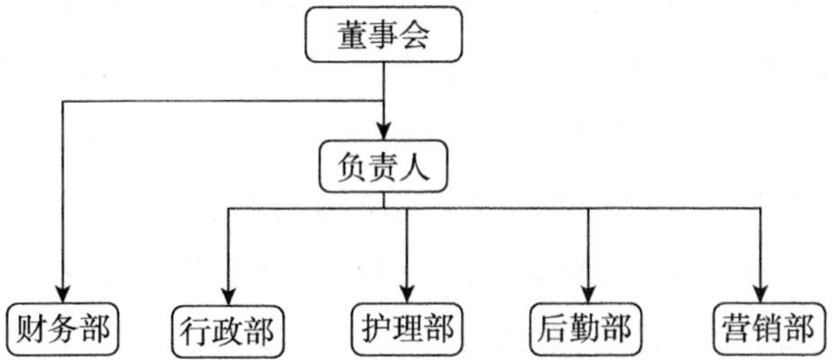

图3-2　养老机构内部营销团队的设置

2. 营销团队的外包模式

民办养老机构的营销外包是指机构将营销活动,比如渠道客源的开发与管理全权委托给拥有专业营销技能与销售策略的外部机构,机构只是在战略上进行全程的监控,并规定营销团队嵌入后相关收益回报的下限。与此同时,其他的营销

① 参见肖康:《企业营销团队管理的问题探讨》,载《东方企业文化》2011年第24期。

风险也交由外包机构承担，甚至财务管理、人力资源管理等价值链领域也采取外包方式交予外包机构管理，而机构则将核心能力集中于养老服务的提供与改进和品牌经营等关键性领域，以此配搭促进民办养老机构的运营与利润的提升。

二、营销团队嵌入民办养老机构的经营风险分析

营销团队嵌入民办养老机构有利亦有弊，究竟是利大于弊还是弊大于利须进一步探讨分析。民办养老机构设置营销团队负责提升机构的外生性竞争力，在此过程中，机构内部难以对营销团队的活动全面监控，且营销团队为了争夺客户群体与市场利益，易扩大团队规模变为机构营利的主要部门，后期成为主导养老机构的核心利益团队，由此诱发道德风险与集资危害。

（一）营销团队的异化风险表现

营销团队专业的销售手法与逐利本能的驱使往往能使机构的客户群体和辐射范围更广泛，团队利用市场和机构的监管漏洞及老年人群体需要关怀、贪心占小便宜等特殊心理，运用极强迷惑性的手段精准吸引老年客户，形成“非法资金池”，引发诸多社会问题。

通过以下四个案例解析民办养老机构嵌入营销团队的异化风险。

案例一：2010年，戴某平开始对外经营A老年公寓，收取费用作为日常经营资金，后因经营不善而背负债务。为偿还借贷、银行贷款本息，戴某平与魏某升、徐某强、徐某刚、戴某擎分别设立A老年公寓市场部、孝德广场、A老年公寓旅行社，自2013年1月起魏某升、徐某强、徐某刚、戴某擎等人组织营销团队，通过发放“投资养老”传单、开展讲座、组织聚餐等方式，宣传其名下养老公寓等项目，推广所谓“投资高回报+优惠享受养老服务”投资项目，即签订床位预定合同、缴纳预定金能够获得年化7%～12%的利息，后期入住可享受优惠价格，吸引中老年人签订预定养老服务合同、缴纳预定金。至2018年3月，戴某平与魏某升、徐某强、徐某刚、戴某擎等人通过上述方式共向2100余人吸收资金1.36亿余元。①

案例二：B老年服务中心于2012年3月由毛某（实际控制人为付某）在C区民政局注册成立，登记注册类型为民办非营利性企业单位（社会福利机构），开办

① 参见最高人民检察院《关于印发检察机关打击整治养老诈骗犯罪典型案例的通知》。

资金为51万元，业务范围主要是老年人集中居住和综合服务，兼营老年人服务产品研发、生产和销售。2012年上半年，肖某通过朋友认识了付某，付某介绍说国家对老年服务项目有30%的建设补助金，每年还有床位补贴，且老年服务项目的场地可以先租赁然后转为国家划拨地，于是肖某决定投入产业。2012年下半年，肖某在D大酒店举行中心开业典礼，因中心规模太小、条件太差，吸引不到老年人来入住，也得不到政府补贴，肖某计划买地皮、建公寓扩大中心规模。因没有资金去实施，找到康某为营销部总监，授权其组建营销团队，以年利率8%～12%的消费补贴（利息）为诱饵，承诺给客户按期返本付息，以此吸引老年人与中心签订预定养老服务合同、缴纳预定金。同时由肖某提供融资场地，按照客户存款期限给康某高提成，一年期提成存款本金的19%（后降为17%），两年期以上的提成存款本金的23%（后降为20%），按月结算营销提成（营销费用），采取借新还旧方式偿还客户本息。①

案例三：2016年3月至8月，被告人叶某以E实业有限公司名义聘请被告人张某为项目经理，并以25%的提成价格将E实业有限公司养老服务营销全部交由张某负责，叶某收取75%的养老金，后张某以19%的提成价格将该营销业务全部交予被告人张某和郭某负责，后被告人张某和郭某组织人员通过散发传单、聚集开会的方式，对外宣称E实业有限公司会根据缴纳养老费用的不同为老年人提供黄金级别、铂金级别、钻石级别、至尊级别的养老服务，并向老年人许诺所缴纳的养老金按一定比例每年返现。2016年3月至8月，E实业有限公司与30余名被害人签订2万元至30万元不等的养生养老服务合同，共计吸取老年人缴纳养老金182万元。老年人缴纳的182万元养老金均是现金形式交付，其中75%由叶某私人支配消费挥霍。②

案例四：2015年6月1日，F养老苑经G市民政局审查批准，获得养老机构设立许可证，其服务范围为自理、半自理、完全不能自理老人的生活照料、康复护理、精神慰藉、文化娱乐等。2015年8月，田某拟筹建F养老基地。为筹措F养老基地建设资金，田某聘请敬某、董某等人组建营销团队，印制宣传单到G市城区老年人聚集场所散发，邀请老年人到公司听讲座，营销人员通过讲座鼓动老年人向F

① 参见湖南省娄底市娄星区人民法院刑事判决书，（2018）湘1302刑初260号。
② 参见四川省绵阳市游仙区人民法院刑事判决书，（2018）川0704刑初53号。

养老苑预缴养老金,田某收到预缴的养老金后,F养老苑与客户签订《F养老苑(入住消费)养生养老服务合同书》,承诺按照预缴金额的不同,在预缴养老金客户不入住期间,F养老苑将向其赠送(返还)一定天数的标准间床位费(床位费价格为每月560元),一年一结,满三年退还本金。2015年8月至2018年7月,田某以上述方式吸收鲜某等25户存款115.5万元,投入F养老基地建设。2018年3月,田某因资金链断裂未能按期还本付息。①

通过以上案例,我们可以发现营销机构对于养老机构的非法集资发挥着重要的推动性作用,在民办养老机构难以持续经营或致力于扩大规模的情况下,营销团队的嵌入推动养老机构的经营维系也导致养老机构走上集资诈骗的异化道路,而这种异化,在营销团队的管理路径、销售策略上就能发现端倪。

1. 团队路径的异化

营销活动及营销部门从无到有,营销业绩对企业销售的重要推进,无不表示营销的发展是企业迈进的关键一环。民办养老机构委托营销团队的介入寻求外部资源的支持,同时也面临营销异化的风险,其实质是营销部门与营销职能发展的错位,重视营销的形式甚于实质,使得营销与经营之间的隔阂加深,②营销团队绑架民办养老机构的经营决策,成为控制机构发展的主要部门,不仅没有达到促进机构发展的良好愿景,反而使机构陷入非法集资的组织陷阱,引发社会问题。在调研过程中我们发现营销团队的路径异化(见图3-3)主要表现在以下两个方面:

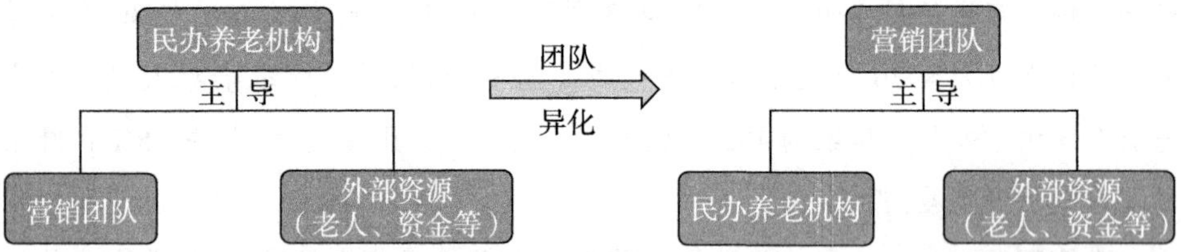

图3-3 营销团队异化路径

(1)营销职能的错位。民办养老机构中通常会将广告宣传、公关等职能板块交由市场营销部门负责,以扩大客户群体基数,甚至为获取更大的营销利润,民办养老机构将机构床位定价、人员管理、财务管理的职能权力也交由机构的营销团

① 参见四川省遂宁市中级人民法院刑事判决书,(2021)川09刑终24号。

② 参见吕宇良、蒋青云、郭毅:《营销异化与营销深化》,载《中国流通经济》1999年第5期。

队负责，营销的职能在民办养老机构的内部呈无限扩大的趋势，机构的异化风险也随之增加。在此种情况下，机构用于营销费用的支出比例存在增加的潜在可能性，部分机构甚至占到20%以上，挤占用于提升服务的费用开支，机构内部用于建设床位、提升服务水平、聘请专业人员的开支空间减小，陷入扩大营销成本的路径异化循环，导致民办养老机构出现经营与营销的隔阂，加剧民办养老机构的经营风险。

(2)营销部门地位的提升。在调研走访的过程中，我们采访了一位因民办养老机构非法集资行为面临审判的工作人员，作为机构内部营销人员他表示民办养老机构走上异化道路也是当初始料未及的，民办养老机构负责人在创办的前期曾想一身热血奉献于老年事业，后期资金的运作效果不佳便聘请营销团队的介入盘活机构资本，外部资金的注入确实使得机构向好的一面运转，但同时营销团队也在这个过程中逐渐发展壮大，成为民办养老机构的主要部门，"绑架"机构后期的发展经营决策，而营销团队重视追逐市场利益的本质与养老机构的公益性特点不断博弈，最终营销团队因强大的资金注入力与客户吸引力成为控制机构发展走向的主导部门。在营销团队路径异化的过程中，民办养老机构难以对抗利益的诱惑保持对养老行业的初心与责任，导致营销团队占据机构运作的主导权，弱化民办养老机构的服务功能。

2. 销售策略的异化

表3-2　营销团队销售策略异化形式

销售类型	表现形式
以提供"养老服务"为名	(1)鼓吹新型养老、金融养老的概念，利用老年客户的知识盲区； (2)采用预缴费模式，如提前预定床位签合同、缴纳预定金获高额利息，后期入住可享受优惠价格
以投资"养老项目"为名	(1)以"返本付息，高额返息"的宣传利诱老年客户； (2)以入股、返本销售、售后返租、约定回购养老项目等多种形式博取老年客户信任
以销售"养老产品"为名	(1)利用小恩小惠博好感，开展免费讲座、礼品赠送、免费体检等服务，使老年客户放松警惕进而消费； (2)采用寄售、代销、商品回购、消费返利等形式，售卖机构产品
以宣传"以房养老"为名	假借为老年人提供服务之名，怂恿老年客户办理房产抵押，鼓吹老人将抵押款用于养老服务且给予高额返息

如表3－2所示,异化的营销团队通常会采取四种形式为名的销售策略来扩充资金的吸收量,而这四种形式在运用的过程中通常不是单一类型出现的,而是多种类型多种表现形式夹杂使用,以此降低老年客户的心理警戒与防线,这些销售策略通常有以下特点:

(1)利用老人的知识盲区。比如,营销团队会衍生出一套新型养老、金融养老的概念,利用老年人对新兴事物知识的缺失,打着对老年人进行科普教育的模式引诱老年人为相关服务付费。另一种模式是设计复杂的交易结构,营销团队通常很少使用"一手交钱,一手交货"的交易模式,而选取售后返租、约定回购、入股等相对复杂的消费模式,使老年人难以精确计算资金盈亏,易听信营销团队的承诺而为此付费。

(2)洞悉老人的急切心理。营销团队在锁定老年群体客户之时通常会搜集老年人客户的个人信息资料,频繁出入老年人聚集的场所,比如广场、菜市场、公园等,以便于接触客户群体与之进行攀谈,了解老年人的生活状态、经济状态,对老年客户的孤独心理进行安抚与情绪支持,利用老年人防范意识不足、寻求稳定养老保障的急切心理,推销机构的高质量服务与产品,促使老年人用钱买陪伴、买保障。

(3)用小恩小惠获取信任。营销团队会根据老年客户的需求与心理在客户群体消费前期开展一系列免费的活动,比如邀请老年客户参加免费的讲座、茶话分享会、聚餐等,再赠送免费的礼品,如油、盐、鸡蛋等日常生活所需的老年人所喜爱的生活用品,逐步击破老年客户的心理防线,再利用"道德绑架"的方式借机推销有偿服务与产品。

(4)鼓吹超前消费享优惠。营销团队资金池的扩大离不开预收费模式的广泛应用,通常以办理"预付卡""消费卡""会员卡""贵宾卡",缴纳"入会费""保证金"等名义促使老年客户超前预存资金消费,比如,鼓励老年客户提前预定床位签订相关合同、缴纳预定金能够获得高额的利息收入,且后期入住可享受更优惠的价格,以此吸引中老年人签订预定养老服务合同、缴纳预定金。同时,一次性缴纳的床位服务费数额越多,能享受的服务时间越长,叠加的优惠也更多,老年客户因此愿意预存更多资金。此模式下营销团队的资金池不断扩大,潜在管理风险也不断增加。

(5)宣传手段多途径。营销团队通常会在宣传渠道上投入大量资金与精力,以电视广告投放、现场活动宣传、福利补贴利诱、相关公信背书等多种方式增加经营服务与产品的曝光量，通过多渠道、多角度的宣传提高项目的公信力，同时将部分营销收入继续投入宣传途径，邀请名人站台背书，博得老年客户的更多关注与信任。

（二）营销团队的刑事风险识别

营销团队嵌入民办养老机构具有非法集资的异化风险，可能走上违法犯罪的道路，团队究竟是构成非法吸收公众存款罪还是集资诈骗罪有待司法机关进一步风险识别，关于营销团队中的营销经理、业务员等体系化发展人员的共同犯罪与否及其营销收入的定性问题也须进一步厘清。

1. 团队行为可能构成非法集资犯罪

我国民间资本注入养老产业的大力发展离不开金融体系的支持，营销团队嵌入养老机构开展的金融活动同样必须遵守相关金融法律规定，以金融活动特许经营的底线为运营原则。嵌入民办养老机构的营销团队在性质上并不具有经营金融业务的资质，因此其团队聚集资金的合法性遭到质疑，存在罪与非罪的模糊边界，但在营销团队吸收资金过多的情况下可能因涉嫌非法吸收公众存款被查处，这也是营销团队嵌入民办养老机构所面临的最大法律风险。

对于营销团队中的非法集资行为，存在非法吸收公众存款罪与集资诈骗罪之间区分的模糊界限与实践难点。我国《刑法》在破坏金融管理秩序罪中第 176 条关于“非法吸收公众存款罪”规定，“非法吸收公众存款或者变相吸收公众存款，扰乱金融秩序的，处三年以下有期徒刑或者拘役，并处或者单处罚金；数额巨大或者有其他严重情节的，处三年以上十年以下有期徒刑，并处罚金；数额特别巨大或者有其他特别严重情节的，处十年以上有期徒刑，并处罚金。单位犯前款罪的，对单位判处罚金，并对其直接负责的主管人员和其他直接责任人员，依照前款的规定处罚。”我国《刑法》在金融诈骗罪中的第 192 条关于“集资诈骗罪”规定，“以非法占有为目的，使用诈骗方法非法集资，数额较大的，处三年以上七年以下有期徒刑，并处罚金；数额巨大或者有其他严重情节的，处七年以上有期徒刑或者无期徒刑，并处罚金或者没收财产。单位犯前款罪的，对单位判处罚金，并对其直接负责的主管人员和其他直接责任人员，依照前款的规定处罚”。可见其团队成员主观上是否具有非法占有的目的具有区分两罪的关键作用。

由于营销团队嵌入民办养老机构的集资诈骗风险频发，最高人民法院《关于审理非法集资刑事案件具体应用法律若干问题的解释》中第2条第10款对以提供“养老服务”、投资“养老项目”、销售“老年产品”等方式非法吸收资金的行为，以非法吸收公众存款罪定罪处罚。第7条亦规定具有下列情形之一的，可以认定为“以非法占有为目的”：集资后不用于生产经营活动或者用于生产经营活动与筹集资金规模明显不成比例，致使集资款不能返还的；肆意挥霍集资款，致使集资款不能返还的，等等。以非法占有为目的，使用诈骗方法实施前述以“养老服务”“养老项目”为名的非法吸收资金的行为，以集资诈骗罪定罪处罚。其中集资诈骗罪的非法占有目的，应当区分情形进行具体认定。行为人部分非法集资行为具有非法占有目的的，对该部分非法集资行为所涉集资款以集资诈骗罪定罪处罚；非法集资共同犯罪中部分行为人具有非法占有目的，其他行为人没有非法占有集资款的共同故意和行为的，对具有非法占有目的的行为人以集资诈骗罪定罪处罚。由此可知，在养老机构非法集资的风险识别中，以“非法吸收公众存款罪”为基础罪名的认定，“集资诈骗罪”为满足非法占有目的的升格罪名的处罚。

而在营销团队嵌入养老机构过于追求经济利益的实现从而走上非法集资道路的过程中，认定团队是否具有非法占有目的，应透过现象看本质，根据在非法集资中的行为实施的目的、所属团队层级、所起的作用、职责分工、获取收益方式、资金的用途、是否参与对资金处置以及对资金实际用途知情程度等方面综合审查判断。① 比如，为了提高业绩营销团队提出溢价回购方式销售养老产品，向不特定的老年客户群体吸收资金的行为，实际上销售产品并不是主要的本质目的，吸收资金才是其最终目的，这些资金的使用最后也未落实到机构的运营运作上，而是由负责人挥霍或者投入其他与养老机构发展无关的项目投资上，侵犯了金融管理秩序，具有非法占有资金的主观目的，应当以集资诈骗罪追究刑事责任。所以从营销团队筹集资金的目的和用途来看，如果通过营销方式向老年客户筹集资金的目的是机构的生产和经营，且实际上多数甚至是全部的资金都是用于维持机构的生存经营与发展，那么该风险被识别为非法吸收公众存款罪的可能性更大；若是向老年客户筹集资金的目的是用于机构负责人的挥霍消费，或者用于偿还个人背负

① 参见高艳东：《诈骗罪与集资诈骗罪的规范超越：吴英案的罪与罚》，载《中外法学》2012年第2期。

的债务，或用于机构、个人拆东墙补西墙，则集资诈骗罪的可能性更大。如果吸收的资金皆用于经营活动，还须进一步分析经营活动的性质，若是将资金投入风险较高的经营活动，比如炒股等，那么被定性为集资诈骗罪的可能性便难以排除。对于营销团队嵌入民办养老机构的非法集资行为必须予以严惩，对机构的主观目的予以清查，精准打击，防止因受害老人群体的特殊性引发诸多社会问题与民生隐患。

2. 团队中关于犯罪主体的认定

根据《刑法》第 176 条及第 192 条的规定可知，营销团队嵌入民办养老机构的犯罪主体包括自然人与单位两种，而在实践中通常以机构的整体模式实施，固有的形态一般为共同犯罪，对此本书从对主从犯主体的风险识别展开讨论。

关于自然人之间共同犯罪是否需要区分主从犯的问题，第一种观点认为，在此共同犯罪中需要区分主从犯，因为犯罪团队的资金吸收的主导权往往掌握在少数团队核心决策人、控制人手中，更有甚者掌握在营销团队的主导负责人或机构负责人一人手中，团队中的其他成员一般为雇佣人员，对于资金的流向与项目的真实性无从知晓，且其行为为受上级命令进行的辅助行为，不具有主导权力，在共同犯罪中起次要作用，应当被认定为从犯。在调研过程中，我们曾对养老机构"爆雷"后的营销人员进行访谈，有部分营销人员作为初入社会的大学生对于自己所从事的行为性质与危害没有清晰认知，且不知其活动已构成犯罪，表示相当悔恨，这部分人应被认定为从犯。第二种观点认为，嵌入养老机构涉入非法集资风险的营销团队无论是团队中的管理经理人、控制人、决策人还是被雇用参与团队行为的业务员，皆为非法集资的直接参与人与实际实施人员，都应该对自己所非法吸收的资金金额负法律责任，不应该区分起主要作用与辅助作用的主从犯。此两种观点的争议焦点在于团队中业务人员的定性，其吸收资金的行为是否受上级命令指示而完成，是否无法左右机构团队的营销策略与管理，是否对此进行主从犯的区分。本书认为，对于民办养老机构中营销团队所实行的非法集资行为的实践认定应以不区分主从犯为基本原则、区分主从犯为例外，主要理由如下：

第一，起主要作用与辅助作用无法以是否实际控制资金使用为特殊区分标准。不能以实际控制资金作为区分所起两种作用的唯一参考，即不能认为实际控制团队资金的经理起主要作用，在其管理下发展客户获取更多资金的业务员仅为辅助作用。这种区分方式忽略了底层业务员将集资行为扩大化的影响，不利于后续整治打击养老行业集资诈骗的严惩推进。营销团队嵌入民办养老机构的业务员需要与老人进行直接接触、吸引,再进一步宣传产品与服务,从而实现对老人的收款,是吸收资金的关键一环,业务员的发展行为也是拓宽受害老年群体范围的重要行为,且为了营销收入的奖励,业务员往往会努力寻觅潜在对象积极重复上述行为,以获更高的奖励与报酬,所以以上行为作为参与犯罪的实行行为,不应该被片面地评价为从属行为。

第二,在无须区分主从犯的情况下,以其涉犯罪所参与获得的实际数额负责较之于主从犯的区分更为合理。以其所吸收的实际金额进行定罪量刑更符合罪责刑相一致的原则,假如认为底层业务员是管理团队决策人员的辅助实施人员,那么应认为他们是对于决策人员的所有犯罪金额皆有辅助作用,若以此为基准进行共同犯罪的量刑易导致罪责刑的不适应,造成处罚过当,若直接以其吸收资金数额进行个人的定罪量刑能有效解决共同犯罪的实践难点。另外,关于嵌入营销团队中培训人员的风险识别也应注意。团队成员中对参与集资行为进行培训的人员需要根据其培训规模相对应的数额负责,但仅仅负责团队中培训辅助管理事务的一般以从犯处罚,且其中根据上级指示仅对财务进行分配的出纳人员,如其未有吸收资金的主观故意及扩展客源促使收款的犯罪行为,不宜以犯罪论处。另外,民办养老机构的集资诈骗若构成单位犯罪,我国《刑法》对单位犯罪实行双罚制,即对机构判处罚金的同时还需要对机构中的主管人员和其他责任人员进行区分判处刑罚。在以单位形式实施的非法吸收公众存款罪中,单位的决策者与实际控制者通常被认为是主管人员,而对于下级的业务实施员而言,一般可以考虑认定为其他责任人员。

英国大法官丹宁勋爵曾说:“一个公司在许多方面类似于一个人。他有一个控制全部行为的大脑和神经中枢,也有根据中枢的指示而掌握工具并实施行为的手。在公司之中,一些人是不能代表公司的心理或意志,而仅仅类似于干活之手的雇员或代理人,另一些人则是代表公司的指导性的心理或意志并控制其行为的董事与经理。这些董事与经理的意思就是公司的意思,至少法律是如此看待的。”①这种情况也出现在委托代理关系下嵌入营销团队的民办养老机构中,比如

① 参见[英]J. C. 史密斯、[英]B. 霍根:《英国刑法》,马清升等译,法律出版社 2000 年版,第 207 页。

民办养老机构集资过程中的实际控制人与法定代表人并非同一人，甚至出现花钱雇用的法定代表人，那么在此种情况下还是需要根据所起的实际作用来认定犯罪主体。民办养老机构在非法集资的过程中通常会邀请各界社会人士为其产品或服务的提供进行背书宣传，此类人员的宣传对于老年客户而言意义重大，如果宣传人士的发言仅是对既有政策的解读未涉及关于养老产品与养老服务投资的具体内容，亦没有证据支持其主观明知行为非法性的，虽然受害老年群体会基于对权威媒体与权威人士的信任背书而购买，刑法在此过程中还是应该尽可能保持谦抑性，不宜盲目扩张刑法的辐射范围，为项目宣传背书人员不宜被认定为犯罪主体。

3. 团队中营销收入的数额认定

关于营销团队嵌入养老机构非法集资中数额的认定问题也是实践中的一大难题。传统经济型犯罪中关于数额的认定有“分赃数额说”“总额承担说”“比例数额说”三种观点。第一种“分赃数额说”，主张以成员分别获得的非法所得数额作为处罚基础，对实际分得赃物按照份额承担责任。[①] 在养老机构集资过程中，营销团队成员的收入获得通常由“工资 + 提成”构成，团队集资上千万元最后个人的业绩获得数额大概在十几万元到几十万元，实践中难以认定达到个人非法吸收公众存款罪的入罪标准，以分赃结果的数额单独论处，忽略了行为实质，割裂了共同犯罪实行行为之间相互配合分工的特点，欠缺合理性。第二种“总额承担说”，即团队内各成员都应对共同犯罪的总额承担责任，在量刑时区别对待。[②] 此种观点适用亦有悖于罪责刑相适应的原则。团队每一个成员需要对团队涉案总金额承担责任，若是团队涉案金额达数亿元级别，而中低层的业务员发展金额可能在数十万元之间，此种适用对团队中控制人以外的人员并不公平，可能会造成刑罚过当的后果。第三种“比例数额说”，主张成员按照违法所得、参与的数额在团队涉案总金额中所占的比例承担责任，再综合考虑团队成员的地位作用，此种方式在实践中几乎不具备可行性，需要完全量化处理团队中管理人员、业务人员的犯罪作用，且对于相同业绩的管理人员与底层业务员无法准确区分，据此种观点亦无

① 参见单长宗等：《谈谈经济领域中严重犯罪案件的定罪和量刑问题》，载《法学研究》1983 年第 3 期。

② 参见陈兴良：《共同犯罪论》，中国社会科学出版社 1992 年版，第 313 页。

法准确计算犯罪数额。

司法实践中多使用“参与数额说”进行犯罪数额的认定。首先对团队成员进行地位作用的划分,分为中高层管理人员与底层业务员层级,各共同犯罪的参与人对自己所吸收的资金数额承担责任,具体到民办养老机构的情况,即营销团队成员对自己直接经手发展的老年客户资金,以及下级管理团队创造吸收的资金数额负责,而营销团队的控制人与直接策划人需要对整个团队的涉案总金额负责。关于损失的计算涉及吸收金额、吸收人数与造成损失数额三个方面衡量,本书认为应该以吸收金额为考虑基准,综合考量涉案吸收人数与造成损失数额的影响,原因如下:实践中一般具有公司财务账本与银行账户可以对涉案吸收金额进行直接统计,相对较为直观,而损失数额的界定相较于吸收金额而言难以准确计算,需要理论上的推算,与每一位老年客户进行损失核对,实践中的操作难度较大,故从司法可操作性与司法效率的角度衡量,以吸收金额确定犯罪数额较为适宜。

在营销团队嵌入养老机构的销售策略中,有“返本付息,高额返息”的利诱方式吸引老年客户群体下单的模式。在营销前期,老年人会收到高额返息的现实回报,进而在后续追加金额,此种情况下,所支出的返息回报应该从总吸收金额中扣除,若老年客户未实际取得利息回报后再次以本金和利息共同投入,无法完全区分追加的金额为自有资金或是前期利息,此时可不再区分利息性质,吸收金额以此累加。在民办养老机构异化的风险下,对于以机构为单位实施的非法集资,无论是单位犯罪还是多个自然人共同犯罪,最终可以秉持以下原则进行认定:管理人员以其管理所负责的团队全部业绩进行数额认定,底层业务员以其直接经手所吸引的老年客户金额认定。在与涉案人员进行访谈的过程中发现,业务员与老年客户的关系不一定呈现一对一的单向关系,实践中也存在多个业务员对接一个或者多个老年客户的情况,即业务员之间可能会为了业绩自发组成业务小团队共同接待老年客户群,其自发团队内的成员均可以直接与老年客户进行直接接触与洽谈,帮忙宣传产品缴费等,此种情况下吸收金额的认定应纳入各成员吸收的金额,也应同时计算为团队总数额,与前述的“参与数额说”内核一致。其中吸收金额认定的核心要素是实行行为的参与,即团队成员存在与客户接洽、引诱、下单的实行行为,如若只是单纯的业绩利益的分享,却没有实施引诱老年客户购买下单的实行行为,该部分收益所得不应被计算在犯罪数额内,而应该在事后予以追缴犯罪所得,所以“参与数额说”的认定是实行行为参与非法集资犯罪过程中所牵涉的吸收金额,以此作为司法实践中非法集资犯罪数额的认定标准。

三、营销团队嵌入民办养老机构的风险原因探究

营销团队嵌入民办养老机构导致的异化风险由机构内部与外部的多重风险因素叠加,民办养老机构需要对接老人客户的利益与营销团队的盈利利益,两者之间存在本质上的冲突,且对于民办养老机构监管制度的不完善,导致异化风险的进一步扩大。

(一)老人—民办养老机构—营销团队的联结困境:利益矛盾

营销团队嵌入民办养老机构拓展客源与资金易发生非法集资的异化风险,原因之一便是老人、民办养老机构、营销团队三者之间的多重委托关系不具稳定性,在这种多重关系的定位下,民办养老机构兼具委托人与代理人的双重身份,难以处理身份关系的平衡。

一方面,在营销团队与民办养老机构的委托代理关系中,通过前文的案例发现似乎营销团队与民办养老机构是利益共同体,都是为机构的生存发展筹措更多资金。实际上,营销团队与养老机构之间存在本质利益的相互冲突与信息的不对称。民办养老机构委托营销团队创造销售业绩来获取经营资金,由于民办养老机构的特殊性,难以作为纯营利性质的商业公司运作,而是需要以服务老人为价值理念,承担一定的社会责任与公益责任,将企业的商业模式与养老服务模式结合,为社会提供低成本高效益的养老服务与产品。民办养老机构虽作为现代营利性企业,一般也需要承担一定的社会责任,但究其根本,经济效益的最大化仍是最为本质的价值追求。而养老机构的良性发展需要把服务老人的社会使命融入企业的发展战略、经营管理与文化中。① 但将营销团队嵌入民办养老机构的运作中,难以从团队的本质上贯彻服务老人与照顾老人的思想理念,营销团队接受筹措资金的目标并制订相关销售、培训等计划方案,完成对老年客户的吸引与收款,从而达到委托方民办养老机构的业绩要求,在追求利益目标的过程中通常会忽略底层社会利益目标的平衡。委托双方的底层利益并不完全相通:民办养老机构需要考虑

① 参见吴宏洛:《社会企业提供养老服务的公益逻辑与运行困境》,载《福建师范大学学报(哲学社会科学版)》2017 年第 1 期。

服务老人的社会责任承担，而营销团队的逐利性与发展的独立性忽略机构社会责任承担的利益层面，由此造成营销团队的异化风险。

同时，在民办养老机构与营销团队产生委托代理关系后，双方的信息并不总是对称的，如前文所述，营销团队可能会负责机构的人力资源、财务、活动策划、管理等方面的内容，养老机构无法时时监测与全盘掌控营销团队的销售与管理活动的开展。因此，营销团队的道德风险随之产生，从自身利益最大化的角度出发利用信息优势损害委托方民办养老机构的利益，产生营销团队的代理问题，即为追逐利益实现而引发的非法集资的异化风险。①

另一方面，在老人与民办养老机构的委托代理关系中，老年客户群体出于国家对养老行业支持与发展的政策也愿意选择民办养老机构，基于对服务与产品的信任老年客户群体与民办养老机构建立委托代理关系，双方之间也存在信息不对称的情况。老年客户群体私以为是其与机构之间的双向单维关系的选择，殊不知营销团队已经成为委托代理中的另一主体，影响着民办养老机构的决策与发展经营。在这种隐藏式三角关系的发展下，深埋着随时可能爆发的信任危机，民办养老机构身兼代理人与委托人的双重身份，一方面要为老年客户群体提供养老服务，另一方面作为委托人给接受委托的营销团队下达吸引老年客户的指标与业绩要求，在这种多代理人的情况下，难以形成完全的合作与联盟，养老机构与营销团队的利益追求不尽相同，那么对于养老服务所得的收益需要在多代理人之间分配时，因为养老机构与营销团队底层深处利益的根本承担不同，所以双方在对于收入的分配，用于维系机构再度生产经营还是扩大营销团队规模的争论上，会产生分歧，容易损害其中一方的利益，由此衍生非法集资的道德风险。

（二）民办养老机构的运营困境：资金需求

嵌入民办养老机构的营销团队走上异化风险的道路，与民办养老机构发展的显性困境之间也有密不可分的联系，以下民办养老机构显性困境的桎梏在悄无声息中推动着营销团队的异化之路。

（1）创设并维护民办养老机构的成本大，营利能力弱。资金是创办企业的重要因素，亦是决定民办养老机构能否生存发展的物质基础，民办养老机构对于成

---

① 参见刘有贵、蒋年云：《委托代理理论述评》，载《学术界》2006 年第 1 期。

立资金的需求量大，比如购买老年人的室内设备、机构场地租金、护理人员的招聘等方面的物质投入，且机构难以在初期获得政府财政上的支持，通常面临着“三高”的窘境，即成本高、人员流动率高、空置率高的问题。[①] 首先，民办养老机构相比公民养老机构面临的一大难题便是土地或房屋使用费的支出，其通常难以通过购买的方式获得土地，庞大的资金需求使得大多数民办机构只能使用租赁的方式使用土地，而这项费用的支出需要占到其成本的很大一部分；而公办养老机构具有国有属性，在土地使用上享有优惠政策，相比民办机构的成本难题更易解决。其次，民办养老机构的维护费用成本与水电煤气等基本费用都是相对固定支出，且民办养老机构的场地通常较大，水电煤气与维修的成本也是居高不下。与此同时，养老机构聘请专业护理人员的支出工资也是成本中不可或缺的重要部分，并且随着养老服务体系的快速发展以及专业护理人员的减少，养老机构中人工需求的缺口越来越大，人工费用标准也在不断提高，甚至可达机构运营成本的一半以上。虽然民办养老机构兼具公益性的实现，但在民间资本注入市场经济养老体系的背景下，民办养老机构若长期难以实现营利的目的势必会影响机构的正常发展与运行。

(2)民办养老机构的金融市场不发达，资金运作周期长，融资渠道受阻。在调研过程中，有民办养老机构的创办人谈道，“机构想要收回成本至少需要上十年的时间，且为了机构的日常运作经营，需要持续不断往里面投入资金，这是一个非常需要耐心与爱心的行业”。可知，民办养老机构的创办需要大量资金，且机构资金运转的周期长，此情况下机构获取资金的方式主要有两种：第一种是机构创办人的个人自有资金，此部分的投入主要依赖于机构创办人的自有资产，且该资金来源将成为机构运行的中坚力量；第二种是贷款的资金，但是基于养老行业的公益性及养老行业的薄利性，我国商业银行对养老机构的贷款支持率普遍偏低，因此民办养老机构的融资渠道较为单 ，造成营利空间的压缩。对于养老机构融资渠道受阻，一方面是机构的内部融资不足。机构的营利能力相对缺乏且资金周转时间较长，难以吸引内部渠道的资金注入获得融资。另一方面是养老机构的外部融资渠道闭塞。银行通常是各行各业融资的首选机构，但由于养老机构缺乏有力的

① 参见吴雅琴、韩旭：《浅析我国民办养老机构成本控制及融资对策建议》，载《商业经济》2016 年第 10 期。

相应担保,因此对于民办养老机构基本不愿意开展信贷业务;再者,虽然国家政策一直鼓励民间资本注入养老行业发展,民间资本现存容量大,但养老行业的低营利性通常不具有吸引民间资本大力注入的兴趣。

(3)民办养老机构对外负债多,难以偿还到期债务。完备的制度规定与有力的政策支持是养老机构融资有效实施扶持的关键性因素,目前我国对于养老行业的定位更偏向于服务本身公益性的角度,一定程度上忽视了民办养老机构的经济追求与逐利属性,因此民间资本不愿投资于养老机构产业,再加上国家土地优惠、财政支持的缺失,阻碍官方融资渠道的同时也在无形中打压民间资本的投资积极性。通过前文所列举的案例和民办养老机构的实际经营状况可以发现,民办养老机构运营过程中资金问题是一大难题,部分机构创办人通过举债获得资金,比如寻求民间借贷的方式补充资金,他们甚至面临高额利息的压力。而在债务即将到期但机构经营不善、资金不足的情况下,无法按时偿还到期本金及利息,民办养老机构缺失银行的融资途径,也无法吸引民间资本的大力注入,此情况下机构面临破产危机。为了避免这种所谓最糟糕的情况出现,部分机构负责人会选择背水一战,走上民间高利贷"利滚利"的风险道路。为了摆脱沉重的债务负担,希望通过营销团队的嵌入减轻资金压力,营销团队通过一系列利诱性、公开性、非法性的销售策略向社会老人客户群体广泛集资,以此来尝试摆脱民办养老机构的资金难题。

(三)营销团队的监管困境:重利本质

营销风险其实是企业发展中最常见的一类风险,即企业在市场经济的背景下从事营销活动所引发的一系列道德异化风险。随着市场经济不断地发展,市场营销的范围日益扩大,市场竞争也越发激烈,各行各业扩大规模与销售量的发展都离不开营销的助力。20 世纪 60 年代,关于营销的理论也兴起一轮变革,一方面,企业的经营核心从生产导向转化为市场导向,即从原来通过增加生产供给来实现企业营利的目的转变为通过满足顾客需求来实现企业的营利追求。另一方面,企业的营销战略也由原本的大众营销演变为针对目标客户的营销策略,营销更具针对性,也使得营销的效率大大提高。同时,企业内部的管理秩序也因营销的变革发生变化,由原来的生产—销售—人事—财务的单维度管理秩序转变为市场—生产/研究与开发—人事—财务的多层次多维度管理秩序,且从生产为导向的起点转变为市场为导向的起点。[①] 毋庸置疑，营销活动的向前发展推动着企业的发展，也对各地区的经济发展起着不可磨灭的作用。为何营销团队嵌入其他行业能推动整个产业向前推进，比如房地产行业，嵌入养老机构的营销团队却风险频发，主要原因如下：

首先，相比地产与其他行业，民办养老机构的内部环境更易滋生营销风险。整体对比之下，房地产行业的经营规模与营销团队规模都比民办养老机构更大，因此为了管理的方便，其体系的建立与健全相对而言更为完善。在民办养老机构委托营销团队的情况下，多数民办养老机构没有建立健全相应的管理监督体系监测营销团队的销售活动，且营销团队在市场上获取的客户利益越多，后期越有可能发生内部组织结构的风险与营销制度的风险，营销团队的发展壮大绑架民办养老机构的正常发展与决策，狂热追求业绩而忽略服务的提供，由此导致民办养老机构内在运行秩序风险与营销人员的行为危机。

其次，民办养老机构的外因风险更易导致营销团队的异化。正如之前所提到的，民办养老机构相较于地产行业而言，其融资的渠道相对单一。面对有多种融资渠道的地产行业，通常不会将融资的唯一需求与希望寄托于营销团队的市场业绩，营销活动的进行置于行业的管理体系之下，但民办养老机构中的营销团队身兼融资重任，营销团队市场业绩所获资金是机构运营资金的重要来源。更有甚者，营销团队的业绩收入亦是用于偿还养老机构之前所欠债务的资金来源，在此种资金压力的重压之下，营销团队的逐利本性尽显，制定针对老年客户群体更具利诱性的销售策略，扩充聚集老年客户的资金池，此时已是营销团队异化的发端。民办养老机构的发展目前尚不成熟，外部的制度政策层面还未建立起一套严密的监管与评估系统，民办养老机构内部的管理也尚处于起步阶段，面对庞大的营销收入资金池没有严格的监管，易发生机构内部人员肆意挥霍集资资金的结果，使民办养老机构陷入不法的境地。

最后，民办养老机构与营销团队底层利益的矛盾性。目前为了提高营销的效率，营销的发展已经从生产导向转为市场导向，通过对客户心理的探究与人性的把握制定具有针对性与诱惑性的销售策略，以达其市场业绩的目标。嵌入营销团队的民办养老机构需要考虑的是营利目标的实现，以维系机构的生存运营，但仍

---

① 参见甘碧群：《关系营销：传统营销理论的新发展》，载《商业经济与管理》2002 年第 9 期。

须衡量其行业的公益性与老人的特殊性，而营销团队承担着机构融资的重任，在利益的选择面前忽略社会效益的承担，为追逐利益的实现损害机构的发展声誉与老年客户群体的资金安全。

（四）老年客户的心理困境：盲从投机

营销团队利用老年人特殊的心理状态销售养老服务与产品，聚敛钱财，因老年群体自身的心理困境，更易成为营销团队的首选推销目标。

一方面，老年人群缺乏理性消费的心理及习惯，易被诱骗。我国自古以来有“养儿防老，存钱养老”的观念，随着我国城市化进程的加快与经济的快速发展，空巢老人的比例大幅上升，很多老年客户的身边缺乏子女后代的陪伴，由于老年人群普遍性存钱养老，仍具有一定的消费实力，却缺乏正确的金钱消费观，中国传统社会的节俭思想在老一辈的生活实践中身体力行，当面临营销团队所推销的“低成本、高回报”的产品，或者通过预存费用能获得更多的床位使用优惠折扣时，老年人容易被免费的、优惠的、高回报的信息吸引而导致冲动消费投资。与此同时，随着年龄的增加，老年人的身体大不如前，与年轻人群体相比体弱多病，因此也会对自身的健康和寿命投入更多关注，营销团队利用老年人身体与心理的弱点引诱老年客户购买“疗效快”的高价保健品、“评价好”的养老床位服务，并通过说服一个或几个老年客户获得信任，以达到后期业务开展能“口口相传”拓展客源的目的。

另一方面，老年人维权意识淡薄，难以及时止损。营销团队嵌入民办养老机构后爆发的集资异化风险进入司法层面处理时，部分老年人不愿配合司法机关的调查询问，也不愿主动积极维权，而是碍于面子与年龄，难以放下自尊心，不愿承认被骗的事实，忍气吞声放弃追偿的权利，接受被骗的现状，这也导致司法机关无法获取一手的破案证据与线索，既不利于案件的及时侦破，也不利于打击整治民办养老机构的非法集资的营销团队。

四、营销团队嵌入民办养老机构的规制路径建构

民办养老机构已逐步成为养老服务市场的主力军，对于嵌入营销团队寻求资金帮扶的民办养老机构确有必要建立相应监管机制，从制度设计、体系搭建、司法审判、宣传教育等方面规制民办养老机构的经营行为，促进民办养老机构的健康发展。

(一)资金安全:保障资本进入途径

民办养老机构嵌入营销团队的风险问题源于资金的压力,优化民办养老机构的成本控制是实现机构营利的重要方式,扩展融资途径是解决民办养老机构资金问题的主要途径,要进一步完善对我国养老行业的政策支持,对新时代养老行业发展提出科学发展战略,推动我国养老行业现代化。

1. 扩展民办养老机构融资渠道

一方面,民办养老机构需要加强内部建设,实现成本控制,尽可能降低机构内部管理与外部运作的不合理开支,避免营销团队的介入。第一,养老行业的发展需要秉承"以人为本"的服务理念。因养老行业服务对象人群的特殊性,需要准确定位服务的层次与机构责任承担,提高入住老人的满意度,以此作为经营的考核标准之一。第二,及时与服务的老人进行沟通,了解机构中需要改进的问题,通过优质的服务获得入住老人的口碑与好评以达"口口相传"的宣传效果,吸引更多老年客户的青睐与选择。第三,重视民办养老机构内部管理工作的规划与开展。民办养老机构的运营成本高,投入周期长,由此带来沉重的资金压力,机构内部须建立完善的管理体系与机制,建立清晰的责任岗位制度,提高机构的工作效率,节约机构水电煤气的支出,形成机构运营的精细管理意识,降低工作过程中并不必要的开支,减少民办养老机构的正常运转经营压力。在调研走访的过程中,我们发现民办养老机构的内部出现内部工作部门、人员职能错位的情况,带来工作风险。只有具有潜在发展力的优质民办养老机构才能吸引社会各界资本的投资选择。

另一方面,鼓励民间资本投入民办养老机构,拓宽民办养老机构的资金来源。之前"十三五"规划提出鼓励民间资本与境外资金投资养老产业,缓解民办养老机构的资金缺口,以此推进构建和完善兜底性、普惠型、多样化的养老服务体系,需要做到以下几点。第一,明确民间资本投资的性质,①引导慈善基金的关注。虽然民办养老机构以营利为目的,但不可脱离养老行业普惠性与公益性的特点盲目逐利,营销团队所带来的资本注入极具金融风险,因此须明确民间资本投资养老机构的特性与需求,追求回报周期短、投资效益高的民间资本不应投资于养老行业

① 参见陈秋霖、陈星宇:《民办养老机构成本控制与融资对策探析》,载《经济研究导刊》2017 年第 25 期。

的发展。比如,慈善基金的非营利性特点符合养老行业公益性的发展,政府可以为民办养老机构的发展构建慈善基金关注的引导平台,民办养老机构也可以积极寻求慈善基金的帮助,选择匹配养老行业发展的资本支持来实现民办养老机构的健康发展。第二,政府为民间资本注入民办养老机构培育市场环境。政府需要大力发展养老行业的基础设施建设,为养老行业的发展营造良好的支持环境,吸引民间资本为养老行业、民办养老机构提供资金支持,提高行业安全性。政府职能部门积极为民间资本的注入提供方便,加强民间资本的融资引导与介入。政府发挥引导职能为适合注入民办养老机构的资本搭建双方联系的平台,细化政策的制定,为民办养老机构的发展营造健康的融资环境。

2. 确保民办养老机构融资安全

一方面,完善落实对于民办养老机构的财政补贴政策。21 世纪初,我国政策引导各类社会力量参与社会福利机构建设的力度明显加强,同时在机构的用地、用水电、税费等多方面给予优惠支持,从宏观的层面提出并开始制定具体优惠措施,提升民办养老行业的竞争力。现阶段我国老龄人口增多,兜底性的养老服务体系亟待完善,各级政府要逐年增加财政资金补贴,支持养老服务的体系化建设,针对养老机构的土地、资金、税收、人员流动等问题完善扶持政策。比如,针对民办养老机构土地问题,考虑给予民办养老机构更大的政策优惠,给予租金减免以减轻民办养老机构的成本运营压力;针对民办养老机构的资金问题,考虑对符合条件的民办养老机构给予贷款贴息、建设补贴、运营补贴、补助投资等,同时对养老机构投保的老人相关保险予以补助,按照一定比例予以配套,降低机构的异化风险;针对民办养老机构的税收问题,因民办养老机构需要承担一定的社会责任,考虑到其社会效益的实现,可以对养老机构运营的收入所得以及运作过程中产生的各项支出给予相关的税收优惠,鼓励民间资本的进入;针对民办养老机构的人员流动问题,政府为机构内部的工作人员提供相应的社会保障支持,提高工作人员的稳定性,提高老年人接受服务的幸福指数。

另一方面,对民办养老机构的预缴费模式进行引导管理。"十四五"规划提出国家老龄事业发展和养老服务体系的主要指标、养老机构提升行动、养老服务"整体解决方案"等,持续推进构建和完善兜底性、普惠型、多样化的养老服务体系,将对民办养老机构的高质量运行落到实处。第一,对实行预缴费模式的民办养老机构设置门槛,提高资金融通的安全性。比如实行预付费会员模式的民办养老机构需要依法在民政部门进行备案登记，机构具有一定的建设规模和床位数量，民办养老机构已经投入运营一定的时间期限等。第二，对允许实行预缴费模式的民办养老机构设置缴费上限，防止民办养老机构的资金链断裂引发风险。比如，禁止营销团队采用高额返息、返本付息、入股、返本销售、售后返租、约定回购等投资回报的模式吸引老年客户及其家属预缴费用，出售的"预付卡""消费卡""会员卡""贵宾卡"数量不得超过机构床位的实际设置数量，且需要进行实名登记，做到一卡一用、专卡专用。第三，对民办机构内营销团队吸收的客户资金开设指定银行的专用管理账户，同民政部门、专业开户银行签订共同监管账户协议，明确账户内资金的监管动态、管理使用等，从资金的源头监管切断民办养老机构的集资异化风险。

（二）夯实监管：建立健全监督体系

在全面深化改革的背景下，对民间资本进驻养老机构的监管进入至关重要的环节。目前，对嵌入营销团队的民办养老机构仍存在部分监管漏洞，由此引发社会性的集资问题，因此，需要进一步构建对民办养老机构的监管体系，规范对民办养老机构的内部监管和外部监管，提高我国民办养老机构的运营水平，促进我国普惠性养老体系的建立与完善。

1. 建立内部营销风险预警管理

一方面，针对嵌入营销团队的养老机构构建营销风险预警评价指标思路。营销预警是指机构的营销管理系统对机构内部营销决策失误、营销数据波动进行纠正、回避的功能建立，提前规避营销异化的方向，保证企业营销系统与秩序处于安全可靠、管理可控状态的能力。[①] 营销风险的性质大致可以分为市场风险、顾客风险、供应风险、竞争风险四大模块，民办养老机构作为民办性质的营利性企业同样需要对与日俱增的市场营销风险进行控制。重要的是明确风险来源。养老机构中的营销风险是多重因素共同作用的结果，当各类作用达到一定程度的时候，由某一事件的发生成为导火索从而引起营销风险的发生。民办养老机构中的风险来源通常是外部因素和内部因素相结合的结果，比如资金的短缺和机构内部的管理混乱，难以形成企业运行的价值观目标。由此可知，可以从定量与定性指标相结合的方式，遵照客观性、综合性、可比性原则的分析测定营销风险的类别与基本

---

① 参见宋旭芒、施放：《企业营销管理预警指标体系的研究》，载《商业研究》2001 年第 4 期。

因素，以此构建民办养老机构营销风险预警的指标思路，如表 3－3 所示，从外因型与内因型风险来源对营销风险构建具体指标进行监测。

表 3－3　民办养老机构营销预警的体系指标

风险来源	风险种类	具体指标
外因型风险	市场风险	1. 销售利润率 2. 价格竞争力 3. 竞争集中度 4. 床位入住率 5. 床位服务平均周期 6. 市场占有率
	顾客风险	1. 合同履约率 2. 顾客投诉率 3. 赊销率 4. 应收账款周转率 5. 新顾客增长率
	供应风险	1. 合同履约率 2. 价格增长率 3. 采购合格率 4. 结算风险率 5. 存货周转交货比
	竞争风险	1. 流动比例 2. 资产负债率 3. 净值报酬率 4. 资产净利率 5. 机构知名度
内因型风险	管理结构	1. 营销策略完善性 2. 管理幅度合理度 3. 管理制度健全率 4. 营销功能完备率 5. 责任制度执行率 6. 人员构成比例
	运行状态	1. 市场占有率变化度 2. 冲突频率与强度 3. 信息渠道畅通性
	工作人员状态	1. 领导者影响力 2. 营销人员出勤率 3. 人员内部流动率 4. 培训通过率

另一方面,针对嵌入营销团队的民办养老机构应用营销风险的指标体系。当构建民办养老机构营销风险预警的评价体系后,便可以对营销风险进行模糊评价,划分营销风险的等级档次,比如可以将营销风险划分为五个等级:一级为 80～100 分,状态良好;二级为 60～79 分,状态正常;三级为 40～59 分,状态为轻微风险;四级为 20～39 分,状态为高度风险;五级为 0～19 分,状态为紧急风险。① 根据不同的风险等级范围研究制定和实施不同的应对民办养老机构营销风险异化的调整措施、方案,对嵌入营销团队的民办养老机构进行系统的、预防性的跟踪与管理,避免机构异化的风险,减少风险损失。同时可以通过动态的营销风险等级评价,根据民办养老机构的营销风险等级的变化调整团队的营销策略,使民办养老机构得到稳定安全的发展,避免异化风险的发生。

2. 完善外部营销监管制度建设

一方面,落实加强养老机构等级评价体系。2020 年 4 月,《〈养老机构等级划分与评定〉国家标准实施指南(试行)》已由民政部正式发布,根据环境、设施设备、运营管理、服务四个大方面对养老机构的等级评定进行划分与考核,此标准也是养老机构运营管理和服务提供的指南,全国民政系统正在宣传贯彻落实。同时,政府需要严格把关安排符合资质条件的第三方评估机构对养老机构进行等级评定,可以采取"五步工作法"进行具体落实:第一,动员养老机构进行参评申请,并对参评机构进行初步审查,排除非法机构;第二,根据《养老机构等级划分与评定》进行现场考察,对养老机构逐一考察评分项目进行打分;第三,对养老机构内入住老人按照一定比例发放满意度调查问卷,并回收计算满意度;第四,对养老机构的各项文件进行审阅,比如登记文件、老人入住档案、相关部门检查的结果通报文件及整改状况记录等;第五,对工作人员的服务操作进行抽查,在评定时由专家对机构随机抽取若干名工作人员进行服务技能考核。评估初步结束后,由第三方机构与专家进行合议,之后召开相关会议宣传并向社会公示参评养老机构的评定等级与分数,对符合条件的养老机构颁发等级证明。

另一方面,行政机关部门之间加强监管协作,监测营销团队运作风险。民办养老机构的成立到运营涉及民政、财政、税务、市场监督等多个部门的审批与监管,为了防止监管行为不互通、监管标准不统一、监管结果互不认的情况,各部门

① 参见张云起:《营销风险等级评价及预警控制》,载《中国管理科学》2000 年第 1 期。

之间需要加强协作。第一，党委发挥组织领导健全老龄工作的作用。行政机关积极调动民政、市场监督、公安等部门对民办养老机构的运营监管，出台监管民办养老机构的政策文件，发挥民政部门的枢纽作用，将监管责任细化到各职能部门，建立协同监管机制。第二，联合监管，及时排查民办养老机构的安全隐患。各相关部门在职责范围内定期对民办养老机构的各项工作进行专项监管，对民办养老机构进行摸底排查、项目审核、实效评估等工作。[①] 第三，建立民办养老机构的主体退出机制，对于不合规、不合法的民办养老机构要加强清查予以清退。不合规、不合法的民办养老机构存在骗取国家补贴与补助的潜在风险，容易造成国家财政的资金流失，甚至有可能产生"劣币驱逐良币"的现象，挤占良性发展的民办养老机构的补助获取空间，扰乱我国养老行业的健康发展，破坏民办养老机构的市场发展秩序。与此同时，不合规、不合法的民办养老机构相比正常营业登记的民办养老机构存在更多潜在的异化风险，相关政府部门若不及时排查清理，可能留下机构后期非法集资的隐患，要将异化防范在源头，对违规行为坚决予以早排查与早制裁。第四，推动养老服务领域的社会信用体系建设。建立以信用监管为基础的新型监管机制，[②]构建养老领域的失信联合惩戒机制，对存在异化风险、严重失信行为的民办养老机构管理者、营销团队负责人实施联合惩戒，[③]构建养老服务领域失信机构及失信人员的信息共享平台，强化问责监督机制。

（三）有效打击：提升审判执行质效

嵌入营销团队的民办养老机构异化后涉及风险识别的法律问题，为了提高风险识别的准确性，提高打击民办养老机构的非法集资行为，需要完善民办养老机构的立法文件，厘清法律的刑罚与制裁界限并及时固定案发过程中的各项证据与材料，尽全力追赃挽损，保障受害老年客户群体的利益。

1. 提高司法实践的精准打击力度

一方面，需要厘清罪与非罪，即民间借贷与非法集资犯罪行为的边界。两种

---

① 参见杜亚斌、田蕴祥：《公私协力视角下机构养老服务运行机制研究——以武汉市民办非营利性养老机构为例》，载《治理现代化研究》2019 年第 3 期。

② 参见刘春湘、姜耀辉：《社会组织参与养老服务的逻辑框架：制度环境 · 主体类型 · 实践方式》，载《吉首大学学报（社会科学版）》2020 年第 5 期。

③ 参见董红亚：《完善养老服务质量监管体系的重要举措》，载《中国社会工作》2019 年第 35 期。

行为本质上都是民间金融活动，主要区别行为主体是否具有合法的资格，需要以法律规范为前提区分。民间借贷作为传统金融形式的补充，相对于银行贷款来说大大降低门槛，更具有灵活性，风险也随之升高。1995年6月全国人大常委会出台的《关于惩治破坏金融秩序犯罪的决定》第一次明确规定"非法吸收公众存款罪"和"集资诈骗罪"，之后司法解释对"吸收存款或变相吸收存款行为"和"非法占有目的"作出了界定，若营销团队的异化风险涉及以上行为的边界，需要进一步进行风险识别。第一，两罪之间的行为对象不同。民间借贷通常是自然人与自然人或者自然人与法人之间资金融通的一种行为，对象具有特定性，而非法集资行为的对象是不特定的老年客户群体，具有广泛性。嵌入养老机构的营销团队异化风险的发生主要是利用非法集资的行为减轻偿还民间借贷的资金压力。第二，非法集资的行为具有"利诱性"，而民间借贷规定双方当事人之间的利率一般不超过同期金融机构公布的贷款利率（LPR）的4倍。可见，非法集资通常以超出正常可得利益范围引诱客户出资，甚至承诺利率达到100%～200%。第三，需要注意盲目扩大非法集资相关适用范围引发的不利影响。司法实践中，对于难以申请融资的民办养老机构通过民间融资的途径以维系机构生存的行为，需要综合考量其融资数额、融资目的等，不可过度打击民间融资正常化的发展，削弱主体的积极性，应该将刑法作为调整的底线，保持刑法的谦抑性。

另一方面，要注意区分非法集资类犯罪的界限，即非法吸收公众存款罪和集资诈骗罪的边界。两罪之间最为显著的区分点便是"非法占有"目的的有无。在民办养老机构涉及异化风险后以非法吸收公众存款罪为基础罪名，符合"非法占有目的"的升格为集资诈骗罪，对"非法占有目的"的有无需要综合考量吸收资金的原因、吸收资金的用途、吸收资金的数额多少等，其中民办养老机构事后资金的用途与流向是判断行为人主观目的的重要因素之一，如果具有不法所有、排除原权利人即投资参与人占有、对他人占有转移的财产随意进行处分与利用的共性，可以推断行为人具有非法占有的目的。① 在营销团队嵌入民办养老机构以利诱获取老人资金投入的情况下，还应根据事后相应的生产经营项目的盈利状况和集资时所承诺的投资回报进行比较分析，如果去除正常的商业风险、不可抗力等因素的影响，民办养老机构的筹款项目具备返还款项与利息的收益效果且按照承诺投

① 参见刘宪权：《刑法严惩非法集资行为之反思》，载《法商研究》2012年第4期。

资回报返还客户群体的资金投入,可以推断该集资行为不以非法占有为目的,不应认定为集资诈骗罪。须注意,民办养老机构在营销团队募集资金的前期不存在非法占有目的,且不具有集资诈骗的犯罪特征,故该部分行为应被认定为非法吸收公众存款犯罪;而其后期在资金链无法维系、资金流向非实际用于养老项目投入的情况下,吸收被害人资金的行为,纯粹是为了诈骗钱财以供团队成员挥霍,反映出其主观上的诈骗故意,应被认定为集资诈骗罪。因此同一营销团队前后不同的犯罪行为内容也反映出其犯意的转化,司法实践中对此犯意转化的情形通常以牵连犯或吸收犯考虑,在非法吸收公众存款罪与集资诈骗罪数罪共存的情况下,择一重罪处断,即以集资诈骗罪进行定罪处罚。司法机关应精准识别,提高处置异化民办养老机构的审判质效。

2. 推进案件侦破的及时挽损效率

一方面,需要使用有力的司法手段及时处理。异化的民办养老机构涉及非法集资风险后通常涉及刑事犯罪,因此确有必要采取强有力的司法手段进行规制。第一,对于涉及非法集资案件的处理,时间的把握至关重要。为了防止民办养老机构中营销团队的非法集资嫌疑人逃跑,可以在特殊情况下依法破除办事程序烦琐的桎梏,简化行政处置的流程,加快案件办理的进度,以便及时控制相关嫌疑人获取一手的证据材料与口供,为后期案件侦破提供便利。① 第二,追赃挽损是涉及非法集资案件中各部门的执行难题,涉及受害老人群体自身利益的保障。司法机关需要进一步完善追索涉案财产资金的查封、扣押、冻结、追缴等程序,防止机构内部工作人员对财产的肆意挥霍与消费,避免老人财产的进一步损失。第三,要提高案件办理过程的透明度,以便案件受到社会各界的关注,提高司法程序当中受害老人群体的诉讼参与度,督促各部门各机关高效化解非法集资的纠纷,同时,需要注意控制案件的舆论导向,避免因舆情的不可控性衍生群体性的次生风险。第四,可考虑在法院中设置老年审判庭或老年合议庭。老年人群体因其自身知识结构与思想文化的影响对诉讼的救济途径较为生疏。目前上海静安区人民法院首创了针对老年人诉讼问题的老年审判庭,各地区可以根据老年人诉讼风险的实际情况有针对性地为老年人提供诉讼便利,保障老年人权益的实现。

---

① 参见彭冰:《非法集资行为的界定——评最高人民法院关于非法集资的司法解释》,载《法学家》2011 年第 6 期。

另一方面,需要建立跨部门联动机制,提高挽损效率。打击营销团队嵌入民办养老机构所引发的集资风险问题单靠一个部门的力量难以推动问题的解决。一则,需要共同及时搜集证据与案件材料。民办养老机构涉及非法集资案件中证据的搜集是实践中的一大难题,因为部分受害老年客户不愿意过多谈论案情也不愿出庭作证,因此需要建成部门之间的社会治安基础资料库,形成部门之间情报共享、协同作战的体系,以厘清案件实情,明确民办养老机构工作人员在非法集资过程中的所起的具体作用。二则,需要多个部门形成合力,共同分析研判形式。民政部门、市场监督管理部门、税务部门、银行等机构部门都协助公安机关与检察机关形成联动机制,提供不涉密的关键材料与情报,在风险防范的重点社区、村镇、单位等中老年人群聚集的场所关注舆论动向,精准出击、高效打击嵌入营销团队的民办养老机构的非法集资犯罪行为。

(四)宣传教育:强化法律防范意识

规制营销团队嵌入民办养老机构所引发的异化风险不仅仅是"术"的问题,也需要从"道"的底层角度来转变群众的思想观念,不仅需要提高老年人群体的防范意识,还需要对民办养老机构的工作人员加强教育,规范营销团队的运作,严防机构异化导致非法集资事件发生,防范衍生群体性社会问题的潜在风险。

1. 协会自律加强风险提示

一方面,需要建立完善多层级行业协会,加强风险提示。行业协会通常是介于政府和企业之间的第三方角色,在产品服务的生产者与经营者之间,为其服务、沟通、监督、协调的一种社会中介组织,行业协会的建立立足于服务行业、服务机构、服务市场、服务社会的功能定位,同时,其经济性功能属性作用不断凸显。随着经济体制改革和行政体制改革的深化,通过行政机关专业经济部门直接负责贯彻行业管理的模式已被打破,政府在民办养老行业的职能越发侧重于宏观调控和市场监管,不再直接干预民办养老机构的具体经营行为,加快转变政府职能的改革也为行业协会的发展让渡空间。可以预见,行业协会在服务养老经济发展方面的优势不可替代,因为协会具有整合资源和动员的独特优势,建立后具有专业、信息、人才、机制等市场资源配置方面的优势,能做机构想要做,但靠单个机构做不到的事;能做市场需要做,但却无人牵头做的事;能做政府想要做,却缺乏精力去做的事,充分发挥行业协会参与社会治理的作用,心往一处想、劲往一处使,保障养老行业的持续健康发展，谱写新时代中国特色社会主义更加绚丽的华章。

另一方面，需要加强行业自律与行业教育。我国养老行业中已建立的协会尚未起到应有的作用，相比发展较为成熟的律师协会，其协会的自律教育、监督功能尚处于起步阶段。目前，可以要求民办养老机构的创办负责人或者直接管理人员加入养老行业的协会，对本行业的产品提供、服务水平、竞争方式、经营作风进行严格监督，维护行业信誉，鼓励公平竞争，打击违法、违规的行为，对参与违法违规的民办养老机构在行业协会中予以通报，及时清退不合规的民办养老机构，起到政府与市场之间信息沟通桥梁的作用。同时，机构相关人员可以积极参与协会组织的民办养老机构发展研讨会，对民办养老领域的发展基本情况进行统计分析并发布结果，开展对养老行业国内外发展情况的基础调查，研究养老行业中民办养老机构运营所面临的问题，提出建议汇编、出版相关刊物，供政府和养老机构进行参考。最后，在养老行业协会中致力于养老服务体系、养老服务事业发展的民办养老机构创办人与从业者可以共同制定并执行行业行规以及各类标准，促使养老行业的服务提供在国家政策标准之上高效发展，协调各民办养老机构之间的经营行为，构筑良性的养老企业市场发展环境，共同面对与解决民办养老机构的运作难题。

2. 广泛宣教解析营销手法

一方面，要向老人群体加大宣传，解构营销手法。老年群体接收信息相对滞后，社区或者有关部门对于非法集资中涉及的金融知识、作案手法了解不够透彻，且空巢老人身边没有子女的陪伴，易让销售人员乘虚而入，确有必要多途径宣传，提高老人防范意识。第一，要充分利用传统媒体与新媒体的结合优势。老年人群体对于新兴事物接受度普遍不高，对于手机的使用不如年轻人精通，各大社交平台如微信、微博、抖音等虽有老年群体客户的存在，但老年用户群体基数不高，因此，需要根据老年客户群体的使用偏好，在老年人常去的场所如公园、菜市场等悬挂防骗的广告标语，利用电视播放宣传广告，举办普法下社区的现场活动，运用短信向老年人发送风险预警，为老年人当场讲解民办养老机构中营销团队推销产品与服务的利诱手段与方法，预防养老领域内的非法集资风险。第二，要解析营销团队的作案手法与推销话术，制作并发放手册，详细介绍养老行业中民办养老机构异化的非法集资活动性质、手法、种类、形式、对象特点、危害性以及运用受骗老人的实际案例加以宣传讲解，提高老年人的防范警惕性，促使防范非法集资的观念深入人心。

另一方面,要对民办养老机构工作人员及营销团队成员加强普及相关法律知识。民办养老机构走上异化风险的道路,内部工作人员的腐败与贪婪也是原因之一,因此,需要对机构内部的工作人员进行风险教育与法律普及。相关政府部门可以定期对民办养老机构进行抽查,督促民办养老机构的工作开展,同时对养老机构内部工作人员开展讲座,详细讲解养老机构非法集资的案例与危害性,以案说法。通过面对面宣传的方式提示工作人员“非法集资不受法律保护、参与非法集资损失自担、组织非法集资必受法律严惩”;警示民办养老机构非法集资的严重后果。还可以对相关的法律文件、法律条文及政策进行解读,制作相关宣传短片,促使民办养老机构的运营贯彻社会主义核心价值观,秉承服务的核心理念,抵制非法集资的邪念萌芽,促进民办养老机构的良性发展。

本节小结

目前,全国各省为贯彻落实积极应对人口老龄化国家战略,不断推进老龄事业迈上新台阶,助力老年医疗、老年文体、养老服务的新发展与新突破,实现民间资本进驻养老市场的改革创新。民办养老机构在“银发经济”市场上无论是数量还是规模都呈现空前的发展趋势,但民办养老机构的营销困境也成为机构健康发展的桎梏,使机构面临非法集资的异化经营风险,营销团队绑架民办养老机构的运作决策,损害老年人群的合法权益,因此,确有必要加强对民办养老机构的政策疏导与内外监管,从制度建设、机构运营、政府监管、行业自律等角度加强对民办养老机构的监测,对嵌入营销团队的民办养老机构进行风险评级,落实民办养老机构的等级评价制度,进一步优化民办养老机构的服务提升与风险监管,增进养老经济的社会福祉,让老年人群安心度晚年、幸福享晚年。

第四章　民办养老机构非法集资治理进路

打击养老领域非法集资和养老诈骗的落脚点，应当是规范养老服务市场有序发展，推动实现老年人享有基本养老服务。民办养老机构因涉嫌非法集资"卷钱跑路"之后，留下的是无数受害老人"老无所依、老无所养、老又上当"，如何安置这部分老年群体、保障受害老人的相关权益是一个事关社会稳定的重要问题。本章第一节将以国家替代责任理论为分析视角，探讨政府对"爆雷"后民办养老机构临时接管的必要性和可行性，以及临时接管的路径设计和后续处理。第二节将以受害老人权益的国家保护义务为分析工具，构建老年消费者权益综合性国家保护机制。

第一节　论涉非法集资民办养老机构政府临时接管

——以国家替代责任理论为分析视角

养老服务是一个社会支持体系，当前我国的养老模式依然是以传统的居家养老为主体，以社区养老为依托，以机构养老为补充。然而随着人口老龄化进一步加剧，人口结构逐步失衡，农村和三四线城市出现"空心化"现象，大量空巢老人面临养老困境。为解决这一问题，同时也为了减轻国家的养老负担，国家鼓励民间资本进入养老行业，并给予其一定的优惠政策和扶持补贴，除日常的必要监管外，不对民办养老机构进行过多干涉。但由于行业发展不成熟、有关法律相对滞后、监管落实不到位等，民办养老机构开始涉嫌非法集资犯罪，衍生出养老型非法集资的亚种。本书调研组走访了长沙、衡阳、益阳、郴州四市，发现大多数民办养老机构处于亏损状态，近五成养老机构出现了法律风险，其中以非法集资犯罪最为严重。而养老机构一旦出现非法集资犯罪，追赃挽损、安置受害老人难度之大均难以想象，稍有不慎便会引发舆论风波。调研组在C市时了解到C市S区政府对辖区内某因非法集资罪“爆雷”的民办养老机构进行了临时接管，极大地安抚了受害老人情绪，这给了调研组启发，调研组开始探寻在民办养老机构中构建政府临时接管制度的可行性。显然，当民办养老机构涉非法集资犯罪时，政府应作为责任替代主体，强制接管涉非法集资民办养老机构的经营管理活动，以国家权力为依托，化解公共危机、保障养老服务的有序供给；同时，应尽快完善相关法律法规，解决政府临时接管涉非法集资的民办养老机构的合法性危机。

一、涉非法集资民办养老机构临时接管制度的法理分析和现实意义

在探寻涉非法集资民办养老机构政府临时接管制度的现实意义之前，应首先厘清涉非法集资民办养老机构的相关概念及特征，并明晰政府临时接管的概念，为其寻找法理依据。

（一）涉非法集资民办养老机构的概念界定及特征分析

非法集资类犯罪一直以来都是金融领域常见的犯罪类型，近年来在养老领域也越发猖獗，多发生于民办养老机构中。

1. 涉非法集资民办养老机构相关概念界定

严格来说，非法集资犯罪并不是我国《刑法》所规定的罪名，它包含了非法吸收公众存款罪与集资诈骗罪，分别规定在我国《刑法》第176条①和第192条②中，二者的区别主要在于有无非法占有的目的。受计划生育政策的影响，不少六七十岁的老人只有一个子女，其中很多老人的子女在外工作并组建家庭，无力承欢父母膝下。这种现象在农村和小城市尤为突出——青年群体向一二线城市流动，三四线城市的人口老龄化进程加快，人口结构进一步失调，大量“空巢老人”留守家

---

① 《刑法》第176条规定：“非法吸收公众存款或者变相吸收公众存款，扰乱金融秩序的，处三年以下有期徒刑或者拘役，并处或者单处罚金；数额巨大或者有其他严重情节的，处三年以上十年以下有期徒刑，并处罚金；数额特别巨大或者有其他特别严重情节的，处十年以上有期徒刑，并处罚金。单位犯前款罪的，对单位判处罚金，并对其直接负责的主管人员和其他直接责任人员，依照前款的规定处罚。有前两款行为，在提起公诉前积极退赃退赔，减少损害结果发生的，可以从轻或者减轻处罚。”

② 《刑法》第192条规定：“以非法占有为目的，使用诈骗方法非法集资，数额较大的，处三年以上七年以下有期徒刑，并处罚金；数额巨大或者有其他严重情节的，处七年以上有期徒刑或者无期徒刑，并处罚金或者没收财产。单位犯前款罪的，对单位判处罚金，并对其直接负责的主管人员和其他直接责任人员，依照前款的规定处罚。”

中,由此衍生出养老型非法集资犯罪的亚种。[①] 养老型非法集资犯罪是指以提供养老服务为卖点、以高额返息为噱头,吸引中老年人的资金,进行非法集资活动的犯罪。如何界定养老型非法集资犯罪和一般非法集资犯罪?从各地已侦破的养老机构非法集资犯罪案例归纳分析可得,养老型非法集资犯罪与一般非法集资犯罪最大的区别在于它募集资金面向的群体主要是中老年人,其吸收资金的幌子是养老项目。由于民办养老机构的逐利性与其融资难、盈利周期长等特性相冲突,养老型非法集资犯罪多发生在民办养老机构中。

2. 涉非法集资民办养老机构的特征

非法集资犯罪的特征主要有:违反我国金融管理相关法律法规、未取得合法吸收资金的批准,面向不特定的公众,以高额回报为噱头吸引公众投资,以合法手段掩盖非法目的等。一般来说,非法集资犯罪涉案金额巨大、涉案人数众多。除了具有一般非法集资犯罪的特征,养老型非法集资犯罪还具有如下特征:

(1)犯罪对象具有针对性

老年人是较为特殊的社会群体。由于受教育程度普遍不高,大部分老年人法治意识淡薄,甚至根本不知非法吸收公众存款罪和集资诈骗罪为何物,加上年事已高,生理机能衰退、认知能力减弱,更使得他们无法分辨非法集资骗局。对于一些失能、半失能老人以及农村或部分城市里没有退休金或退休金极其微薄的老人而言,他们面临生活困境,依赖外部的照料;对于一些子女常年在外务工的空巢老人或失独老人而言,他们缺乏精神慰藉,渴望外界的关心;还有一些老人经历过饥寒交迫、青黄不接的年代,养成了爱占小便宜的性格,对于这类老人,养老型非法集资"高额返利"的骗局往往极具吸引力……这些都给了犯罪分子可乘之机。民办养老机构的业务员往往在公园、广场、菜市场等老年人聚集的场所进行宣传,吸引老人"投资",同时,还亲切陪聊,博取老年人的好感和信任,使他们不顾子女劝阻也要投入大笔资金。

(2)犯罪手段具有隐蔽性

民办养老机构养老型非法集资犯罪的手段非常多样化,且都极具隐蔽性。涉非法集资犯罪的养老机构往往以入住养老养生公寓预交床位费的名义,同时以高

---

① 参见孟彬、丁会芬:《养老型"非吸"犯罪研究——以金华市金东区的两起案件为例》,载《陇东学院学报》2020年第4期。

额返利、返息为诱饵，聘请营销团队在公园、广场、菜市场等公共场所发宣传单、举办讲座、寻找老年人聊天拉人头等。除了这些方式，机构业务员还采取上门嘘寒问暖、拉家常、节日生日赠送礼品等方式拉近与老人的关系，从而达到吸收资金的目的。具体而言，养老型非法集资犯罪的主要表现形式为：一是以预交床位费的名义，收取老人一定数额的存款，承诺给予其优先入住资格或者更多“折扣”，例如交5万元可减免半年床位费等，交得越多则减免折扣力度越大；二是承诺以高于银行数倍的利率向参与集资的老人返利、返息，养老机构借此吸收大量资金拆东墙补西墙，直到资金链断裂；三是打着“投资养老院”的幌子，吸引老年人成为“股东”或“会员”，承诺每年分红；四是以养老保健、度假旅行等项目为噱头，吸引老人存款。显然，这些手段不仅具有多样性，还极具隐蔽性。一般的民办养老机构前期投入资金大，而实际控制人的自有资金不足以维持该机构的运营，为了快速回笼资金，他们大多会采取预收费的模式开展运营。实践中对他们的监管存在一定难度，通过一般的摸排、巡查、检查等方法难以发现其中存在的违法违规问题。

(3)犯罪后果具有严重的社会危害性

涉非法集资犯罪的民办养老机构在案发前资金链已经断裂，主要犯罪嫌疑人往往已经潜逃藏匿，机构已无资金周转，也没有多少固定资产。民办养老机构吸收的资金除了一部分支付工资奖金、一部分支付集资人的本息，其余部分多被机构老板个人挥霍，包括购置豪车、购买房产等，致使追赃挽损成效不显著。以湖南省Y市T县D养老产业发展有限公司（以下简称D公司）为例①，该机构经营时间长，涉及地域广，集资参与人数量多，涉案资金大，有些证据因时间太长已经灭失，加上很大部分集资参与人出于不希望损失利息的考虑，不愿意配合公安机关的调查，导致案件取证难度大，追赃挽损难度大，直接导致了受害老人的物质损失和精神创伤，甚至导致老人与家人关系恶化、自暴自弃等后果。而老年人又是较为特殊的社会群体，老年人的权益受到全社会的普遍关注。受害老人往往频繁上访，甚至聚众冲击国家机关，引发一系列社会问题。

---

①　自T县公安局2021年9月2日对D公司涉嫌非法吸收公众存款立案侦查以来，全省共抓获涉及D公司案的犯罪嫌疑人87人，查封、扣押、冻结涉案财产价值5000余万元，本书完稿时该案已经进入法院审理阶段，除公司注册人王某某外，29名在T县人民法院受审的犯罪嫌疑人已经被判决。

（二）政府临时接管制度的理论基础和实践成果

政府临时接管属于行政接管。不同于一般民事主体之间的接管，政府临时接管是基于行政权的接收与管理，是一种行政行为，主要应用在物业、教育、医疗、金融及公用事业特许经营等准公益领域中。它是指重大公共利益正在面临或即将面临危害与损失时，为了避免危害或将损失降到最低限度，政府对有关私主体进行临时接管。作为行政行为，政府临时接管行为必须要基于相应的理论依据和现实意义作出。下文将对政府临时接管制度的性质和特征进行分析，以探析政府临时接管制度的法理依据和现实意义。

1. 政府临时接管的性质界定

目前学界关于政府临时接管的性质主要有三种观点：其一，临时接管是一种行政处罚；其二，临时接管是一种行政事实行为；其三，临时接管是一种行政强制。[①] 本书认为，上述观点均有待商榷，应将临时接管定义为一种新型的行政行为。首先，临时接管不具有制裁性，因此不同于行政处罚；其次，临时接管具有法律强制性，因此也不同于行政事实行为；最后，虽然临时接管具有强制性，但其强制性是针对管理权而言的。因此，临时接管也不同于行政强制。[②] 因此，政府临时接管是一种新型行政行为，以国家替代责任为理论基础，其目的是维护公共利益，实现社会保障。

2. 政府临时接管的特征分析

（1）接管行为具有强制性

所谓强制性，是指政府的临时接管不同于一般市场主体之间纯粹的民事接管，接管方和被接管方并非以平等协商的方式完成接管，而是由行政主体作为接管方依照相关规定作出接管决定，被接管的民办养老机构同意与否在所不问。[③]

（2）接管手段具有必要性

临时接管是一种非常严厉的行政行为，一旦实行临时接管，对原民办养老机构经营者、工作人员以及老年人影响都是巨大的。因此政府在作出临时接管决定

---

① 参见吴卫军、石俊峰：《论行政接管的法律规制》，载《行政法学研究》2006 年第 1 期。

② 参见应松年、冯健：《论行政接管的法律性质》，载《学习与实践》2020 年第 10 期。

③ 参见韩利：《公用事业领域实施临时接管措施的法律探究》，载《城市管理与科技》2008 年第 2 期。

时，要注意比例原则。在实践中，一旦政府发现辖区内的民办养老机构有涉嫌非法集资犯罪的相关法律风险时，首先应对其进行警告、罚款，责令其整改、退赃退赔等，以期消除法律风险。只有当穷尽一切手段，民办养老机构仍拒不改正时，才可以启动临时接管程序。这也是国家替代责任理论的要求，即通常情况下国家不应对私主体的自主经营进行过多干涉，只有当私主体出现损害公共利益的情况时，为保障相关权利主体的合法权益不受侵害，国家才得以强行接管。

(3)接管决定具有紧急性

临时接管是一种“即时强制”①，具有紧急性。尽管相关行政主体在作出临时接管决定时应该遵守相关法律规定和程序要求，即满足法定条件时才能对民办养老机构进行接管，但为了维护相关老年人的权益，有关行政部门应及时作出接管决定。就C市S区政府对辖区内出现非法集资犯罪情况的民办养老机构进行临时接管而言，因整个案件涉及资金巨大、参与投资的老年人人数众多，若要等待法院判决结果尘埃落定和养老机构资产处置完成，则会耗费相当长的时间，若政府不及时进行接管，其间机构无人管理，老人无处安置，极不利于对老年人权益的保障，不符合国家替代责任理论的要求。

(4)接管期间具有过渡性

政府接管民办养老机构是权宜之计，作为一种应急保障措施，临时接管具有过渡性。对于被接管的民办养老机构而言，政府的临时接管有一定期限要求，一旦接管到期或者发生应提前终止接管的事由(如通过政府的接管民办养老机构恢复正常)，政府就必须终止接管。接管结束后，民办养老机构可能继续存续，也可能宣告破产。

(5)接管目的具有公益性

尽管国家明确鼓励民间资本参与机构养老服务，但即使是以营利为目的的民办养老机构，其为老年人提供的养老服务也具有公益性，是典型的公益事业。同时，保障居民养老也是政府的职责所在，政府接管民办养老机构，目的是维护老年人合法权益、保障老年人生活条件。因此，政府接管民办养老机构的行为也具有公益性，这就决定了政府在接管过程中应当以公益性作为最高准则和目标。

综上，政府接管是一种新型行政行为，指当重大公共利益正在面临或即将面

① 吴卫军、石俊峰：《论行政接管的法律规制》，载《行政法学研究》2006年第1期。

临危害与损失时,为了规避危害或试图将损失降到最低限度,政府对相关主体进行的临时接管。政府接管制度多应用于公用事业特许经营、金融等事关公众利益的领域,在涉非法集资的民办养老机构领域,该制度具有强制性、必要性、紧急性、过渡性与公益性。

3. 政府临时接管的理论依据

在社会变革的不同时期,国家的基本任务也不断变迁。19世纪,欧洲大陆的人们认为国家的任务是关心公民的"负面福利",保护个人权利免遭内部的破坏和外部的威胁。在这种观念下,国家的作用是消极的、被动的,即国家作为"守夜人",不能过度参与公民的生活。[①] 此后,经济危机爆发,"看不见的手"[②]的调节作用失控,市场失灵,人们逐渐意识到自我调节的市场是一个"彻头彻尾的乌托邦"[③],开始重视国家在市场调节与公共生活中的积极作用。此时,传统的国家责任理论有所突破,国家不再是单纯的"守夜人",而是与私主体共同进行社会治理。在多元化的公共任务实现主体面前,国家和社会及私主体也不再对立,私主体可基于基本权之地位来参与公共任务之执行,国家既担负对于人民生存照顾之供给,又具有担保由私主体无虞给付之责任。[④] 这种责任就是国家替代责任,即一般情况下,由私主体参与执行公共任务,国家除行使补贴扶持及监督管理职责外,对其不进行过多干涉。当该私主体发生经营困难等事由,且任由其自生自灭会损害人民群众的合法权益时,国家才作为责任替代主体,强制接管私主体的经营管理活动,以国家权力为依托,化解公共危机、保障相关公共服务或公共产品的有序供给。[⑤]

接管制度是国家替代责任的具体实现方式,国家替代责任理论是接管制度的合法性依据。在我国以人民为中心、全心全意为人民服务的背景下,建立接管制度无疑是符合中国国情的,我国公民对"社会福利国"的渴求也要求国家进一步关注对受害者社会生存的扶助与保障。[⑥] 养老属于社会保障的重要一环。当前,我

① 参见陈海嵩:《环境风险预防的国家任务及其司法控制》,载《暨南学报(哲学社会科学版)》2018年第3期。

② [英]亚当·斯密:《国富论》,富强译,北京联合出版公司2014年版,第456页。

③ 包刚升:《反思波兰尼〈大转型〉的九个命题》,载《浙江社会科学》2014年第6期。

④ 参见杜仪方:《公私协作中国家责任理论的新发展——以日本判决为中心的考察》,载《当代法学》2015年第3期。

⑤ 参见应松年、冯健:《论行政接管的法律性质》,载《学习与实践》2020年第10期。

⑥ 参见陶凯元:《法治中国背景下国家责任论纲》,载《中国法学》2016年第6期。

国人口老龄化进程加快,人口结构进一步失衡。随着大量社会资本涌入养老服务行业,提供养老服务不再是国家的专属责任,越来越多的私主体也开始承担相应的社会责任。然而养老产业属于朝阳产业,尚不成熟,民办养老机构一旦经营不善、难以为继,尤其是发生非法集资等犯罪风险时,政府不能作“甩手掌柜”,应承担起相应的替代责任,关注对受害者的扶助与保障,对民办养老机构进行临时接管。

4. 政府临时接管的现实案例

实践中,政府临时接管制度主要应用在物业、教育、医疗、金融及公用事业特许经营等准公益领域中。

(1)物业领域的接管实践

物业领域的行政接管主要针对老旧小区。大多数老旧小区、单位家属楼建造年代久、配套标准低,处于居民自管状态。有的老旧小区虽然有物业公司管理,但物业费低廉,导致物业管理服务懈怠、形同虚设。这些老旧小区年久失修、配套设施老化、卫生环境无人打理,为了解决市场化物业“不愿管”、居民自治“不善管”的问题,国企物业在政府的指导下进行接管。例如,山东省菏泽市牡丹区北城街道办事处组建了牡丹区新征物业服务有限公司,为老旧小区提供兜底服务;①江苏省南京市玄武区由区城建集团成立百子物业公司,开始老旧小区国企托底探索实践;②安徽省巢湖市先行选择 1 ~ 2 个由社区管理的老旧小区,移交国有的巢湖市金盾物业服务有限公司进行管理;③山东省日照市东港区日照街道与新东港控股集团家和物业合作,推行“党建 + 物业模式”。④ 诸如此类,不胜枚举。

(2)教育领域的接管实践

政府接管营利性民办学校的情况在实践中也屡见不鲜。《民办教育促进法》第 19 条第 1 款规定:“民办学校的举办者可以自主选择设立非营利性或者营利性民办学校。但是,不得设立实施义务教育的营利性民办学校。”在相关政策的影响

---

① 参见郭卫东:《“物业革命”“破冰”老旧小区管理》,载菏泽日报网,http://epaper.hezeribao.com/shtml/mdwb/20220527/52987.shtml。

② 参见盛文虎:《解决群众“急难愁”,换来珍贵“邻聚力”》,载新华日报网,http://xh.xhby.net/pc/con/202209/05/content_1106426.html。

③ 参见马丰成:《老旧小区迎来新“管家”》,载《巢湖晨刊》2022 年 8 月 9 日,第 A01 版。

④ 参见丁兆霞、费洪涛:《政府“兜底”,东港区 55 个老旧小区迎来“国企管家”》,载腾讯网,https://new.qq.com/rain/a/20220809A09GYQ00。

下，一些私立学校逐渐转为公立学校，这使得一些家长倍感焦虑。对此，有关专家表示：营利性民办学校即使撤资退出，政府也会接管。[①] 河北省邯郸县民办志成学校被教育行政主管部门接管长达 10 年，这引发了一场学者们对行政接管期限的讨论。[②]

(3) 医疗领域的接管实践

医疗领域的接管制度在新冠疫情暴发后尤为重要，为了避免医疗挤兑，使确诊病例得到治疗，国家卫健委调度全国医疗资源，组建了 17 支国家医疗队，整建制接管华中科技大学附属同济医院光谷院区，并整合学科资源，组建院区专家接管组，达到了资源利用最大化、治疗时机最快化。[③]

(4) 金融领域的接管实践

在金融行业中，行政接管是国际上处置金融机构风险的通行方式。2004 年初，证监会和深圳市政府发布联合公告对南方证券予以行政接管。[④] 2019 年 5 月 24 日，中国人民银行、银保监会依法作出临时接管包商银行的决定，这是我国首次对银行进行接管。[⑤]

(5) 公用事业特许经营领域的接管实践

在公用事业特许经营领域中，近年来我国不少公用事业特许经营项目被政府临时接管，然而由于相关制度的缺失，引发了一系列纠纷。例如，陕西省的民营企业双龙集团经营的高速公路华山服务区被当地高速公路建设集团以"无故关闭服务区"为由进行接管，此接管举措面临"违反协议""暴力接管"的指控。[⑥] 无独有偶，内蒙古西乌旗政府临时接管民营热电企业案也由于赔偿事宜等引发了不满。[⑦]

---

① 参见谢江珊：《上海民营学校的第一场雪》，载时代在线网 2016 年 11 月 8 日，https://www.time-weekly.com/post/35118。

② 参见张维：《行政法专家：接管民办学校不能无期限》，载中国知网，https://read.cnki.net/web/Newspaper/Article/FZRB201105300065.html。

③ 参见邱智渊等：《新型冠状病毒肺炎疫情下整建制接管医院的医疗管理模式实践与探索》，载《中国医院管理》2020 年第 4 期。

④ 参见乐勇杰、许佳：《从南方证券看行政接管》，载《中国经贸导刊》2004 年第 15 期。

⑤ 参见杜川：《近 20 年银行被接管第一家！包商银行因严重信用风险被接管一年》，载第一财经网 2019 年 5 月 24 日，https://www.yicai.com/news/100200645.html。

⑥ 参见杨继斌：《陕西民企被无偿接管　董事长称因举报厅长遭陷害》，载中国新闻网 2008 年 10 月 7 日，https://www.chinanews.com.cn/gn/news/2008/10-07/1402420.shtml。

⑦ 参见郭素凡：《内蒙古西乌旗一家民营热电企业被政府强制接管》，载搜狐新闻网 2010 年 8 月 11 日，http://news.sohu.com/20100811/n274121347.shtml。

(6)养老领域的接管实践

在养老领域中,政府临时接管的案例屈指可数,而C市S区Y养老公司是其中的一个例子。

Y养老公司于2018年6月5日在C市工商行政管理局登记办理营业执照,法定代表人为刘某某,公司主要从事老年人养护、老年公寓运营等经营活动,设置养老床位45张。该公司自成立以来,利用向老人收取床位预定金方式向不特定对象融集资金,集资诈骗总金额达3800余万元,受害人共计732人。公安机关于2019年11月1日对该案立案侦查,2019年12月10日对犯罪嫌疑人刘某某采取刑事强制措施,2020年1月17日对其执行逮捕。其余5名犯罪嫌疑人亦被采取刑事强制措施。该案于2020年4月16日移送S区人民检察院审查起诉,罪名为集资诈骗罪。2020年11月和2021年8月,S区人民法院对案件主犯刘某某兄弟进行判决,分别判处二人有期徒刑3年6个月和19年。目前已追回、退回赃款600余万元(含立案前Y养老公司已退付给老人的集资款),Y养老公司股权及涉案资产亦被查封。

在完成对Y养老公司的资产处置程序之前,为了维持其正常运转,S区民政局引进C市F养老服务有限公司与在院老人共同组成院务管理委员会,共同管理机构日常事务,案发时机构入住老人35人,其中参与集资对象有14人,工作人员有9名。政府接管后机构内各项管理机制健全,安全防范措施到位,服务质量有明显提升,机构运营正常,机构内老人生活平稳。

二、政府临时接管涉非法集资民办养老机构的必要性探析

民办养老机构涉非法集资犯罪后,政府的处理方式一般是惩治犯罪、要求相关者退赃退赔、将受害老人安置于其他机构。但实践中这种做法会遇到很大问题,大部分参与集资的老人集资款无法追回,公办养老机构也没有足够的床位可以安置大批老人,导致大批受害老人遭遇养老困境,进而引发一系列舆论事件,极大地影响了政府的形象与公信力。与正常破产的民办企业不同,涉非法集资的民办养老机构面临的问题不仅仅是资金链断裂,还有机构负责人身陷囹圄、仅剩的财产不足以退赃退赔。故而其他社会资本出于逐利性不愿意介入进行接管,此时,只能由政府承担国家替代责任,对涉非法集资的民办养老机构进行接管。同时,地方政府对辖区内的民办养老机构具有绝对的主导权,负责监管民办养老机

构的运营情况、发放相应补贴、组织从业人员培训，对养老服务行业有一定了解，由其接管涉非法集资的民办养老机构具有合理性。

对于参与集资的受害老人而言，他们省吃俭用一辈子的积蓄被骗，对民办养老机构产生了信任危机。即使政府找到了愿意进行民事主体之间接管的新的社会资本，也难以安抚老年人的情绪。但是老年人对党和政府保持着天然的信任，政府接管涉非法集资民办养老机构可以有效平息老人怒火，消除老人伤痛。这也是政府要承担的社会保障职责。

与其他善后补救措施相比，政府临时接管涉非法集资民办养老机构具有必要性。

(一)打破追赃挽损难之困境

调研组走访了长沙市、衡阳市、益阳市、郴州市的数家民办养老机构，与机构负责人进行交流，并与当地公安部门、司法部门、民政部门等召开研讨会。调研组发现了各地民办养老机构卷入非法集资犯罪后的一个共性问题，即追赃挽损难。

由于民办养老机构非法集资的手段多样，机构往往打着“预交床位费”“旅游年卡”“充值卡”“会员卡”的幌子，通过预付方式吸纳大额资金，通过高额返息(佣)等方式发展会员诱导老年人“消费”“投资”(例如，Y市T县D公司实际控制人王某某以入住养老养生公寓预交床位费的名义，同时以每年返利7%～12%的消费券为诱饵，高薪雇请营销团队在公园、广场、菜市场等公共场所大肆虚假宣传，吸引老年人签订养老养生服务合同)。这些非法集资手段极具隐蔽性，且养老行业属于新兴行业，其监管体系并不完善，存在监管漏洞，因此有关部门往往错过最佳侦办时机。等到民办养老机构非法集资犯罪案发时为时已晚，导致后期追赃挽损和维稳处置困难重重。调研组发现，养老机构非法集资案中外流资金比例非常高，非法集资款大部分用于营销团队的提成奖金、建造实体公寓、进行豪华装修等项目。直至案发时，民办养老机构已经出现严重的资金困难，没有偿还能力，即使有资金或实物财产，因涉及异地执行、涉案账款再分配等问题，资金追回难度很大。

虽然各地的养老诈骗整治专项活动进行得如火如荼，也取得了一些成效，但民办养老机构一旦“爆雷”，追赃挽损力度再大，也难以弥补损失。参与集资的受害老人不仅投资的钱无法追回，还失去了入住其所投资的民办养老机构的资格，可谓损失惨重。

据此,将临时接管制度应用到民办养老机构中,是全力弥补受害老人损失的锦囊妙计。政府的临时接管虽然无法挽回受害老人的全部损失,但是能够妥善安置受害老人,使其依然得以享受相应养老服务,而不至于人财两空。

(二)解决维稳工作难题

现在步入老年时期的多是经历了计划生育阶段的人,其独生子女在外奔波,与老人交流不多,一般以经济形式补偿。因而不法分子往往利用老人想让资产保值、升值或期望健康长寿、老有所养等心理,通过平日里的小恩小惠、嘘寒问暖来取得老人信任。

一旦民办养老机构涉嫌非法集资犯罪,即使相关责任人员被处理,涉案资金也往往难以追回。对于参与投资的受害老人而言,民办养老机构"爆雷"后,他们面临的问题不仅仅是赖以养老的大笔资金再难收回、资产保值升值的愿望落空,他们在养老机构安度晚年的愿望也成了泡影。

面对损失巨大、追讨无望的窘境,受害老人被极端愤怒、失望的情绪裹挟,极易受他人煽动,引发集体上访闹访、冲击国家机关等群体性事件。在个别地区,甚至出现受害老人绝望自杀的极端案例(例如,湖南省益阳市老人曹某某因血汗钱被养老机构集资诈骗而于寒冬跳入资江,一时舆论哗然,[①]而这并非第一起老人因养老诈骗自杀的案例),维稳工作难度极大。调研组曾在湖南省长沙市望城区人民法院旁听某老年生活城管理股份有限公司非法吸收公众存款案庭审,被告人是该民办养老机构的财务人员,旁听席上坐满了参与集资的受害老人。庭审过程中,每当辩护人进行辩护或者被告人进行自我辩解,受害老人就群情激愤,甚至破口大骂,以致审判长不得不多次强调法庭纪律,要求老人们保持安静。

涉嫌非法集资犯罪的民办养老机构涉案人数众多、涉案金额动辄以亿计,而老年人又是备受社会关注的特殊群体,导致此类案件一经发生,往往成为媒体竞相报道的热点事件,有些受害老人还会主动联系媒体曝光,借此向有关部门施压。由此引发的受害老人群体维权事件极易导致舆论发酵,影响社会稳定。调研组在

---

① 参见《湖南益阳老人跳江事件调查:疑因养老机构爆雷,被骗十余万养老钱后轻生》,载杭州网2021年1月26日,https://news.hangzhou.com.cn/shxw/content/2021-01/26/content_7899761.html。

走访湖南省C市S区Y养老公司时采访了机构内数位参与集资的受害老人,他们纷纷表示不奢求他们的钱能够追回,也没有其他的愿望,只希望该养老机构能一直运转下去,让他们在此继续享受养老服务,从而安度晚年。根据C市S区民政局的工作汇报,受害老人情绪稳定,目前尚未出现大规模维权现象。由此可见,政府临时接管因非法集资犯罪“爆雷”的民办养老机构,向受害老人释放出了一个信号,即受害老人没有被抛弃。无论受害老人的资金是否能追回、能追回多少,政府都会想办法进行兜底保障。老年人出于对政府的天然信任,他们的情绪可以得到有效安抚,同时,政府临时接管使民办养老机构得以继续正常运转,机构内受害老人依然可以享受一定质量的养老服务。从这个角度看,政府临时接管养老机构对于缓解维稳压力、降低社会不利影响意义重大。

(三)实现养老型非法集资风险软着陆

民办养老机构因非法集资犯罪“爆雷”的案例屡见不鲜,案件侦查期限一般为3个月以上,案发后呈现的特点都为涉案金额大、涉案人员多、追赃挽损难度大、办案周期长,导致相关主管部门难以进行善后处置工作。政府对民办养老机构进行临时接管,由国家承担替代责任,保障受害老人的养老服务,实现民办养老机构非法集资犯罪的风险软着陆。

本书所研究的民办养老机构政府临时接管制度,不仅仅针对已经因非法集资犯罪“爆雷”的民办养老机构,其对于资金链尚未断裂,但已经有相关经济犯罪风险的民办养老机构而言意义更加重大。调研组走访发现,绝大多数民办养老机构的设立并不是以非法集资为目的的,实际控制人的初衷是通过正常经营来获利,但因为资金短缺、亏损等问题,为了不使资金链断裂,或者为了获取更多资金供自己挥霍,实际控制人就产生了非法占有老年人财产的想法。

据此,将临时接管制度应用到民办养老机构中,可以有效规避风险。上上策是防患于未然,即有关主管部门加大对民办养老机构的监管力度,一旦监测到机构有异常收费、高额返息现象或机构负责人有高风险投资等异常行为,主管部门就要跟进监督、提示风险。一旦发现民办养老机构出现非法集资“爆雷”风险,政府就应临时接管,争取在“爆雷”前解除危机。倘若民办养老机构已经因非法集资犯罪“爆雷”,那么亡羊补牢,为时未晚,政府的临时接管虽然无法挽回损失,但可以妥善安置受害老人,使其依然得以享受相应养老服务。政府临时接管民办养老机构是打击整治养老诈骗的重要手段，其秉持"处置硬措施、风险软着陆"的工作原则，无论在哪个时机介入接管，都可以帮助民办养老机构软着陆，最好的结果是引入其他民间资本继续经营管理，若实在难以为继也可以使其平稳退市，不致引发大规模恶性事件。

三、政府临时接管涉非法集资民办养老机构的可行性

C 市 S 区政府临时接管 Y 养老公司的案例属于个案，个案经验是否值得推广学习，需要我们进一步对政府临时接管涉非法集资民办养老机构相关制度进行可行性分析。显然，经过前文的论述，下文将以国家替代责任为切入点，将其作为政府临时接管涉非法集资民办养老机构的理论依据，解决了将接管制度普遍适用于涉非法集资民办养老机构的合理性危机。下文将梳理国内立法现状，从现行立法中寻找相关法律依据，力图解决合法性危机。

（一）政府临时接管涉非法集资民办养老机构的理论依据

首先，从合理性要求来看，根据本书的分析，政府临时接管涉非法集资民办养老机构具有理论基础，即国家替代责任。接管制度是国家替代责任的具体实现方式，国家替代责任理论是接管制度的合理性依据，也为接管制度提供了合法化基础。

其次，民办养老机构的经营模式也提供了被政府临时接管的可能性。我国民办养老服务产业属于朝阳产业，市场机制尚不成熟。受到外部环境的制约和专业资源的影响，民办养老机构难以独立发展，必然需要谋求政府的有力支持，[①]也要受到政府的监管。在民办养老机构的发展过程中，政府给予其一定的资金补贴、税收优惠等，并对其运营情况进行定期监督排查，避免其产生不当风险。当民办养老机构涉嫌非法集资时，政府的接管也就顺理成章了。

最后，从合法性要求来看，虽然目前我国在养老领域的临时接管制度方面尚无相关规定，也无统一立法，但这并不意味着政府临时接管涉非法集资民办养老

① 参见李娟、姜红：《养老机构的民办民营模式：资源困境、组织依赖与模式创新》，载《重庆师范大学学报（社会科学版）》2022 年第 1 期。

机构是不合法的。根据我国《养老机构管理办法》第 3 条[①]和第 35 条[②]之规定，我国养老机构由民政部门进行指导、监督和管理，且养老机构停止服务的，也应提前告知民政部门，民政部门应协助该机构进行老年人的安置工作。《苏州市民办养老机构管理办法》第 15 条[③]也明确了民政部门在民办养老机构解散时的协助责任，其中第 2 款还指出了民政局和相关部门组织开展清算的责任。故而我国民办养老机构的政府接管有相关合法性基础。并且，在商业银行和公用事业特许经营领域已有接管制度的相关规定及实践，参照其他行业的接管规定，我们可以建立起政府临时接管涉非法集资民办养老机构的制度框架。政府接管涉非法集资的民办养老机构是维护重大公共利益的体现，是我国政府全心全意为人民服务的应有举措，体现了我国宪法与法律的精神与原则。

养老领域与公用事业特许经营、金融领域一样事关大多数公众的切身利益，因此我们可以借鉴公用事业特许经营和商业银行的政府临时接管制度来梳理民办养老机构接管制度的条件与程序。

公用事业特许经营的政府接管制度亦尚无统一立法，散见于《市政公用事业特许经营管理办法》及地方制定的关于公用事业特许经营的条例中。本书参考了该办法以及北京、山西、贵州、深圳等多地制定的有关公用事业特许经营事项的管理条例，归纳出在公用事业特许经营中进行政府接管的三种情形：

一是紧急情况下的临时接管。紧急情况指的是危及或者可能危及公共利益、公共安全的情况，具体何为危及或者可能危及公共利益、公共安全的情况，法律并无具体规定，这给了主管部门较大的自由裁量权。

二是特许经营者有过错的情形下的临时接管。特许经营者在特许经营期内可能存在过错，主要表现为：(1)擅自转让、出租、抵押或者以其他方式处分特许经营权的；(2)擅自将所经营的财产进行处置或者抵押的；(3)擅自停业、歇业，严重

① 《养老机构管理办法》第 3 条规定："县级以上人民政府民政部门负责养老机构的指导、监督和管理。其他有关部门依照职责分工对养老机构实施监督。"

② 《养老机构管理办法》第 35 条规定："养老机构因变更或者终止等原因暂停、终止服务的，应当在合理期限内提前书面通知老年人或者其代理人，并书面告知民政部门。老年人需要安置的，养老机构应当根据服务协议约定与老年人或者其代理人协商确定安置事宜。民政部门应当为养老机构妥善安置老年人提供帮助。养老机构终止服务后，应当依法清算并办理注销登记。"

③ 《苏州市民办养老机构管理办法》第 15 条规定："民办养老机构因停业或其他原因需要解散的，应当在解散前 3 个月向民政部门报告，妥善安置服务对象。民政部门应当协助做好安置工作，并加强监管。接受政府补贴的民办养老机构解散时，应当在民政部门和有关单位的指导下开展清算工作。"

影响社会公共利益和安全的;(4)因管理不善发生重大质量、生产安全事故的;(5)因转让企业股权而出现不符合特许经营协议约定的授权资格条件的;(6)不履行普遍服务义务或者产品、服务质量不符合标准严重影响公众利益的;(7)因经营管理不善,财务状况恶化,亏损严重,企业无法正常运行,严重影响公众利益的;(8)改变市政公用设施项目的土地使用性质,将特许经营项目的设施及相关土地用于特许经营项目之外,擅自改变市政公用设施的功能和用途的;(9)在可能危及公共利益、公共安全以及为了公共利益需要等情况下,不服从政府的统一指挥、调度的;(10)法律、法规规定或者特许经营协议约定的其他情形。特许经营者存在过错,经主管部门责令整改后仍拒不改正,可以由主管部门对其进行接管。

三是特许经营者主动申请接管。在经营过程中,可能会发生一些情况使特许经营者无力继续经营,此时,特许经营者可以主动申请主管部门对其所经营的公用事业进行接管。①

商业银行的政府临时接管制度集中规定在《商业银行法》②和《银行业监督管理法》③中。根据相关规定可知政府接管商业银行的条件为:商业银行已经或者可能发生信用危机,严重影响存款人的利益。但法律没有明确规定何谓"信用危机",是否严重影响存款人的利益也由国务院银行业监督管理机构自行判断,故此规定理解起来较为笼统含糊。④

据此,对涉非法集资的民办养老机构适用政府临时接管制度,可以参照公用事业特许经营和商业银行的政府临时接管制度的相关法律法规,建立起制度框架。

---

① 参见李明超:《公用事业特许经营中的临时接管程序研究——从"内蒙古西乌旗政府临时接管民营热电企业案"切入》,载《西南政法大学学报》2013 年第 4 期。

② 《商业银行法》第 64 条规定:"商业银行已经或者可能发生信用危机,严重影响存款人的利益时,国务院银行业监督管理机构可以对该银行实行接管。接管的目的是对被接管的商业银行采取必要措施,以保护存款人的利益,恢复商业银行的正常经营能力。被接管的商业银行的债权债务关系不因接管而变化。"

③ 《银行业监督管理法》第 38 条规定:"银行业金融机构已经或者可能发生信用危机,严重影响存款人和其他客户合法权益的,国务院银行业监督管理机构可以依法对该银行业金融机构实行接管或者促成机构重组,接管和机构重组依照有关法律和国务院的规定执行。"

④ 参见李玫、刘涛:《我国银行行政接管的法律诠释与制度完善》,载《法学杂志》2012 年第 7 期。

(二)涉非法集资民办养老机构政府接管实践分析

1. 涉非法集资民办养老机构临时接管制度的优势

分析C市S区临时接管Y养老公司的做法,本书认为,政府临时接管涉非法集资民办养老机构的优势主要在于:在政府的统一调度下,各部门形成合力,能更好地维护受害老人的合法权益、化解舆论压力。同时可以建立清晰的财务制度,老人代表直接参与机构的管理,加强了监管力度。

(1)强化部门协同联动

调研组走访长沙、衡阳、益阳、郴州四市进行调研时,在由各地政法委牵头、各部门汇报工作的座谈会中,不少部门都反映了"各部门难以形成真正合力"的问题。究其原因,大抵是政府只出台了方针政策,却没有落实到具体措施,导致"各部门联动"成为一纸空文。C市S区政府对Y养老公司非法集资案采取的举措无疑给各地做好善后处置工作提供了一个很好的范本。一是由区民政局、街道办事处建立集资对象基本信息台账,及时了解集资对象的基本生活情况,对符合条件的对象及时给予生活救助。区司法局为集资对象提供必要的司法援助。二是以常务副区长为组长的"Y养老公司养老非法集资案"诉求解决及维稳工作专班小组成员按照现有防范处置非法集资的工作体制,加强对"Y养老公司养老非法集资案"化解工作的组织领导和人员、经费保障,进一步做好属地防控,畅通信访渠道,及时回应各方关切;严厉打击恶意滋事、挑头闹事等行为,全力维护经济社会大局稳定。

显然,政府接管Y养老公司并非单纯由政府派员接手其公司事务,而是在区政府统一领导下,民政、公安、金融等部门密切协作,联动处理。这样既能引导投资者理性表达诉求、依法维权,又能切实维护受害老人权益,使其损失最小化、利益最大化。

(2)维护老人合法权益

养老机构非法集资案件的一大难点是如何维护受害老人的权益。除去那些听信"返点返息"谎言的集资参与人,有相当一部分老年人参与集资不是为了获得高额回报,而是为了享受高质量的养老服务,或者出于预交床位费可获得优惠的目的。换言之,对于这部分有养老需求的集资参与人,他们投资的钱款既难以追回,而涉案养老机构又被查封,机构内工作人员也或身陷囹圄或另谋他处,故而他们无法享受到原机构负责人承诺的养老服务，堪称“人财两失”。如前文所述，调研组在调研时发现有些老人对钱款已无法追回的结果心知肚明，也不要求追回钱款，只希望能够有一隅之地得以安度晚年。对此，C 市 S 区民政局的做法是：对于在 Y 养老公司非法集资犯罪“爆雷”前已入住的老人，仍让其继续居住并享受政府牵头提供的养老服务，且根据其集资额减免房费，不收取押金，也不要求其预交床位费等费用，这些老人只需在每月月初缴纳当月费用；对于尚未入住的老人，由于资金、人手有限，故只能对其进行生活上的救助。调研组走访 Y 养老公司时与院内老人进行了深入交流，入住老人均对其现状表示满意，尤其对现任院长赞不绝口，某八十高龄的老人还拄着拐杖带调研组一行人参观他的单人间，称“在这里住比在家住舒服多了”。虽然大多数集资参与人的资金无法追回，但是 C 市 S 区政府已在其能力范围内最大化地维护了受害老人的权益。

(3)缓和外部舆情危机

由于刘某某将资金用于其他投资、消费等，名下已没有现金和有价值的资产可供执行退赔，追赃挽损的效果不佳，受害老人损失巨大，后期维稳压力较大。C 市 S 区政府通过临时接管巧妙地化解了舆论压力。政府临时接管后，与在院老人、F 养老服务有限公司共同管理机构日常事务，现机构有入住老人 35 人(其中参与集资对象 14 人)、工作人员 9 名。在政府的指导下，院内各项管理机制健全，安全防范措施到位，服务质量明显提升，机构运营正常，院内老人生活平稳。同时相关人员坚持在区政府统一领导下，认真做好属地维稳工作，讲究策略方法，引导投资者理性表达诉求、依法维权，全力维护经济社会大局稳定。政府对因非法集资犯罪“爆雷”的民办养老机构进行接管，给院内老人提供一定质量的养老服务，机构内的食宿标准、医用器械、消防安全等以及工作人员的工作内容均由政府指导、监管。尽管这种接管只是临时性的，但是仍然给予了参与集资的受害老人极大的希望，即“党和政府不会放弃我们，国家不会对我们的遭遇置之不理”，出于老年人对政府机构天然的信任，他们不易被煽动上访、冲击国家机关，舆论压力得到了有效化解。

(4)加强各方监管力度

养老领域非法集资类案件频发折射出基层管理薄弱的问题。涉案机构甚至能“打点”政府，在政府的背书下吸引老人投资。同时，在扶持政策方面，存在滥用职权贪污腐败的情况，导致相关补贴难以落实到位，增大了民办养老机构资金链断裂的可能;在资金监管方面,存在审核把关不力等漏洞。这暴露出有关部门在养老领域具体操作环节中存在审核把关不严、技术手段不足、监管存在漏洞、从业人员法治意识淡薄等问题。

C市S区政府为临时接管Y养老公司专门制订了方案,政府并非把Y养老公司全权接管,而是由S区民政局引进C市F养老服务有限公司与在院老人共同组成院务管理委员会,共同管理机构日常事务。调研组在向院内老人了解情况时得知,院务管理委员会中的老年人成员不仅参与到机构的日常管理事务中来,还派出一个有相关专业知识背景的老人负责会计审计工作,监督机构的资金使用情况,建立了清晰的财务制度。政府、F养老服务有限公司、在院老人之间互相监督、协作管理,形成了稳定的三角关系。在院老人作为院务管理委员会的重要组成人员,又与养老机构的经营管理情况有重大利害关系,他们心甘情愿并尽职尽责地承担起监督养老机构资金流向、经营管理等情况的重大责任,形成了对养老机构的有效监督。同时政府民政、公安、金融等部门也定期对机构进行巡查,监督力度可谓非常之大。

2. 涉非法集资民办养老机构临时接管制度的劣势

政府临时接管涉非法集资的民办养老机构的劣势主要在于立法相对滞后,导致程序正当性受到质疑。

(1)法律性质模糊不清

临时接管属于行政接管,是一种新型行政行为,其法理依据是国家替代责任理论。民办养老机构的接管制度是国家替代责任弥补市场失灵、维护公共利益的具体方式,也是国家对养老服务行业的保障。政府接管的是民办养老机构的经营管理权,而不是其所有权。换言之,政府临时接管民办养老机构的目的是化解其经营危机,避免发生大型经济风险(尤其是非法集资犯罪风险)。故政府自行组织临时接管工作部门或者委托第三方专业机构进行暂时性地经营管理。但实践中却存在有关行政部门通过获得问题企业的全部控制权谋取私利的可能,譬如有关部门接管后引入新的民间资本,这种经营管理权的再分配极易成为滋养腐败的“温床”。

接管行为是一种具有强制性的行政行为,其背后倚仗的是公权力机关强势的行政权,毫无疑问,作为私主体,民办养老机构面对强势的公权力机关时属于弱势的一方。由此,政府在作出临时接管决定时的目的是捍卫老年人的利益,但若其错用、乱用、滥用接管制度，则既会侵犯有关私主体的合法权益，不利于保障老年人的养老服务，也将扭曲国家替代责任理论，有损社会主义市场经济秩序和政府公信力。在养老行业中设立临时接管制度的初衷是，当有关养老机构发生潜在的风险，危及或可能危及公共利益，且无法通过自救或者私主体之间的民事接管化解危机时，政府基于维护公共利益、弥补市场失灵的需要承担起国家替代责任，对出现问题的民办养老机构进行临时接管。在作出接管决定时，政府只能寻求使公共利益最大化、公众损失最小化的最优解，不能有一丝一毫谋取私利的动机。但在实践中却可能事与愿违，国家替代责任与政府谋求控制权的私利的失衡，使得政府在实现公共利益保护目的的同时，会出现谋求控制权的私利“搭便车”的现象，使得私利夹杂于公共利益实现的过程中。长此以往，难免演变出以实现公共利益为名、裹挟谋求控制权的私利的行政接管行为。[①] 因此，政府对民办养老机构作出临时接管决定时，不仅会面临合法性危机，还会面临合理性危机。

(2)立法规制相对滞后

目前我国对于民办养老机构的临时接管制度缺乏统一立法，故各地都只能“摸着石头过河”，采取一案一策的方针，临时制订处置方案。Y 养老公司非法集资案件发生后，S 区政府迅速成立了以常务副区长为组长的“Y 养老公司养老非法集资案”诉求解决及维稳工作专班，出台了《S 区“Y 养老公司养老非法集资案”风险处置工作方案》。其反应之迅速、工作落实之到位固然值得称赞，可是由于缺乏立法规制，只能在事发后寻找解决办法，尽管 S 区政府效率很高，但临时组成工作专班、临时制定方针政策以及委托第三方专业机构都需要一定时间，很容易错过处理问题的最佳时机，容易引发舆情。同时由于没有现成的法律依据可以直接援引，政府试错成本极高，导致相关主管人员在作决策时束手束脚，甚至相互推诿。这对于因非法集资犯罪“爆雷”的民办养老机构的善后处置非常不利，有关主管人员往往把心思花费在如何避免被追究责任的问题上，而无法全心全意解决受害老年人的问题。

(3)重大程序杂乱无章

我国对民办养老机构临时接管制度缺乏立法规制，带来的不仅是实体正义的缺失，其程序合法性也备受质疑。我国素有“重实体、轻程序”的传统，但随着司法

---

① 参见应松年、冯健:《论行政接管的法律性质》，载《学习与实践》2020 年第 10 期。

体制改革的深化与法治建设的不断推进，程序之治的重要性已经越来越深入人心[①]。有学者指出："历史的考察和分析表明，缺乏完备的程序要件的法制是难以协调运作的，硬要推行之，则极易与古代法家的严刑峻法同构化。其结果，往往是'治法存'、法治亡。"[②]程序正义要求立法者在设计程序制度时应参考程序关系人的意愿，赋予其一定的选择权。[③] 换言之，政府作出决定并采取相应的措施，应严格依照法定的启动、执行、终止程序操作；同时，程序不只是政府作出决定的这一过程，还包括了作出决定前听取利害关系人意见的听证等程序和作出决定后的救济程序，从而"把权力关进笼子里"，杜绝政府追逐私利的可能，使其能够全心全意地承担国家替代责任。具体而言，Y 养老公司政府接管实践中暴露出来的程序问题有：

一是听证程序缺失。Y 养老公司因涉嫌非法集资犯罪"爆雷"后，C 市 S 区政府立即成立工作专班，出台相应工作方案。值得称道的是，院务管理委员会成员包含了在院老人。然而，是否启动临时接管？如何制订临时接管工作方案？为何引进 C 市 F 养老服务有限公司进行管理？诸如此类种种关于临时接管的问题，完全由 S 区政府决定，难免有专断之嫌疑。虽然我国对于民办养老机构的政府临时接管尚无相关法律规定，但《市政公用事业特许经营管理办法》第 25 条规定："对获得特许经营权的企业取消特许经营权并实施临时接管的，必须按照有关法律、法规的规定进行，并召开听证会。"参照该规定，S 区政府对 Y 养老公司实施临时接管，应当召开听证会，通知利害关系人（主要是参与集资的受害老人及其监护人）参加，一旦利害关系人对政府的临时接管存在异议，即可在接管前提出，并由各方研究解决。否则，难免重蹈陕西省高速公路建设集团"违反协议""暴力接管"双龙集团公司的覆辙。

二是终止程序缺失。C 市 S 区政府对 Y 养老公司作出临时接管决定的目的是，在完成对 Y 养老公司资产处置程序之前确保机构安全和维持其正常运转。那么在完成对 Y 养老公司的资产处置程序后，S 区政府的临时接管程序如何终止、在什么时机终止，对这些问题 S 区政府尚未制订完善的解决方案。我国民办养老

---

① 参见曹鎏：《论我国法治政府建设的目标演进与发展转型》，载《行政法学研究》2020 年第 4 期。

② 季卫东：《法律程序的意义——对中国法制建设的另一种思考》，载《中国社会科学》1993 年第 1 期。

③ 参见江伟：《市场经济与民事诉讼法学的使命》，载《现代法学》1996 年第 3 期。

机构政府临时接管制度中终止程序缺失的很大一部分原因是，我国尚未建立起完善的民办养老机构退市制度。河北省邯郸县民办志成学校被教育行政主管部门接管长达10年的例子给了我们深刻的教训。缺乏相应的立法规制，何来程序正义？而缺失程序正义，又何来实质正义？有关主管部门既无现成的法律可以援引，又缺乏类似案例可以照搬经验，只能"摸着石头过河"，走一步看一步，难以提前准备好解决办法。

三是政府定位不准。在Y养老公司的政府临时接管中存在三方角色：受害老人、F养老服务有限公司和S区政府。Y养老公司存续期间，其性质为民办养老机构，遵循市场规律自主经营管理，政府除必要的定期巡查外不对其进行过多限制；而政府一旦启动临时接管程序，政府的角色就由原先的"守夜人"变成了"掌舵人"，但这并不意味着管理权由政府独占。理想状态下，在政府的临时接管过程中，政府、受害老人、引进的第三方机构应当均为管理者，就养老机构的日常经营管理事务共同作出决策并相互监督。然而现实中却是S区政府一枝独秀，受害老人和F养老服务有限公司成为被管理者。这种模式从现任院长的薪资制度中可见一斑，院长不是带资接盘，而是作为经理人，每个月领取政府支付的几千元薪资，而F养老服务有限公司的盈亏与其并无干系，她是听政府安排，为政府做事。政府定位的偏差带来的弊端是很明显的，政府应当作为管理者之一，帮助被临时接管的养老机构平稳退市，在完成清算程序、妥善安置老人后或宣告养老机构破产，或引入新的民间资本继续经营。而S区政府的做法不利于F养老服务有限公司再度进入自我调节的市场，机构的盈亏与院长无关，院长的认真负责很大程度上依赖其回馈社会的情怀，这与民办养老机构的逐利性相悖，显然不具有推广的价值。

(4)受害老人安置困难

Y养老公司非法集资案中被骗受害人共计732人，现F养老服务有限公司的入住老人有35人，其中参与集资对象有14人，换言之，仍然有700余名参与集资的受害老人无法入住。调研组在与F养老服务有限公司的院长进行交流时，院长表示仍有许多老人入住进F养老机构的意愿非常强烈，只是碍于机构床位不够、资金有限、人手不足等，机构只能保证原先已入住的老人享受养老服务，无法再接收新的老人。对于无法入住的受害老人，政府只能做好非法集资受害人中生活困难对象的摸底排查工作，对符合救助条件的家庭及时给予社会救助和帮扶，确保不因生活困境出现冲击道德底线的事件。尽管这在一定程度上挽回了受害老人的损失,稳定了受害老人的情绪,降低了维稳工作的难度,但这部分受害老人的安置问题亟须解决。

四、政府临时接管涉非法集资民办养老机构的路径设计与后续处理

本书以国家替代责任理论为切入点,将其作为政府临时接管涉非法集资的民办养老机构的理论依据,解决合理性危机;又梳理现行法律法规,参照公用事业特许经营和商业银行的接管制度,解决合法性危机。据此,本书认为C市S区对Y养老公司接管的案例具有推广的可行性,只是碍于法律规定缺失,导致实践中各地政府缺乏统一指导。应完善政府临时接管涉非法集资民办养老机构的路径,同时不能顾前不顾后,应对接管终止后的处理程序作出相关规定。

(一)政府临时接管涉非法集资民办养老机构的路径设计

在现行立法相对滞后的情况下,首先应建立起政府临时接管涉非法集资民办养老机构的相关制度,对接管依据、接管主体、接管条件、接管程序等作出明确规定。

1. 合法性要求:统一立法

"法立于上则俗成于下。"[①]C市S区政府临时接管Y养老公司的案例,既为我们研究民办养老机构的政府临时接管制度提供了范本,同时也为这一制度的普遍适用敲响了警钟。一案一策并非长久之计,应尽快立法,解决政府临时接管民办养老机构的合法性危机,使政府对民办养老机构的临时接管制度化、规范化,政府亦可避免面临无法可依的指控。本书认为,可参照公用事业特许经营的临时接管制度,对民办养老机构的政府临时接管的主体、条件、程序作出明确规定。

2. 主体性要求:指导社会力量

Y养老公司非法集资犯罪案件"爆雷"后,C市S区政府迅速成立了以常务副区长为组长的"Y养老公司养老非法集资案"诉求解决及维稳工作专班,在区委、区政府统一领导下,政法委、法院、公安部门、检察院、司法行政部门、信访部门、民政部门、金融部门等密切协作,建立了"Y养老公司非法集资案"联动处理协同机

① 出自宋代苏辙《河南府进士策问三首之一》。

制。为了保障机构的安全和运转，区民政局和街道办事处在领导小组的指导下，引进C市F养老服务有限公司与在院老人共同组成院务管理委员会。

一般而言，临时接管有两种方式，即政府直接接管和政府指导并委托第三方机构接管。而政府直接接管又有两种方式：由相关主管部门进行接管和由政府各部门组成临时接管小组进行接管。显然，C市S区政府对Y养老公司的临时接管既组成了专班小组，又委托了第三方机构——F养老服务有限公司。本书认为，负责民办养老机构的临时接管的行政主体不应拘泥于某一部门（在实践中，该部门通常为民政部门），尽管民政部门作为民办养老机构的主管机关，对其工作机制、运营方式等较为了解，但民政部门毕竟不是专业的公司运营者，同时结合调研组在四市座谈时了解的情况，各地民政局养老科人手严重短缺，有些地方甚至只有两三个工作人员，平时的工作尚且应接不暇，更谈何接管民办养老机构。而政府各部门组成临时接管小组的方法虽然可以避免人手不足的问题，但由于政府各部门工作人员均缺乏公司运营经验，难以保证民办养老机构的可持续运作；而有些案件的受害者达数千人，牵涉众多老年人的切身利益，若完全由没有公司运营经验的政府来管理，恐怕会弄巧成拙。本书认为，最科学有效、成本最低的办法应为政府进行指导，委托第三方机构进行临时接管，同时由政府牵头，政法委、法院、公安部门、检察院、司法行政部门、信访部门、民政部门、金融部门等密切协作，组成临时接管小组，与第三方机构共同管理。接管小组组成人员除了各部门人员外，还应包括律师、注册会计师、养老机构行业专家等专业人员。①

3.接管前要求：把握介入时机

处置民办养老机构非法集资问题的一大难点在于把握介入时机。介入太早可能影响机构的正常经营活动，使资金链提前断裂；介入太晚又可能导致追赃挽损难度加大。且监管力度还不够大，养老型非法集资犯罪具有隐蔽性，导致有关部门难以把握介入时机。

（1）明确接管条件依规办事

参照公用事业特许经营的临时接管制度，本书将民办养老机构的临时接管分为如下三种情形：

一是紧急情况下的临时接管。所谓紧急情况，是指突然发生的危及人的生

---

① 参见吴俊：《公私合作中政府临时接管制度研究》，中南财经政法大学2020年硕士学位论文。

命、财产安全及社会治安秩序而需要紧急处理的事件。具体到民办养老机构面临的紧急情况,则主要是民办养老机构危及老人的财产安全的情形:第一,民办养老机构"爆雷",在实践中主要是民办养老机构的负责人因涉嫌集资诈骗、非法吸收公众存款等经济犯罪被逮捕。第二,民办养老机构采取预收费的模式开展运营,可能涉及非法集资犯罪,虽然尚未"爆雷",但资金链即将断裂,面临"爆雷"风险。一旦"爆雷",则会危及众多老人的财产安全。

二是民办养老机构违反相关法律规定情况下的临时接管。"违反相关法律规定"这一用语较为笼统,实践中,一般表现为违规收费、虐待老人、相关设施不合规等。并非民办养老机构出现任何违法行为均要由政府实行临时接管。我国《养老机构管理办法》第46条规定:"养老机构有下列行为之一的,由民政部门责令改正,给予警告;情节严重的,处以3万元以下的罚款:(一)未建立入院评估制度或者未按照规定开展评估活动的;(二)未与老年人或者其代理人签订服务协议,或者未按照协议约定提供服务的;(三)未按照有关强制性国家标准提供服务的;(四)工作人员的资格不符合规定的;(五)利用养老机构的房屋、场地、设施开展与养老服务宗旨无关的活动的;(六)未依照本办法规定预防和处置突发事件的;(七)歧视、侮辱、虐待老年人以及其他侵害老年人人身和财产权益行为的;(八)向负责监督检查的民政部门隐瞒有关情况、提供虚假材料或者拒绝提供反映其活动情况真实材料的;(九)法律、法规、规章规定的其他违法行为。养老机构及其工作人员违反本办法有关规定,构成违反治安管理行为的,依法给予治安管理处罚;构成犯罪的,依法追究刑事责任。"

由此可见,对于轻微违法行为,可依法给予民办养老机构警告、罚款等惩罚,责令其立即整改。若其违法行为十分严重,或者经多次警告仍拒不改正,已严重危及老人的生命、财产安全,则可以依法追究其刑事责任并由政府进行临时接管。

三是民办养老机构向政府申请对其进行临时接管。此种情形下,民办养老机构的经营者并不存在违法行为,但是该机构可能因为经营不善、不可抗力等无法持续正常运转,为维护老年人的权益,经营者可向政府提出申请,请求政府对其进行临时接管。若危机解除或影响经营的不可抗力事由消除,经综合评判考核,经营者可重新接管该民办养老机构。若原经营者确实无力经营,政府进行临时接管后,可依法定程序终止接管,该民办养老机构可能退市,也可能交由其他有能力、有资质的人经营管理。由于此种情形下的经营者无违法犯罪行为,只需其自行申请，因此政府在作出临时接管的决定时要慎之又慎，除听取利害关系人的意见外，还需请专业人员进行综合评估，确定民办养老机构是否符合临时接管条件。

值得注意的是，无论是哪种情形下的临时接管，都不能由政府独断决定，应依照法定程序举行听证听取利害关系人的意见，再决定是否接管。

(2)整合监管力量筑牢防线

仅仅明确政府临时接管民办养老机构的条件是远远不够的，还需建立健全监督、考评机制，监督规范民办养老机构的收费、食宿、护理等，一旦发生需要接管的情形，则政府可在合适时机介入。若政府已启动接管程序，各部门亦不可就此放松监管。同时，加强对养老非法集资的预防是最有效的手段。一般的民办养老机构资金投入大，若实际控制人的自有资金不足以运营该机构，为了快速回笼资金，其往往会采取预收费的模式开展运营。因为实际中对它们进行监管存在一定的难度，通过一般的摸排、巡查、检查等方法难以发现其中存在的违法违规问题，为防止这类养老机构发展到非法集资犯罪的程度，就需要从源头着手，民政、市场监督等部门要对它们的实际运营情况等进行深层次的了解，并监督它们严格守法经营。同时民政、税务等部门要对这类养老机构的账户及资金予以严格监管，严防资金外流和机构控制人挥霍资金，对可能涉及非法集资的情况，督促其立即整改，并及时对接公安机关。另外，针对老年人群体，各部门要开展形式多样的宣传引导，创新宣传内容，增加宣传的频次和力度，切实增强老年人的防范意识。各部门应在政府的领导下密切协作，形成合力，共同监督民办养老机构的运营管理。具体而言，应从市场准入监管情况、养老服务相关政策落实情况、日常运营监管情况这三个方面进行监管。

在市场准入监管方面，根据《老年人权益保障法》和《养老机构管理办法》的规定，兴办民办养老机构不再实施设立许可或者审批，民政部门依法做好备案管理，养老机构在市场监督管理部门登记后即可开展服务活动，民政部门根据职权加强养老机构事中、事后监管。以湖南省益阳市为例，民政部门在备案时主要以书面审查和实地检查相结合的方式进行审核。其中，书面审查主要审查备案申请书，包含养老机构基本情况，包括名称、住所、法定代表人或者主要负责人信息等；服务场所权属；养老床位数量；服务设施面积；联系人和联系方式；应重点审核养老机构申请人或法人代表公安机构无犯罪记录和中国人民银行个人信用情况。实地检查主要是对已经备案的养老机构，备案民政部门自备案之日起20个工作日内进行现场检查,并核实备案信息;对未备案的养老机构,服务场所所在地的县级人民政府民政部门自发现其收住老年人之日起20个工作日内进行现场检查,并督促及时备案。

在养老服务相关政策落实方面,下级民政部门应积极落实国家相关政策,向上级民政部门协调争取民办养老机构运营补贴资金、消防补贴资金,严格落实民办养老机构建设补贴、运营补贴、贴息贷款、社保补贴等相关优待政策。同时,由财政部门监督养老项目国家投资财政资金的使用,审计部门监督民办养老机构中国家资助或者社会捐赠的资金。

在日常运营监管方面,民政部门应依法履行监督检查职责,强化日常监管,开展专项检查,并联合消防部门、卫健委、财政部门、金融办等单位开展联合督查。有关部门应开展安全生产检查、自建房隐患排查、非法集资风险排查等专项检查工作,对辖区内所有养老服务机构进行"地毯式"全覆盖排查,对养老机构法人登记备案情况、服务收费、运营管理等方面的问题进行全面排查和整治。有关部门应采取向养老机构和个人了解情况,进入涉嫌违法的养老机构进行现场检查,查阅或者复制合同、票据、账簿及其他有关资料等形式进行监督检查,发现养老机构存在可能危及人身健康和生命财产安全风险的,责令其限期改正;逾期不改正的,责令其停业整顿。

4. 接管中要求:建立接管程序

缺乏程序正义将导致实体正义的缺失。在接管过程中,应建立起完善的接管程序,使各部门依法依规办事。

(1)启动程序——依职权或依申请兼而有之

根据民办养老机构政府临时接管的条件,可将临时接管的启动程序划分为两种情况:一是政府依职权启动,此种程序适用于紧急情况下的临时接管和民办养老机构违反相关法律规定情况下的临时接管。二是政府依民办养老机构经营者的申请启动。

政府依职权启动临时接管程序时,政府作为主导方,社会资本方相对弱势。此时,为避免政府滥用职权任意接管,损害民办养老机构的经营者及老年人的合法权益,应严格依照程序决定是否启动临时接管。具体而言,当政府发现本辖区内的民办养老机构符合临时接管的条件时,应组织有关部门进行前期调查,重点监管该民办养老机构的卫生安全、医疗服务、消防安全、财务审计等。若该机构违法情节轻微，态度好，可责令其限期改正；若该机构屡教不改或犯罪情节严重，甚至负责人已锒铛入狱，此时，政府应立即将有关事项报上级主管部门批准决定。

政府依申请启动临时接管程序时，应在收到申请后一定期限内作出决定。在受理申请到作出决定的期间内，政府应组织有关部门对申请人提交的材料进行审核、对该民办养老机构进行实地考察，排查申请人抽逃资金的可能性，确定其是否符合临时接管条件。若政府认为有必要启动临时接管程序，则应报上级主管部门批准决定；若政府认为不符合临时接管条件或有其他不宜临时接管的事由，则应在期限内作出不接管决定。

无论是哪种启动程序，政府都应将有关事项进行公开。同时，若利害关系人对政府作出的接管或不接管决定有异议，可以申请复议、复核。

（2）听证程序——非正式制度与正式制度双轨并行

听证制度源于英国的“自然公正原则”，该原则要求权力机关在作出对当事人不利的决定时，一定要听取他的意见，即“人不能做自己的法官”。[①] 中国古代也有听证制度，如西周的三讯制度：“一曰讯群臣，二曰讯群吏，三曰讯万民。”一般来说，听证制度是指在法律规定的条件下，由非本案调查人为主持人，采用准司法的方式听取利害关系人申辩的制度。临时接管作为一种具有强制性的、严厉的行政行为，若使用不当，极有可能损害当事人的利益。而老年人作为特殊的社会群体，若对其利益处置不当又极易引发社会舆论。因此，听证是必不可少的程序。

依照公众参与方式和程度的不同，可以将听证分为正式听证和非正式听证。正式听证，又称“基于证据的听证”“完全的听证”，即行政机关举行听证会，行政机关须根据听证记录作出决定；非正式听证，又称“陈述的听证”，即当事人口头或书面陈述意见，其意见仅供参考。鉴于许多情形下民办养老机构发生突发状况亟须政府作出决定（实践中多为民办养老机构负责人因涉嫌集资诈骗、非法吸收公众存款等经济犯罪锒铛入狱），因此本书认为对临时接管的听证不宜局限于某一种听证方式，可以建立双轨制，以非正式听证为主，正式听证为辅。这样既能最大限度地保证当事人的申辩权利从而避免政府独断专行、权力寻租，又能保证作出相关决定的效率，避免因程序烦冗拖沓而错过最佳接管时机。

---

① 参见樊长春、朱立恒：《论公正审判权的思想渊源》，载《中南大学学报（社会科学版）》2008 年第 3 期。

依照举行的时间先后,可以将听证分为事前听证、事后听证和混合听证。顾名思义,事前听证与事后听证的区别在于举行听证的时间与政府作出决定的时间先后。而混合听证是指事前举行非正式听证,若当事人对政府作出的决定不服,则举行正式听证;或者当事人不服决定时,先举行非正式听证,若仍不服,再举行非正式听证。本书认为,应具体问题具体分析。政府作出决定前举行听证,若该听证为非正式听证,则只有当事人不服时,才举行正式听证,这也可视为当事人的救济程序;若原本举行的听证为正式听证,则除非听证会出现重大瑕疵,否则不需要重新举行听证。

(3)执行程序——实体正义与程序正义层层推进

在民办养老机构临时接管的执行过程中,要依据实体法和程序法的要求依法办事,兼顾实体正义与程序正义。具体而言,应按照以下步骤执行:

首先,组建临时接管委员会。政府对民办养老机构作出临时接管决定后,应立即由政府牵头,政法委、法院、公安部门、检察院、司法行政部门、信访部门、民政部门、金融部门等密切协作,并聘请律师、注册会计师等专业人员组成临时接管小组,委托第三方机构,并由受害的集资老人推选出 1~3 名老年人代表,共同组成临时接管委员会。临时接管委员会应尽到忠实义务,不得乱收费、消极怠工。

其次,正式实行临时接管。被接管的民办养老机构在收到接管通知后,原工作人员应与临时接管委员会进行工作交接,交接时,应通知利害关系人并保证其有代表在场,保证接管有序进行,不得暴力接管。每月月初组织对上个月的账目进行清算,清算时,政府、第三方机构、受害老人三方均应派代表在场,并应将清算结果上报政府。民政局、卫健委、审计局等部门根据各自职责,定期检查被接管养老机构的医疗设施、食宿情况、安全设施、资金使用情况等。原则上,民办养老机构的原工作人员及其薪资不作变动,实践中也可由临时接管委员会讨论决定。工作人员不得擅自处分民办养老机构的土地、设备等。

最后,对被接管的民办养老机构进行财产清算。由法院委托资产评估鉴定机构对被接管的民办养老机构的财产进行评估作价。实践中,若该民办养老机构涉嫌集资诈骗、非法吸收公众存款犯罪,则由法院对其股权及涉案资产进行查封,以期完成资产处置程序,退赃退赔,最大限度弥补受害人损失。

(4)终止程序——期限届满终止或接管期间内提前终止均可

当临时接管委员会认为确有必要终止临时接管时,应先由临时接管委员会提出终止申请。政府收到申请后，应组织相关专业人员进行调查核实，并充分听取利害关系人的意见，审慎作出决定。

临时接管委员会启动终止程序的情形如下：第一，接管期限届满后接管终止。临时接管是有期限规定的，一旦期限届满，若无特殊情形，应当终止接管。第二，期限届满前终止。在临时接管期间，可能发生被接管的民办养老机构恢复经营能力、被其他企业并购、破产等情形，此时接管的基础已不复存在，临时接管提前终止。

（5）救济程序——诉讼渠道与非诉讼渠道畅通无阻

由于临时接管制度法律规则的缺失、法律性质的模糊，极易导致其适用条件抽象化、适用范围扩大化、程序规定简易化，最终导致控制权私利隐匿化。政府临时接管制度的出发点是保护公共利益，但有时却事与愿违，甚至会侵害公民的合法权益。为了避免出现以实现公共利益为名、裹挟私利的行政接管行为，应当在政府临时接管的全过程建立完善的救济程序。

救济的渠道包括诉讼渠道与非诉讼渠道。诉讼渠道，即诉讼救济，利害关系人有权就政府作出的接管决定或不接管决定提起行政诉讼。非诉讼渠道主要指行政复议与申诉制度以及国家赔偿制度。

行政复议制度是当事人面临不合理的行政行为时维护权益的路径。当民办养老机构的负责人、受害老人认为政府作出的接管决定或不接管决定侵犯其合法权益，或者利害关系人认为政府委托相关第三方机构确有不当时，可以在一定期限内向上一级政府提出行政复议申请。申诉制度中的“申诉”应作扩大解释。民办养老机构的经营者、受委托的第三方经营机构以及有利害关系的老人及其子女均可提出申诉。民办养老机构的经营者可对政府的临时接管决定提出申诉；受委托的第三方经营机构认为其权利受到侵害时可提起申诉；入住的老人及其子女若发现政府接管后养老机构存在食宿不达标、违规收费、虐待老人等侵犯老人合法权益的行为，也可向有关部门提出申诉。因此，政府应当畅通申诉渠道，鼓励公民对政府临时接管的民办养老机构积极进行监督、检举。由于行政诉讼、行政复议耗时较长，而临时接管又具有紧急性，因此不宜因相关当事人提起行政诉讼或行政复议而推迟接管。一旦发现确有政府的临时接管损害相关当事人合法权益的情形，则政府应立即停止侵害行为。

同时，若政府的不当接管行为给被接管方、在院老人等利益相关主体造成了人身权或财产权的损害，受害人可以申请国家赔偿。

（二）政府临时接管涉非法集资民办养老机构的后续处理

政府临时接管涉非法集资民办养老机构有一定期限要求，接管终止后，也不能任其自生自灭，应为其寻找合适的出路，做好善后处理工作。

1.重组养老机构

政府临时接管制度具有过渡性，有期限要求。当接管终止后，被接管的民办养老机构该何去何从，是由新的社会资本继续经营，还是直接宣告破产？政府应当承担起国家替代责任，充分发挥作用。具体而言，接管终止后的民办养老机构大致有四种结局：

（1）政府注资——扶大厦于将倾

本书论述的民办养老机构政府临时接管条件中，有一种情形是该民办养老机构经营不善。对于因经营不善而被政府临时接管的民办养老机构，既要遵循市场优胜劣汰的竞争规律，不能一概期待政府的资金救助，也要充分发挥国家替代责任的作用，不能任由其自生自灭。政府应当对这些民办养老机构的基础设施、经营状况、盈利周期等进行实地考察，并协同有关专业人员进行评估，从而有选择性地对此类养老机构进行注资，抑或代其偿还到期债务，使陷入经营困境的民办养老机构起死回生、化险为夷。

（2）政府调节——推动合并重组

要求政府承担国家替代责任的前提是政府不应充当“守夜人”的角色，而应充分发挥其在自由市场中指导、调节的作用。政府可以通过给予优惠政策的方式吸引经营状况良好或者财力雄厚的养老机构并购因发生危机被政府临时接管的民办养老机构，比如给予税收优惠、政府代付租金等扶持政策。民办养老机构之间的合并重组有利于达到社会资源的最优配置。

（3）政府购买——民营转为公办

保障老年人的养老需求是我国政府的内在责任，也是普罗大众对政府的期许。兴办养老机构原本属于政府责任，但由于人口老龄化加剧等，政府鼓励社会资本进入养老市场。因此，当民办养老机构的接管终止后，可以考虑由政府出资购买被接管的民办养老机构，将其性质转变为公办或公私合营。养老机构内的基础设施甚至工作人员均可不发生变动，原先入住的老人也不必进行转移，这样可以在妥善利用即将闲置的养老资源的同时减少入住老人受到的负面影响。

(4)政府乏术——进入破产程序

若政府用尽一切办法,仍回天乏术,则可宣告被接管的民办养老机构进入破产程序。宣告破产后,应选任有法律相关知识和会计从业经历的专业人员担任破产管理人,临时接管委员会应与破产管理人进行工作交接,需要将接管期间的账目、财产等悉数上报,以便进行财产清偿。同时,法院要发布破产公告,以便相关债权人进行债权申报。

2. 安置受害老人

安置受害老人,主要工作在于全力追赃挽损,弥补老人的损失以及解决老人的养老问题。

(1)追赃挽损——建立更具实操性的受害老人清偿制度

追赃挽损向来是处理民办养老机构非法集资案件的难点。在实践中,法院对被执行人名下财产进行查封、扣押、冻结、评估、拍卖,所得款项用于退赃退赔。但有的涉案财产上存在优先权,如抵押权等,导致拍卖变现困难。这暴露出参与集资的受害老人与其他债权人之间的财产清偿矛盾。调研组在与衡阳市某法院的访谈中了解到,款项应优先退赔被害人,其次是司法机关罚没,若有剩余,再按比例偿还民事债务。但是在养老相关领域,尚无更细致的操作办法。为维护老年人权益,可以由最高人民法院以司法解释的形式建立更具实操性的受害老人清偿制度。

涉非法集资犯罪的民办养老机构"爆雷"后,受害老人分为两种:一种是参与集资的受害老人,另一种是未参与集资但是预交了床位费等费用的受害老人。司法实践中相关款项按照"先刑后民"的顺序退赔被害人,此处的被害人具体是指参与集资的受害老人。对于未参与集资,只是因正常经营活动预交床位费等费用的老人而言,他们的债权属于民事债权,只能作为普通债权最后受偿,这显然不利于维护老年人的财产权利。对此可参照《民办教育促进法》第59条[①]的规定,涉非法集资的民办养老机构的财产可按照下列顺序清偿:先退赔受害老人的集资款并退还老人预交的费用,再清偿拖欠的职工工资及社会保险费用,若需罚没,则对剩余

---

① 《民办教育促进法》第59条规定:"对民办学校的财产按照下列顺序清偿:(一)应退受教育者学费、杂费和其他费用;(二)应发教职工的工资及应缴纳的社会保险费用;(三)偿还其他债务。非营利性民办学校清偿上述债务后的剩余财产继续用于其他非营利性学校办学;营利性民办学校清偿上述债务后的剩余财产,依照公司法的有关规定处理。"

财产进行罚没,最后剩下的部分用于清偿其他债务。

(2)安享晚年——细化老年人安置方案

若养老机构在政府临时接管后未进入破产程序,对原先已入住的老人,原则上仍让其继续享受养老服务,除每月的床位费、餐饮费等必要费用外不得再进行额外收费;对于尚未入住的老人,若机构确实无力接纳,则由政府出面安排其入住其他机构,或者给予其一定的生活补贴。若养老机构宣告破产,政府组织清算后,应安排老人转院或者给予困难老人生活保障。

本节小结

临时接管是一种新型行政行为,有别于传统的行政强制、行政处罚等行为。当前,我国正加速步入人口老龄化社会,政府鼓励社会资本进入养老行业,然而,由于制度体系不健全、监管体系存在漏洞以及养老行业存在高投入、低回报等特点,民办养老机构"爆雷"事件层出不穷,最典型的就是因涉嫌非法集资犯罪而"爆雷"。为了解决这一问题,有些地区开始探索将临时接管制度适用于涉非法集资的民办养老机构。涉非法集资的民办养老机构临时接管制度,以国家替代责任理论为法理基础,具有强制性、必要性、紧急性、过渡性、公益性的特征。但由于国家替代责任理论和政府谋取控制权私利的失衡,产生了部分地方政府打着维护公共利益的幌子乱接管的乱象。据此,本书以湖南省C市S区接管Y养老机构的现实案例为依据,尝试以国家替代责任为视角,解决民办养老机构临时接管制度的合理性危机,同时,厘清民办养老机构临时接管制度的性质,从实体、程序上设计出实现路径。但民办养老机构临时接管制度终究是一个新兴课题,亟待更多专家、学者深入研究,共同完善。

第二节　民办养老机构"爆雷"后老年消费者权益的国家保护义务研究

根据第七次全国人口普查的数据,中国60岁及以上的老年人人口比例远超全球平均水平,占比18.7%,达到2.64亿人。随着人口老龄化问题日渐突出,养老问题日益成为社会关注的焦点。"老有所依、老有所养"一直是党和国家十分关心的大事。在积极应对人口老龄化的顶层设计上，从党的十九大报告提出"积极应对人口老龄化"、实现"老有所养"目标，到《国家积极应对人口老龄化中长期规划》明确应对人口老龄化的五方面具体任务，党的十九届五中全会将积极应对人口老龄化上升为国家战略，中共中央、国务院《关于加强新时代老龄工作的意见》强调健全养老服务体系，再到《"十四五"国家老龄事业发展和养老服务体系规划》将"积极应对人口老龄化国家战略的制度框架基本建立"确定为发展目标，党的二十大报告再一次提出，实施积极应对人口老龄化国家战略，发展养老事业和养老产业，优化孤寡老人服务，推动实现全体老年人享有基本养老服务。一系列高瞻远瞩、审时度势的重大制度设计，成为养老服务发展的指路明灯。

随着我国人口老龄化问题日渐突出，如何有效应对人口老龄化，已经成为中国经济发展和现代化进程中的"必答题"。民办养老机构进入养老市场，也是得益于国家的好政策。国务院办公厅《关于全面放开养老服务市场提升养老服务质量的若干意见》指出"全面放开养老服务市场"，让社会力量成为养老服务供给的重要参与者、推动者。大批民间资本涌入养老市场的同时也乱象百出，出现了例如纳诺养老院、顺祥养老公寓等"爆雷"的案件。2021 年 9 月 30 日《新京报》发表的《"养老院"成诈骗基地，1.9 亿老人的晚年如何安放》一文显示：在中国裁判文书网上，以"养老院""非法吸收公众存款罪"等关键词作为筛选条件，可以找到 101 份受害者全部为中老年群体、希望未来接受对方提供养老服务的刑事一审判决书，涉及 96 起案件，遍及 26 个省级行政区，受害人数超 6 万人，涉案金额 80 多亿元。分析提及受害人数的 83 份判决可以发现，养老诈骗案平均受害人数为 771 人。发生在江西的一起案件，受害人数甚至高达 7883 人。上述筛选出的 96 起案件，案均涉案金额为 8355.4 万元，累计涉案金额为 80.21 亿元，其中单案涉案金额最高为 14 亿元。①

从一个个案件可知，随着"未富先老"的现象越发明显，老年消费者权益受到各方面侵害，民办养老机构的"爆雷"给受害老人的精神和财产造成严重损害。一方面，老年人认识能力衰退、自我防范能力下降，即使在平等的法律关系中老年消费者在事实上也会处于弱势地位。另一方面，我国老年人普遍缺乏通过法律手段

① 《"养老院"成诈骗基地，1.9 亿老人的晚年如何安放》，载百度百家号 2021 年 9 月 30 日，https://baijiahao.baidu.com/s?id=1712291864736320541&wfr=spider&for=pc。

进行自我救济的能力,针对老年消费者的法律援助等制度尚不完善,"爆雷"后的养老机构难以得到惩罚,客观上导致了侵害老年人权益行为的低成本。对于"爆雷"后的民办养老机构,受害老年人的合法权益如何保障应是在规制民办养老机构健康发展前首先应做的。因此,最高人民法院于2022年发布了《关于为实施积极应对人口老龄化国家战略提供司法服务和保障的意见》,要求在司法层面加大对侵害老年人人身和财产权益行为的打击力度。

目前,我国的法治建设取得了长足的进步,老年人权益保障体系也逐渐完善,但是我国在针对"爆雷"民办养老机构受害老年人的权益在内容和实现方式上的特殊性还没有足够重视。对消费者权益提供普遍性保护的法律未考虑到老年人群体的特殊性,在执法与司法领域面向老年人的救济体系也仍需完善。诸多因素共同导致民办养老机构侵害老年人权益的现象日益明显,特别是民办养老机构"爆雷"后老年消费者权益无从保障,该问题亟须解决。

一、理论分析工具:受害老人权益的国家保护义务

随着我国向老龄化社会深度演进,养老机构的职能也因势发生转变,从起初的主要替政府承担安置孤寡老人的社会救济职能,逐步扩展为满足社会老年群体多元化养老需求的综合服务职能,其服务内容、运营管理、升级模式等得以广泛延伸。[①] 养老机构入住老人越多、规模越大,养老机构风险事故发生的概率也就越大,[②]其运行过程中稍有不慎,便会侵害入住老人的合法权益。这也会给正在发展的民办养老机构带来负面的社会形象,从而使老年消费者们失去信心。

(一)国家保护义务基本理论

在讨论国家保护义务与老年消费者权益的关系之前,应当对国家保护义务的概念进行界定,以便明确下文所讨论的对象。国家保护义务理论是基本权利保障理论体系的重要组成部分,其概念形成于20世纪70年代的德国。在德国宪法法院为了保障公民基本权利而作出的一系列判决中,国家保护义务从基本权利的功

① 参见彭科:《国家保护义务视域下养老机构治理的立法优化》,载《湖南农业大学学报(社会科学版)》2021年第6期。

② 参见章晓懿、刘永胜:《利益相关者理论视角下的养老机构运行风险研究》,载《上海交通大学学报(哲学社会科学版)》2012年第6期。

能中发展出来。广义的保护义务是指基本权“客观价值秩序”所导出的所有国家义务，包括制度性保障义务、组织与程序保障义务以及其他各种排除妨碍的义务。[①] 而狭义的保护义务仅指国家保护公民免受来自第三方侵害的义务。如我国台湾地区学者张嘉尹认为，“基本权保护义务即人民可根据基本权向国家请求保护其基本权所保障的法益，以免受到其他人民的侵害”[②]。因此，国家保护义务的实质即第三人效力，“保护义务的核心关系是侵害方与被侵害方之间，也就是私人之间的关系，国家只是以中立的身份来平衡基本权利主体之间的权益”[③]。

国家保护义务是国家义务的重要组成部分，国家履行保护义务是国家保护公民权利不受第三人侵害的最主要的方式。国家保护义务强调国家负有确保人民在实现基本权利过程中免受第三人侵害的义务。也就是说，国家保护义务所约束的对象是实施不法侵害的第三人，当某种侵权现象在社会中广泛出现，并且已经严重影响公民基本权利的实现时，国家应当履行保护义务，阻止第三人的侵害，保护公民权利。与其他种类的国家义务不同，国家保护义务体现在国家主动对公民受侵害的权益进行保护，因此既要求国家积极构建国家保护义务机制，让公民经过法律确认的权益得到切实的保护，又不会像给付义务一样为国家带来庞大的财政负担。

在坚持保护公民权利的基本目的不变的条件下，国家承担的义务范围越来越广，保护公民权利不受第三人侵害的国家保护义务成为国家义务的重要组成部分。在现代社会中，私法主体之间的关系早已不是自然法学派所描绘的那种人人平等的关系。在市场经济高度发达的今天，大型公司、社会组织同样拥有着巨大的经济实力与社会能量，作为个体的公民难以与其抗衡。在私法领域，若弱者在面对强者的侵害时无力维护自身的权利，国家有义务通过作为的方式对弱者的权利进行保障。正如我国学者杨海坤所言，“弱者权利的法治保障首先在于优化立法，在于用立法保障弱者的平等权”[④]。法治国本身有着保障公民尊严、尽力消除社会中强者对弱者的权利进行侵害的现象的义务。这也对国家介入私人之间法

① 参见朱全宝：《宪法权利实施研究》，中国社会科学出版社 2015 年版，第 218 页。

② 张嘉尹：《基本权理论、基本权功能与基本权客观面向》，载翁岳生教授祝寿论文编辑委员会编：《当代公法新论》（上），台北，元照出版公司 2002 年版，第 51 页。

③ 陈征：《基本权利的国家保护义务功能》，载《法学研究》2008 年第 1 期。

④ 杨海坤：《宪法平等权与弱者权利的立法保障——以老年人权益保护立法为例》，载《法学杂志》2013 年第 10 期。

律关系、平衡双方的力量提出了迫切需求。国家作为保障公民权利实现的义务主体,面对社会中广泛存在的民办养老机构"爆雷"后老年消费者权益受损的现象,应主动采取措施维护老年消费者的合法权益,这是建设社会主义法治国家的题中应有之义。

因此,本书从国家保护义务理论出发,聚焦于我国普遍存在的民办养老机构"爆雷"后老年消费者权益无从保障这一具体社会问题,最终目的是建立老年人权益国家保护义务机制,以求更好地应对民办养老机构"爆雷"后的各种乱象。

(二)国家保护义务的目的是抵御第三人的侵害

在法学视角下,法律义务是指法律规定权利主体必须作出一定行为或不作一定行为的责任,是保证法律权利得以实现的条件,是国家对一定的直接社会责任的确认,有鲜明的阶级性,体现着统治阶级的意志,维护统治阶级的利益。① 当义务主体为国家时,义务的内涵表现为保障公民基本权利。对公民基本权利进行保障是现代法治国家面临的共同任务,法治国家的终极目标即追求基本权利的保护,基本权利的保障是国家存在的正当性基础,亦为国家理性之所在。② 保障公民基本权利是宪法的重要功能,也是法治国的最重要任务。正如马克思阐释的,法律的和政治的上层建筑是在一定的经济基础之上建立的,并会随着生产力与生产关系的发展而发展。因此虽然国家义务的根本目的在于保障公民权利,但是其在不同的历史阶段会呈现出不同的样态。

国家义务最早确立于17世纪资产阶级革命时期,伴随着"天赋人权"思想的提出,国家被赋予了保障人权实现的义务,如霍布斯、洛克、卢梭等启蒙思想家提出国家存在的意义便是保障每一个成员的自由和平等的权利。但在这阶段国家义务基本是被动的,即不多干涉公民的自由。但是随着人权理论的不断完善,人们意识到国家不仅需要通过消极的方式保障公民的财产权利和政治权利,同样也需要通过积极的手段实现公民的社会和文化权利。资本主义进入垄断阶段后,资本集中导致个体之间的力量差距变得越来越大,为了社会稳定,国家不得不转变原本"守夜人"的角色,开始通过立法机关制定相关的法律对公民的私人生活进行

---

① 参见张军:《法理学》,中国民主法制出版社2014年版,第231~232页。
② 参见袁立:《公民基本权利视野下国家义务的边界》,载《现代法学》2011年第1期。

一定的干预，让政府承担更多的社会责任。随着现代社会中不同私法主体之间的力量差距日益加大，加之行政权的逐步扩张，国家机器的力量达到空前的程度。通过法律的手段协调社会中不同主体之间的关系以保护弱者成为国家义务的重要内容。

根据基本权利功能体系理论，基本权利的功能被总结为防御功能、受益功能与客观价值秩序功能。[①] 国家保护义务则是当公民的权利受到来自第三人的侵害时，国家应当采取行动对受侵害的权利进行保护。韩大元认为，"国家机关对基本权法益的'国家保护义务'也即人权保护义务，其义务包括：作为人权而得到的保护权益；第三者的利益；紧急状态中对社会主体权利的保护；采取预防手段减少人权主体利益受到不当的危害"[②]。

国家保护义务意味着公民享有受保护权。从受保护权的属性定位来看，具有规则属性、原则因素并且遵循禁止保护不足原则的约束。[③] 规则属性要求国家采取积极的行动，并且要求其采取的行为具备最低限度的有效性，这部分不应被国家自由选择或者裁量。原则因素派生于规则属性，具体包括最低限度有效性保护义务和超最低限度有效性保护义务。前者国家机关应该达成，而后者则需要根据法律和事实上的可能性，尽可能有效地达成，但若未达成也不能认为侵犯受保护权或者是违反国家保护义务。受保护权的规则属性和国家保护义务的最低限度有效性，意味着国家保护义务的履行具有一定的底线要求。对于基于防御权的国家义务履行，其合宪性需要根据禁止过度原则确定。[④] 即应符合禁止不足原则：适当性、有效性和均衡性三个子原则。因此，国家履行国家保护义务或者公民请求受保护权时，理应遵循上述规则和合理限度。

（三）国家保护义务与老年消费者权益保障的契合性

随着人权保障理论的不断发展，国家开始主动介入侵权者和被侵权者之间的

---

① 参见张翔：《基本权利的受益权功能与国家的给付义务——从基本权利分析框架的革新开始》，载《中国法学》2006 年第 1 期。

② 韩大元：《宪法思维四讲》，中国人民大学出版社 2017 年版，第 171 页。

③ 参见李海平：《基本权利的国家保护：从客观价值到主观权利》，载《法商研究》2021 年第 4 期。

④ 参见程明修：《论基本权保障之"禁止保护不足原则"》，载城仲模教授祝寿论文集编辑委员会编：《宪法体制与法治行政——城仲模教授六秩华诞祝寿论文集》（第 1 册），台北，三民书局 1998 年版，第 245 页。

侵权关系中。但是公权力的审慎性又要求国家在动用公权力对受害者进行保护与救济时,应当遵守相应的规则。因为国家通过个案干预的方式进行救济往往缺乏相应的标准,很难保证公平,国家对受害者的不恰当保护可能会造成更严重的后果。因此国家保护义务要求国家既要对私法主体之间的侵权关系进行调整,又要尽可能少地通过个别调整的方式对双方进行直接干预。在受害者、国家、侵害者形成的"基本权三角关系"中,保护义务并没有赋予受害者对加害者进行直接的权利主张,而是国家通过制定和执行相关规范对受害者进行有效保护。[①] 通过建立国家保护义务机制的方式对受损的权利进行救济为国家履行保护义务与避免公权力的滥用提供了折中的解决方案。

制度的建立需要足够科学与精细的理论作为基础,治理民办养老机构的根本目的就是确保老年消费者权益免受侵害。为了更加有效地针对不同的侵害情形建立相应的救济制度,理论界将第三人侵害进行了进一步的分类。针对第三人侵害的可能性、实在性和破坏性,可以将第三人侵害划分为事先、事中和事后三个阶段,国家义务分别为预防、排除和救济。[②] 也就是说,在国家保护义务视角下,当老年消费者的权益有受到第三方侵害的可能时,国家就有义务采取合理的保护措施使其免受侵害;当老年消费者的权益正在遭受第三方侵害时,国家负有排除第三方侵害的义务;若老年消费者的权益已经受到损害,那么国家应当负有对侵权人追究责任以弥补受害人的义务。从国家保护义务机制构建的角度看,事先、事中和事后三个阶段分别对应着立法、执法与司法三重保护层次。

立法作为事先保护的重要方式,是最普遍性的国家保护义务承担方式。国家通过具体的法律制度对受侵害的老年消费者的权益进行保障,是社会公平正义的体现。国家通过立法将所要保护的权利进行明确规定,同时明确侵权行为与侵权后果,预防社会中潜在的侵权风险。执法作为国家履行事中保护义务的主要手段,是维持社会秩序、抵御第三人侵权的最直接方式。经过立法宣示的权利并不能自我实现,执法部门对侵权者的监督与处罚是保护公民权利的重要屏障。经由立法机关确立的社会价值导向,应当由行使行政权的政府负责落到实处。司法是国家在事后履行保护义务的最重要方式。国家司法制度的设计应当保障国民的

① 参见王进文:《基本权国家保护义务的疏释与展开——理论溯源、规范实践与本土化建构》,载《中国法律评论》2019 年第 4 期。

② 参见龚向和、刘耀辉:《论国家对基本权利的保护义务》,载《政治与法律》2009 年第 5 期。

裁判请求权,使国民在权利受到侵害或与他人发生争议以后能够较为容易地诉诸法院并获得公正的审判。权利受到侵害的公民往往是社会中的弱势群体,因此其诉权的行使在实践中会遇到更多阻碍,故更应保护其诉权。

民办养老机构的“爆雷”对老年消费者的权益损害严重、影响深远,该问题已经成为我国老年人追求美好生活的重要障碍,进一步凸显了国家保护义务对于老年人的重要性。完善的法律体系是权利保障的前提,因此科学立法,进一步明确侵权类型、后果以及救济途径是建立健全国家保护义务机制的第一步。完善权利保障制度体系后,严格执法是将立法精神落到实处、让法律具有真正实效性的必然要求。而公正司法则要求国家通过司法手段对执法没有及时发现并处理的侵权行为进行直接调整,救济受害者的权利。将个别救济的行为延后到事中与事后阶段,能够有效避免基本权利防御与国家保护义务之间的矛盾。

(四)国家保护义务之于受害老年消费者权益保护的必要性

首先,针对民办养老机构受害老人适用国家保护义务符合宪法的立法精神。《宪法》明确规定“国家尊重和保障人权”,保障人权的方式包括国家履行积极作为的义务。国家与公民关系的历史及发展趋势表明,国家义务与公民权利已经成为现代国家与公民关系的主轴,国家义务的目的就是对公民权利的根本保障。①鉴于“爆雷”民办养老机构侵权现象严重,国家依照宪法切实履行保护义务,可以最大限度地保障受害老人的权益。由此,国家保护义务与受害老年消费者权益保护内在逻辑一致、根本目的高度契合。

其次,国家保护义务的实行有助于改善对于“爆雷”后的民办养老机构适用法律规范较为混乱,难以达到有效弥补受害老人损失和实施正确的法律指引的现状。目前法律规范针对民办养老机构的规定较为分散,如散落在《老年人权益保障法》与《民法典》侵权责任编等法律,或是层级较低的专门规范,如《养老机构管理办法》《养老机构服务安全基本规范》等。如此就易造成法律适用难度加大和法律规范之间无法协调的局面,甚至出现法律空白。因此,从国家保护义务的最高层次出发,通过事前、事中、事后三层保护网的介入,发挥科学规范的引领效能,可

① 参见龚向和:《国家义务是公民权利的根本保障——国家与公民关系新视角》,载《法律科学(西北政法大学学报)》2010 年第 4 期。

以有效促进对于“爆雷”的民办养老机构治理优化。

最后,国家积极履行保护义务,不仅是对老年消费者受损权益的弥补,也是对其尊严的保护。不论弱者与否的所有人,作为平等主体,都拥有与别人同样的价值与地位。[①] 在民办养老机构“爆雷”案件中,辛辛苦苦积攒了一辈子养老钱的老人们,被视为待宰的“羔羊”,其行为不仅侵犯了老年消费者们的具体权益,更是侵害了其人格尊严。即使各国在对尊严表述上有着不同,但其人格尊严都是现代宪法所保护的核心价值之一,这共同包含承认个人所保有的精神完整应受他人与社会尊重的内涵。[②] 辛劳一生为我国发展作出巨大贡献的老年人们,其权益不应被随意侵害,其人格尊严更不应被任意践踏。“尊老”作为几千年来中华文化重要的精神内核,国家不应坐视这种侵害老年人权益的行为。

二、权益受损困境:受害老人多重权益损失难以弥补

在当前养老需求旺盛的前提下,一些民办养老机构以养老服务为名,从事非法集资行为,存在较大的违法风险。另一些民办养老机构因为没有事前尽职调查,误以为养老行业为高利行业,过大铺开盘子,最终导致资金链断裂,走上了“爆雷”的惨败下场。据统计,近五年以来,长沙市民办养老机构非法集资案件立案数量占全省同类案件的48%,其中,金额超1亿元的有14件,占全省的21%。民办养老机构“爆雷”案件,群众反映强烈,退赃难度较大。在案件受理过程中,受害老人对犯罪嫌疑人的处理存在分歧,部分群众要求不以刑事手段处置犯罪嫌疑人,希望司法机关及时解除资产查控,使得涉案公司以预期承诺的方式解决入住和投资回报等问题;而部分群众则强烈要求逮捕犯罪嫌疑人,通过刑事程序追究该公司及涉案人员责任,并查控资产弥补损失。对于“爆雷”的民办养老机构,致使老年消费者的多重权益受损,主要存在养老需求无法满足、资金安全无法保障、高额返息无法实现的三重困境。

(一)养老需求无法满足

养老需求是老年消费者群体在民办养老机构的第一需求。多数老年人为自

---

① 参见胡玉鸿:《人的尊严与弱者权利保护》,载《江海学刊》2014年第2期。

② 参见郑贤君:《宪法“人格尊严”条款的规范地位之辨》,载《中国法学》2012年第2期。

己的养老忧心,因此多方打听后选择“优质”养老机构为自己提供服务。并且养老机构不仅应负责提供养老服务,还应确保老年消费者的合法权益得到维护。[①] 此类老年消费者通常希望获得或预订养老床位、拥有良好的养老环境、在养老时享受优惠、不给子女添麻烦等,而许多民办养老机构正是利用老年人的这种需求心理点对点设置圈套。以允许买断、预订床位,暂时不住还可选择返还利息;带领参观虚假的养老环境,设置活动室、图书馆等方式吸引老年人;宣传良好的医疗设施和救助方案等,来攻破老年人的心理防线。

然而,事实却是空壳民办养老机构、无资质民办养老机构横行,并频频“爆雷”。大批无经验的投资者看好“银发市场”,却由于未充分尽职调查、资金运转不足导致资金链断裂,深陷“难赚好骗”困局,继而危害老年消费者权益。据调研知,湖南省内多家民办养老机构“爆雷”后无法满足受害老人的养老需求,部分老年消费者养老存在问题。

例如著名的湖南省益阳市纳诺老年公寓非法集资案,非法集资金额高达4亿元,受害老人近5000人。[②] 多数老年消费者是在纳诺多名宣传人员的温情攻势和自己老年朋友的“口口相传”下购买纳诺养老服务的。益阳市纳诺老年公寓于2016年更名为益阳光辉颐养院,但是更名后仍然以益阳市纳诺老年公寓的名义,巧立名目与老年人签订养老服务合同:签订“爱心养老服务合同”,收取爱心合同金;签订“至尊养老服务合同”,收取至尊养老金;签订“贵宾养老服务合同”,收取贵宾合同金。甚至同一名老人在同一时间段签订了多份床位折扣不等、福利补贴不等的合同,但是同一时间同一个老人不可能同时睡几张床,其实质目的是更多地吸纳老年人的养老钱。据查,纳诺老年公寓所拥有的床位远远不能满足4000多名签订养老合同者的需求,其中绝大多数老人没有享受过纳诺的养老服务,而其“爆雷”后更是无法满足受害老人的养老需求。

(二)资金安全无法保障

资金安全是老年消费者获得优质养老服务的必然要求。现在民办养老机构

---

① 参见徐智华、杨翔宇:《我国机构养老老年人权益的法律保障及实现路径》,载《老龄科学研究》2020年第10期。

② 参见何香奕:《湖南益阳养老机构爆雷风波》,载财经网,http://magazine.caijing.com.cn/20210414/4755808.shtml。

均采用预付费用的经营模式，即机构要求老年人预交几个月到几年不等的床位费和护理费以获得或者预定床位，此笔资金高达上万元。而这笔钱往往很难受到国家和老年消费者的监管，“爆雷”后的养老机构也几乎无法偿付此笔预付费用。各地针对预付费的问题都出台了相应的政策予以规制，如江西省民政厅联合江西省地方金融监督管理局、江西省公安厅等印发的《关于加强养老机构预付费管理的指导意见（试行）》，安徽省民政厅联合安徽省地方金融监督管理局、安徽省公安厅、中国人民银行合肥中心支行、安徽银保监局印发的《安徽省养老机构预付费管理办法（试行）》等。即使如此，实践中仍存在监管漏洞，预付费退还的问题也是此类案件追赃挽损的难点。

在已“爆雷”的民办养老机构非法集资案件中，涉案金额动辄千万级别，甚至多达上亿元。受害老人的财产损失相当严重，除了最初投入的老人“享受”到了一部分回报外，很多人的钱基本“打了水漂”，收回本金都很难，利息更是遥遥无期。并且在多数案件中，追赃挽损的成功率极低，即使司法机关已将案件侦破，但由于无节制的挥霍、盲目扩大经营、经营不善或挪作他用等，一般情况下资金都已被挥霍一空，养老机构的资金链已然断裂，故被害老人的损失很难得到弥补。

另外，不少民办养老机构存在虚假宣传和集资诈骗的情况，诱骗老年消费者倾尽所有。由于老年人普遍对集资诈骗认知不足，一些机构打着“养老”的名义，采取欺骗诱导、虚假宣传等方式，诱骗其将养老钱投入养老机构或者所谓的高额回报项目，不少老年人最终血本无归。对于该类民办养老机构，我国目前还没有直接配套的法律，以确保资金风险防控。此类“爆雷”的养老机构极易引发群体性事件，就像“多米诺骨牌”一样造成连锁的破坏，导致社会的不稳定，若这些情况无法控制，受害老人的情绪无法安抚，将产生进一步的危害。

（三）高额返息无法实现

在养老需求被基本满足后，老年人还会产生投资心理。由于年纪大、身体机能减退，老年人就业赚钱十分困难。于是，老年人便想用养老钱投资，实现资产增值。但投资养老、投资返利、以房养老等方式都存在极大的资金安全风险。从最高人民法院发布的多则老年人权益保护典型案例来看，相关投资中老年消费者的投资自主权和投资安全难以得到保证。[①] 营销人员多用高额返息、保本高利等说辞哄骗老年消费者投资，但是大量的老年人投资后，既没有实现保本保息，也没有得到应允的高额返利。一方面由于民办养老机构良莠不齐，虚假信息混杂其中，导致老年消费者真假难辨；另一方面便是老年消费者贪图便宜的心理作祟，导致大量财产损失。

多数涉嫌非法集资的民办养老机构非法筹集入住老年人存款并承诺投资回报，最终以投资失败为由宣布破产或者相关人员干脆携款潜逃。[②] 一方面，法律对于该类机构运营过程中资金流向及重大决策等方面的监管规定少之又少甚至完全空白，客观上为民办养老机构的"爆雷"埋下了种子。另一方面，在事后的救济上，各方缺乏打击民办养老机构非法集资犯罪的利器，使得老人的权益难以得到维护。加之在此种合同中，存在诱签和欺诈因素，受害老人在申请司法救济与排除侵害的事实认定方面也存在困难。

有数据显示，"爆雷"的养老机构中，或多或少存在承诺高息返利的情况。而在这其中，由于没有新的受害老人出现，一轮又一轮的高额返利也是导致资金链断裂的关键因素。多数老人在前期能够获得一定的返利，但是在后期接近"爆雷"的时候，高额返息便无法得到偿付。此时投资的老人甚至连本金都难以追回。

三、权益受损缘由：老年消费者地位特殊且监管不力

在老龄化加速的社会背景下，养老需求飞涨，民办养老机构不断涌现。老年人在生理与心理上均有别于其他社会成员，容易受到养老机构的侵害。民办养老机构的"爆雷"使老年消费者的财产权、健康权等权益受到侵害，老年消费者便更加依赖国家履行保护义务。只有国家积极履行保护义务，老年消费者的权益才有可能真正得到保护。

（一）老年消费者的特殊性

1. 老年人相较于其他社会群体的弱势性

首先，老年人的权益更易受到第三人的侵害。通常情况下，人类在 60 岁之后

---

① 参见房刚：《从一则案例探析老年投资者权益保护》，载《现代金融导刊》2022 年第 10 期。

② 《长沙爱之心养老公寓"爆雷"案开审：83 名业务员被列为被告》，载百度百家号 2021 年 9 月 23 日，https://baijiahao.baidu.com/s?id=1711661468436371841&wfr=spider&for=pc。

生理和心理机能就会进入衰老期，在行为与认知层面都将发生不同程度的衰退，与青壮年时期有明显的区别。[①] 与同样行为与认知能力较弱的未成年人不同，老年人缺乏像未成年人的监护人一样的能够为其生活提供无微不至的帮助的人。在现实生活中，老年人的赡养扶助工作往往由其子女与政府共同承担，而政府的帮助具有政策化的特点，无法针对具体老人实施帮助。

其次，老年人权益的实现更依赖外部因素的支持。由于行为能力和认知能力退化，老年人在生活中更需要外部的帮助。由于孝道文化，老年人的养老等较为依赖子女。但随着社会的发展，大多数年轻人忙于自身的工作生活，难以为老年人提供照顾，所以许多老年人的日常生活更依赖于社会中各类机构的帮助。民办养老机构在其中扮演着重要的角色。

最后，在空巢老人的比例大幅上升和城市化进程加快的背景下，老人往往有着强烈的孤独感。因此老年人渴望交流，在作出决断时更容易受到情绪的影响。这就给了许多民办养老机构营销人员机会，使这些老年人成为不法分子的目标，最终因民办养老机构的"爆雷"受到不当侵害。

2. *老年消费者权益受损的高发性*

首先，民办养老机构"爆雷"后老年人的健康权会受到损害。健康权作为新兴的现代人权与宪法权利，其形成与发展的过程具有先国际法后国内法的特点。[②] 学界普遍认为，1948 年的《世界人权宣言》首次从现代法治与现代权利的意义上正式规定了健康权。[③] 老年人衰老的最显著特征便是生理机能的衰退，许多老年人就是基于此选择到民办养老机构接受养老服务。但是，"爆雷"后的民办养老机构显然无法保障老年人的健康权，而老年消费者的健康权尚未得到足够的重视。

其次，财产权是民办养老机构"爆雷"后最容易受到侵害的部分。财产权作为最基本的个体权利，与自由权、生命权一同筑起了我国公民基本权利体系的根基。一方面，由于老年消费者和民办养老机构之间存在信息差，容易受到不公平的对待。另一方面，因为大多数老年人失去了劳动能力，其养老开支大多源自自己的

---

① 参见肖金明主编：《老年人权益保障法律制度研究》，山东大学出版社 2015 年版，第 25 ~ 87 页。

② 参见王晨光：《论以保障公民健康权为宗旨　打造医药卫生法治的坚实基础》，载《医学与法学》2016 年第 1 期。

③ 《世界人权宣言》第 25 条规定，人人有权享受为维持他本人和家属的健康和福利所需的生活水准，包括食物、衣着、住房、医疗和必要的社会服务。

积蓄,因此其财产权受到损害后,无法通过劳动进行弥补,这对老年消费者的养老造成了巨大影响。

最后,民办养老机构“爆雷”后,老年消费者的求偿权是最难落实的部分。一方面合同约定的养老服务老人无法享受,另一方面其投资回报也无从获得。

3. 老年消费者对国家保护的依赖性

老年消费者因为其自身的特殊性而处于弱势地位,容易受到养老机构的侵害,因此老年消费者的权益更加依赖国家的保护。

首先,老年消费者作为消费者中的一类,自然享有消费者的所有权益。同时其作为公民,也享有公民所享有的一般性权益,如生存权、财产权、健康权等。由于老年消费者的权益容易受到侵害,因此国家需要履行保护义务。《宪法》中规定了公民的基本权利,公民基本权利的内容决定了国家义务的内容,保护公民基本权利是国家的目的和宗旨。[①] 国家在制定法律时,应当考虑到社会中弱势群体的特殊性,这样才能实现社会的公平正义。

其次,老年消费者与其他普通消费者和普通公民之间的差异决定其应享有不同于其他群体的特殊权益。作为社会中的弱势群体,老年消费者的特殊权益需要国家特别保护。宪法平等权作为稳定个体之间以及个体与共同体之间博弈的杠杆,是实现人权保障和社会安定的基石。[②]《宪法》明确规定“国家尊重和保障人权”。如果法律不对老年消费者进行倾斜性保护,其权益势必难以得到完整的实现。

最后,国家积极履行保护义务同样是维护老年消费者尊严的需求。民办养老机构“爆雷”后,老年消费者不仅财产权受到了侵犯,他们的精神健康也受到了侵害,使得其尊严受损。尊老是中华文化重要的精神内核,拥有数千年尊老、敬老传统的国家不应坐视社会上种种随意侵害老年人权益的行为。

(二)老年消费者存在侥幸心理

1. 养老需求催生投资心态

多数老年人因为身体机能衰退,已经失去了劳动的能力。老年人的资产大多

① 参见龚向和:《论民生保障的国家义务》,载《法学论坛》2013 年第 3 期。

② 参见杨海坤:《宪法平等权与弱者权利的立法保障——以老年人权益保护立法为例》,载《法学杂志》2013 年第 10 期。

由年轻时的积蓄和子女、社会等提供的物质补贴构成。“未富先老”的老年人在老年人群体中占相当大的比例,其难以支付高额的养老成本。因此不少老年消费者开始进行投资,一方面是其自身资金不足导致的,另一方面是受到了民办养老机构的鼓吹宣传。

2. 本能欲望诱发赌徒心理

经调研,“爆雷”的民办养老机构在前期都能按照承诺高利返息,众多老年消费者被前期虚假的繁荣景象所蒙骗,越投越多,落入有心人设计好的圈套。养老问题是底线问题和原则问题,不能将养老服务市场与变幻莫测的金融市场混为一谈。

3. 经验不足导致心存侥幸

多数“爆雷”的民办养老机构都存在极大的非法集资风险,其手段也属于庞氏骗局的一种。许多受害老人经验不足、防范意识较差,导致其虽对高额返利心有疑问但仍积极参与,永远相信自己不会受到损失。此种侥幸心理致使许多老年消费者财产尽失。

(三)养老产业发展易偏离正轨

发展仅有十余年的养老产业,正如所有放开民间资本进入其领域的产业一样,都有发展异化的风险和必经的阵痛期。因为我国老龄化社会快速到来,民间资本入场已是大势所趋,但由于配套措施和监管的缺失,养老产业中的民办养老机构容易发生偏轨现象。这与民办养老机构准入筛查不足、运营过程中风险防控缺失、运营不善时缺乏有效的退出机制是分不开的。

1. 设立前缺乏有效的资格审查制度

从中国养老产业的演进来看,我国针对养老机构的监管体制经历了从计划经济时期以福利养老、政府包办,向以政府为主、市场为辅模式,再到如今市场化占有大部分、政府兜底的职能转变。在全面放开养老市场的大政方针下,养老机构设立已从许可制改为登记备案制,这也就意味着民办养老机构准入门槛降低。此时,如何对新设立的机构进行有效审查就成为一大问题。调研组通过调研发现,非常多“爆雷”的民办养老机构的负责人并无相关经验,实有财产也不足以支持其承担相应的责任与风险。在市场监督管理局和民政部门协同对民办养老机构备案过程中,也存在沟通不畅,登记数量不一致的情况。调研组另通过走访发现,民政部门中管理民办养老机构的人员严重不足,其对于日常工作都疲于应对,更难以做到实质有效的审查以及后续的跟进监管。因此,只有完善民办养老机构设立前资格审查制度,才能在一定程度上避免民办养老机构"爆雷"和老年消费者权益受损。

2. 运营中缺少资金风险防控措施

调研组在实证调研中发现,目前多数民办养老机构存在资金风险。这种风险往往表现为:一是部分民办养老机构因为客观原因无法经营下去,濒临倒闭。这往往是因为其土地性质或者其他资产不符银行贷款的要求,又不能得到政府有效的政策支持。二是大多数"爆雷"的民办养老机构在设立之初就有着非法牟利的目的。养老机构只是快速敛财的名目,设立人在一开始就有着欺诈行为。特别是针对养老行业中普遍存在的预收款现象,监管方并无有效的资金风险防控措施。因此,一方面应当重点监管民办养老机构的资金池,另一方面应该尽快填补立法空白,不给违法犯罪留有空间。

3. 养老机构的退出缺少合理正当的法律依据

多个涉嫌非法集资的设立人表示当前民办养老机构缺少合理正当的退出机制有序退出市场。当他们深知财务陷入困局的时候,有想过通过合法合规的手段跳出这个领域,但是现实是民办养老机构很难像公司一样通过破产自然退出,往往只能是"爆雷"后被迫退出。无论是通过上述哪种方式退出,入住老人的合法权益都难以保障,因为其几乎无法得到价值相当的补偿。因为民办养老机构退出后的具体要求并没有在合同中进行强制规定,相关职能部门也缺乏法定程序进行资产评估。即使进入清算程序,其财产监管力度也缺乏有效的法律支撑,难以确保其真实性。此外,法律未明确规定民办养老机构退出前未履行安置义务的法律后果,导致司法机构处理该类纠纷时法律依据不足。

(四)养老产业存在监管漏洞

"爆雷"的民办养老机构侵害老年消费者权益的现象越发突出,与我国老年消费者权益保障体系不完善、执法机关对养老机构的执法监督不充分、司法领域缺乏老年人诉讼辅助制度是分不开的。

1. 老年消费者权益保障体系有待完善

一般性法律中对于老年消费者权益保护的规定并不充分。一般性法律的目的是给全体公民提供普遍性的保障,但是其不能充分关注个体之间的差异,也忽视了不同群体之间的差异。因此法律若想有效保护全体公民的权益,势必要在多个领域针对弱势群体作出特殊规定。学界和实务界对民办养老机构“爆雷”后财产认定和追缴问题还存在争议;政府对受害老年消费者的权益保障义务不明晰;一般性法律中未体现老年消费者的特殊性,导致老年消费者权益保障体系中一般法与特殊法衔接不畅,权益保障容易出现空白区域。上述问题应通过立法进行完善。

2. 养老机构侵权行为的执法监管存在不足

随着各式各样的民办养老机构的兴起,我国在执法领域对于民办养老机构“爆雷”风险的监督管理出现了一定的空白。首先,多个职能部门的共治沟通不畅。民办养老机构准入、经营、退场的全过程受到民政部门等十几个部门的监管。但从调研过的地级市来看,各部门之间并没有形成合力,许多数据存在偏差。其中有资源不均导致的人手不足的原因,也有各职能部门未主动发力的原因。其次,民办养老机构经营模式和营销模式不统一,不便监管。民办养老机构预付费的弊病由来已久,但是各区域因其差异化很难统一监管。民办养老机构特殊的营销模式也处于模棱两可的灰色地带,因其具有较强的隐蔽性和虚假性,给执法部门带来了很大难题。

3. 司法领域缺乏老年人诉讼辅助制度

司法救济是老年人权益保障的最后一道屏障。老年消费者的诉讼能力相较于年轻消费者较弱。在没有外力帮助的情况下老年消费者独立参与诉讼往往难以获得满意的结果。民办养老机构“爆雷”后,较长的审理周期与复杂的诉讼程序在一定程度上削弱了老年消费者通过司法手段维权的意愿。因此,在财产损失较大和养老保障落空的情况下,受害老人往往采用聚众上访的形式给政府施压,以求问题得到解决。所以司法领域缺乏老年人诉讼辅助制度也是此类案件信访压力大、维稳工作难的重要原因之一。因此,我国亟待出台相应的老年人诉讼辅助制度,提高老人的诉讼效率。

四、权益受损对策:构建综合性国家保护义务机制

我国虽然一直重视对老年人权益保障相关问题的研究,但是对于民办养老机

构“爆雷”后的老年消费者权益保护关注不够。并且现行立法在内容上表现出较高的原则性,在具体权益保障方面可操作性较差,缺乏保障受害老人权益的特别法律制度,救济措施也不完善。因此,从老年消费者在民办养老机构“爆雷”后权益受损的困境出发,需要从立法、执法、司法三个方面协力构建综合性国家保护义务机制。这有助于真正实现“老有所依、老有所养”的和谐助老目标。

(一)完善老年消费者权益保障制度体系

1. 补充一般法中有关老年消费者权益保障规定

在《民法典》《刑法》《消费者权益保护法》等基础性法律的框架下,法律应当更加重视对社会弱势群体的保护,对于“爆雷”的民办养老机构侵害老年消费者权益的事件应当重点关注。例如2021年实施的《民法典》就在老年人意定监护、居住权、老年人遗嘱形式等方面作出了新的规定,进一步保障了老年人权益。在强化现有法律对老年消费者群体的保护的同时,还应当及时对目前的立法空白进行填补,提高法律的可操作性,让法律对老年消费者的权益保障真正落到实处。

2. 加快构建老年消费者权益保障特别法律制度

虽然老年消费者应当享有其作为公民和作为消费者的一切基本权利,但是其仍有部分权利因其自身的衰老、逐步与社会脱节而被忽视。比如老年人的再就业权和受教育权一直都未得到足够的重视。而老年消费者的健康权、财产权等方面存在的问题自养老行业开始发展时起就一直存在。事实上,想要减少民办养老机构侵权的现象,进一步保障老年消费者权益,对老年人进行教育,帮助其再就业,提高老年人的辨别能力和自我救济能力是关键。

3. 协调一般法和特别法中老年消费者权益保障的规定

在老年消费者权益保障领域,《民法典》《刑法》《消费者权益保护法》等通过一般性规定对社会全体成员的行为进行规范的法律是一般法,而以《老年人权益保障法》为中心的各种专门针对老年人制定的法律法规是特别法。在老年消费者权益保障体系中,先由一般法对老年人享有的权益进行保障,再由特别法对一般法保障不充分的部分进行补充,但实践中,一般法多是原则性高、可执行性较差的内容,较少对老年消费者权益保障作出专门规定。因此,需要以《老年人权益保障法》为统领,完善民事、行政诉讼中有关老年人权益保障的法律法规,并对其进行衔接,从而完善配套的法律制度。并且应当推动《老年人权益保障法》第 45 条、第 47 条与第 78 条有关受损害老人权益弥补的条文的修改,结合大批民办养老机构"爆雷"后受害老人的具体情况,修改较为模糊的表述,明确损害赔偿范围和法律后果。同时要在《民法典》《刑法》等一般法中凸显老年消费者的特殊性,增加保障老年消费者权益的司法解释,必要时增加针对老年人权益保障的具体规定。

(二)加强对预警养老机构的监管

民办养老机构的"爆雷"非一日之功,在其运营的过程中,多种风险端倪就已经显现。执法对于预防民办养老机构"爆雷"有着无可替代的作用,执法是国家保护义务实现的事中阶段,执法部门对于预警的民办养老机构一定要提高警惕,做好监管工作。

1. 坚决杜绝以养老名义非法集资

加强对以提供养老服务为名的非法集资的监管。在已"爆雷"的民办养老机构中,多数的机构明显超过床位供给能力承诺服务,以办理贵宾卡、会员卡、预付卡或者预交养老服务费用等名义,通过向会员收取高额会员费、保证金或者要求会员为会员卡充值等方式非法集资。大量的民办养老机构或企业打着投资、加盟、入股养生养老基地的幌子销售虚构的养老公寓;或者以长期出租养老床位、销售养老公寓使用权等名义,通过返本销售、售后返租、约定回购、承诺高额利息、伪装成私募基金等方式非法集资。一些企业以非法占有为目的,打着"以房养老"的旗号,通过召开推介会、社区宣传等方式,诱使老年人签订借贷或者变相借贷、抵押、担保等相关协议,老年人通过抵押房屋获得出借资金,再将资金购买"高收益理财产品",让这些企业完成了非法集资。

2. 加强对老年人的宣传力度

执法部门应进一步提高老年人的法治意识和防骗能力,最大限度地挤压诈骗者的行骗空间,及时揭露养老诈骗新手段、新动向。为达到效果与范围并举,形成高效、全面的养老反诈宣传氛围,应在线上线下共同开展宣传活动。一方面,通过线上手段,在微博、微信公众号、地铁电视、公交广播等平台上进行推送,充分发挥三级网络体系的功能,不断扩大宣传覆盖面。另一方面,通过线下手段,组织街道、社区网信工作人员、民警、司法人员在广场、公园等老年人聚集的场所进行一对一讲解宣传、发放宣传页，向转发养老骗局链接的群众发放辟谣宣传手袋，增强宣传效果。开展“守好养老钱袋子、幸福千万家”等系列专题讲座，用鲜活的事例教老人如何挑选合法合规养老机构、防范养老网络诈骗、分辨虚假保健品等，引导老年消费者辨别和抵制虚假广告与谣言，维护自己的合法权益。

3. 保障受害老人的基本养老需求

民办养老机构“爆雷”后，对于以获得养老服务为目的的受害老年消费者而言，其基本的养老需求需要继续被保障。调研组经调研发现，多家已经“爆雷”的民办养老机构先由政府进行接管，然后再寻找合适的民间资本接手，以求保障已入住受害老人的基本养老需求。仅就接管过程而言，政府具有兜底功能，但是程度和期限尚不明确；接管后如何安置较为妥当，也尚存争议；政府何时进行再转手、何种民间资本接手更为合适、接手者需在案件审结后拍卖接管是否合理，这些问题普遍存在。但就受害老人的基本养老需求而言，其合法权益毋庸置疑需要保障，国家保护义务机制也应为其提供指引。因此，各执法部门应当从职能角度出发，为保障受害老人基本养老需求找寻合适的安置之路。

（三）通过司法程序保障老年消费者权益的救济

司法是社会公平正义的最后一道防线，对应着国家保护义务的事后阶段。当立法与执法未能保障老年消费者的权益时，受害老人可以通过诉讼方式请求救济。目前我国的老年消费者诉讼辅助制度尚不完善，因此国家保护义务机制的构建在司法领域应当表现为加快建设老年消费者诉讼辅助制度。

1. 进一步完善我国老年人法律援助机制

2015 年，司法部与全国老龄办印发了《关于深入开展老年人法律服务和法律援助工作的通知》，标志着国家对老年人法律援助问题的重视程度上升到了新的高度；2017 年，国务院发布了《关于制定和实施老年人照顾服务项目的意见》后，司法部出台了《关于进一步做好老年人照顾服务工作的通知》，对老年人法律援助工作作出进一步部署。养老机构“爆雷”后，老年消费者对于繁杂的诉讼维权程序需要法律援助。

为解决维权难的问题，首先应当建立老年消费者求助热线。政府可以以地区为单位,统一设置面向受害老人的维权热线,由专业的法律援助工作者告知老人相应的解决方案。其次是发展针对民办养老机构“爆雷”后老年消费者权益保护的专项法律援助,扩大法律援助案件种类,通过法律援助的方式为权益受到侵害的老年消费者提供指导与协助,避免受害老人因为不会打官司、请不起律师而求助无门。

2. 将老年人维权案件纳入公益诉讼范围

公益诉讼是指检察机关、公益性团体或个人为了维护社会或公众利益而进行的具有公益性质的诉讼活动。对于社会影响大、受害人数众多的民办养老机构侵权案件,可以由检察机关代表受侵害的老年消费者提起维权公益诉讼。由检察机关代表受害老人提起公益诉讼,可以克服传统民事诉讼模式中老年人诉讼能力弱带来的负面影响,能够最大限度地保障民办养老机构“爆雷”后已入住受害老人的权益。

在民办养老机构侵权形式逐渐复杂化、隐蔽化的大背景下,执法机关的监督难以覆盖到所有机构。因此,司法程序应当在老年消费者权益保障过程中发挥更大作用。例如各级检察机关应当积极启动诉前程序,维护消费者权益。同时检察机关代表老年消费者提起公益诉讼时不应只关注民事诉讼领域,同时应关注行政监管领域是否存在问题。对于涉民办养老机构案件,检察机关可以积极向群众了解案件信息,督促有关部门开展监管工作,有社会团体为维护老年消费者权益提起公益诉讼的,检察机关可以予以支持。

3. 建立老年人法庭提高老年人维权效率

为了积极应对社会中广泛存在的侵害老年消费者权益的现象,让作为弱势群体的老年人在司法层面得到更好的保护,各地法院可以探索建立老年人法庭,对涉及老年人的诉讼纠纷进行专门审理。我国部分地区早已对设置老年人法庭进行了探索,20 世纪 90 年代,随着上海人口老龄化进程的加快,涉及老年人的诉讼案件数量上升,上海市静安区人民法院首创了专门审理涉老案件的老年审判庭。但是如今我国已经全面进入深度老龄化阶段,老年人法庭却未能在我国全面推广。

建立老年人法庭不仅能体现我国在制度环境上对老年人的关爱,更能够在诉讼程序上将涉及老年人的案件与普通案件相区分。将举证责任倒置的范围限制在老年人法庭内，更有利于对老年人权益的维护，也不会对民事审判规则造成过大的影响。另外在民办养老机构侵害老年消费者权益的案件中，老年消费者和民办养老机构在经济实力、信息获取以及社会资源等方面相差悬殊，可以考虑实施举证责任倒置，由被告人对自己不构成侵权进行证明，老年人只需证明侵权行为与侵权结果的存在。法律可以采用列举的方式，将可以在老年人法庭内适用举证责任倒置的侵权案件类型化，以平衡原、被告双方的诉讼地位，让老年人更方便通过诉讼手段救济权益。

本节小结

纷繁复杂的人口老龄化形势给我国经济社会发展带来了巨大的挑战和机遇，迫切要求我们探索出一条中国特色积极应对人口老龄化道路。[①] 在探索积极应对老龄化道路的过程中，民办养老机构“爆雷”后老年消费者权益国家保护义务机制的建设显得尤为重要，如何更好地保障老年消费者的权益成为法学领域的重要问题。随着老年人口比例的上升与市场经济的发展，私法主体之间的力量差距越发明显，民办养老机构侵权越发成为侵害老年人权益的重要因素。国家承担起保护义务，保护社会中弱势群体的合法权益免受第三人侵害是现代法治国家的应有之义，国家保护义务机制的重要性逐渐凸显。

“爆雷”的民办养老机构侵害老年消费者权益的现象是我国经济高速发展与人口加速老龄化双重因素导致的负面现象之一，想要有效地解决广泛存在的社会问题，应当由国家从机制构建的高度承担保护义务。国家保护义务在要求国家积极作为的同时，又不会像给付义务一样给国家带来巨大的财政压力。保护义务能否实现取决于国家能否保护公民免受第三人的侵害，实现保护义务对于老年人口比例急剧上升的我国尤为重要。作为社会的重要组成部分，老年消费者群体的权益能否得到保护直接关系到社会是否和谐稳定。因此，国家应当针对民办养老机构“爆雷”后侵害老年消费者权益这一具体社会问题，有针对性地对现有的老年消费者权益保障制度体系进行完善，尽快建立健全综合性的老年消费者权益国家保护义务机制。在立法领域，应当在一般法中增加老年消费者权益保障方面的规定，加快构建老年消费者权益保障制度，强化老年消费者权益保障一般法与特殊

---

① 参见贺丹：《坚持走出一条中国特色积极应对人口老龄化道路》，载《中国政协》2019 年第 24 期。

法的衔接。在执法领域,应当进一步强化政府在民办养老机构“爆雷”后在老年消费者权益保障方面的重要作用,加强对老年消费者自我防范方面的宣传力度,进一步保障受害老人的基本养老需求。在司法领域,应当完善老年消费者诉讼辅助机制,扩大对老年消费者的法律援助,将老年人维权诉讼纳入公益诉讼,进一步探索老年人法庭制度,提高受害老人的诉讼能力。

在特殊情况下的民办养老机构“爆雷”事件中,还需进一步针对资金设立专门账户以便监管,并增加对涉案民办养老机构资金冻结的法律依据,以确保对受害老人的司法救济优先原则。同时,对风险等级较高的民办养老机构出台运营过程中退出机制法律保障的具体细则,既妥善处理入住老人的合法权益又明晰民办养老机构和政府相关部门职责,并同时完善关于民办养老机构退出而产生纠纷的司法制度,为司法救济提供具体、可靠的法律指引,避免经营状况不佳的民办养老机构走入歧途。国家负有保护义务,但其限度如何及如何落实与追责问题,在民办养老机构受害老人权益保护方面仍有多重问题亟待解决,还需各位专家学者多多助力。

附件一　民办养老机构非法集资典型案例

案例一:湖南省长沙市"顺祥"案

案情简介:长沙市顺祥老年生活城管理股份有限公司(以下简称顺祥养老)总面积181亩,项目预计投资2.76亿元,可接纳1400位老人入住。而据长沙市民政局公布的数据,目前长沙最大养老机构能接待的老人也不超过1200人。

顺祥养老的母公司为湖南九九富达实业发展集团股份有限公司(以下简称久久富达),成立于2014年4月,注册资金10000万元,以全方位生态养老产业为主业,涉足能源、交通、农业、文化旅游、新农村建设、酒店管理、金融、投融资、民族文化贸易等。除顺祥养老外,久久富达旗下还有湖南祥华投资有限公司等子公司及关联公司。2014年,顺祥、祥华两公司相继在上海股权托管交易中心挂牌。顺祥养老前期大力造势宣传,在湖南多家媒体刊登其"智慧养老"模式,甚至请区长为其站台,博得了许多老人的信任,与老人订立合同,其非法集资的涉案金额达14亿元,受害人数达1万余人。

案例评析:本案涉及人数众多、涉案资金极大,目前尚在审理中。顺祥案给了所有中老年人一个警示,即不要盲目相信舆论宣传,尽管顺祥前期造势宣传下了巨大功夫,除了媒体宣传、请政府站台、荣誉称号等,但仍然让"养老"变成了"坑老"。同时这也给了政府部门警示:一是要加强对辖区内民办养老机构的定期摸排,堵住监管漏洞;二是要加大宣传力度,很多老年人信"专家"、信"熟人",极易被坑害,应加大预防养老集资诈骗的宣传力度。

案例来源:《长沙顺祥养老公寓涉嫌非法集资14亿　受害人数超过1万人》,载微信公众号"中国新报"2019年12月14日,http://vivo.yidianzixun.com/article/0O69ZOqp。

案例二:湖南省长沙市"爱之心"案

案情简介:湖南省长沙市爱之心养老公寓通过兜售可以打折购买床位的会员卡,向老人募集 50 万元、30 万元、11 万元等 6 个等级的钱款并承诺优惠:一是预存金额享受床位费折扣,且预存数额越大,折扣力度越大;二是对预存金额按年息 12% 付息,即一年合同到期后,老人可以把本息取回,或将利息兑换成住宿费,住进公寓享受养老服务。在此过程中,爱之心养老公寓在实际建设床位仅 600 个的情况下,发展了客户 5792 人次,集资金额达 8.11 亿元,远超其建设规模和服务能力。案件"爆雷"后,仍有 6.07 亿元资金未归还,受害人达 4739 人,社会影响恶劣。

案例评析:打着"养老"名号实施的非法集资案件普遍呈现出涉案人数多、集资金额大、资金追回难等特点,且全国各地均有"爆雷",影响范围大。此类非法集资中的参与对象是老年人,群体的特殊性导致"爆雷"后社会影响更恶劣,维稳难度加大。民办养老机构非法集资最终都是为了获得资金,但对于集资行为应该区分看待。对于因经营出现困难,通过集资手段以解决资金短缺难题,并将集资资金大部分用于运营和建设中的机构,确应给予处罚,但在满足一定条件的情况下可以通过多种手段为其拓宽资金来源,帮助其恢复运营。而对于故意破坏养老服务市场,将集资资金用于挥霍或据为己有的不法分子应全面、高强度打击,并通过建立预警机制和监管机制,努力做到"打早打小"、减少损失。除此之外,需要注重宣教,一方面,提高老年人的风险防范意识,树立正确的理财观念;另一方面,增强机构的法律风险意识,提高其经营能力和经营素质,防范其走上不法之路。

案例来源:《长沙爱之心养老公寓"爆雷"案宣判:83 名被告人因非吸获刑》,载网易新闻网 2021 年 11 月 17 日,https://www.163.com/dy/article/GP1EG9600514R9P4.html?f=post2020_dy_recommends。

案例三:湖南省衡阳市"夕阳红"案

案情简介:2010 年,戴某平开始对外经营夕阳红老年公寓,收取费用作为日常经营资金。戴某平还通过民间借贷和银行贷款融资经营其他工程项目,但因经营不善而背负债务。为偿还上述民间借贷、银行贷款本息,戴某平与魏某升、徐某强、徐某刚、戴某擎分别设立夕阳红老年公寓市场部、夕阳红孝德广场、夕阳红旅行社,自 2013 年 1 月起魏某升、徐某强、徐某刚、戴某擎等人组织营销团队，通过发放“投资养老”传单、开展讲座、组织聚餐等方式，宣传其名下养老公寓等项目，推广所谓“投资高回报 + 优惠享受养老服务”投资项目，即签订床位预定合同、缴纳预定金能够获得年化7% ~12%的利息，后期入住可享受优惠价格，吸引中老年人签订预定养老服务合同、缴纳预定金。至2018年3月，戴某平与魏某升、徐某强、徐某刚、戴某擎等人通过上述方式共向2100余人吸收资金达1.36亿余元。

案例评析：老年公寓创办人因资金压力设立营销市场部进行外部融资，以提供“养老服务”为名，利用小恩小惠、高投资高回报博得好感，设计复杂的交易结构，营销团队通常很少使用“一手交钱，一手交货”的交易模式，而选取投资回报、预缴定金抵扣等相对复杂的消费模式，使老年人难以精确计算资金盈亏，易听信营销团队的承诺而为此付费。再根据老年客户的需求与心理在客户群体消费前期开展一系列免费的活动，比如邀请老年客户参加免费的讲座、茶话分享会、聚餐等，再赠送免费的礼品，如油、盐、鸡蛋等日常生活所需的老年人所喜爱的生活用品，逐步击破老年客户的心理防线，再利用“道德绑架”的方式借机推销有偿服务，非法吸收资金。

案例来源：最高人民检察院《关于印发检察机关打击整治养老诈骗犯罪典型案例的通知》，2022年6月8日发布。

案例四：湖南省湘潭市“松鹤居”案

案情简介：2017年9月12日，被告人周某某成立湖南松鹤居老年事业有限公司（以下简称松鹤居公司），经营范围为老年公寓项目开发、老年人养护及养老产业等。

自2017年10月以来，松鹤居公司在未取得金融许可证的情况下，假借提供养老公寓服务的名义，以缴纳公寓床位预订费既可每月发放消费补贴，还可获得9% ~14%的年收益作为利诱，吸引客户以预缴床位费的形式进行投资，与客户签预定居住协议，承诺到期返本付息。为吸收资金，松鹤居公司专设市场部并下设9个业务部，负责推广宣传养老公寓项目。周某某担任公司总经理，负责公司的经营与管理，制定吸收资金政策，定期召开会议，向市场部下达吸收资金的业务要求。童某某担任公司副总经理，负责管理市场部，发放业务提成，并为市场部客户活动提供保障。彭某某、谭某担任市场部负责人，均负责主持市场部日常工作，布置业绩任务。王某等人担任各业务部部长,负责带领部门业务员执行吸收资金的营销政策,以此获取业绩提成。

松鹤居公司通过安排业务员发放宣传资料、组织授课、聚餐等活动公开宣传上述项目,向社会吸收了大量资金。经查明,松鹤居公司自成立以来,吸收且未退还集资款本金5500万余元,涉及人数972人。周某某利用吸收资金支付个人欠款1300万余元。

2019年6月29日,周某某在松鹤居公司资金链断裂的情况下,仍以松鹤居公司老年公寓工程建设为名,与被害人徐某某等人签订工程承包协议,约定工程施工期限且收取50万元工程保证金。后周某某以各种理由拖延施工并因集资款兑付压力逃往境外,同时,其收取的50万元保证金被挪作他用。为逃避松鹤居公司集资款的兑付压力,2019年10月20日,周某某从云南省西双版纳傣族自治州打洛镇偷越至缅甸小勐拉,事先了解境外藏匿环境。四五天后,周某某又从缅甸小勐拉偷越至打洛镇。2019年11月初,周某某再次从打洛镇偷渡至缅甸小勐拉,后案发被抓获。

案例评析:被告人周某某伙同被告人童某某、彭某某、谭某、王某等违反国家金融管理法律规定,非法吸收公众存款,扰乱金融秩序,数额巨大;被告人周某某以非法占有为目的,使用诈骗方法非法集资,数额特别巨大;被告人周某某以非法占有为目的,在签订、履行合同过程中,骗取对方财物,数额巨大;被告人周某某违反我国边境管理法规,偷越国边境,情节严重,被告人周某某的行为分别构成非法吸收公众存款罪、集资诈骗罪、合同诈骗罪、偷越国边境罪。被告人童某某、彭某某、谭某、王某等人的行为构成非法吸收公众存款罪。在共同非法吸收公众存款犯罪中,被告人周某某系主犯,被告人童某某、彭某某、谭某、王某等人均系从犯。根据被告人的犯罪情节和悔罪表现,法院依法作出如下判决:被告人周某某犯非法吸收公众存款罪、集资诈骗罪、合同诈骗罪、偷越国边境罪,合并执行有期徒刑14年,并处罚金31万元。被告人童某某、彭某某、谭某、王某等人犯非法吸收公众存款罪,被判处1年6个月至3年6个月不等的有期徒刑,并处2万元至5万元不等的罚金。责令周某某等人退赔受害人损失。

案例来源:陶琛:《吸引972名老年人缴纳公寓床位预订费等　湘潭5被告人被判刑罚》,载《人民法院报》2022年6月17日,第3版。

案例五:湖南省湘潭市某老年事业有限公司非法集资案

案情简介:湖南省湘潭县某老年事业有限公司于2011年11月30日注册成立后,彭某某(已死亡)于2013年10月收购该公司,彭某某占股60%,其两个女儿彭某一、彭某二各占股20%。之后,彭某某于2015年4月20日又成立湖南某养老产业有限公司,下设28家关联公司,其中在湘潭、宁乡、常德、益阳、衡阳设立了5家分公司。公司经营范围为老年人、残疾人养护服务;房地产的开发经营、中介服务、咨询服务;自有房屋、场地租赁;会计代理记账,审计及税务代理服务等。

2013年7月至2019年11月,湘潭县某老年事业有限公司、湖南某养老产业有限公司及其子公司、分公司在未取得中国银行保险监督管理委员会颁发的金融许可证的情况下,借投资养老公寓服务产业为名,通过在社会上发放宣传单、会议营销、组织参观老年公寓、体验入住等手段,以按年支付9%~13%的消费补贴为诱饵,与客户签订养老服务协议,并承诺到期返本付息。

湖南某养老产业有限公司法定代表人为彭某某、总经理汤某某(另案处理)、营销总监及财务部负责人彭某一、公司出纳彭某二。其中被告人彭某一主要负责制定营销政策,定期召开会议向市场部下达吸收资金的任务以及财务部收支审核。被告人彭某二负责公司员工提成金额的发放、工程项目款项的发放等。湖南某养老产业有限公司为吸收资金专设市场部,负责具体推广宣传养老公寓项目,执行吸收资金的营销政策,其中在湘潭设有9个业务部,在衡阳、宁乡、易俗河、株洲、益阳、长沙等地设置相关负责人。各业务部长及分公司的相关负责人负责带领部门业务员执行吸收资金的营销政策,以此获取业绩提成。

法院经查实,湖南某养老产业有限公司共向不特定社会公众(主要为老年人)吸收公众存款共计7.6亿余元。其中已偿付集资金额共计2亿余元,未兑付资金余额共计5.6亿余元,涉及集资债权人共计10267人。湖南某养老产业有限公司非法吸收资金主要用于公司运营及返本付息等。

其中,自2019年4月开始,被告人彭某一、彭某二在明知湖南某养老产业有限公司资金链断裂、无法支付业务员提成、出现大量集资人要求返本付息的情况下,明知没有归还能力仍然继续吸收公众存款,数额共计4189.4万元。

案例评析:被告人彭某一、彭某二伙同被告人刘某某、王某某、周某等23人违反国家金融管理法律规定,非法吸收公众存款,扰乱金融秩序,数额巨大,其行为构成非法吸收公众存款罪。在非法吸收公众存款犯罪中,被告人彭某一、彭某二

均系主犯。被告人彭某一、彭某二在明知没有归还能力仍然继续吸收公众存款进行非法集资,应当认定为以非法占有为目的,使用诈骗方法非法集资,其行为构成集资诈骗罪。在共同集资诈骗犯罪中,被告人彭某一、彭某二均系主犯。

被告人刘某某在部门非法吸收公众存款共同犯罪中发挥了主要作用,系主犯。被告人王某某、周某等 20 人系公司业务员,在共同犯罪中起辅助作用,认定为从犯,依法可以从轻处罚。

根据被告人的犯罪情节和悔罪表现,法院依法作出如下判决:被告人彭某一、彭某二犯非法吸收公众存款罪和集资诈骗罪,分别被判处有期徒刑 19 年、有期徒刑 17 年,并处罚金 90 万元、80 万元,并责令两被告人对未兑付资金承担连带退赔责任。被告人刘某某、王某某、周某等 21 人犯非法吸收公众存款罪,分别被判处 2 年至 4 年不等的有期徒刑,并处 5 万元至 20 万元不等的罚金,责令 21 名被告人对未兑付资金承担连带退赔责任。

案例来源:陶琛:《以养老产业高回报为名吸引 1 万余人投资 7.6 亿余元　湖南 23 名被告人分别因非法吸收公众存款罪、集资诈骗罪被判刑罚》,载《人民法院报》2022 年 6 月 2 日,第 3 版。

案例六:以提供养老服务为名吸引千余老年人投资 6000 多万元

——湖南一男子犯集资诈骗罪获刑十三年

案情简介:2019 年 2 月 18 日,李某在明知杨某华(另案处理)资金链条紧张,且欠其 2000 万元以上债务未能偿还的情况下,仍在杨某华安排下,成立湖南省某健康养老服务有限公司,经营养老服务,李某任公司法人代表、总经理。2019 年 7 月 30 日,公司法人变更为杨某华。李某与杨某华约定,李某负责管理资金、财务、集资事宜,杨某华返还吸收资金的 20% ~30% 给李某,用于偿还其欠李某的欠款。

自 2019 年 2 月 18 日以来,李某明知某健康养老服务有限公司没有金融许可证,仍然帮助杨某华负责该公司的财务、管理等事宜,并以公司名义在长沙等地面向社会进行公开宣传,以提供养老服务项目为名,吸引他人投资,并通过承诺按季度支付 8% ~15% 不等的年利率,诱骗他人投资。经鉴定,2019 年 2 月至 2019 年 9 月共计诈骗谭某军、黄某山、周某等 1059 名集资参与人金额达人民币 66628500 元。

另查明,李某、杨某华及公司收到上述资金后,未按约定将资金用于养老项目等生产经营建设。2019年8月左右，某健康养老服务有限公司资金链断裂，被告人李某及杨某华等人不再向集资参与人还本付息，也未如约提供养老服务，导致集资参与人的集资金额无法归还。2020年5月20日，李某主动前往公安机关投案。

案例评析：被告人李某等人集资后不用于生产经营活动或用于生产经营活动与筹集的资金规模明显不成比例，致使集资款不能返还，属于以非法占有为目的，使用诈骗方法非法集资，数额巨大，其行为已构成集资诈骗罪。被告人李某在共同犯罪中行为积极，系主犯，但相对于同案人杨某华所起作用较小。被告人李某主动到公安机关投案，如实供述其主要犯罪事实，系自首。综合以上情节，法院遂作出如下判决：被告人李某犯集资诈骗罪，被判处有期徒刑13年，并处罚金20万元；责令退还1059名被害人经济损失。

案例来源：陶琛：《湖南一男子犯集资诈骗罪获刑十三年》，载《人民法院报》2022年5月27日，第3版。

案例七：湖南省湘潭市“润华”案

案情简介：2018年5月至2019年2月，被告人马某伙同丰某权、包某洋等人以湖南某康复养老中心开发有限公司（以下简称润华公司）的名义向社会上93名不特定集资参与人吸收投资金额共计362.1万元，造成集资参与人损失共计351.393万元。至2019年3月，被告人马某等人无力继续兑付集资参与人的借款本金和利息。

2019年3月，马某对外宣称要将湘潭县某度假庄园改造成润华公司的养老中心。同年3月8日，马某与被害人林某举口头约定由林某举承包该改造项目，骗取林某举合同预付款10万元。3月12日，马某与林某举签订建设工程施工合同，以收取工程保证金、归还借款等名义骗取林某举共计55.92万元。后林某举合伙人朱某带人进场施工，至2019年6月，马某未对工程款进行结算，林某举方停止施工。2019年10月，被告人马某对外宣称要对湖南某酒店三号楼进行重新装修。同年10月6日，马某以润华公司名义与被害人陆某签订湖南某酒店装饰改造项目施工合同书，骗取陆某合同保证金30万元，约定工程开工后一个月内无条件退还，工程期限自2019年10月16日至2020年3月20日。2019年10月16日，陆某带人进场准备施工，被马某以各种理由拖延，后工程一直未施工。截至案发，马某未将30万元保证金予以退还陆某。

案例评析:被告人马某以非法占有为目的,在签订、履行合同过程中,骗取他人财物,数额巨大,其行为已经构成合同诈骗罪。综合被告人的犯罪事实、性质、情节、认罪悔罪态度,法院依法作出如下判决:被告人马某犯合同诈骗罪,加前罪共判处有期徒刑8年,并处罚金10万元,责令被告人马某退赔被害人损失共计95.92万元。

案例来源:陶琛:《湖南湘潭一男子谎称改建养老中心实施合同诈骗获刑》,载《人民法院报》2022年5月12日,第3版。

案例八:用高额回报诱引老年群体缴纳预定养老服务金

——株洲一非法吸收公众存款团伙三人被判刑并责令退赔

案情简介:2018年3月以来,杜某(另案处理)在九九富达集团(长沙市顺祥老年生活城管理股份有限公司母公司)法人代表齐某明(另案处理)及实际控制人王某梅(另案处理)安排下,在株洲市成立长沙市顺祥老年生活城管理股份有限公司株洲分公司,在明知所设立公司无金融资质情况下,杜某聘请了本案被告人李某安、陈某羊、刘某源等人为公司业务员,通过发传单、开推介会、带领集资参与人参观产业等形式,以年利息7%~12%和现金返利3%~4%的高额回报为诱饵,吸引辖区老年群体缴纳预定养老服务金。2019年9月,该公司因无法兑付本金和利息停止营业。长沙顺祥老年生活城管理股份有限公司株洲分公司存续期间,共计非法吸收201名投资人存款合同总额1288.7万元,截至案发因无法兑现造成损失1145.3万元。

案例评析:被告人李某安、陈某羊、刘某源非法吸收公众存款,扰乱金融秩序,数额巨大,其行为均已构成非法吸收公众存款罪。鉴于本案中三被告人到案后均如实供述自己的罪行并自愿认罪认罚,被告人李某安已主动退还违法所得3万元,被告人刘某源已主动退还违法所得70660元,可以依法从轻处罚、从宽处理,遂依法作出如下判决:被告人李某安犯非法吸收公众存款罪,判处有期徒刑1年3个月,并处罚金2万元;被告人陈某羊犯非法吸收公众存款罪,判处有期徒刑8个月,并处罚金1万元;被告人刘某源犯非法吸收公众存款罪,判处有期徒刑8个月,并处罚金1万元。同时责令被告人李某安继续退赔含其部门业务员非法吸收的67名集资参与人的损失395万元,被告人陈某羊退赔含其部门业务员非法吸收的15名集资参与人的损失100万元，被告人刘某源继续退赔17名集资参与人的损失176万元。

案例来源：陶琛：《株洲一非法吸收公众存款团伙三人被判刑并责令退赔》，载《人民法院报》2022年5月6日，第3版。

案例九：湖南省益阳市"纳诺"案

案情简介：益阳市纳诺老年公寓成立于2012年6月6日，成立之后，该民营企业以与老年人签订养老服务合同收取养老合同金的名义大量吸纳老年人资金，进行民间集资行为已有8年以上。益阳市纳诺老年公寓于2016年已更名为益阳光辉颐养院，但是更名后仍然以益阳市纳诺老年公寓的名义，与老年人签订养老服务合同，以此为由巧立名目吸纳老年人资金。公司通过发放宣传资料、"口口相传"、举办宣讲培训班及组织客户（主要是中老年人）到纳诺公寓参观、免费吃饭和试住等多种手段宣传，并以投资返利（年利息8%～10%不等）、投资入住享折扣、发放现金红包等为诱饵引诱群众签订《购买爱心养老服务协议》，例如，通过签订"爱心养老服务合同"，收取爱心合同金；签订"至尊养老服务合同"，收取至尊养老金；签订"贵宾养老服务合同"，收取贵宾合同金。甚至同1名老人在同一时间段签订"爱心""至尊""贵宾"多份合同，只是床位折扣不等、福利补贴不等，但是同一时间同一个老人不可能同时睡几张床，其实质就是更多地吸纳老年人的养老钱。纳诺老年公寓非法集资案，非法集资高达4亿元，受害老人近5000人，多数老年消费者是在纳诺多名宣传人员的温情攻势和我们自己老年朋友的"口口相传"下购买纳诺养老服务。

案例评析：纳诺养老公寓非法集资案只是众多"爆雷"的民办养老机构的一角，该类案件受害人数之多、范围之广、损失之大，难以言喻。民办养老机构"爆雷"的背后，是老人半生积蓄血本无归的残酷现实，是几亿老年人无处安置的幸福晚年。苦了大半辈子的老人们，满怀希冀地交托出了全部家当，原以为是抓住了一根救命稻草，没想到却是压垮骆驼的最后一根稻草。在网络上关于养老的话题讨论中，有个热门回答是："这个世界，曾经是他们的，他们终其一生要去的地方，也将是我们要去的地方。"但随着养老公寓的频频"爆雷"，他们的"老无所依、老无所养、老又上当"，是全社会当下和未来的缩影。

案例来源：《益阳市资阳区纳诺养老公寓发展有限公司非法集资案启动第二

轮资金清退公告》《益阳市资阳区纳诺养老公寓发展有限公司非法集资案启动第一轮资金清退公告》，载中共益阳市资阳区委宣传部微信公众号“资水之阳”；参见高乐高：《跳江死去的老人，揭开“养老诈骗”最脏的赚钱内幕》，载腾讯网2022年8月22日，https://new.qq.com/rain/a/20220821A07S2N00。

案例十：湖南省娄底市湘中养老服务中心非法集资案

案情简介：湘中老年服务中心于2012年3月由毛某3(实际控制人为付某2)在娄星区民政局注册成立，登记注册类型为民办非营利性企业单位(社会福利机构)，开办资金为51万元，业务范围主业是老年人集中居住和综合服务，兼营老年人服务产品研发、生产和销售，有效期限为2012年3月至2015年3月。2012年上半年，被告人肖某某通过刘某7、刘某8认识了付某2，付某2介绍说国家对老年服务项目有30%的建设补助金，每年还有床位补贴，且老年服务项目的场地可以先租赁然后转为国家划拨地，于是肖某某决定投入产业。2012年下半年，肖某某在中铁大酒店举行中心开业典礼，因中心规模太小、条件太差，吸引不到老年人来入住，也得不到政府补贴，肖某某计划买地皮、建公寓扩大中心规模。因没有资金去实施，找到康某为营销部总监，授权其组建营销团队，以年利率8%～12%的消费补贴(利息)为诱饵，承诺给客户按期返本付息，以此吸引老年人与中心签订预定养老服务合同、缴纳预定金。同时由肖某某提供融资场地，按照客户存款期限给康某提成，一年期提成存款本金的19%(后降为17%)，两年期以上的提成存款本金的23%(后降为20%)，按月结算营销提成(营销费用)，采取借新还旧方式偿还客户本息。

案例评析：因民办养老机构的规模太小、条件太差难以吸引老人入住的同时得不到政府补贴，因此寻求营销团队的嵌入为民办养老机构注入发展资金。民办养老机构中通常会将广告宣传、公关等职能板块交由市场营销部门负责，以扩大客户群体基数，甚至为获取更大的营销利润，民办养老机构将机构床位定价、人员管理、财务管理的职能权力也交由机构的营销团队负责，营销的职能在民办养老机构的内部呈无限扩大的趋势，机构的异化风险也随之增加。但同时营销团队也在这个过程中逐渐发展壮大，成为民办养老机构的主要部门，“绑架”机构后期的发展经营决策，而营销团队所追逐的市场利益与养老机构的公益性特点不断博弈，最终营销团队因强大的资金注入力与客户吸引力成为控制机构发展走向的主导部门。

案例来源：湖南省娄底市娄星区人民法院刑事判决书，（2018）湘 1302 刑初 260 号。

案例十一：湖南省怀化市某老年产业有限公司非法吸收公众存款案

案情简介：2019 年 2 月，被告人周某注册成立了湖南某老年产业有限公司怀化分公司，并以该公司以及中方某度假村为基地经营的 2 家超市为基本活动场所，由被告人莫某等人带领业务团队，对外宣称该公司在中方某度假村内修建养老公寓，只要客户交纳预定金，签订预定养老养生服务合同书，每月即可享受预定金 12% ~18% 的利息，入住度假村养老公寓享 6 ~8 折房价优惠，参加活动可得能抵扣预定金、在超市作现金使用的优惠券，一年后可返还本金。2019 年 4 月至 2020 年 1 月，106 人与该公司签订预定养老养生服务合同书，并交纳预定金，共计吸资 393.5 万元。除作为返现优惠及砸金蛋活动折减金额、支付吸资利息外，集资参与人实际损失 372 万余元。

案例评析：被告人周某、莫某违反国家金融管理法律规定，伙同他人变相非法吸收公众存款，扰乱金融秩序，其行为已构成非法吸收公众存款罪。二被告人于 2020 年 6 月因犯非法吸收公众存款罪被邵阳市大祥区人民法院判处 1 年 3 个月至 3 年不等的刑罚及罚金，在刑罚执行完毕前发现漏罪，应数罪并罚。结合二被告人的犯罪事实及量刑情节，鹤城区法院遂作出如下判决：被告人周某依法被判处有期徒刑 4 年，并处罚金 10 万元；被告人莫某依法被判处有期徒刑 2 年 10 个月，并处罚金 8 万元。

案例来源：陶琛：《以养老养生合同吸引 106 人投资 393.5 万元　怀化二被告人非法吸收公众存款被判刑罚》，载《人民法院报》2022 年 7 月 14 日，第 3 版。

案例十二：湖南省永州市某养老产业服务有限公司非法集资案

案情简介：2017 年 6 月，何某以他人名义登记成立了某养老产业服务有限公司，并以返利、免费旅游、高利息和投资分红等方式为诱饵向不特定社会公众进行非法集资。2019 年 11 月，何某以上述公司和项目为依托，吸收公众存款金额 373.6 万元，造成被害人直接经济损失 351.41 万元，涉及被害人数达 317 人。2021 年 2 月，何某在广东广州被民警抓获。

案例评析:2016 年至 2021 年,湖南省宁远县人民法院先后受理并判决了 17 件与被告人何某相关联的民事案件,被执行金额达几百万元。被告人何某明知负有巨额债务,没有归还能力,仍以非法占有为目的,以欺骗手段采取返利、免费旅游和高利息、分红等方式集资,数额巨大,致使集资群众的资金无法归还,已构成集资诈骗罪。综上,法院依法作出如下判决:以集资诈骗罪判处被告人何某有期徒刑 12 年,并处罚金 30 万元,责令其依法退赔被害人经济损失。

案例来源:李果、胡雅丹:《以投资、养老等名义进行非法集资　湖南新田一被告人犯集资诈骗罪被判刑十二年》,载《人民法院报》2022 年 8 月 26 日,第 3 版。

案例十三:浙江省金华市梁某集资诈骗案

案情简介:2019 年 3 月,被告人梁某与宫某商议通过注册空壳公司,即设立虚构公司,从事旅游开发投资、建设养老基地等项目,以需要资金周转为由向老年人非法集资。为了实施诈骗并逃避法律追究又商定物色患有严重疾病的人担任法定代表人,以隐匿其真实身份。被告人梁某等人以设立的虚构公司名义签订月息均为 2‰的借款合同、会员合同,约定借期 3 个月、6 个月不等,先行扣除 3 个月利息、红包,承诺到期归还本金及剩余利息。最终,该公司在约定投资期限到期前关门停业,均未按约定归还本金及支付剩余利息。

案例评析:2019 年 11 月至 2020 年 2 月,被告人梁某等人向 64 名被害人非法集资人民币 72.65 万元。64 名被害人均是 60 岁以上的老年人,被骗金额最少者 4000 多元,最多者达 12 万元。梁某等人到案后对犯罪事实供认不讳,在法官释法明理后认识到自己的行为对社会造成的危害后果,开庭前积极配合退赃。被告人梁某等人全额退出赃款 72.65 万元,均已返还被害人,取得全部被害人书面谅解。结合梁某等人确有悔罪表现,且退缴全部赃款等情节,法院决定对其减轻处罚,遂依法作出如下判决:被告人梁某、宫某和徐某构成集资诈骗罪,分别被判处有期徒刑 2 年至 3 年,缓刑 2 年 6 个月至 4 年,并处罚金 2 万元至 20 万元不等刑罚。

案例来源:余建华:《浙江兰溪 3 名被告人集资诈骗 64 名老人被判刑》,载《人民法院报》2022 年 8 月 24 日,第 3 版。

案例十四:浙江省王某非法吸收公众存款案

案情简介:2006 年至 2008 年,被告人王某加入张某(另案处理)开设的慈善基金会，张某宣称2006年9月将在北京启动“世界和谐博爱慈善大会”，商定投资建设“敬老都”养老院，届时世界各个国家的总统、有志之士及爱心大使退休后都可以在“敬老都”居住。王某以义乌负责人的身份，介绍他人参加该慈善基金会，参加者需缴纳10万～21万元的“奉献费”，缴纳“奉献费”后可以得到103万元的资金支配权，该笔资金可用于建造以自己名字命名的希望小学，剩余资金可以自由支配。此外，参加者还可以在“敬老都”养老院免费居住养老。有了上述高额回报为诱饵，王某通过各种方式和渠道，在义乌协助张某向不特定的多名公众吸纳资金1000万余元。2021年，被告人王某被抓获归案。

案例评析：被告人王某伙同他人非法吸收公众存款，扰乱社会金融秩序，数额巨大，其行为已构成非法吸收公众存款罪。根据被告人的犯罪情节和悔罪表现，法院依法作出如下判决：被告人王某被依法判处有期徒刑2年，并处罚金5万元。目前该判决已生效。

案例来源：余建华：《借慈善之名吸纳社会公众资金超4万元　浙江一被告人犯非法吸收公众存款罪被判刑》，载《人民法院报》2022年7月28日，第3版。

案例十五：广东省惠州市刘某集资诈骗案

案情简介：刘某等三人共同开办了一家养老生活馆，打着“老人家幸福的晚年，用我们的爱心托起”“把父母交给我们，您放心上班去”的虚假宣传口号，以街边配发宣传单、免费送鸡蛋、大米和免费旅游等吸引老年人进店；通过外出旅游集中上课、店内抽奖等形式，谎称公司实力雄厚、对外有大额投资可获得丰厚回报，以此骗取老年人信任，投资办理季度会员、年度会员，并承诺到期全额返回本息并享受高息回报。该公司还以抢福利、介绍新会员可获得奖励等形式骗取老年人投资，先后诈骗23名老年人122万余元。

案例评析：刘某等三人无视国家法律，以非法占有为目的，使用诈骗方法非法集资，数额巨大，其行为均已构成集资诈骗罪，三人的犯罪行为严重侵犯老年人合法权益，社会危害性大，影响恶劣，后果严重，应予以严惩。法院遂依法作出如下判决：以集资诈骗罪判处刘某有期徒刑7年6个月，并处罚金10万元。吴某、李某分别被判处有期徒刑3年6个月、3年，并处罚金5万元，责令退赔被害人损失。

案例来源：林晔晗：《以高息回报为名骗取老年人积蓄逾百万　惠州一集资诈

骗案三被告人获刑罚》,载《人民法院报》2022 年 6 月 3 日,第 3 版。

案例十六:江西省翰耀集团案

案情简介:2014 年至 2015 年年初,被告人张某注册成立瀚耀(上海)投资有限公司等多家公司,以投资养老养生项目为名向他人集资借款 900 万余元进行项目投资,但均投资失利。

2015 年 10 月,多次投资失利的张某以明显过高的转让价格 2248 万元,承租经营泰轩温泉酒店有限公司,为偿还转让款及之前所欠债务,其多次组织人员利用泰轩酒店在上海、南昌、宜春等地进行非法集资。此后,为扩大影响,吸收更多资金,又策划成立了明月山天年会俱乐部,注册、收购了瀚耀国际投资控股集团有限公司等数十家空壳公司,并对外宣称上述公司、酒店均为瀚耀集团旗下产业,隐瞒公司真实经营状况,虚夸瀚耀集团公司实力和投资前景,以打造禅修疗养、健康养生、旅游休闲等养老生态产业链为幌子,以年利率 10% ~18% 的回报为诱饵,或编造公司上市、认购原始股的投资骗局,通过发放宣传资料、召开推介会、免费旅游、酒店入住体验等方式,在上海、宜春等地公开宣传,诱骗集资参与人预存养生卡、认购股权、签订投资合同,向不特定公众非法募集大量资金。截至案发,共向 2358 人非法吸收资金 2.9 亿余元,造成损失 1.6 亿余元。其他 4 名被告人为公司的主要管理人员或营销团队负责人,参与非法吸收公众存款,数额巨大,并分别从中获取违法所得 53.86 万元至 12.47 万元。

案例评析:被告人张某作为瀚耀集团的实际控制人,以投资养老养生等项目为名,以高息、高回报为诱饵,向他人非法集资,骗得集资款共计 2.9 亿余元,造成损失 1.6 亿余元,数额特别巨大,其行为已构成集资诈骗罪。其余 4 名被告人参与非法吸收公众存款,扰乱金融秩序,数额巨大,均构成非法吸收公众存款罪。法院根据被告人犯罪情节等判决驳回上诉,维持了一审判决:认定被告人张某犯集资诈骗罪,判处无期徒刑,剥夺政治权利终身,并处没收个人全部财产;以非法吸收公众存款罪,对其他 4 名被告人分别判处 4 年至 10 年不等的有期徒刑,并处罚金。

案例来源:胡佳佳:《江西一养老诈骗案主犯二审被判无期徒刑》,载《人民法院报》2022 年 9 月 9 日,第 3 版。

案例十七:四川省福坤源案

案情简介:2016年3月至8月,被告人叶某以四川福坤源实业有限公司名义聘请被告人张某为项目经理,并以25%的提成价格将福坤源公司养老服务营销全部交由张某负责,叶某收取75%的养老金,后张某以19%的提成价格将该营销业务全部交予被告人张某林和郭某负责,后被告人张某林和郭某组织人员通过散发传单、聚集开会的方式,对外宣称四川福坤源实业有限公司会根据缴纳养老费用的不同为老年人提供黄金级别、铂金级别、钻石级别、至尊级别的养老服务,并向老年人许诺所缴纳的养老金按一定比例每年返现。2016年3月至8月,四川福坤源实业有限公司与30余名被害人签订2万元到30万元不等的养生养老服务合同,共计吸取老年人缴纳养老金182万元。老年人缴纳的182万元养老金均是现金形式交付,其中75%由叶某私人支配。

案例评析:营销团队在锁定老年群体客户之时通常会搜集老年人客户的个人信息资料,频繁出入老年人聚集的场所,如广场、菜市场、公园等,以便于接触客户群体与之进行攀谈,了解老年人的生活状态、经济状态,对老年客户的孤独心理进行安抚与情绪支持,且对消费老人提供个性化的服务,比如根据消费数额的不同为老年人提供黄金级别、铂金级别、钻石级别、至尊级别的养老服务,满足老年人的需求陪伴的心理,推销机构"高质量服务"的同时促使老年人用钱买陪伴、买保障、买回报,后期由于对营销吸收的资金没有完善的监管体系,资金被营销团队项目负责人肆意挥霍,损害了老年群体权益。

案例来源:四川省绵阳市游仙区人民法院刑事判决书,(2018)川0704刑初53号。

案例十八:四川省万福案

案情简介:2015年6月1日,万福养老苑经射洪市民政局审查批准,获得养老机构设立许可证,其服务范围为自理、半自理、完全不能自理老人的生活照料、康复护理、精神慰藉、文化娱乐等,有效期限自2015年6月1日至2020年6月。2015年8月,田某某拟筹建洋溪镇桃花山养老基地。为筹措桃花山养老基地建设资金,田某某聘请敬某某、董某某等人组建营销团队,印制宣传单到射洪城区老年人聚集场所散发,邀请老年人到公司听讲座,营销人员通过讲座鼓动老年人向万福养老苑预缴养老金,田某某收到预缴的养老金后,万福养老苑与客户签订《射洪万福养生养老苑(入住消费)养生养老服务合同书》,承诺按照预缴金额的不同,在预缴养老金客户不入住期间,养老苑将向其赠送(返还)一定天数的标准间床位费(床位费价格为每月560元),一年一结,满三年退还本金。2015年8月至2018年7月,田某某以上述方式吸收鲜某某(男,75岁)等25户存款115.5万元,投入洋溪镇桃花山养老基地建设。2018年3月,田某某因资金链断裂未能按期还本付息。

案例评析:民办养老机构鼓吹超前消费享优惠。营销团队资金池的扩大离不开预收费模式的广泛应用,通常以办理"预付卡""消费卡""会员卡""贵宾卡",缴纳"入会费""保证金"等名义促使老年客户超前预存资金消费,比如鼓励老年客户提前预订床位签订相关合同、缴纳预定金能够获得高额的利息收入,且后期入住可享受更优惠的价格,以此吸引中老年人签订预定养老服务合同、缴纳预定金。同时,一次性缴纳的床位服务费数额越多,能享受的服务时间越长,叠加的优惠也更多,老年客户因此愿意预存更多资金。此模式下营销团队资金池不断扩大,且没有专门的监管机构与体系进行机构内部营销吸收资金的监测,潜在管理风险也不断增加。

案例来源:四川省遂宁市中级人民法院刑事判决书,(2021)川09刑终24号。

案例十九:陕西西安法院集中宣判三起涉养老非法集资案

案情简介:2015年,被告人钟某某、冯某某(已判决)、李某萍(已判决)、王某民(已判决)4名股东出资成立了陕西某养老服务股份有限公司,在未取得相关融资证照的情况下,对外宣称该公司投资了某养老中心和某汽车租赁服务有限公司两个项目,通过散发传单、带领群众进行参观等方式向社会群众进行宣传,并承诺高额利息,向群众吸收存款。

案例评析:被告人钟某某在未获得有关部门批准的情况下,非法向社会不特定公众吸收存款249万余元。被告人钟某某到案后能够如实供述其罪行,属坦白,且其家属代为退还违法所得201万余元,依法可对其从轻处罚。法院以非法吸收公众存款罪,判处被告人钟某某有期徒刑2年6个月,并处罚金5万元;未追回的赃款,依法继续追缴,发还集资参与人。

案情简介:2014年,被告人盛某某入职陕西某养老服务有限公司负责老年公寓项目,工作期间,盛某某以召开宣讲会及让业务团队发单等方式,向社会不特定人群宣传该老年公寓消费卡产品，吸引群众投资该老年公寓项目，为该项目非法募集资金。

案例评析：被告人盛某某在入职期间，为老年公寓项目非法吸收公众存款，违法所得共计33万余元，数额巨大，严重扰乱了国家的正常金融秩序。鉴于被告人盛某某自动投案并如实供述自己的犯罪事实，且在本案立案前已向相关集资参与人退还了部分损失，依法可以从轻处罚。法院以非法吸收公众存款罪，判处被告人盛某某有期徒刑5年3个月，并处罚金20万元；未追回的赃款，依法继续追缴，发还集资参与人。

案情简介：2013年12月30日，河南洛阳银铝铝业有限公司法定代表人、被告人李某某以融资为目的借用他人身份信息，注册成立了陕西易达利投资管理有限公司并成为公司实际控制人，被告人兰某某任易达利公司的总经理，负责全面管理公司的具体事务。自2014年3月至2015年12月，被告人李某某伙同被告人兰某某，以"河南洛阳银铝铝业有限公司"为投资运营方，委托易达利公司作为投资管理方的方式，以承诺1.2%～1.8%月息为诱饵，通过向社会公众发放宣传单、由业务人员口头宣传介绍等方式，承诺零风险、高收益、还本付息，吸引社会公众特别是老年人进行融资活动。经鉴定，易达利公司在此期间共吸收公众资金人民币466万元，涉案集资群众中老年人比例高达77%，尚有418万余元集资款未返还。

案例评析：被告人李某某、兰某某违反国家金融管理法律规定，未取得相关资质，非法向社会公众吸收资金，扰乱金融秩序，造成集资参与人直接经济损失418万余元未追回，数额巨大，均已构成非法吸收公众存款罪，且二被告人以中老年人为主要吸存对象，应从严惩处，当庭判处李某某有期徒刑3年4个月，并处罚金15万元，合并前罪，决定执行有期徒刑5年9个月，并处罚金20万元；判处兰某某有期徒刑3年，并处罚金10万元。

案例来源：贺雪丽：《西安法院集中宣判三起涉养老非法集资案》，载《人民法院报》2022年6月29日，第3版。

案例二十：广西壮族自治区柳州市龚某非法吸收公众存款案

案情简介：2014年10月至2020年3月，被告人龚某先后利用其成立或参股的桂林颐和老年公寓投资管理有限公司、桂林心之乐健康管理有限公司、桂林心之乐健康管理有限公司柳州分公司、深圳鱼州网络科技有限公司、深圳鱼州网络科技有限公司柳州分公司等公司的名义，在未经金融主管部门依法批准、未取得金融许可证的情况下，以提供养生养老服务、发展会员、购买消费期权等为由，以定期支付年利率8%～18%不等的现金高额消费券、返还租金补贴、消费卡补贴等名目返利，承诺到期还本为诱饵，通过聘请业务人员在老年群体流动密集处发放宣传单、组织推介会、组织旅游参观等方式，诱导不特定老年人以支付养老公寓预定金、购买消费期权等形式向上述公司进行投资。归集的资金绝大部分被用于支付返利及偿还本金、业务部门活动开支及相关人员提成，以及归还个人借款、资金周转等，仅有极少部分资金实际用于投资养老项目，且投资的养老项目未实际建成。绝大部分资金龚某不能说明实际用途；被告人韦某从2018年起，在明知龚某从事非法集资活动的情况下仍为其转款提供帮助；被告人熊某、苏某在2014年和2018年先后担任公司总监，主管销售业务部门并参与非法吸收公众存款活动。经核算，龚某等人以上述方式吸纳203名被害人资金共计2513万元。

案例评析：被告人龚某以非法占有为目的，在未取得相关资质的情况下，隐瞒个人真实财产状况、公司经营状况，以提供养老服务为由使用诈骗方法非法集资，其行为构成集资诈骗罪；被告人韦某明知龚某开展非法集资活动，仍为其提供资金流转等帮助，其行为构成非法吸收公众存款罪；被告人苏某、熊某先后担任总监主管销售业务部门，在未取得相关资质的情况下，以提供养老服务为由，通过分发传单、召开推介会等方式，向不特定老年人吸收存款，其行为构成非法吸收公众存款罪。综合各被告人在犯罪中所起的作用、认罪悔罪等情形，法院作出如下判决：涉案公司实际控制人龚某犯集资诈骗罪被判处有期徒刑13年6个月，并处罚金50万元；龚某妻子韦某和公司业务总监苏某、熊某犯非法吸收公众存款罪，分别被判处有期徒刑4年6个月、3年10个月、3年6个月，并分别处罚金15万元、8万元和7万元。法院责令上述被告人退赔被害人经济损失。

案例来源：邓月圆：《柳州柳北区法院宣判两起涉养老诈骗犯罪案件》，载《人民法院报》2022年7月5日，第3版。

附件二　相关制度文件汇总清单

一、法律

序号	名　　称	效力	发文字号
1	《民法典》	现行有效	中华人民共和国主席令第45号
2	《预算法》(2018年修正)	现行有效	中华人民共和国主席令第22号
3	《刑法》(2020年修正)	现行有效	中华人民共和国主席令第66号
4	《民办教育促进法》(2018年修正)	现行有效	中华人民共和国主席令第24号
5	《商业银行法》(2015年修正)	现行有效	中华人民共和国主席令第34号
6	《银行业监督管理法》(2006年修正)	现行有效	中华人民共和国主席令第58号
7	《企业破产法》	现行有效	中华人民共和国主席令第54号
8	《老年人权益保障法》(2018年修正)	现行有效	中华人民共和国主席令第24号

二、行政法规

序号	名　　称	效力	发文字号
1	《民办非企业单位登记管理暂行条例》	现行有效	中华人民共和国国务院令第251号

三、国务院规范性文件

序号	名　　称	效力	发文字号
1	《国务院关于加快发展养老服务业的若干意见》	现行有效	国发〔2013〕35号
2	《国务院办公厅关于全面放开养老服务市场提升养老服务质量的若干意见》	现行有效	国办发〔2016〕91号

续表

序号	名　　称	效力	发文字号
3	《国务院办公厅关于推进养老服务发展的意见》	现行有效	国办发〔2019〕5 号
4	《国务院关于印发“十四五”国家老龄事业发展和养老服务体系规划的通知》	现行有效	国发〔2021〕35 号

四、部门规章

序号	名　　称	效力	发文字号
1	《社会福利机构管理暂行办法》	已废止	民政部令第 19 号
2	《养老机构设立许可办法》	已失效	民政部令第 48 号
3	《养老机构管理办法》(2020)	现行有效	民政部令第 66 号
4	《市政公用事业特许经营管理办法》(2015 年修正)	现行有效	建设部令第 126 号

五、部门规范性文件

序号	名　　称	效力	发文字号
1	《民政部关于鼓励和引导民间资本进入养老服务领域的实施意见》	现行有效	民发〔2012〕129 号
2	《民政部、发展改革委、教育部、财政部、人力资源社会保障部、国土资源部、住房城乡建设部、国家卫生计生委、银监会、保监会关于鼓励民间资本参与养老服务业发展的实施意见》	现行有效	民发〔2015〕33 号
3	《民政部、发展改革委、教育部、财政部、人力资源社会保障部、国土资源部、住房城乡建设部、国家卫生计生委、银监会、保监会关于加快推进养老服务业放管服改革的通知》	现行有效	民发〔2017〕25 号
4	《中国人民银行关于取缔非法金融机构和非法金融业务活动中有关问题的通知》	现行有效	银发〔1999〕41 号
5	《财政部、国家发展和改革委员会、民政部、全国老龄工作委员会办公室关于做好政府购买养老服务工作的通知》	现行有效	财社〔2014〕105 号
6	《财政部关于印发〈民间非营利组织会计制度〉的通知》	现行有效	财会〔2004〕7 号

六、地方性法规

序号	名　　称	效力	发文字号
1	《关于加强养老机构预付费管理的指导意见（试行）》	现行有效	赣民字〔2021〕19 号
2	《北京市城市基础设施特许经营条例》	现行有效	北京市人民代表大会常务委员会公告第 42 号
3	《山西省市政公用事业特许经营管理条例》	已失效	/
4	《贵州省市政公用事业特许经营管理条例》	现行有效	/
5	《深圳市公用事业特许经营条例》（2020 年修正）	现行有效	深圳市第六届人民代表大会常务委员会公告第 200 号
6	《南京市养老服务条例》	现行有效	南京市人民代表大会常务委员会公告第 25 号

七、地方政府规章

序号	名　　称	效力	发文字号
1	《苏州市民办养老机构管理办法》	现行有效	苏州市人民政府令第 118 号

八、司法解释及司法文件

序号	名　　称	效力	发文字号
1	《最高人民法院关于审理非法集资刑事案件具体应用法律若干问题的解释》（2022 年修正）	现行有效	法释〔2022〕5 号
2	《最高人民法院关于为实施积极应对人口老龄化国家战略提供司法服务和保障的意见》	现行有效	法发〔2022〕15 号

九、党内法规

序号	名　　称	效力	发文字号
1	《中共中央、国务院关于加强老龄工作的决定》	现行有效	中发〔2000〕13 号

十、地方规范性文件

序号	名　　称	效力	发文字号
1	《北京市养老服务机构监管办法(试行)》	现行有效	京民福发〔2018〕412 号
2	《北京市人民政府办公厅印发关于加快本市养老机构建设实施办法的通知》	现行有效	京政办发〔2013〕56 号
3	《天津市养老机构补贴管理办法(试行)》	现行有效	津民规〔2022〕8 号
4	《石家庄市市级养老服务体系建设补助资金管理办法》	现行有效	石财社〔2017〕44 号
5	《太原市民办养老机构建设与运营补助资金管理暂行办法》	现行有效	并政办发〔2016〕54 号
6	《沈阳市民办养老机构补贴资金管理办法》	现行有效	沈民〔2018〕174 号
7	《长春市人民政府办公厅关于全面放开养老服务市场提升养老服务质量的实施意见》	现行有效	长府办发〔2018〕53 号
8	《哈尔滨市人民政府关于加快推进养老服务业发展的实施意见》	已失效	哈政发〔2015〕2 号
9	《上海市人民政府办公厅关于推进本市"十四五"期间养老服务设施建设的实施意见》	现行有效	沪府办规〔2021〕13 号
10	《南京市民政局、南京市公安消防局关于进一步规范养老机构服务补贴实施办法的通知》	现行有效	/
11	《杭州市民政局杭州市财政局关于做好养老机构市级财政资金补助工作的通知》	现行有效	杭民发〔2014〕283 号
12	《安徽省养老机构预付费管理办法(试行)》	现行有效	/
13	《合肥市社会养老服务体系建设实施办法》	现行有效	合民〔2017〕168 号
14	《福建省司法厅、福建省老龄办关于深入开展老年人法律服务和法律援助工作的通知》	现行有效	闽司〔2015〕118 号
15	《福州市人民政府关于加快发展养老服务业的实施意见》	现行有效	榕政综〔2014〕215 号
16	《江西省人民政府办公厅关于全面放开养老服务市场的实施意见》	现行有效	赣府厅发〔2017〕55 号
17	《济南市养老服务专项资金补助实施方案(试行)》	现行有效	济民发〔2021〕53 号

续表

序号	名　　称	效力	发文字号
18	《郑州市资助民办养老机构实施办法》	已失效	郑民文〔2018〕7 号
19	《武汉市人民政府关于提升养老服务供给水平加快发展养老服务业的实施意见》	现行有效	武政规〔2017〕34 号
20	《湖南省卫生健康委员会、湖南省发展和改革委员会、湖南省民政厅关于印发〈湖南省老龄事业发展和养老服务体系“十四五”规划〉的通知》	现行有效	湘卫老龄发〔2022〕4 号
21	《湖南省民政厅、湖南省财政厅、湖南省人民政府金融办公室、湖南银监局关于信贷扶持养老服务业发展的指导意见》	现行有效	湘民发〔2015〕7 号
22	《长沙市养老机构财政扶持资金管理实施细则》	现行有效	长民发〔2015〕25 号
23	《广州市民政局广州市财政局关于印发广州市民办养老机构资助办法的通知》	现行有效	穗民规字〔2020〕11 号
24	《广西壮族自治区民办养老机构补贴暂行办法》	现行有效	桂民发〔2016〕63 号
25	《重庆市人民政府办公厅关于全面放开养老服务市场提升养老服务质量的实施意见》	现行有效	渝府办发〔2017〕162 号
26	《成都市人民政府关于加快养老服务业创新发展的实施意见》	现行有效	成府发〔2015〕6 号
27	《贵阳市全国养老服务业综合改革试点城市建设行动计划》	现行有效	黔民发〔2012〕58 号
28	《昆明市人民政府关于鼓励社会力量兴办养老服务机构的实施意见》	现行有效	昆政发〔2014〕53 号
29	《陕西省人民政府办公厅关于制定和实施老年人照顾服务项目的意见》	现行有效	陕政办发〔2018〕8 号
30	《西安市人民政府办公厅关于印发破解“养老难”提升服务质量推进养老服务业创新发展的实施方案》	现行有效	陕政办发〔2017〕76 号
31	《青海省民办养老服务机构资助管理办法》	现行有效	青民发〔2010〕331 号
32	《银川市人民政府关于印发银川市加快推进养老服务业发展实施意见的通知》	现行有效	银政发〔2015〕8 号
33	《乌鲁木齐市加快推进社会化养老服务体系建设暂行办法》	现行有效	乌政办〔2013〕582 号

附件三　关联法规政策文件选编

中华人民共和国老年人权益保障法

（1996 年 8 月 29 日第八届全国人民代表大会常务委员会第二十一次会议通过　根据 2009 年 8 月 27 日第十一届全国人民代表大会常务委员会第十次会议《关于修改部分法律的决定》第一次修正　2012 年 12 月 28 日第十一届全国人民代表大会常务委员会第三十次会议修订　根据 2015 年 4 月 24 日第十二届全国人民代表大会常务委员会第十四次会议《关于修改〈中华人民共和国电力法〉等六部法律的决定》第二次修正　根据 2018 年 12 月 29 日第十三届全国人民代表大会常务委员会第七次会议《关于修改〈中华人民共和国劳动法〉等七部法律的决定》第三次修正）

第一章　总　　则

第一条　【立法目的】①为了保障老年人合法权益，发展老龄事业，弘扬中华民族敬老、养老、助老的美德，根据宪法，制定本法。

第二条　【适用范围】本法所称老年人是指六十周岁以上的公民。

第三条　【基本原则】国家保障老年人依法享有的权益。

老年人有从国家和社会获得物质帮助的权利，有享受社会服务和社会优待的权利，有参与社会发展和共享发展成果的权利。

禁止歧视、侮辱、虐待或者遗弃老年人。

---

① 条文主旨为编者所加，下同。

第四条　【总体目标】积极应对人口老龄化是国家的一项长期战略任务。

国家和社会应当采取措施，健全保障老年人权益的各项制度，逐步改善保障老年人生活、健康、安全以及参与社会发展的条件，实现老有所养、老有所医、老有所为、老有所学、老有所乐。

第五条　【社会保障】国家建立多层次的社会保障体系，逐步提高对老年人的保障水平。

国家建立和完善以居家为基础、社区为依托、机构为支撑的社会养老服务体系。

倡导全社会优待老年人。

第六条　【政府职责】各级人民政府应当将老龄事业纳入国民经济和社会发展规划，将老龄事业经费列入财政预算，建立稳定的经费保障机制，并鼓励社会各方面投入，使老龄事业与经济、社会协调发展。

国务院制定国家老龄事业发展规划。县级以上地方人民政府根据国家老龄事业发展规划，制定本行政区域的老龄事业发展规划和年度计划。

县级以上人民政府负责老龄工作的机构，负责组织、协调、指导、督促有关部门做好老年人权益保障工作。

第七条　【社会责任】保障老年人合法权益是全社会的共同责任。

国家机关、社会团体、企业事业单位和其他组织应当按照各自职责，做好老年人权益保障工作。

基层群众性自治组织和依法设立的老年人组织应当反映老年人的要求，维护老年人合法权益，为老年人服务。

提倡、鼓励义务为老年人服务。

第八条　【宣传教育】国家进行人口老龄化国情教育，增强全社会积极应对人口老龄化意识。

全社会应当广泛开展敬老、养老、助老宣传教育活动，树立尊重、关心、帮助老年人的社会风尚。

青少年组织、学校和幼儿园应当对青少年和儿童进行敬老、养老、助老的道德教育和维护老年人合法权益的法制教育。

广播、电影、电视、报刊、网络等应当反映老年人的生活，开展维护老年人合法权益的宣传，为老年人服务。

第九条　【社会研究】国家支持老龄科学研究，建立老年人状况统计调查和发布制度。

第十条 【奖励】各级人民政府和有关部门对维护老年人合法权益和敬老、养老、助老成绩显著的组织、家庭或者个人,对参与社会发展做出突出贡献的老年人,按照国家有关规定给予表彰或者奖励。

第十一条 【老年人的义务】老年人应当遵纪守法,履行法律规定的义务。

第十二条 【法定节日】每年农历九月初九为老年节。

第二章 家庭赡养与扶养

第十三条 【养老基础】老年人养老以居家为基础,家庭成员应当尊重、关心和照料老年人。

第十四条 【赡养人义务】赡养人应当履行对老年人经济上供养、生活上照料和精神上慰藉的义务,照顾老年人的特殊需要。

赡养人是指老年人的子女以及其他依法负有赡养义务的人。

赡养人的配偶应当协助赡养人履行赡养义务。

第十五条 【患病、经济困难、生活不能自理的老年人的赡养】赡养人应当使患病的老年人及时得到治疗和护理;对经济困难的老年人,应当提供医疗费用。

对生活不能自理的老年人,赡养人应当承担照料责任;不能亲自照料的,可以按照老年人的意愿委托他人或者养老机构等照料。

第十六条 【老年人的住房保障】赡养人应当妥善安排老年人的住房,不得强迫老年人居住或者迁居条件低劣的房屋。

老年人自有的或者承租的住房,子女或者其他亲属不得侵占,不得擅自改变产权关系或者租赁关系。

老年人自有的住房,赡养人有维修的义务。

第十七条 【老年人承包的田地及其林木、牲畜的收益】赡养人有义务耕种或者委托他人耕种老年人承包的田地,照管或者委托他人照管老年人的林木和牲畜等,收益归老年人所有。

第十八条 【老年人的精神需求】家庭成员应当关心老年人的精神需求,不得忽视、冷落老年人。

与老年人分开居住的家庭成员,应当经常看望或者问候老年人。

用人单位应当按照国家有关规定保障赡养人探亲休假的权利。

第十九条　【赡养义务的强制性】赡养人不得以放弃继承权或者其他理由，拒绝履行赡养义务。

赡养人不履行赡养义务，老年人有要求赡养人付给赡养费等权利。

赡养人不得要求老年人承担力不能及的劳动。

第二十条　【赡养协议】经老年人同意，赡养人之间可以就履行赡养义务签订协议。赡养协议的内容不得违反法律的规定和老年人的意愿。

基层群众性自治组织、老年人组织或者赡养人所在单位监督协议的履行。

第二十一条　【老年人的婚姻自由】老年人的婚姻自由受法律保护。子女或者其他亲属不得干涉老年人离婚、再婚及婚后的生活。

赡养人的赡养义务不因老年人的婚姻关系变化而消除。

第二十二条　【老年人的财产权益】老年人对个人的财产，依法享有占有、使用、收益和处分的权利，子女或者其他亲属不得干涉，不得以窃取、骗取、强行索取等方式侵犯老年人的财产权益。

老年人有依法继承父母、配偶、子女或者其他亲属遗产的权利，有接受赠与的权利。子女或者其他亲属不得侵占、抢夺、转移、隐匿或者损毁应当由老年人继承或者接受赠与的财产。

老年人以遗嘱处分财产，应当依法为老年配偶保留必要的份额。

第二十三条　【扶养义务】老年人与配偶有相互扶养的义务。

由兄、姐扶养的弟、妹成年后，有负担能力的，对年老无赡养人的兄、姐有扶养的义务。

第二十四条　【不履行赡养、扶养义务】赡养人、扶养人不履行赡养、扶养义务的，基层群众性自治组织、老年人组织或者赡养人、扶养人所在单位应当督促其履行。

第二十五条　【禁止家庭暴力】禁止对老年人实施家庭暴力。

第二十六条　【监护人】具备完全民事行为能力的老年人，可以在近亲属或者其他与自己关系密切、愿意承担监护责任的个人、组织中协商确定自己的监护人。监护人在老年人丧失或者部分丧失民事行为能力时，依法承担监护责任。

老年人未事先确定监护人的，其丧失或者部分丧失民事行为能力时，依照有关法律的规定确定监护人。

第二十七条　【家庭养老支持政策】国家建立健全家庭养老支持政策，鼓励家庭成员与老年人共同生活或者就近居住，为老年人随配偶或者赡养人迁徙提供条件，为家庭成员照料老年人提供帮助。

第三章　社会保障

第二十八条　【养老保险制度】国家通过基本养老保险制度，保障老年人的基本生活。

第二十九条　【医疗保险制度】国家通过基本医疗保险制度，保障老年人的基本医疗需要。享受最低生活保障的老年人和符合条件的低收入家庭中的老年人参加新型农村合作医疗和城镇居民基本医疗保险所需个人缴费部分，由政府给予补贴。

有关部门制定医疗保险办法，应当对老年人给予照顾。

第三十条　【护理保障工作】国家逐步开展长期护理保障工作，保障老年人的护理需求。

对生活长期不能自理、经济困难的老年人，地方各级人民政府应当根据其失能程度等情况给予护理补贴。

第三十一条　【老年人救助】国家对经济困难的老年人给予基本生活、医疗、居住或者其他救助。

老年人无劳动能力、无生活来源、无赡养人和扶养人，或者其赡养人和扶养人确无赡养能力或者扶养能力的，由地方各级人民政府依照有关规定给予供养或者救助。

对流浪乞讨、遭受遗弃等生活无着的老年人，由地方各级人民政府依照有关规定给予救助。

第三十二条　【住房照顾】地方各级人民政府在实施廉租住房、公共租赁住房等住房保障制度或者进行危旧房屋改造时，应当优先照顾符合条件的老年人。

第三十三条　【老年人福利】国家建立和完善老年人福利制度，根据经济社会发展水平和老年人的实际需要，增加老年人的社会福利。

国家鼓励地方建立八十周岁以上低收入老年人高龄津贴制度。

国家建立和完善计划生育家庭老年人扶助制度。

农村可以将未承包的集体所有的部分土地、山林、水面、滩涂等作为养老基地，收益供老年人养老。

第三十四条　【养老金及其他待遇保障】老年人依法享有的养老金、医疗待遇和其他待遇应当得到保障，有关机构必须按时足额支付，不得克扣、拖欠或者挪用。

国家根据经济发展以及职工平均工资增长、物价上涨等情况，适时提高养老保障水平。

第三十五条　【物质帮助】国家鼓励慈善组织以及其他组织和个人为老年人提供物质帮助。

第三十六条　【扶养、扶助协议】老年人可以与集体经济组织、基层群众性自治组织、养老机构等组织或者个人签订遗赠扶养协议或者其他扶助协议。

负有扶养义务的组织或者个人按照遗赠扶养协议，承担该老年人生养死葬的义务，享有受遗赠的权利。

第四章　社会服务

第三十七条　【社区养老服务】地方各级人民政府和有关部门应当采取措施，发展城乡社区养老服务，鼓励、扶持专业服务机构及其他组织和个人，为居家的老年人提供生活照料、紧急救援、医疗护理、精神慰藉、心理咨询等多种形式的服务。

对经济困难的老年人，地方各级人民政府应当逐步给予养老服务补贴。

第三十八条　【基础设施】地方各级人民政府和有关部门、基层群众性自治组织，应当将养老服务设施纳入城乡社区配套设施建设规划，建立适应老年人需要的生活服务、文化体育活动、日间照料、疾病护理与康复等服务设施和网点，就近为老年人提供服务。

发扬邻里互助的传统，提倡邻里间关心、帮助有困难的老年人。

鼓励慈善组织、志愿者为老年人服务。倡导老年人互助服务。

第三十九条　【政策支持】各级人民政府应当根据经济发展水平和老年人服务需求，逐步增加对养老服务的投入。

各级人民政府和有关部门在财政、税费、土地、融资等方面采取措施，鼓励、扶持企业事业单位、社会组织或者个人兴办、运营养老、老年人日间照料、老年文化体育活动等设施。

第四十条　【养老服务设施用地】地方各级人民政府和有关部门应当按照老年人口比例及分布情况，将养老服务设施建设纳入城乡规划和土地利用总体规划，统筹安排养老服务设施建设用地及所需物资。

公益性养老服务设施用地，可以依法使用国有划拨土地或者农民集体所有的土地。

养老服务设施用地，非经法定程序不得改变用途。

第四十一条　【养老机构】政府投资兴办的养老机构，应当优先保障经济困难的孤寡、失能、高龄等老年人的服务需求。

第四十二条　【分类管理和评估】国务院有关部门制定养老服务设施建设、养老服务质量和养老服务职业等标准，建立健全养老机构分类管理和养老服务评估制度。

各级人民政府应当规范养老服务收费项目和标准，加强监督和管理。

第四十三条　【养老机构的许可、登记】设立公益性养老机构，应当依法办理相应的登记。

设立经营性养老机构，应当在市场监督管理部门办理登记。

养老机构登记后即可开展服务活动，并向县级以上人民政府民政部门备案。

第四十四条　【综合监管制度】地方各级人民政府加强对本行政区域养老机构管理工作的领导，建立养老机构综合监管制度。

县级以上人民政府民政部门负责养老机构的指导、监督和管理，其他有关部门依照职责分工对养老机构实施监督。

第四十五条　【监督检查措施】县级以上人民政府民政部门依法履行监督检查职责，可以采取下列措施：

（一）向养老机构和个人了解情况；

（二）进入涉嫌违法的养老机构进行现场检查；

（三）查阅或者复制有关合同、票据、账簿及其他有关资料；

（四）发现养老机构存在可能危及人身健康和生命财产安全风险的，责令限期改正，逾期不改正的，责令停业整顿。

县级以上人民政府民政部门调查养老机构涉嫌违法的行为，应当遵守《中华人民共和国行政强制法》和其他有关法律、行政法规的规定。

第四十六条　【养老机构的变更、终止】养老机构变更或者终止的，应当妥善安置收住的老年人，并依照规定到有关部门办理手续。有关部门应当为养老机构妥善安置老年人提供帮助。

第四十七条　【养老服务人才培养】国家建立健全养老服务人才培养、使用、评价和激励制度，依法规范用工，促进从业人员劳动报酬合理增长，发展专职、兼职和志愿者相结合的养老服务队伍。

国家鼓励高等学校、中等职业学校和职业培训机构设置相关专业或者培训项目，培养养老服务专业人才。

第四十八条　【养老服务协议】养老机构应当与接受服务的老年人或者其代理人签订服务协议，明确双方的权利、义务。

养老机构及其工作人员不得以任何方式侵害老年人的权益。

第四十九条　【养老责任保险】国家鼓励养老机构投保责任保险，鼓励保险公司承保责任保险。

第五十条　【老年医疗卫生服务】各级人民政府和有关部门应当将老年医疗卫生服务纳入城乡医疗卫生服务规划，将老年人健康管理和常见病预防等纳入国家基本公共卫生服务项目。鼓励为老年人提供保健、护理、临终关怀等服务。

国家鼓励医疗机构开设针对老年病的专科或者门诊。

医疗卫生机构应当开展老年人的健康服务和疾病防治工作。

第五十一条　【健康教育和医学研究】国家采取措施，加强老年医学的研究和人才培养，提高老年病的预防、治疗、科研水平，促进老年病的早期发现、诊断和治疗。

国家和社会采取措施，开展各种形式的健康教育，普及老年保健知识，增强老年人自我保健意识。

第五十二条　【老龄产业】国家采取措施，发展老龄产业，将老龄产业列入国家扶持行业目录。扶持和引导企业开发、生产、经营适应老年人需要的用品和提供相关的服务。

第五章　社会优待

第五十三条　【优待老年人】县级以上人民政府及其有关部门根据经济社会发展情况和老年人的特殊需要，制定优待老年人的办法，逐步提高优待水平。

对常住在本行政区域内的外埠老年人给予同等优待。

第五十四条　【为老年人及时、便利地享受物质帮助提供条件】各级人民政府和有关部门应当为老年人及时、便利地领取养老金、结算医疗费和享受其他物质帮助提供条件。

第五十五条　【重大事项询问并优先办理】各级人民政府和有关部门办理房屋权属关系变更、户口迁移等涉及老年人权益的重大事项时，应当就办理事项是否为老年人的真实意思表示进行询问，并依法优先办理。

第五十六条　【法律援助】老年人因其合法权益受侵害提起诉讼交纳诉讼费确有困难的，可以缓交、减交或者免交；需要获得律师帮助，但无力支付律师费用的，可以获得法律援助。

鼓励律师事务所、公证处、基层法律服务所和其他法律服务机构为经济困难的老年人提供免费或者优惠服务。

第五十七条　【医疗便利措施】医疗机构应当为老年人就医提供方便，对老年人就医予以优先。有条件的地方，可以为老年人设立家庭病床，开展巡回医疗、护理、康复、免费体检等服务。

提倡为老年人义诊。

第五十八条　【优先、优惠服务】提倡与老年人日常生活密切相关的服务行业为老年人提供优先、优惠服务。

城市公共交通、公路、铁路、水路和航空客运，应当为老年人提供优待和照顾。

第五十九条　【享受精神文化生活】博物馆、美术馆、科技馆、纪念馆、公共图书馆、文化馆、影剧院、体育场馆、公园、旅游景点等场所，应当对老年人免费或者优惠开放。

第六十条　【筹劳义务免除】农村老年人不承担兴办公益事业的筹劳义务。

第六章　宜居环境

第六十一条　【宜居环境建设】国家采取措施，推进宜居环境建设，为老年人提供安全、便利和舒适的环境。

第六十二条　【服务设施建设】各级人民政府在制定城乡规划时，应当根据人口老龄化发展趋势、老年人口分布和老年人的特点，统筹考虑适合老年人的公共基础设施、生活服务设施、医疗卫生设施和文化体育设施建设。

第六十三条　【工程建设标准体系】国家制定和完善涉及老年人的工程建设标准体系，在规划、设计、施工、监理、验收、运行、维护、管理等环节加强相关标准的实施与监督。

第六十四条　【无保障设施建设】国家制定无障碍设施工程建设标准。新建、改建和扩建道路、公共交通设施、建筑物、居住区等,应当符合国家无障碍设施工程建设标准。

各级人民政府和有关部门应当按照国家无障碍设施工程建设标准,优先推进与老年人日常生活密切相关的公共服务设施的改造。

无障碍设施的所有人和管理人应当保障无障碍设施正常使用。

第六十五条　【宜居社区建设】国家推动老年宜居社区建设,引导、支持老年宜居住宅的开发,推动和扶持老年人家庭无障碍设施的改造,为老年人创造无障碍居住环境。

第七章　参与社会发展

第六十六条　【重视老年人作用】国家和社会应当重视、珍惜老年人的知识、技能、经验和优良品德,发挥老年人的专长和作用,保障老年人参与经济、政治、文化和社会生活。

第六十七条　【组织活动】老年人可以通过老年人组织,开展有益身心健康的活动。

第六十八条　【听取老年人和老年人组织的意见建议】制定法律、法规、规章和公共政策,涉及老年人权益重大问题的,应当听取老年人和老年人组织的意见。

老年人和老年人组织有权向国家机关提出老年人权益保障、老龄事业发展等方面的意见和建议。

第六十九条　【对老年人参与社会活动的支持和保障】国家为老年人参与社会发展创造条件。根据社会需要和可能,鼓励老年人在自愿和量力的情况下,从事下列活动:

(一)对青少年和儿童进行社会主义、爱国主义、集体主义和艰苦奋斗等优良传统教育;

(二)传授文化和科技知识;

(三)提供咨询服务;

(四)依法参与科技开发和应用;

(五)依法从事经营和生产活动;

(六)参加志愿服务、兴办社会公益事业;

（七）参与维护社会治安、协助调解民间纠纷；

（八）参加其他社会活动。

第七十条　【合法收入保护】老年人参加劳动的合法收入受法律保护。

任何单位和个人不得安排老年人从事危害其身心健康的劳动或者危险作业。

第七十一条　【老年人教育】老年人有继续受教育的权利。

国家发展老年教育，把老年教育纳入终身教育体系，鼓励社会办好各类老年学校。

各级人民政府对老年教育应当加强领导，统一规划，加大投入。

第七十二条　【老年人文化生活】国家和社会采取措施，开展适合老年人的群众性文化、体育、娱乐活动，丰富老年人的精神文化生活。

第八章　法 律 责 任

第七十三条　【侵权救济】老年人合法权益受到侵害的，被侵害人或者其代理人有权要求有关部门处理，或者依法向人民法院提起诉讼。

人民法院和有关部门，对侵犯老年人合法权益的申诉、控告和检举，应当依法及时受理，不得推诿、拖延。

第七十四条　【不作为或失职处理】不履行保护老年人合法权益职责的部门或者组织，其上级主管部门应当给予批评教育，责令改正。

国家工作人员违法失职，致使老年人合法权益受到损害的，由其所在单位或者上级机关责令改正，或者依法给予处分；构成犯罪的，依法追究刑事责任。

第七十五条　【纠纷处理】老年人与家庭成员因赡养、扶养或者住房、财产等发生纠纷，可以申请人民调解委员会或者其他有关组织进行调解，也可以直接向人民法院提起诉讼。

人民调解委员会或者其他有关组织调解前款纠纷时，应当通过说服、疏导等方式化解矛盾和纠纷；对有过错的家庭成员，应当给予批评教育。

人民法院对老年人追索赡养费或者扶养费的申请，可以依法裁定先予执行。

第七十六条　【干涉婚姻自由，拒不履行赡养、扶养义务，虐待或实施家庭暴力的处罚】干涉老年人婚姻自由，对老年人负有赡养义务、扶养义务而拒绝赡养、扶养，虐待老年人或者对老年人实施家庭暴力的，由有关单位给予批评教育；构成违反治安管理行为的，依法给予治安管理处罚；构成犯罪的，依法追究刑事责任。

第七十七条　【侵害老年人财物的处罚】家庭成员盗窃、诈骗、抢夺、侵占、勒索、故意损毁老年人财物，构成违反治安管理行为的，依法给予治安管理处罚；构成犯罪的，依法追究刑事责任。

第七十八条　【侮辱、诽谤老年人的处罚】侮辱、诽谤老年人，构成违反治安管理行为的，依法给予治安管理处罚；构成犯罪的，依法追究刑事责任。

第七十九条　【养老机构及其工作人员侵害老年人人身、财产权益的处罚】养老机构及其工作人员侵害老年人人身和财产权益，或者未按照约定提供服务的，依法承担民事责任；有关主管部门依法给予行政处罚；构成犯罪的，依法追究刑事责任。

第八十条　【对渎职行为的处罚】对养老机构负有管理和监督职责的部门及其工作人员滥用职权、玩忽职守、徇私舞弊的，对直接负责的主管人员和其他直接责任人员依法给予处分；构成犯罪的，依法追究刑事责任。

第八十一条　【不履行优待老年人义务的处理】不按规定履行优待老年人义务的，由有关主管部门责令改正。

第八十二条　【工程设施不符合规定的处罚】涉及老年人的工程不符合国家规定的标准或者无障碍设施所有人、管理人未尽到维护和管理职责的，由有关主管部门责令改正；造成损害的，依法承担民事责任；对有关单位、个人依法给予行政处罚；构成犯罪的，依法追究刑事责任。

第九章　附　　则

第八十三条　【变通或补充规定的制度】民族自治地方的人民代表大会，可以根据本法的原则，结合当地民族风俗习惯的具体情况，依照法定程序制定变通的或者补充的规定。

第八十四条　【溯及效力】本法施行前设立的养老机构不符合本法规定条件的，应当限期整改。具体办法由国务院民政部门制定。

第八十五条　【施行日期】本法自 2013 年 7 月 1 日起施行。

国务院办公厅关于推进养老服务发展的意见

（2019 年 3 月 29 日　国办发〔2019〕5 号）

各省、自治区、直辖市人民政府，国务院各部委、各直属机构：

党中央、国务院高度重视养老服务，党的十八大以来，出台了加快发展养老服务业、全面放开养老服务市场等政策措施，养老服务体系建设取得显著成效。但总的看，养老服务市场活力尚未充分激发，发展不平衡不充分、有效供给不足、服务质量不高等问题依然存在，人民群众养老服务需求尚未有效满足。按照 2019 年政府工作报告对养老服务工作的部署，为打通“堵点”，消除“痛点”，破除发展障碍，健全市场机制，持续完善居家为基础、社区为依托、机构为补充、医养相结合的养老服务体系，建立健全高龄、失能老年人长期照护服务体系，强化信用为核心、质量为保障、放权与监管并重的服务管理体系，大力推动养老服务供给结构不断优化、社会有效投资明显扩大、养老服务质量持续改善、养老服务消费潜力充分释放，确保到 2022 年在保障人人享有基本养老服务的基础上，有效满足老年人多样化、多层次养老服务需求，老年人及其子女获得感、幸福感、安全感显著提高，经国务院同意，现提出以下意见。

一、深化放管服改革

（一）建立养老服务综合监管制度。制定“履职照单免责、失职照单问责”的责任清单，制定加强养老服务综合监管的相关政策文件，建立各司其职、各尽其责的跨部门协同监管机制，完善事中事后监管制度。健全“双随机、一公开”工作机制，加大对违规行为的查处惩戒力度，坚持最严谨的标准、最严格的监管、最严厉的处罚、最严肃的问责。市场监管部门要将企业登记基本信息共享至省级共享平台或省级部门间数据接口；民政部门要及时下载养老机构相关信息，加强指导和事中事后监管。加快推进养老服务领域社会信用体系建设，2019 年 6 月底前，建立健全失信联合惩戒机制，对存在严重失信行为的养老服务机构（含养老机构、居家社区养老服务机构，以及经营范围和组织章程中包含养老服务内容的其他企业、事业单位和社会组织）及人员实施联合惩戒。养老服务机构行政许可、行政处罚、抽查检查结果等信息按经营性质分别通过全国信用信息共享平台、国家企业信用信息公示系统记于其名下并依法公示。(民政部、发展改革委、人民银行、市场监管总局按职责分工负责,地方各级人民政府负责)

(二)继续深化公办养老机构改革。充分发挥公办养老机构及公建民营养老机构兜底保障作用,在满足当前和今后一个时期特困人员集中供养需求的前提下,重点为经济困难失能(含失智,下同)老年人、计划生育特殊家庭老年人提供无偿或低收费托养服务。坚持公办养老机构公益属性,确定保障范围,其余床位允许向社会开放,研究制定收费指导标准,收益用于支持兜底保障对象的养老服务。探索具备条件的公办养老机构改制为国有养老服务企业。制定公建民营养老机构管理办法,细化评审标准和遴选规则,加强合同执行情况监管。公建民营养老机构运营方应定期向委托部门报告机构资产情况、运营情况,及时报告突发重大情况。(民政部、发展改革委、财政部、中央编办、国资委、卫生健康委按职责分工负责,地方各级人民政府负责)

(三)解决养老机构消防审验问题。依照《建筑设计防火规范》,做好养老机构消防审批服务,提高审批效能。对依法申报消防设计审核、消防验收和消防备案的养老机构,主动提供消防技术咨询服务,依法尽快办理。各地要结合实际推行养老服务行业消防安全标准化管理,注重分类引导,明确养老机构建筑耐火等级、楼层设置和平面布置、防火分隔措施、安全疏散和避难设计、建筑消防设施、消防管理机构和人员、微型消防站建设等配置要求,推动养老机构落实消防安全主体责任,开展隐患自查自改,提升自我管理水平。农村敬老院及利用学校、厂房、商业场所等举办的符合消防安全要求的养老机构,因未办理不动产登记、土地规划等手续问题未能通过消防审验的,2019 年 12 月底前,由省级民政部门提请省级人民政府组织有关部门集中研究处置。具备消防安全技术条件的,由相关主管部门出具意见,享受相应扶持政策。(应急部、住房城乡建设部、自然资源部、民政部、市场监管总局按职责分工负责,地方各级人民政府负责)

(四)减轻养老服务税费负担。聚焦减税降费,养老服务机构符合现行政策规定条件的,可享受小微企业等财税优惠政策。研究非营利性养老服务机构企业所得税支持政策。对在社区提供日间照料、康复护理、助餐助行等服务的养老服务机构给予税费减免扶持政策。落实各项行政事业性收费减免政策,落实养老服务机构用电、用水、用气、用热享受居民价格政策,不得以土地、房屋性质等为理由拒

绝执行相关价格政策。(财政部、税务总局、发展改革委、市场监管总局按职责分工负责,地方各级人民政府负责)

(五)提升政府投入精准化水平。民政部本级和地方各级政府用于社会福利事业的彩票公益金,要加大倾斜力度,到2022年要将不低于55%的资金用于支持发展养老服务。接收经济困难的高龄失能老年人的养老机构,不区分经营性质按上述老年人数量同等享受运营补贴,入住的上述老年人按规定享受养老服务补贴。将养老服务纳入政府购买服务指导性目录,全面梳理现行由财政支出安排的各类养老服务项目,以省为单位制定政府购买养老服务标准,重点购买生活照料、康复护理、机构运营、社会工作和人员培养等服务。(财政部、民政部、卫生健康委按职责分工负责,地方各级人民政府负责)

(六)支持养老机构规模化、连锁化发展。支持在养老服务领域着力打造一批具有影响力和竞争力的养老服务商标品牌,对养老服务商标品牌依法加强保护。对已经在其他地方取得营业执照的企业,不得要求其在本地开展经营活动时必须设立子公司。开展城企协同推进养老服务发展行动计划。非营利性养老机构可在其登记管理机关管辖区域内设立多个不具备法人资格的服务网点。(市场监管总局、知识产权局、民政部、发展改革委按职责分工负责,地方各级人民政府负责)

(七)做好养老服务领域信息公开和政策指引。建立养老服务监测分析与发展评价机制,完善养老服务统计分类标准,加强统计监测工作。2019年6月底前,各省级人民政府公布本行政区域现行养老服务扶持政策措施清单、养老服务供需信息或投资指南。制定养老服务机构服务质量信息公开规范,公开养老服务项目清单、服务指南、服务标准等信息。集中清理废除在养老服务机构公建民营、养老设施招投标、政府购买养老服务中涉及地方保护、排斥营利性养老服务机构参与竞争等妨碍统一市场和公平竞争的各种规定和做法。(统计局、发展改革委、民政部、财政部、市场监管总局按职责分工负责,各省级人民政府负责)

二、拓宽养老服务投融资渠道

(八)推动解决养老服务机构融资问题。畅通货币信贷政策传导机制,综合运用多种工具,抓好支小再贷款等政策落实。对符合授信条件但暂时遇到经营困难的民办养老机构,要继续予以资金支持。切实解决养老服务机构融资过程中有关金融机构违规收取手续费、评估费、承诺费、资金管理费等问题,减少融资附加费用,降低融资成本。鼓励商业银行探索向产权明晰的民办养老机构发放资产(设施）抵押贷款和应收账款质押贷款。探索允许营利性养老机构以有偿取得的土地、设施等资产进行抵押融资。大力支持符合条件的市场化、规范化程度高的养老服务企业上市融资。支持商业保险机构举办养老服务机构或参与养老服务机构的建设和运营，适度拓宽保险资金投资建设养老项目资金来源。更好发挥创业担保贷款政策作用，对从事养老服务行业并符合条件的个人和小微企业给予贷款支持，鼓励金融机构参照贷款基础利率，结合风险分担情况，合理确定贷款利率水平。（人民银行、财政部、银保监会、证监会、自然资源部按职责分工负责）

（九）扩大养老服务产业相关企业债券发行规模。根据企业资金回流情况科学设计发行方案，支持合理灵活设置债券期限、选择权及还本付息方式，用于为老年人提供生活照料、康复护理等服务设施设备，以及开发康复辅助器具产品用品项目。鼓励企业发行可续期债券，用于养老机构等投资回收期较长的项目建设。对于项目建成后有稳定现金流的养老服务项目，允许以项目未来收益权为债券发行提供质押担保。允许以建设用地使用权抵押担保方式为债券提供增信。探索发行项目收益票据、项目收益债券支持养老服务产业项目的建设和经营。（发展改革委、人民银行、银保监会、证监会按职责分工负责）

（十）全面落实外资举办养老服务机构国民待遇。境外资本在内地通过公建民营、政府购买服务、政府和社会资本合作等方式参与发展养老服务，同等享受境内资本待遇。境外资本在内地设立的养老机构接收政府兜底保障对象的，同等享受运营补贴等优惠政策。将养老康复产品服务纳入中国国际进口博览会招展范围，探索设立养老、康复展区。（民政部、发展改革委、商务部按职责分工负责）

三、扩大养老服务就业创业

（十一）建立完善养老护理员职业技能等级认定和教育培训制度。2019 年 9 月底前，制定实施养老护理员职业技能标准。加强对养老服务机构负责人、管理人员的岗前培训及定期培训，使其掌握养老服务法律法规、政策和标准。按规定落实养老服务从业人员培训费补贴、职业技能鉴定补贴等政策。鼓励各类院校特别是职业院校（含技工学校）设置养老服务相关专业或开设相关课程，在普通高校开设健康服务与管理、中医养生学、中医康复学等相关专业。推进职业院校（含技工学校）养老服务实训基地建设。按规定落实学生资助政策。（人力资源社会保障部、教育部、财政部、民政部、市场监管总局按职责分工负责，地方各级人民政府负责）

（十二）大力推进养老服务业吸纳就业。结合政府购买基层公共管理和社会服务，在基层特别是街道（乡镇）、社区（村）开发一批为老服务岗位，优先吸纳就业困难人员、建档立卡贫困人口和高校毕业生就业。对养老服务机构招用就业困难人员，签订劳动合同并缴纳社会保险费的，按规定给予社会保险补贴。加强从事养老服务的建档立卡贫困人口职业技能培训和就业指导服务，引导其在养老服务机构就业，吸纳建档立卡贫困人口就业的养老服务机构按规定享受创业就业税收优惠、职业培训补贴等支持政策。对符合小微企业标准的养老服务机构新招用毕业年度高校毕业生，签订1年以上劳动合同并缴纳社会保险费的，按规定给予社会保险补贴。落实就业见习补贴政策，对见习期满留用率达到50%以上的见习单位，适当提高就业见习补贴标准。（人力资源社会保障部、教育部、财政部、民政部、扶贫办按职责分工负责，地方各级人民政府负责）

（十三）建立养老服务褒扬机制。研究设立全国养老服务工作先进集体和先进个人评比达标表彰项目。组织开展国家养老护理员技能大赛，对获奖选手按规定授予"全国技术能手"荣誉称号，并晋升相应职业技能等级。开展养老护理员关爱活动，加强对养老护理员先进事迹与奉献精神的社会宣传，让养老护理员的劳动创造和社会价值在全社会得到尊重。（人力资源社会保障部、民政部、卫生健康委、广电总局按职责分工负责）

四、扩大养老服务消费

（十四）建立健全长期照护服务体系。研究建立长期照护服务项目、标准、质量评价等行业规范，完善居家、社区、机构相衔接的专业化长期照护服务体系。完善全国统一的老年人能力评估标准，通过政府购买服务等方式，统一开展老年人能力综合评估，考虑失能、失智、残疾等状况，评估结果作为领取老年人补贴、接受基本养老服务的依据。全面建立经济困难的高龄、失能老年人补贴制度，加强与残疾人两项补贴政策衔接。加快实施长期护理保险制度试点，推动形成符合国情的长期护理保险制度框架。鼓励发展商业性长期护理保险产品，为参保人提供个性化长期照护服务。（民政部、财政部、卫生健康委、市场监管总局、医保局、银保监会、中国残联按职责分工负责）

（十五）发展养老普惠金融。支持商业保险机构在地级以上城市开展老年人住房反向抵押养老保险业务，在房地产交易、抵押登记、公证等机构设立绿色通道，简化办事程序，提升服务效率。支持老年人投保意外伤害保险，鼓励保险公司合理设计产品,科学厘定费率。鼓励商业养老保险机构发展满足长期养老需求的养老保障管理业务。支持银行、信托等金融机构开发养老型理财产品、信托产品等养老金融产品,依法适当放宽对符合信贷条件的老年人申请贷款的年龄限制,提升老年人金融服务的可得性和满意度。扩大养老目标基金管理规模,稳妥推进养老目标证券投资基金注册,可以设置优惠的基金费率,通过差异化费率安排,鼓励投资人长期持有养老目标基金。养老目标基金应当采用成熟稳健的资产配置策略,控制基金下行风险,追求基金资产长期稳健增值。(银保监会、证监会、人民银行、住房城乡建设部、自然资源部按职责分工负责)

(十六)促进老年人消费增长。开展全国老年人产品用品创新设计大赛,制定老年人产品用品目录,建设产学研用协同的成果转化推广平台。出台老年人康复辅助器具配置、租赁、回收和融资租赁办法,推进在养老机构、城乡社区设立康复辅助器具配置服务(租赁)站点。开展系统的营养均衡配餐研究,开发适合老年人群营养健康需求的饮食产品,逐步改善老年人群饮食结构。(民政部、发展改革委、工业和信息化部、科技部、卫生健康委按职责分工负责)

(十七)加强老年人消费权益保护和养老服务领域非法集资整治工作。加大联合执法力度,组织开展对老年人产品和服务消费领域侵权行为的专项整治行动。严厉查处向老年人欺诈销售各类产品和服务的违法行为。广泛开展老年人识骗防骗宣传教育活动,提升老年人抵御欺诈销售的意识和能力。鼓励群众提供养老服务领域非法集资线索,对涉嫌非法集资行为及时调查核实、发布风险提示并依法稳妥处置。对养老机构为弥补设施建设资金不足,通过销售预付费性质“会员卡”等形式进行营销的,按照包容审慎监管原则,明确限制性条件,采取商业银行第三方存管方式确保资金管理使用安全。(市场监管总局、公安部、民政部、卫生健康委、人民银行、银保监会、广电总局按职责分工负责,地方各级人民政府负责)

五、促进养老服务高质量发展

(十八)提升医养结合服务能力。促进现有医疗卫生机构和养老机构合作,发挥互补优势,简化医养结合机构设立流程,实行“一个窗口”办理。对养老机构内设诊所、卫生所(室)、医务室、护理站,取消行政审批,实行备案管理。开展区域卫生规划时要为养老机构举办或内设医疗机构留出空间。医疗保障部门要根据养老机构举办和内设医疗机构特点,将符合条件的按规定纳入医保协议管理范围,完善协议管理规定,依法严格监管。具备法人资格的医疗机构可通过变更登记事项或经营范围开展养老服务。促进农村、社区的医养结合,推进基层医疗卫生机构和医务人员与老年人家庭建立签约服务关系,建立村医参与健康养老服务激励机制。有条件的地区可支持家庭医生出诊为老年人服务。鼓励医护人员到医养结合机构执业,并在职称评定等方面享受同等待遇。(卫生健康委、民政部、中央编办、医保局按职责分工负责)

(十九)推动居家、社区和机构养老融合发展。支持养老机构运营社区养老服务设施,上门为居家老年人提供服务。将失能老年人家庭成员照护培训纳入政府购买养老服务目录,组织养老机构、社会组织、社工机构、红十字会等开展养老照护、应急救护知识和技能培训。大力发展政府扶得起、村里办得起、农民用得上、服务可持续的农村幸福院等互助养老设施。探索"物业服务 + 养老服务"模式,支持物业服务企业开展老年供餐、定期巡访等形式多样的养老服务。打造"三社联动"机制,以社区为平台、养老服务类社会组织为载体、社会工作者为支撑,大力支持志愿养老服务,积极探索互助养老服务。大力培养养老志愿者队伍,加快建立志愿服务记录制度,积极探索"学生社区志愿服务计学分"、"时间银行"等做法,保护志愿者合法权益。(民政部、发展改革委、财政部、卫生健康委、住房城乡建设部、教育部、共青团中央、中国红十字会总会按职责分工负责)

(二十)持续开展养老院服务质量建设专项行动。继续大力推动质量隐患整治工作,对照问题清单逐一挂号销账,确保养老院全部整治过关。加快明确养老机构安全等标准和规范,制定确保养老机构基本服务质量安全的强制性国家标准,推行全国统一的养老服务等级评定与认证制度。健全养老机构食品安全监管机制。扩大养老服务综合责任保险覆盖范围,鼓励居家社区养老服务机构投保雇主责任险和养老责任险。(民政部、卫生健康委、应急部、市场监管总局、银保监会按职责分工负责)

(二十一)实施"互联网 + 养老"行动。持续推动智慧健康养老产业发展,拓展信息技术在养老领域的应用,制定智慧健康养老产品及服务推广目录,开展智慧健康养老应用试点示范。促进人工智能、物联网、云计算、大数据等新一代信息技术和智能硬件等产品在养老服务领域深度应用。在全国建设一批"智慧养老院",推广物联网和远程智能安防监控技术,实现 24 小时安全自动值守,降低老年人意外风险,改善服务体验。运用互联网和生物识别技术,探索建立老年人补贴远程申报审核机制。加快建设国家养老服务管理信息系统，推进与户籍、医疗、社会保险、社会救助等信息资源对接。加强老年人身份、生物识别等信息安全保护。（工业和信息化部、民政部、发展改革委、卫生健康委按职责分工负责）

（二十二）完善老年人关爱服务体系。建立健全定期巡访独居、空巢、留守老年人工作机制，积极防范和及时发现意外风险。推广“养老服务顾问”模式，发挥供需对接、服务引导等作用。探索通过公开招投标方式，支持有资质的社会组织接受计划生育特殊家庭、孤寡、残疾等特殊老年人委托，依法代为办理入住养老机构、就医等事务。积极组织老年人开展有益身心健康的活动。重视珍惜老年人的知识、技能、经验和优良品德，发挥老年人的专长和作用，鼓励其在自愿和量力的情况下，从事传播文化和科技知识、参与科技开发和应用、兴办社会公益事业等社会活动。（民政部、卫生健康委、人力资源社会保障部按职责分工负责，地方各级人民政府负责）

（二十三）大力发展老年教育。优先发展社区老年教育，建立健全“县（市、区）—乡镇（街道）—村（居委会）”三级社区老年教育办学网络，方便老年人就近学习。建立全国老年教育公共服务平台，鼓励各类教育机构通过多种形式举办或参与老年教育，推进老年教育资源、课程、师资共享，探索养教结合新模式，为社区、老年教育机构及养老服务机构等提供支持。积极探索部门、行业企业、高校所举办老年大学服务社会的途径和方法。（教育部、卫生健康委、中央组织部、民政部按职责分工负责）

六、促进养老服务基础设施建设

（二十四）实施特困人员供养服务设施（敬老院）改造提升工程。将补齐农村养老基础设施短板、提升特困人员供养服务设施（敬老院）建设标准纳入脱贫攻坚工作和乡村振兴战略。从2019年起实施特困人员供养服务设施（敬老院）改造提升工程，积极发挥政府投资引导作用，充分调动社会资源，利用政府和社会资本合作、公建民营等方式，支持特困人员供养服务设施（敬老院）建设、改造升级照护型床位，开辟失能老年人照护单元，确保有意愿入住的特困人员全部实现集中供养。逐步将特困人员供养服务设施（敬老院）转型为区域性养老服务中心。（民政部、发展改革委按职责分工负责，地方各级人民政府负责）

（二十五）实施民办养老机构消防安全达标工程。从2019年起，民政部本级和地方各级政府用于社会福利事业的彩票公益金，采取以奖代补等方式，引导和帮助存量民办养老机构按照国家工程建设消防技术标准配置消防设施、器材，针对重大火灾隐患进行整改。对因总建筑面积较小或受条件限制难以设置自动消防系统的建筑，加强物防、技防措施，在服务对象住宿、主要活动场所和康复医疗用房安装独立式感烟火灾探测报警器和局部应用自动喷水灭火系统，配备应急照明设备和灭火器。（财政部、民政部、应急部按职责分工负责）

（二十六）实施老年人居家适老化改造工程。2020 年底前，采取政府补贴等方式，对所有纳入特困供养、建档立卡范围的高龄、失能、残疾老年人家庭，按照《无障碍设计规范》实施适老化改造。有条件的地方可积极引导城乡老年人家庭进行适老化改造，根据老年人社会交往和日常生活需要，结合老旧小区改造等因地制宜实施。（民政部、住房城乡建设部、财政部、卫生健康委、扶贫办、中国残联按职责分工负责，地方各级人民政府负责）

（二十七）落实养老服务设施分区分级规划建设要求。2019 年在全国部署开展养老服务设施规划建设情况监督检查，重点清查整改规划未编制、新建住宅小区与配套养老服务设施"四同步"（同步规划、同步建设、同步验收、同步交付）未落实、社区养老服务设施未达标、已建成养老服务设施未移交或未有效利用等问题。完善"四同步"工作规则，明确民政部门在"四同步"中的职责，对已交付产权人的养老服务设施由民政部门履行监管职责，确保养老服务用途。对存在配套养老服务设施缓建、缩建、停建、不建和建而不交等问题的，在整改到位之前建设单位不得组织竣工验收。按照国家相关标准和规范，将社区居家养老服务设施建设纳入城乡社区配套用房建设范围。对于空置的公租房，可探索允许免费提供给社会力量，供其在社区为老年人开展日间照料、康复护理、助餐助行、老年教育等服务。市、县级政府要制定整合闲置设施改造为养老服务设施的政策措施；整合改造中需要办理不动产登记的，不动产登记机构要依法加快办理登记手续。推进国有企业所属培训中心和疗养机构改革，对具备条件的加快资源整合、集中运营，用于提供养老服务。凡利用建筑面积 1000 平方米以下的独栋建筑或者建筑物内的部分楼层改造为养老服务设施的，在符合国家相关标准的前提下，可不再要求出具近期动迁计划说明、临时改变建筑使用功能说明、环评审批文件或备案回执。对养老服务设施总量不足或规划滞后的，应在城市、镇总体规划编制或修改时予以完善，有条件的地级以上城市应当编制养老服务设施专项规划。（住房城乡建设部、自然资源部、生态环境部、民政部、国资委按职责分工负责，地方各级人民政

府负责）

（二十八）完善养老服务设施供地政策。举办非营利性养老服务机构，可凭登记机关发给的社会服务机构登记证书和其他法定材料申请划拨供地，自然资源、民政部门要积极协调落实划拨用地政策。鼓励各地探索利用集体建设用地发展养老服务设施。存量商业服务用地等其他用地用于养老服务设施建设的，允许按照适老化设计要求调整户均面积、租赁期限、车位配比及消防审验等土地和规划要求。（自然资源部、住房城乡建设部、民政部按职责分工负责，地方各级人民政府负责）

国务院建立由民政部牵头的养老服务部际联席会议制度。各地、各有关部门要强化工作责任落实，健全党委领导、政府主导、部门负责、社会参与的养老服务工作机制，加强中央和地方工作衔接。主要负责同志要亲自过问，分管负责同志要抓好落实。将养老服务政策落实情况纳入政府年度绩效考核范围，对落实养老服务政策积极主动、养老服务体系建设成效明显的，在安排财政补助及有关基础设施建设资金、遴选相关试点项目方面给予倾斜支持，进行激励表彰。各地要充实、加强基层养老工作力量，强化区域养老服务资源统筹管理。

养老机构管理办法

（2020 年 9 月 1 日民政部令第 66 号公布
自 2020 年 11 月 1 日起施行）

第一章　总　　则

第一条　为了规范对养老机构的管理，促进养老服务健康发展，根据《中华人民共和国老年人权益保障法》和有关法律、行政法规，制定本办法。

第二条　本办法所称养老机构是指依法办理登记，为老年人提供全日集中住宿和照料护理服务，床位数在 10 张以上的机构。

养老机构包括营利性养老机构和非营利性养老机构。

第三条　县级以上人民政府民政部门负责养老机构的指导、监督和管理。其他有关部门依照职责分工对养老机构实施监督。

第四条 养老机构应当按照建筑、消防、食品安全、医疗卫生、特种设备等法律、法规和强制性标准开展服务活动。

养老机构及其工作人员应当依法保障收住老年人的人身权、财产权等合法权益。

第五条 入住养老机构的老年人及其代理人应当遵守养老机构的规章制度，维护养老机构正常服务秩序。

第六条 政府投资兴办的养老机构在满足特困人员集中供养需求的前提下，优先保障经济困难的孤寡、失能、高龄、计划生育特殊家庭等老年人的服务需求。

政府投资兴办的养老机构，可以采取委托管理、租赁经营等方式，交由社会力量运营管理。

第七条 民政部门应当会同有关部门采取措施，鼓励、支持企业事业单位、社会组织或者个人兴办、运营养老机构。

鼓励自然人、法人或者其他组织依法为养老机构提供捐赠和志愿服务。

第八条 鼓励养老机构加入养老服务行业组织，加强行业自律和诚信建设，促进行业规范有序发展。

第二章 备案办理

第九条 设立营利性养老机构，应当在市场监督管理部门办理登记。设立非营利性养老机构，应当依法办理相应的登记。

养老机构登记后即可开展服务活动。

第十条 营利性养老机构办理备案，应当在收住老年人后 10 个工作日以内向服务场所所在地的县级人民政府民政部门提出。非营利性养老机构办理备案，应当在收住老年人后 10 个工作日以内向登记管理机关同级的人民政府民政部门提出。

第十一条 养老机构办理备案，应当向民政部门提交备案申请书、养老机构登记证书、符合本办法第四条要求的承诺书等材料，并对真实性负责。

备案申请书应当包括下列内容：

（一）养老机构基本情况，包括名称、住所、法定代表人或者主要负责人信息等；

（二）服务场所权属；

（三）养老床位数量；

（四）服务设施面积；

（五）联系人和联系方式。

民政部门应当加强信息化建设，逐步实现网上备案。

第十二条　民政部门收到养老机构备案材料后，对材料齐全的，应当出具备案回执；材料不齐全的，应当指导养老机构补正。

第十三条　已经备案的养老机构变更名称、法定代表人或者主要负责人等登记事项，或者变更服务场所权属、养老床位数量、服务设施面积等事项的，应当及时向原备案民政部门办理变更备案。

养老机构在原备案机关辖区内变更服务场所的，应当及时向原备案民政部门办理变更备案。营利性养老机构跨原备案机关辖区变更服务场所的，应当及时向变更后的服务场所所在地县级人民政府民政部门办理备案。

第十四条　民政部门应当通过政府网站、政务新媒体、办事大厅公示栏、服务窗口等途径向社会公开备案事项及流程、材料清单等信息。

民政部门应当依托全国一体化在线政务服务平台，推进登记管理机关、备案机关信息系统互联互通、数据共享。

第三章　服务规范

第十五条　养老机构应当建立入院评估制度，对老年人的身心状况进行评估，并根据评估结果确定照料护理等级。

老年人身心状况发生变化，需要变更照料护理等级的，养老机构应当重新进行评估。

养老机构确定或者变更老年人照料护理等级，应当经老年人或者其代理人同意。

第十六条　养老机构应当与老年人或者其代理人签订服务协议，明确当事人的权利和义务。

服务协议一般包括下列条款：

（一）养老机构的名称、住所、法定代表人或者主要负责人、联系方式；

（二）老年人或者其代理人和紧急联系人的姓名、住址、身份证明、联系方式；

（三）照料护理等级和服务内容、服务方式；

（四）收费标准和费用支付方式；

（五）服务期限和场所；

（六）协议变更、解除与终止的条件；

（七）暂停或者终止服务时老年人安置方式；

（八）违约责任和争议解决方式；

（九）当事人协商一致的其他内容。

第十七条 养老机构按照服务协议为老年人提供生活照料、康复护理、精神慰藉、文化娱乐等服务。

第十八条 养老机构应当为老年人提供饮食、起居、清洁、卫生等生活照料服务。

养老机构应当提供符合老年人住宿条件的居住用房，并配备适合老年人安全保护要求的设施、设备及用具，定期对老年人的活动场所和物品进行消毒和清洗。

养老机构提供的饮食应当符合食品安全要求、适宜老年人食用、有利于老年人营养平衡、符合民族风俗习惯。

第十九条 养老机构应当为老年人建立健康档案，开展日常保健知识宣传，做好疾病预防工作。养老机构在老年人突发危重疾病时，应当及时转送医疗机构救治并通知其紧急联系人。

养老机构可以通过设立医疗机构或者采取与周边医疗机构合作的方式，为老年人提供医疗服务。养老机构设立医疗机构的，应当按照医疗机构管理相关法律法规进行管理。

第二十条 养老机构发现老年人为传染病病人或者疑似传染病病人的，应当及时向附近的疾病预防控制机构或者医疗机构报告，配合实施卫生处理、隔离等预防控制措施。

养老机构发现老年人为疑似精神障碍患者的，应当依照精神卫生相关法律法规的规定处理。

第二十一条 养老机构应当根据需要为老年人提供情绪疏导、心理咨询、危机干预等精神慰藉服务。

第二十二条 养老机构应当开展适合老年人的文化、教育、体育、娱乐活动，丰富老年人的精神文化生活。

养老机构开展文化、教育、体育、娱乐活动时，应当为老年人提供必要的安全防护措施。

第二十三条　养老机构应当为老年人家庭成员看望或者问候老年人提供便利，为老年人联系家庭成员提供帮助。

第二十四条　鼓励养老机构运营社区养老服务设施，或者上门为居家老年人提供助餐、助浴、助洁等服务。

第四章　运 营 管 理

第二十五条　养老机构应当按照国家有关规定建立健全安全、消防、食品、卫生、财务、档案管理等规章制度，制定服务标准和工作流程，并予以公开。

第二十六条　养老机构应当配备与服务和运营相适应的工作人员，并依法与其签订聘用合同或者劳动合同，定期开展职业道德教育和业务培训。

养老机构中从事医疗、康复、消防等服务的人员，应当具备相应的职业资格。

养老机构应当加强对养老护理人员的职业技能培训，建立健全体现职业技能等级等因素的薪酬制度。

第二十七条　养老机构应当依照其登记类型、经营性质、运营方式、设施设备条件、管理水平、服务质量、照料护理等级等因素合理确定服务项目的收费标准，并遵守国家和地方政府价格管理有关规定。

养老机构应当在醒目位置公示各类服务项目收费标准和收费依据，接受社会监督。

第二十八条　养老机构应当实行24小时值班，做好老年人安全保障工作。

养老机构应当在各出入口、接待大厅、值班室、楼道、食堂等公共场所安装视频监控设施，并妥善保管视频监控记录。

第二十九条　养老机构内设食堂的，应当取得市场监督管理部门颁发的食品经营许可证，严格遵守相关法律、法规和食品安全标准，执行原料控制、餐具饮具清洗消毒、食品留样等制度，并依法开展食堂食品安全自查。

养老机构从供餐单位订餐的，应当从取得食品生产经营许可的供餐单位订购，并按照要求对订购的食品进行查验。

第三十条　养老机构应当依法履行消防安全职责，健全消防安全管理制度，实行消防工作责任制，配置消防设施、器材并定期检测、维修，开展日常防火巡查、检查，定期组织灭火和应急疏散消防安全培训。

养老机构的法定代表人或者主要负责人对本单位消防安全工作全面负责，属于消防安全重点单位的养老机构应当确定消防安全管理人，负责组织实施本单位消防安全管理工作，并报告当地消防救援机构。

第三十一条 养老机构应当依法制定自然灾害、事故灾难、公共卫生事件、社会安全事件等突发事件应急预案，在场所内配备报警装置和必要的应急救援设备、设施，定期开展突发事件应急演练。

突发事件发生后，养老机构应当立即启动应急预案，采取防止危害扩大的必要处置措施，同时根据突发事件应对管理职责分工向有关部门和民政部门报告。

第三十二条 养老机构应当建立老年人信息档案，收集和妥善保管服务协议等相关资料。档案的保管期限不少于服务协议期满后五年。

养老机构及其工作人员应当保护老年人的个人信息和隐私。

第三十三条 养老机构应当按照国家有关规定接受、使用捐赠、资助。

鼓励养老机构为社会工作者、志愿者在机构内开展服务提供便利。

第三十四条 鼓励养老机构投保责任保险，降低机构运营风险。

第三十五条 养老机构因变更或者终止等原因暂停、终止服务的，应当在合理期限内提前书面通知老年人或者其代理人，并书面告知民政部门。

老年人需要安置的，养老机构应当根据服务协议约定与老年人或者其代理人协商确定安置事宜。民政部门应当为养老机构妥善安置老年人提供帮助。

养老机构终止服务后，应当依法清算并办理注销登记。

第五章 监督检查

第三十六条 民政部门应当加强对养老机构服务和运营的监督检查，发现违反本办法规定的，及时依法予以处理并向社会公布。

民政部门在监督检查中发现养老机构存在应当由其他部门查处的违法违规行为的，及时通报有关部门处理。

第三十七条 民政部门依法履行监督检查职责，可以采取以下措施：

（一）向养老机构和个人了解情况；

（二）进入涉嫌违法的养老机构进行现场检查；

（三）查阅或者复制有关合同、票据、账簿及其他有关资料；

（四）发现养老机构存在可能危及人身健康和生命财产安全风险的，责令限期改正，逾期不改正的，责令停业整顿。

民政部门实施监督检查时，监督检查人员不得少于2人，应当出示执法证件。

对民政部门依法进行的监督检查，养老机构应当配合，如实提供相关资料和信息，不得隐瞒、拒绝、阻碍。

第三十八条　对已经备案的养老机构，备案民政部门应当自备案之日起20个工作日以内进行现场检查，并核实备案信息；对未备案的养老机构，服务场所所在地的县级人民政府民政部门应当自发现其收住老年人之日起20个工作日以内进行现场检查，并督促及时备案。

民政部门应当每年对养老机构服务安全和质量进行不少于一次的现场检查。

第三十九条　民政部门应当采取随机抽取检查对象、随机选派检查人员的方式对养老机构实施监督检查。抽查情况及查处结果应当及时向社会公布。

民政部门应当结合养老机构的服务规模、信用记录、风险程度等情况，确定抽查比例和频次。对违法失信、风险高的养老机构，适当提高抽查比例和频次，依法依规实施严管和惩戒。

第四十条　民政部门应当加强对养老机构非法集资的防范、监测和预警工作，发现养老机构涉嫌非法集资的，按照有关规定及时移交相关部门。

第四十一条　民政部门应当充分利用信息技术手段，加强对养老机构的监督检查，提高监管能力和水平。

第四十二条　民政部门应当定期开展养老服务行业统计工作，养老机构应当及时准确报送相关信息。

第四十三条　养老机构应当听取老年人或者其代理人的意见和建议，发挥其对养老机构服务和运营的监督促进作用。

第四十四条　民政部门应当畅通对养老机构的举报投诉渠道，依法及时处理有关举报投诉。

第四十五条　民政部门发现个人或者组织未经登记以养老机构名义开展活动的，应当书面通报相关登记管理机关，并配合做好查处工作。

第六章 法律责任

第四十六条 养老机构有下列行为之一的,由民政部门责令改正,给予警告;情节严重的,处以3万元以下的罚款:

(一)未建立入院评估制度或者未按照规定开展评估活动的;

(二)未与老年人或者其代理人签订服务协议,或者未按照协议约定提供服务的;

(三)未按照有关强制性国家标准提供服务的;

(四)工作人员的资格不符合规定的;

(五)利用养老机构的房屋、场地、设施开展与养老服务宗旨无关的活动的;

(六)未依照本办法规定预防和处置突发事件的;

(七)歧视、侮辱、虐待老年人以及其他侵害老年人人身和财产权益行为的;

(八)向负责监督检查的民政部门隐瞒有关情况、提供虚假材料或者拒绝提供反映其活动情况真实材料的;

(九)法律、法规、规章规定的其他违法行为。

养老机构及其工作人员违反本办法有关规定,构成违反治安管理行为的,依法给予治安管理处罚;构成犯罪的,依法追究刑事责任。

第四十七条 民政部门及其工作人员在监督管理工作中滥用职权、玩忽职守、徇私舞弊的,对直接负责的主管人员和其他责任人员依法依规给予处分;构成犯罪的,依法追究刑事责任。

第七章 附 则

第四十八条 国家对农村五保供养服务机构的管理有特别规定的,依照其规定办理。

第四十九条 本办法自2020年11月1日起施行。2013年6月28日民政部发布的《养老机构管理办法》同时废止。

最高人民法院关于审理非法集资刑事案件具体应用法律若干问题的解释

［2010 年 11 月 22 日最高人民法院审判委员会第 1502 次会议通过、2010 年 12 月 13 日公布、自 2011 年 1 月 4 日起施行（法释〔2010〕18 号）根据 2021 年 12 月 30 日最高人民法院审判委员会第 1860 次会议通过、2022 年 2 月 23 日公布、自 2022 年 3 月 1 日起施行的《最高人民法院关于修改〈最高人民法院关于审理非法集资刑事案件具体应用法律若干问题的解释〉的决定》（法释〔2022〕5 号）修正］

为依法惩治非法吸收公众存款、集资诈骗等非法集资犯罪活动，根据《中华人民共和国刑法》的规定，现就审理此类刑事案件具体应用法律的若干问题解释如下：

第一条　违反国家金融管理法律规定，向社会公众（包括单位和个人）吸收资金的行为，同时具备下列四个条件的，除刑法另有规定的以外，应当认定为刑法第一百七十六条规定的“非法吸收公众存款或者变相吸收公众存款”：

（一）未经有关部门依法许可或者借用合法经营的形式吸收资金；

（二）通过网络、媒体、推介会、传单、手机信息等途径向社会公开宣传；

（三）承诺在一定期限内以货币、实物、股权等方式还本付息或者给付回报；

（四）向社会公众即社会不特定对象吸收资金。

未向社会公开宣传，在亲友或者单位内部针对特定对象吸收资金的，不属于非法吸收或者变相吸收公众存款。

第二条　实施下列行为之一，符合本解释第一条第一款规定的条件的，应当依照刑法第一百七十六条的规定，以非法吸收公众存款罪定罪处罚：

（一）不具有房产销售的真实内容或者不以房产销售为主要目的，以返本销售、售后包租、约定回购、销售房产份额等方式非法吸收资金的；

（二）以转让林权并代为管护等方式非法吸收资金的；

（三）以代种植（养殖）、租种植（养殖）、联合种植（养殖）等方式非法吸收资金的；

（四）不具有销售商品、提供服务的真实内容或者不以销售商品、提供服务为主要目的，以商品回购、寄存代售等方式非法吸收资金的；

（五）不具有发行股票、债券的真实内容，以虚假转让股权、发售虚构债券等方式非法吸收资金的；

（六）不具有募集基金的真实内容，以假借境外基金、发售虚构基金等方式非法吸收资金的；

（七）不具有销售保险的真实内容，以假冒保险公司、伪造保险单据等方式非法吸收资金的；

（八）以网络借贷、投资入股、虚拟币交易等方式非法吸收资金的；

（九）以委托理财、融资租赁等方式非法吸收资金的；

（十）以提供“养老服务”、投资“养老项目”、销售“老年产品”等方式非法吸收资金的；

（十一）利用民间“会”“社”等组织非法吸收资金的；

（十二）其他非法吸收资金的行为。

第三条 非法吸收或者变相吸收公众存款，具有下列情形之一的，应当依法追究刑事责任：

（一）非法吸收或者变相吸收公众存款数额在100万元以上的；

（二）非法吸收或者变相吸收公众存款对象150人以上的；

（三）非法吸收或者变相吸收公众存款，给存款人造成直接经济损失数额在50万元以上的。

非法吸收或者变相吸收公众存款数额在50万元以上或者给存款人造成直接经济损失数额在25万元以上，同时具有下列情节之一的，应当依法追究刑事责任：

（一）曾因非法集资受过刑事追究的；

（二）二年内曾因非法集资受过行政处罚的；

（三）造成恶劣社会影响或者其他严重后果的。

第四条 非法吸收或者变相吸收公众存款，具有下列情形之一的，应当认定为刑法第一百七十六条规定的“数额巨大或者有其他严重情节”：

（一）非法吸收或者变相吸收公众存款数额在500万元以上的；

（二）非法吸收或者变相吸收公众存款对象500人以上的；

（三）非法吸收或者变相吸收公众存款，给存款人造成直接经济损失数额在250万元以上的。

非法吸收或者变相吸收公众存款数额在250万元以上或者给存款人造成直接经济损失数额在150万元以上，同时具有本解释第三条第二款第三项情节的，应当认定为“其他严重情节”。

第五条　非法吸收或者变相吸收公众存款，具有下列情形之一的，应当认定为刑法第一百七十六条规定的“数额特别巨大或者有其他特别严重情节”：

（一）非法吸收或者变相吸收公众存款数额在5000万元以上的；

（二）非法吸收或者变相吸收公众存款对象5000人以上的；

（三）非法吸收或者变相吸收公众存款，给存款人造成直接经济损失数额在2500万元以上的。

非法吸收或者变相吸收公众存款数额在2500万元以上或者给存款人造成直接经济损失数额在1500万元以上，同时具有本解释第三条第二款第三项情节的，应当认定为“其他特别严重情节”。

第六条　非法吸收或者变相吸收公众存款的数额，以行为人所吸收的资金全额计算。在提起公诉前积极退赃退赔，减少损害结果发生的，可以从轻或者减轻处罚；在提起公诉后退赃退赔的，可以作为量刑情节酌情考虑。

非法吸收或者变相吸收公众存款，主要用于正常的生产经营活动，能够在提起公诉前清退所吸收资金，可以免予刑事处罚；情节显著轻微危害不大的，不作为犯罪处理。

对依法不需要追究刑事责任或者免予刑事处罚的，应当依法将案件移送有关行政机关。

第七条　以非法占有为目的，使用诈骗方法实施本解释第二条规定所列行为的，应当依照刑法第一百九十二条的规定，以集资诈骗罪定罪处罚。

使用诈骗方法非法集资，具有下列情形之一的，可以认定为“以非法占有为目的”：

（一）集资后不用于生产经营活动或者用于生产经营活动与筹集资金规模明显不成比例，致使集资款不能返还的；

（二）肆意挥霍集资款，致使集资款不能返还的；

（三）携带集资款逃匿的；

（四）将集资款用于违法犯罪活动的；

（五）抽逃、转移资金、隐匿财产，逃避返还资金的；

（六）隐匿、销毁账目，或者搞假破产、假倒闭，逃避返还资金的；

（七）拒不交代资金去向，逃避返还资金的；

（八）其他可以认定非法占有目的的情形。

集资诈骗罪中的非法占有目的，应当区分情形进行具体认定。行为人部分非法集资行为具有非法占有目的的，对该部分非法集资行为所涉集资款以集资诈骗罪定罪处罚；非法集资共同犯罪中部分行为人具有非法占有目的，其他行为人没有非法占有集资款的共同故意和行为的，对具有非法占有目的的行为人以集资诈骗罪定罪处罚。

第八条 集资诈骗数额在 10 万元以上的，应当认定为“数额较大”；数额在 100 万元以上的，应当认定为“数额巨大”。

集资诈骗数额在 50 万元以上，同时具有本解释第三条第二款第三项情节的，应当认定为刑法第一百九十二条规定的“其他严重情节”。

集资诈骗的数额以行为人实际骗取的数额计算，在案发前已归还的数额应予扣除。行为人为实施集资诈骗活动而支付的广告费、中介费、手续费、回扣，或者用于行贿、赠与等费用，不予扣除。行为人为实施集资诈骗活动而支付的利息，除本金未归还可予折抵本金以外，应当计入诈骗数额。

第九条 犯非法吸收公众存款罪，判处三年以下有期徒刑或者拘役，并处或者单处罚金的，处五万元以上一百万元以下罚金；判处三年以上十年以下有期徒刑的，并处十万元以上五百万元以下罚金；判处十年以上有期徒刑的，并处五十万元以上罚金。

犯集资诈骗罪，判处三年以上七年以下有期徒刑的，并处十万元以上五百万元以下罚金；判处七年以上有期徒刑或者无期徒刑的，并处五十万元以上罚金或者没收财产。

第十条 未经国家有关主管部门批准，向社会不特定对象发行、以转让股权等方式变相发行股票或者公司、企业债券，或者向特定对象发行、变相发行股票或者公司、企业债券累计超过 200 人的，应当认定为刑法第一百七十九条规定的“擅自发行股票或者公司、企业债券”。构成犯罪的，以擅自发行股票、公司、企业债券罪定罪处罚。

第十一条 违反国家规定，未经依法核准擅自发行基金份额募集基金，情节严重的，依照刑法第二百二十五条的规定，以非法经营罪定罪处罚。

第十二条 广告经营者、广告发布者违反国家规定，利用广告为非法集资活动相关的商品或者服务作虚假宣传，具有下列情形之一的，依照刑法第二百二十二条的规定，以虚假广告罪定罪处罚：

（一）违法所得数额在10万元以上的；

（二）造成严重危害后果或者恶劣社会影响的；

（三）二年内利用广告作虚假宣传，受过行政处罚二次以上的；

（四）其他情节严重的情形。

明知他人从事欺诈发行证券，非法吸收公众存款，擅自发行股票、公司、企业债券，集资诈骗或者组织、领导传销活动等集资犯罪活动，为其提供广告等宣传的，以相关犯罪的共犯论处。

第十三条 通过传销手段向社会公众非法吸收资金，构成非法吸收公众存款罪或者集资诈骗罪，同时又构成组织、领导传销活动罪的，依照处罚较重的规定定罪处罚。

第十四条 单位实施非法吸收公众存款、集资诈骗犯罪的，依照本解释规定的相应自然人犯罪的定罪量刑标准，对单位判处罚金，并对其直接负责的主管人员和其他直接责任人员定罪处罚。

第十五条 此前发布的司法解释与本解释不一致的，以本解释为准。

中共中央、国务院关于加强老龄工作的决定

（2000年8月19日　中发〔2000〕13号）

老龄问题涉及政治、经济、文化和社会生活等诸多领域，是关系国计民生和国家长治久安的一个重大社会问题。全党全社会必须从改革、发展、稳定的大局出发，高度重视和切实加强老龄工作。

一、充分认识加强老龄工作的重大意义

（一）目前，我国60岁以上人口已达到1.26亿，其中65岁以上人口达到8600万，分别占总人口的10%和7%。按照国际通行标准，我国人口年龄结构已开始进入老龄化阶段。据预测，今后一个时期我国老年人口还将以较快速度增长，2015年60岁以上人口将超过2亿，约占总人口的14%。

人口平均寿命延长，老年人口增加，是我国社会主义制度优越性的体现和社会文明进步的重要标志，是经济发展、社会进步、人民生活水平提高、医疗卫生条件改善的重大成果。但是，人口老龄化也给我国经济和社会发展带来一系列深刻影响。采取积极措施，加强老龄工作，是一项重要而紧迫的战略任务。

（二）党和人民政府历来十分关心老年人。新中国建立后特别是改革开放以来，国家颁布实施了一系列维护老年人权益的法律法规和政策，加强了尊老爱幼思想教育，初步建立了养老、医疗等社会保障制度，老年福利、卫生、文化、教育、体育等事业有了一定发展，老年人的生活水平和生活质量不断提高。老龄工作取得的进展和成绩，对推动经济建设和社会发展起到了重要作用。

但是，也要清醒地看到，我国老龄工作基础还比较薄弱，不能很好地适应人口老龄化的要求。主要问题是：对人口老龄化问题认识不足，老龄工作政策、法规不够健全，社会保障制度尚不完善，社区管理和老年服务设施、服务网络建设滞后，老年思想政治工作薄弱，侵犯老年人合法权益的现象时有发生。对此，我们必须高度重视，认真解决。

（三）老年人是社会的重要组成部分，他们为中国革命和建设作出了重要贡献。满足广大老年人日益增长的物质和文化生活需要，让老年人共享经济建设和社会发展的成果，是中国共产党全心全意为人民服务根本宗旨的体现，是在新的历史条件下贯彻落实江泽民同志关于“三个代表”重要思想的体现，也是国家和社会义不容辞的责任。在社会主义市场经济条件下，弘扬中华民族传统美德，形成敬老、养老、助老以及代际和谐的良好社会风尚，是社会主义精神文明建设的一项重要内容。正确处理和解决人口老龄化过程中出现的各种矛盾和问题，切实保障老年人的合法权益，对促进经济建设和社会发展具有重要意义。

二、老龄工作的指导思想、原则和目标

（四）我国老龄工作的指导思想是：以马克思列宁主义、毛泽东思想、邓小平理论为指导，贯彻党的十五大精神，从我国的基本国情出发，适应人口老龄化的发展

趋势,完善社会保障制度,建立健全社区管理和社区服务体系,发展老年服务业,维护老年人的合法权益,加强老年思想政治工作,开创老龄工作新局面。

(五)加强老龄工作,发展老龄事业要遵循以下原则:坚持老龄事业与国民经济和社会发展相适应,促进老龄事业健康发展;坚持家庭养老与社会养老相结合,充分发挥家庭养老的积极作用,建立和完善老年社会服务体系;坚持政府引导与社会兴办相结合,按照社会主义市场经济的要求积极发展老年服务业;坚持道德规范与法律约束相结合,广泛开展敬老养老道德教育,加强老龄工作法制建立;坚持关心老年人生活以及老龄妇女的特殊问题与加强思想政治工作相结合,因地制宜地开展老龄工作,发展老龄事业。

(六)今后一个时期我国老龄事业发展的主要目标是:从我国社会主义初级阶段的基本国情出发,努力建立和完善有中国特色老年社会保障制度和社会互助制度;建立家庭养老为基础、社区服务为依托、社会养老为补充的养老机制;逐步建立比较完善的以老年福利、生活照料、医疗保健、体育健身、文化教育和法律服务为主要内容的老年服务体系,切实提高老年人的物质和精神文化生活水平,基本实现老有所养、老有所医、老有所教、老有所学、老有所为、老有所乐。

三、切实保障老年人的合法权益

(七)全社会都要依据《中华人民共和国宪法》和《中华人民共和国老年人权益保障法》等法律法规,切实维护和保障老年人的合法权益。

要加强法制建设,进一步完善有关维护老年人权益的法律法规,加大执法和监督力度,依法处理和打击侵犯老年人合法权益的不法行为。依法取缔伤害老年人身心健康、宣传迷信邪说、侵害老年人合法权益的非法组织。

要在全社会积极开展维护老年人合法权益的法制教育和普法工作。各级司法行政和宣传部门要把老年人权益保障法等相关法律法规纳入普法计划,加大宣传力度,进一步提高全体公民维护老年人合法权益的自觉性和法律意识。老年人也要学法、懂法、守法,依法维护自身的合法权益。

要重视保护老年人合法权益,健全法律援助制度,加强老年人法律服务工作,使老年人能够就地、就近、及时地得到优质的法律服务。各级司法行政部门对需要获得律师及其他法律帮助但又无力支付法律服务费用的老年人,要按照有关规定向他们提供法律援助。各级人民法院对老年人因合法权益受到侵害提起诉讼交纳诉讼费确有困难的,要给予缓交、减交或免交的优待。

要大力弘扬中华民族传统美德，在全社会广泛开展敬老、养老、助老的道德教育，并与开展文明社区、文明村镇、文明家庭创建活动结合起来。中央和省级广播电视机构要开办老年节目，地、县级广播电视机构要结合本地情况进行转播，其他有条件的地方也可开办老年节目。中小学校要把敬老、养老、助老作为教育的重要内容纳入教育计划。要综合运用行政、法律和宣传、教育等手段，在全社会树立尊重、关心、帮助老年人的社会风尚。

（八）完善社会保障制度，逐步建立国家、社会、家庭和个人相结合的养老保障机制，确保老年人生活、医疗等方面的基本需求。

在城镇，要建立起以基本养老保险、基本医疗保险、商业保险、社会救济、社会福利和社会互助为主要内容的比较完善的养老保障体系。逐步建立起独立于企事业单位之外、资金来源多渠道、管理服务社会化的基本养老保险制度。要进一步完善城市居民最低生活保障制度，对实际收入低于所在城市最低生活保障线的老年人，要纳入最低生活保障范围，发放最低生活保障金。积极推进医疗保险制度改革，建立覆盖城镇所有用人单位及其职工的基本医疗保险制度，落实离休和退休人员的医疗保障政策，发展各种类型的补充医疗保险，满足老年人的基本医疗需求。

在农村，要坚持以家庭养老为主，进一步完善社会救济和以保吃、保穿、保住、保医、保葬为内容的“五保”供养制度，倡导村民互助。有条件的地区可探索多种社会养老的路子。不断完善农村合作医疗制度，积极探索多种形式的农村医疗保障制度，加快农村医疗卫生组织建设。完善农村基层卫生服务网络，切实解决贫困地区老年人缺医少药问题。

（九）老年人受赡养的权利，赡养人特别是子女要依法履行赡养义务。倡导赡养人之间签订《家庭赡养协议书》，并由基层组织监督执行。要切实保障老年人住房、财产、继承等合法权益，重视和解决好老年妇女问题。

要维护老年人婚姻自由的权利。要移风易俗，转变观念，支持单身老年人自由择偶结婚。对再婚老年人，子女要给予理解和支持，并继续依法承担赡养义务。提倡和鼓励老年人之间建立互助关系。

（十）重视发挥老年人的作用，坚持自愿和量力、社会需求同个人志趣相结合的原则，鼓励老年人从事关心教育下一代、传授科学文化知识、开展咨询服务、参与社会公益事业和社区精神文明建设等活动。

四、发展老年服务业

（十一）要加强社区建设，依托社区发展老年服务业，进一步完善社区为老年人服务的功能。今后企事业单位的退休人员要逐步与所在单位相脱离，由社区组织管理和服务。要充分发挥社区组织在老龄事业发展中的积极作用，加快社区老年服务设施和服务网络建设，努力形成设施配套、功能完善、管理规范的社区老年服务体系。

各地要充分利用现有设施，积极兴办不同形式、不同档次的老年福利院、老年护理院、老年公寓、托老所等，为老年人提供生活照料、文化、护理、健身等多方面的服务。各部门、各单位的老年服务设施要逐步向社会开放。倡导社会互助，积极开展扶老助困志愿活动。各级人民政府要制定有关规定，在参观、游览、乘坐公共交通工具等方面，对老年人给予优待和照顾。

各级医疗卫生机构要大力开展多种形式的老年医疗保健服务，逐步建立起完善的社区卫生服务机构，健全老年医疗保健服务网络，提高服务质量。增加社区老年医疗保健设施，发展家庭病床，采取定点、巡回、上门服务等多种形式，为老年人提供预防、医疗、保健、护理、康复和心理咨询等服务。积极开展各种形式的健康教育，普及老年保健和卫生科学知识，增强老年人自我预防和保健技能。

各级文化、体育、广播电视等部门和工会、妇联等群众团体要进一步加强老年文化体育工作，发展老年文化体育事业。要建立社区老年活动中心或活动站。现有图书馆、群众艺术馆、文化馆、文化站、公共体育场所等要为老年人提供优先优惠服务，群众艺术馆、文化馆要建立老年文化活动中心，城区、乡镇的文化站要建立老年文化活动室。要组织老年人开展体育健身和文化娱乐活动，提倡科学文明健康的生活方式。各级文化部门要积极组织创作老年人喜闻乐见的优秀作品，组织开展丰富多彩的老年文化活动。出版部门要组织出版适合老年人特点的图书、音像制品和电子出版物，满足老年人的精神文化需求，丰富老年人的精神文化生活。

各地要重视发展老年教育事业，发展广播、电视、网络和函授教育，鼓励和指导社会力量按照有关规定兴办各类老年学校。各地老年教育主要为老年人提供物质文化生活所需要的知识和技能，使更多的老年人能就近参加学习。

（十二）老年服务业的发展要走社会化、产业化的道路。鼓励和引导社会各方面力量积极参与、共同发展老年服务业，逐步形成政府宏观管理、社会力量兴办、老年服务机构按市场化要求自主经营的管理体制和运行机制。

（十三）要培育和发展老年消费市场。老年人是一个庞大的社会群体，具有不同的消费需求，要积极研制开发适合老年人特点的产品和服务项目，引导老年人合理消费，满足老年人不同层次、不同类型的消费需求。

五、采取有效措施，加快老龄事业发展

（十四）各级人民政府要把老龄事业纳入国民经济和社会发展中长期规划和年度计划。要高度重视社区建设，认真做好“十五”期间社区建设规划。要根据实际需要和建设条件，在充分利用现有设施的基础上，新建和扩建一批社区老年服务设施、福利设施和活动场所。非营利性老年福利设施建设所需资金以各级人民政府投入为主，同时应当制定政策，鼓励和引导社会力量积极兴办老年福利机构。

各级发展计划部门在制定投资计划、安排投资项目时，要加大对老年服务设施的投入。城市建设、旧城改造、居住区建设要将老年服务设施纳入规划并认真付诸实施。到“十五”末期，基本实现每个县（市）至少有一所老年活动场所，地级以上市有一批社区老年服务设施、福利设施和活动场所，街道办事处有老所综合福利服务设施。乡镇要努力办好敬老院，有条件的地方要逐步将敬老院建设成综合性多功能的老年福利服务中心。

（十五）要坚决贯彻落实党中央、国务院有关方针政策，确保城市居民最低生活保障金和离退休人员基本养老金按时足额发放，不得拖欠，并随着经济发展合理增长。要进一步完善农村“五保”供养制度，提高供养水平，扩大农村敬老院的服务范围。要特别关注特困老年人的生活，加大对特困老年人的救助和力度。老年人遇到特殊困难，当地人民政府要及时给予救济。要倡导和组织社会互助。积极开展扶老助困和志愿者服务等活动。

（十六）各级财政部门要加大对老龄事业的资金投入，主要用于老年社会保障、老年福利与服务设施建设以及老年教育、人才培训、科学研究等。要将老年福利事业经费纳入财政预算。在国家发行的彩票收益中，要有一定比例用于对老龄事业的投入。

（十七）国家鼓励社会力量兴办老年福利服务设施。对社会力量投资兴办的福利性、非营利性的老年服务机构和有关捐赠，要实行减免税等优惠政策，具体办法由财政部、国家税务总局制定。

（十八）金融机构要充分发挥信贷支持作用，热情关注、积极支持社区老年服务设施、活动场所和福利设施的建设，按照信贷通则加大贷款支持力度。

（十九）地方各级人民政府在编制本地区土地利用年度计划实施方案时，应统筹安排社区老年服务设施、活动场所和福利设施建设用地，并按有关法律法规规定，采用行政划拨方式或优惠有偿方式供地。要采取有效措施，对新建老年服务设施的市政基础设施配套建设费酌情给予减免，降低征地和拆迁补偿费。

（二十）加强对老龄工作者队伍的建设，特别要加强对老龄工作干部的业务培训，提高老龄工作者自身素质，培养一支热爱老龄事业、全心全意为老年人服务的干部队伍。有条件的普通院校可开设老年学专业和社区服务类专业，培养从事老龄工作和社区工作的专门人才，加强社区干部队伍建设。

六、开展生动活泼的老年思想政治工作

（二十一）进一步加强和改进老年思想政治工作，认真研究解决老年群体中的各种思想问题。要坚持把马克思列宁主义、毛泽东思想特别是邓小平理论作为老年思想政治教育的重要内容，积极开展党的基本路线、政策、形势、民主与法制和科学文化知识的教育，使广大老年人树立正确的世界观、人生观和价值观，划清科学与迷信、文明与愚昧的界限，坚定对建设有中国特色社会主义的信念，增强对改革开放和现代化建设的信心，坚定地与以江泽民同志为核心的党中央在政治上、思想上保持一致。

（二十二）积极研究和探索新形势下加强和改进老年思想政治工作的新形式、新办法。要根据老年人的特点，把思想教育与开展健康有益的文化体育活动、解决思想问题与解决实际问题结合起来。坚持以理服人，以情感人，寓教于乐，把老年思想政治工作做实、做活、做深、做细，使广大老年人以丰富健康文明的生活方式安享晚年。要总结和推广新经验，树立典型，表彰先进，弘扬正气。

（二十三）充分发挥基层党组织在老年思想政治工作中的战斗堡垒作用，重视和发挥老年党员的政治优势和先锋模范作用。所有老年党员都要编入党的基层组织，参加党组织的活动。要建立社区老年人思想教育工作机制，切实做好老年思想政治工作，保证老年人自觉贯彻执行党的路线、方针、政策。

七、加强对老龄工作的领导

（二十四）老龄工作是党政工作的重要组成部分。各级党委和人民政府要统一思想，提高认识，加强领导，把老龄工作列入日常工作议程，及时研究解决工作中出现的新情况和新问题。

（二十五）理顺和健全老龄工作体制。全国老龄工作在全国老龄工作委员会的领导下，由民政部牵头，中央和国家机关各有关部门、群众团体共同参与。地方各级党委、人民政府要参照全国老龄工作委员会的设置，尽快建立健全本地区老龄工作议事协调机构，并在民政部门建立精干的办事机构，提供必要的工作经费。各地要充分发挥各有关部门和工会、共青团、妇联等群众团体及老龄组织的作用，共同做好老龄工作。

加强老龄工作，发展老龄事业，是党中央、国务院面向新世纪作出的重大决策。各级党委和人民政府要认真贯彻落实本决定精神，在以江泽民同志为核心的党中央领导下，高举邓小平理论伟大旗帜，努力开创我国老龄事业的新局面，为实现社会主义现代化建设的宏伟目标作出更大贡献。

湖南省养老服务扶持政策措施和投资清单

（2020 年 12 月 31 日湖南省民政厅发布）

一、用地、规划和建设政策

1. 优化城市养老服务布局。各地要推进养老服务骨干网建设，发展集中管理运营的社区嵌入式、分布式、小型化、连锁化的养老服务设施和带护理型床位的日间照料机构。增加家庭服务功能模块，鼓励设立家庭养老服务床位。2022 年底前，在每个县市区建设一所以上集康复治疗、医疗护理、养老服务为一体的示范性养老机构；在每个街道建设具备全托、日托、上门服务等功能的综合养老服务中心；在 90% 以上的社区建设兼具全托、日托、助餐、助洁、助浴、助护等服务的日间照料机构，打造 15 分钟及以内社区养老服务圈。

2. 强化农村养老服务布局。各地要在每个县选择 2 – 4 个基础条件好、辐射能力强、交通便利的乡镇，建设具备医疗护理、养老服务功能的区域性（中心）敬老院。在村居按照“政府扶得起、老人用得上、服务可持续”原则，依托村级活动中心等公共服务平台，打造兼具集中居住和公共服务功能的农村养老服务设施，大力发展农村互助养老服务设施。支持区域性（中心）敬老院运营主体发挥辐射作用，连锁运营农村养老服务设施。

3. 打造多元化养老产业布局。各地要加快养老产业与医疗、保险、旅游等产业融合步伐，大力发展旅居养老、康养小镇、森林康养等新兴业态，促进老年人生活照料、康复护理、健康服务等融合发展。鼓励各地打造有服务能力、品牌影响力、规模基础的养老企业和组织，形成龙头品牌，提升整体发展水平。

4. 土地供应政策。各地要将各类养老服务设施建设用地纳入城镇土地利用总体规划和年度用地计划，合理安排用地需求，可将闲置的公益性用地调整为养老服务用地。民间资本举办的非营利性养老机构与政府举办的养老机构享有相同的土地使用政策，可以依法使用国有划拨土地或者农民集体所有的土地。对营利性养老机构建设用地，按照国家对经营性用地依法办理有偿用地手续的规定，优先保障供应，并制定支持发展养老服务业的土地政策。严禁养老设施建设用地改变用途、容积率等土地使用条件搞房地产开发。将社会力量投资举办养老机构所需用地纳入城镇土地利用总体规划和城乡规划，切实落实社会力量投资举办养老机构建设用地优惠政策。社会力量投资举办的非营利性养老机构与政府举办的养老机构享有相同的土地使用政策，可以依法申请使用国有划拨土地或者农民集体所有的土地，优先办理土地审批手续和规划审批手续。对营利性养老机构的建设，按照国家对经营性用地依法办理有偿用地手续和规划审批手续的规定，优先给予保障。对利用集体所有的山坡荒地或其他不影响城乡规划的建设用地建设并用于社会力量投资举办非营利性养老机构的，应当优先办理土地审批手续和规划审批手续。社会力量举办的非营利性养老服务机构，经养老主管部门认定后同意变更为营利性养老服务机构的，其养老服务设施用地应当报经市、县人民政府批准后，可以办理协议出让（租赁）土地手续，补缴土地出让金（租金）。但法律法规规章和原《国有建设用地划拨决定书》明确应当收回划拨建设用地使用权的除外。社会力量投资举办非营利性养老机构停办后，其通过行政划拨方式取得的土地使用权由政府收回或经批准后转由其他社会力量投资举办非营利性养老机构使用。严禁养老设施建设用地改变用途、容积率等土地使用条件搞房地产开发。

5. 市场环境优化。改进政府服务。对养老机构审批过程中涉及的各有关部门，都要主动公开养老机构相关审批程序和审批时限，推进行政审批标准化。将投资建设养老服务设施工程项目审批流程整合为项目审批（或项目核准、备案）、用地审批、规划报建、施工许可 4 个阶段：发改部门负责牵头项目审批（或项目核准、备案)阶段工作;国土资源部门负责牵头用地审批阶段工作;城乡规划部门负责牵头规划报建阶段工作;住房城乡建设部门负责牵头施工许可阶段工作。打破部门界限,压减和理顺审批事项的前置条件,统一受理申请材料、统一组织开展并联审批、督促协调审批进度、在流程限定的时间内完成审批并统一告知项目建设单位审批结果。凡符合已经批复的控制性详细规划的区域,不再对区域内具体养老投资项目进行交通影响、水影响、地震安全性等方面的评估审查。根据《消防法》和国家有关规定,制定既保障安全、又方便合理的养老机构设立和管理配套办法。

6. 养老机构登记和备案。新设立养老机构在市场监管部门完成登记手续后,各市场监管部门要告知登记的养老机构及时到同级民政部门办理备案手续。同时,省市场监管局要对全省范围内新登记养老机构的名称、企业类型、行业门类、经营场所、法定代表人、经营范围、联系人及联系方式等信息实行目录管理,在2个工作日内通过省云平台数据交换中心将数据推送至省民政厅,省民政厅在收到信息后,及时推送至各市县民政部门。各级民政部门要及时告知新登记养老机构备案的时限和条件,督促其在完成登记手续后20个工作日内办理备案手续,对未在规定时限内备案的养老机构,各级民政部门应进行提醒和现场督导,如在提醒和督导后仍不备案的,各级民政部门要及时处理并通过国家企业信用信息公示系统(部门协同监管平台—湖南)将有关信息记于企业名下,并通过国家企业信用信息公示系统(湖南)予以公示。对违反《企业经营异常名录管理暂行办法》《严重违法失信企业名单管理暂行办法》的养老机构,市场监管部门要及时将其列入经营异常名录和严重违法失信企业名单。

7. 养老服务机构消防设计审查、消防验收及备案。一是解决未通过规划许可或规划核实的问题。坚持严格管控和切合实际相结合,根据实际情况和项目建设时的政策标准,分类完善有关规划手续。项目实施后因编制规划变更,造成已建成房屋与现行规划不符的,可由自然资源部门进行复核并处理后,按现状出具规划意见。未取得规划许可或取得规划许可后未严格按规划条件实施,但与控制性规划要求和条件基本一致的,可由自然资源部门复核后,按现状出具规划意见。需要补缴有关税费的,按照规定的标准缴纳。违反建设工程规划许可规定,存在擅自改变用途、超出建设工程规划许可范围、超容积率和未按要求建设配套设施等情形的,可由自然资源部门按项目建设时的有关政策标准,对项目责任主体形成整改意见，限期整改到位。整改到位后，项目整改意见书可作为规划许可依据。二是解决未通过竣工验收的问题。根据《建筑法》等有关规定，在确保工程质量和消防安全前提下，简化程序，完善有关竣工验收手续。对于项目工程质量和消防验收合格，因工程未结算、档案未移交等其他因素未办理竣工验收备案手续，可直接申请办理登记。对于项目建设因施工手续不全、施工技术资料缺失、相关参建主体缺失或不配合等原因难以实现竣工验收的，可由开发建设单位或申请主体委托房屋安全检测鉴定机构对房屋基础、主体等建筑物质量安全进行检测、鉴定，出具房屋安全检测鉴定报告书并经住建部门备案后，凭鉴定报告书办理不动产登记。三是解决房屋土地信息不一致的问题。按照尊重历史、实事求是的原则，由自然资源部门查核有关资料后，分类处理因原分散登记时形成的房屋、土地信息不一致、项目跨宗地建设或界址不清的问题。对于房屋已办理登记而无土地信息，或土地已登记而无房屋信息，或房屋与土地分开登记，但权利主体不一致的，按照《关于进一步做好不动产登记工作的通知》（湘政办发〔2017〕39 号）的规定，核实房屋土地权属后办理登记。对于房屋与土地用途不一致的，按原证书记载用途分别注明，未经批准不得改变已登记的用途。经政府批准，按照现状用途申请登记的，由自然资源等相关部门督促涉及单位补缴税费后办理不动产登记。四是免除部分养老服务机构消防审验手续。1998 年 9 月以前建设使用且未发生改、扩建（含室内外装修、建筑保温、用途变更）的，符合相关技术规范标准的，可无需办理消防设计审查、消防验收或备案手续。五是解决自建住宅改建申请消防审验备案的问题。自建住宅改建养老服务机构的，提供不动产权属证书或不动产权属来源材料，并提供规划部门出具的同意用途变更证明材料后应按照《建设工程消防设计审查验收管理暂行规定》（住房和城乡建设令第 51 号）的规定，申请消防审验或备案。

8. 社区养老设施配建。各地要将民政部门纳入同级城市规划、国土空间规划委员会，并明确相应职责。落实《自然资源部关于加强规划和用地保障支持养老服务发展的指导意见》（自然资规〔2019〕3 号）要求，合理规划养老服务设施空间布局，切实保障养老服务设施用地。完善新建住宅小区与配套养老服务设施“四同步”工作规则，在项目产权移交环节，建设单位应当按照约定的移交方式，自竣工验收合格之日起三个月内将养老服务设施以及有关建设资料全部无偿移交所在县市区政府，由民政部门统筹使用并履行监管职责，确保养老服务用途。项目验收环节,对存在配套养老服务设施缓建、缩建、停建、不建和未办理移交手续等问题且未整改到位的,建设单位不得组织竣工验收。鼓励具备条件的居住社区参照《住房和城乡建设部等部门关于开展城市居住社区建设补短板行动的意见》(建科规〔2020〕7号)提到的"完整居住社区建设标准",建设建筑面积不小于350平方米的老年人日间照料机构。

9. 闲置资源提升转化。各地要加大闲置资源利用改造提升力度,全面清理城镇废弃厂房、基层政府和事业单位调整后腾出的办公用房、转型中的公办培训中心和疗养院、学校、社区用房等闲置资源,对适合开展养老服务的,根据统筹规划布局要求,优先用于养老服务设施,可按规定在五年内实行继续按土地原用途和权利类型使用土地的过渡期政策。同时,通过招标、委托或公开竞争方式无偿或低偿委托民办养老服务组织运营。

10. 特困人员供养机构提升。各地要通过新建一批、改扩建一批、提质升级一批、转型发展一批"四个一批"建设,逐步实现特困人员供养机构"五个统一",即统一空间设计、功能配套、设施配置、装饰标识、文化氛围。深化公建民营、民办公助等运营机制改革。2022年底前,全省特困人员供养机构护理型床位占比不少于50%,并符合二级以上养老机构等级标准。

11. 社区居家适老化改造。各地要结合城镇老旧小区改造等,对纳入分散供养特困人员、城乡低保等范围的高龄、失能、残疾老年人家庭,按照《无障碍设计规范》给予最急需的适老化改造,通过财政专项资金、福彩公益金、社会捐赠等方式予以必要支持。

二、运营资助政策

1. 建立运营补贴制度。从2015年起,对社会力量投资举办的养老机构给予运营补贴。对经考核合格的养老机构,当地市、县(市)级人民政府根据实际入住人数按每人每月100元左右的标准发放运营补贴,补贴期限不超过5年。省财政通过"以奖代补"方式对市县给予适当补助。建立政府购买养老服务制度。要制定政府购买养老服务政策办法,积极开展向社会力量投资举办的养老服务机构和依法登记注册的居家养老服务组织购买服务试点工作,保障农村五保和城镇"三无"老人、失能失智老人、特困老人等养老服务要求。

2. 建立公益性岗位补贴制度。在社会力量投资举办非营利性养老机构合同聘用的有职业资格的养老护理服务人员中,符合条件的就业困难对象按规定落实有关公益性岗位补贴政策。

3. 完善经费保障机制。特困人员供养服务机构三年提质升级资金,主要由市县筹集,机构自筹,省级予以支持。社会服务兜底工程资金重点支持新建项目;省级以上福彩公益金、债券资金、财政专项资金重点支持特困人员供养服务机构提质升级和市县安联网建设;要将运转经费、护理补贴、人员经费等据实列入财政预算,省级财政资金按照实际入住特困人员人数给予一定运营补贴。各地要合理设置属于特困人员供养服务的购买项目,纳入政府购买服务指导性目录,通过政府和社会资本合作、公建民营等方式,引导社会力量广泛参与。对深度贫困地区予以重点支持。

4. 减免公建民营养老机构上缴费用。疫情期间,对民政系统公建民营养老机构减免 2020 年度场地租赁、运营管理等上缴费用,免租期内的在原有期限上顺延 1 年。

5. 养老服务发展专项补助。各地要持续加大财政投入,安排养老服务体系建设专项资金。各级福利彩票公益金要安排不低于 55% 的资金用于支持发展养老服务。加大特困人员供养机构运转经费保障力度,各地根据实际情况合理确定运转保障标准。完善民办养老机构奖补政策,各地要落实建设补贴,并按实际接收的失能、部分失能老年人,不区分民办养老机构经营性质,分档给予运营补贴,医养结合机构同等享受相关补贴政策。要建立健全养老机构责任险、长期护理保险等制度。落实养老服务机构税收、行政事业性收费减免政策,水电气使用费参照居民生活类用户价格执行,不得以土地、房屋性质等为理由拒绝执行。

6. 养老机构等级评定补助。对养老机构等级评定为 3 级以上的民办养老机构,分别由省级、市级、县级财政按规定在评定周期内给予一次性补助。

7. 社区养老服务运营补助。由专业机构和服务组织运营的社区养老服务设施,建筑面积在 300 平方米及以上的,根据不同面积及综合服务水平,各地可每年给予运营补贴,但不与床位运营补贴重复发放。

8. 连锁品牌扶持补助。对同时运营若干养老机构和社区居家养老服务中心,并实施同一服务标准、同一品牌连锁的养老服务供应商,各地可按照连锁数量给予一定补助。

三、税费优惠政策

1. 税费优惠政策。对民办养老机构提供的育养服务免征营业税。养老机构在资产重组过程中涉及的不动产、土地使用权转让,不征收增值税和营业税。进一步落实国家扶持小微企业相关税收优惠政策,对符合条件的小型微利养老服务企业,按照相关规定给予增值税、营业税、所得税优惠。对家政服务企业由员工制家政服务员提供的老人护理等家政服务,在政策有效期内按规定免征营业税。对符合条件的民办福利性、非营利性养老机构取得的收入,按规定免征企业所得税。对民办福利性、非营利性养老机构自用的房产、土地免征房产税、城镇土地使用税。对经批准设立的民办养老院内专门为老年人提供生活照顾的场所免征耕地占用税。

2. 政府主办和特许经营的供水、供气、通信、有线(数字)电视等经营单位,应为社会力量投资举办的非营利性养老服务机构提供优质服务和收费优惠,其中用水、用气(燃料)等与居民用户实行同质同价,用电按当地最优惠的价格执行,免收有线电视开户费、城区普通宽带一次性连接费;优惠收取采用光纤接入或者接入距离较远等成本较高的宽带一次性连接费,通信费、收视费按当地最优惠标准收取。

3. 对企事业单位、社会团体和个人通过具有公益性捐赠税前扣除资格的公益性社会团体或县级以上人民政府及其部门向社会力量投资举办非营利性养老机构的捐赠支出,准予在计算应纳税所得额时扣除,个人通过公益性社会团体或者县以上人民政府及其部门向非营利性养老服务机构的捐赠,在缴纳个人所得税前准予全额扣除。

4. 收费价格政策。在统一收费项目基础上,社会力量投资举办非营利性养老服务机构的收费标准实行政府指导价管理,社会力量投资举办营利性养老服务机构的收费标准由其自主确定。

5. 对企事业单位、社会团体以及个人通过公益性社会团体或者县级以上人民政府及其部门,用于《中华人民共和国公益事业捐赠法》规定的公益事业的捐赠,符合相关规定的不超过年度利润总额12%的部分,准予扣除。对个人通过非营利性的社会团体和政府部门向福利性、非营利性的民办养老机构的捐赠,在缴纳个人所得税前准予全额扣除。

6. 对民办非营利性养老机构建设免征有关行政事业性收费,对营利性养老机构建设减半征收有关行政事业性收费。

7. 协助落实中小企业优惠政策。对符合《湖南省人民政府关于印发〈应对新冠肺炎疫情影响促进企业健康发展的若干政策措施〉的通知》（湘政发〔2020〕3号）中企业帮扶、金融支持、税费支持、财政补贴、稳岗就业等优惠政策的民营养老机构，各级民政部门应主动协调，支持其享受优惠政策。

四、医养结合政策

1. 加大财政扶持力度。各地可将健康服务产业纳入服务业发展引导资金支持范围，有条件的市州可设立健康产业基金。对符合法律法规和国家有关政策规定的省级及以上健康服务产业集聚区的生产性企业，享受集聚区工业企业相关优惠政策。积极推进政府购买基本健康养老服务，逐步扩大购买服务范围，完善购买服务内容。医疗机构设置老年护理床位符合养老资助条件的，可按实际开放床位申请给予项目建设资助和营运补贴。用于社会福利事业的彩票公益金要适当支持开展医养结合服务项目建设。

2. 落实税费优惠政策。对养老机构提供的养老服务、医疗机构提供的医疗服务按规定免征增值税。对非营利性养老机构建设免征有关行政事业性收费，对非营利性医疗机构建设全额免征行政事业性收费；对营利性养老机构建设和医疗机构建设减半收取有关行政事业性收费；对养老机构提供养老服务适当减免行政事业性收费。

3. 加强规划布局和用地保障。各级政府要在土地利用规划和城乡规划中统筹考虑医养结合机构发展需要，做好用地规划布局。对非营利性医养结合机构，可采取划拨方式，优先保障用地；对营利性医养结合机构，应以租赁、出让等有偿方式保障用地，养老机构设置医疗机构，可将在项目中配套建设医疗服务设施相关要求作为土地出让条件，并明确不得分割转让。依法需招标拍卖挂牌出让土地的，应采取招标拍卖挂牌出让方式。

4. 加强人才队伍建设。研究制定养老机构医护人员的定向培养、合作培养和其他针对性培养政策，完善医疗、养老服务护理人员职业培训补贴制度，不断加强医养结合发展的人才保障。养老机构医护人员纳入卫生计生部门行业管理，在资格认定、职称评定、继续教育等方面同等对待，推荐评优等方面予以适当倾斜。完善薪酬、职称评定等激励机制，鼓励医护人员到医养结合机构执业。建立医养结合人才队伍的轮训机制，将老年医学、康复、护理人才作为急需紧缺人才纳入卫生计生人员培训规划。加强专业技能培训，推进养老护理员等职业技能鉴定工作。支持医学类高等学校和中等医学职业学校增设相关专业课程，加快培养老年医学、康复、护理、营养、心理和社会工作等方面专业人才。

5. 建立医养结合绿色通道。加快推进医养结合。依托我省国家级医养结合试点市,建设一批医养结合示范基地,积极探索可持续、可复制的经验。建立医疗卫生机构设置审批绿色通道,支持养老机构开办老年病院、康复院、医务室等医疗卫生机构,将符合条件的养老机构内设医疗卫生机构按规定纳入城乡基本医疗保险定点范围。支持有条件的养老服务机构内设医疗机构并纳入区域卫生和医疗机构设置规划。取消养老机构内设诊所的设置审批,实行备案制。鼓励符合条件的执业医师到养老机构、社区老年照料机构内设的医疗卫生机构多点执业。支持医疗卫生机构为养老机构开通预约就诊绿色通道,为入住老年人提供医疗巡诊、健康管理、保健咨询、预约就诊、急诊急救、中医养生保健等服务。推进基层乡镇卫生院转型医养结合养老服务机构,推进养老机构、社区老年照料中心与周边医院、基层医疗卫生机构建立急救、转诊等合作机制,以签约合作的形式确定与医疗机构的服务项目、服务方式以及责任和义务等,为老年人提供便捷医疗服务。鼓励二级以上综合医院与养老机构开展对口支援、技术帮扶。支持乡镇卫生院、社区卫生服务机构发展老年医疗护理特色科室。提升医保经办服务能力,切实解决老年人异地就医直接结算问题。探索建立长期护理保险制度,形成多元化的保险筹资模式,推动解决失能人员基本生活照料和相关医疗护理等所需费用问题。推动湖南健康产业园区的医养项目建设,鼓励社会力量兴办医养结合机构,大力发展健康养老产业。

6. 加强人力资源保障。适应健康服务产业发展,调整优化医学教育专业结构,加强急需紧缺医学专业人才培养,加大健康服务人才培养培训力度,强化高层次人才队伍建设。支持医药专业技术人员出国(境)培训,提升国内医学人才培养水平。全面实行医师执业区域注册,医师个人以合同(协议)为依据,可在多个机构执业,促进医师有序流动和多点执业。推进电子化注册管理改革,简化审批流程,缩短办理时限,方便医护人员变更注册。推动建立适应医师多点执业的人员聘用退出、教育培训、评价激励、职务晋升、选拔任用机制。推动公立医院建立完善医务人员全职、兼职制度,加强岗位管理,探索更加灵活的用人机制。医师可以按规定申请设置医疗机构,鼓励医师到基层开办诊所。鼓励医师利用业余时间、退休医师到基层医疗卫生机构执业或开设工作室。在社会办医疗机构稳定执业的兼职医务人员,合同(协议)期内可代表该机构参加各类学术活动,本人可按规定参加职称评审。对申请举办医疗机构或受聘到社会办医疗机构执业的退休医务人员,原单位不得因此取消或降低其政策规定的相关待遇。将社会办医疗机构纳入全省医疗卫生职称评定、人才选拔和培训体系;在技术职称评定、全科医生培养、住院医师规范化培训、职业技能培训等方面与公立医疗机构享受同等待遇,在基层社会办医疗机构执业经历可视为医师专业技术职称晋升前基层服务经历。

7. 推进医养融合,充分利用老年病医院、康复医院和综合医院老年病科等构建养老、医护、康复、临终关怀相互衔接的服务模式。鼓励养老机构申办医疗机构执业许可,鼓励医疗机构开办养老机构,鼓励执业医师到养老机构多点执业。鼓励社会力量兴办医养结合机构。完善医疗卫生机构与养老机构业务合作机制,民办机构与公办机构享受同等待遇。

8. 支持养老机构设立医疗机构。养老机构申请内部设立诊所、卫生所(室)、医务室、护理站的,根据《国家卫生计生委办公厅关于养老机构内部设置医疗机构取消行政审批实行备案管理的通知》(国卫办医发〔2017〕38 号)的有关要求,取消行政审批,实行备案管理。申办人应当向所在地的县级卫生健康行政部门备案。卫生健康行政部门审核养老机构内设医疗机构的相关材料,资质合格后发放《医疗机构执业许可证》。养老机构申请设立二级及以下医疗机构(不含急救中心、急救站、临床检验中心、中外合资合作医疗机构、港澳台独资医疗机构),依据《国家卫生健康委国家中医药局关于进一步改革完善医疗机构、医师审批工作的通知》(国卫医发〔2018〕19 号)的有关规定,设置审批与执业登记"两证合一",卫生健康行政部门不再核发《设置医疗机构批准书》,在受理医疗机构执业登记申请后,按照管理权限,经公示、审核合格后发放《医疗机构执业许可证》。养老机构申请设立三级医疗机构的,应当向省卫生健康委提交申请,省卫生健康委依据相关法律法规,对医疗机构进行设置审批,并依法核发《设置医疗机构批准书》。申办人收到《设置医疗机构批准书》后,向省卫生健康委申请医疗机构执业登记并提交相关材料。省卫生健康委审核合格后,发放《医疗机构执业许可证》。养老机构设置医疗机构,属于社会办医范畴的,按规定享受相关扶持政策,卫生健康及相关部门应当及时足额拨付补助经费,兑现有关政策。按照有关法律法规,养老机构举办营利性医疗机构的,应当先到市场监管部门进行登记注册,办理《营业执照》,再到卫生健康行政部门按程序办理《医疗机构执业许可证》;社会力量举办非营利性医疗机构的,应当先到卫生健康行政部门按程序办理《医疗机构执业许可证》,再到民政部门进行社会服务机构登记,办理《民办非企业单位法人登记证书》。

9. 支持医疗机构设立养老机构。根据国卫办老龄发〔2019〕17 号文件要求,各级民政部门不再实施养老机构设立许可。具备法人资格的医疗机构申请设立养老机构的,不需另行设立新的法人,不需另行法人登记。社会力量举办的非营利性医疗机构申请设立养老机构的,应当依法向登记该非营利性医疗机构的县级以上民政部门(社会组织登记部门)办理章程核准、修改业务范围,并根据修改后的章程在登记证书的业务范围内增加"养老服务"等职能表述。变更登记完成后,应当依法向同级民政部门(养老服务部门)备案。社会力量举办的营利性医疗机构申请内部设置养老机构的,应当依法向登记该营利性医疗机构的县级以上市场监管部门(企业注册局)申请变更登记,在经营范围内增加"养老服务"等表述。变更登记完成后,应当依法向县级以上民政部门备案。公立医疗机构申请设立养老机构的,应当依法向各级编办提出主要职责调整和变更登记申请,在事业单位主要职责及法人证书"宗旨和业务范围"中增加养老服务、培训"等职能。变更登记完成后,应当依法向县级以上民政部门备案。根据国家卫生健康委等十二部门印发的《关于深入推进医养结合发展的若干意见》(国卫老龄发〔2019〕60 号),医疗卫生机构利用现有资源提供养老服务的,涉及建设、消防、食品安全、卫生防疫等有关条件,可依据医疗卫生机构已具备的上述相应资质直接进行登记备案,简化手续。医疗机构设立养老机构符合条件的,享受养老机构相关建设补贴、运营补贴和其他养老服务扶持政策措施,民政及相关部门应当及时足额拨付补助经费,兑现有关政策。

10. 推进医养结合服务。各地要建立健全医疗卫生机构与养老机构合作机制,鼓励多种形式的签约服务、协议合作。2021 年底前,全省养老机构与医疗机构签约率达到 100%。完善养老设施专项规划和区域卫生规划,推动综合养老服务中心与社区卫生服务站、护理站或其他医疗设施同址或邻近设置。推进各类养老机构与各级医疗机构建立协议合作关系,2022 年底前,全省养老机构和协议合作的医疗卫生机构普遍开通双向转介便捷通道;推进基层医疗卫生机构和医务人员与居家老人建立签约服务关系,为老年人提供连续性的健康管理和医疗服务;所有医疗机构开设为老年人提供挂号、就医等便利服务的便捷通道。支持有条件的养老机构按相关规定开办各类康复医院、护理院、安宁疗护机构等,支持医疗机构按照有关规定设立养老机构,重点为失能失智老年人提供所需的医疗护理和生活照护服务。

五、人才培育政策

1. 落实扶持政策。将养老服务从业人员职业培训和技能鉴定纳入城乡就业培训体系，对符合就业资金使用范围的培训、鉴定按规定给予补贴。通过福彩公益金安排、财政预算安排、社会力量参与等方式多渠道筹集资金，支持职业培训和教材开发、师资培训、职业技能竞赛、评选表彰等基础性工作，建立起养老服务从业人员参加职业培训和技能鉴定的长效机制。

2. 加强人才队伍建设。做好职称评定、专业技术培训和继续医学教育等方面的制度衔接，对养老机构和医疗卫生机构中的医务人员同等对待。完善薪酬、职称评定等激励机制，鼓励医护人员到医养结合机构执业。建立医疗卫生机构与医养结合机构人员进修轮训机制，促进人才有序流动。将老年医学、康复、护理人才作为急需紧缺人才纳入卫生计生人员培训规划。加强专业技能培训，大力推进养老护理员等职业技能鉴定工作。支持高等院校和中等职业学校增设相关专业课程，加快培养老年医学、康复、护理、营养、心理和社会工作等方面专业人才。

3. 加强队伍建设。鼓励普通高校、职业院校相关专业毕业生及相关行业优秀人才到老年教育机构工作。各级各类学校要鼓励教师参与老年教育相关工作，并纳入本校工作考核，支持教师到校外老年教育机构兼职任教或从事志愿服务。建立老年教育教师岗位培训制度，支持老年教育机构教师、技术和管理人员的专业发展。专职人员在薪酬福利、业务进修、职务（职称）评聘、绩效考核等方面享有同类学校工作人员的同等权利和待遇。鼓励专业社工等参与从事老年教育工作。建立老年教育师资库。加快培养一支结构合理、数量充足、素质优良，以专职人员为骨干、与兼职人员和志愿者相结合的教学和管理队伍。

4. 强化人才队伍建设。各地要建立省、市、县和养老机构四级养老服务培训和实训体系，建立稳定的养老护理员人才队伍支持政策体系。综合考虑养老护理员工作年限、技能水平等因素，合理制定和落实薪酬待遇，支持用人单位发放一次性入职补贴、养老服务岗位补贴等，稳步提高养老服务行业一线工作人员的工资待遇水平（事业单位岗位津贴纳入绩效工资总量管理）。举办不同层级的养老护理员技能大赛，对获奖选手各地可根据有关规定按程序授予“技术能手”、“五一劳动奖章”等称号。全面推行养老护理员等就业技能培训、岗位技能提升培训、转岗培训和创业培训，2022 年底前，全省建立 15 个以上以职业院校、养老机构等为依托的省级养老护理员培训基地，培训1000名以上养老院院长、10万名养老护理员和5000名以上专兼职老年社会工作者，对符合我省职业技能培训补贴政策条件的，按规定享受培训补贴，各地不得以地域、户籍、年龄、缴纳社保等为前提条件，限制上述人员参加培训并享受培训补贴。

六、政府购买服务及信贷金融扶持政策

1. 创新信贷产品。积极创新农村土地承包经营权、农房抵押贷款、农村集体建设用地使用权抵押贷款等用于农村养老服务业贷款品种；探索支持以租赁用房开办养老服务的机构的信贷产品；探索向合法且产权明晰的社会力量投资举办养老机构发放资产（设施）抵押和应收款质押贷款；支持发放融资性担保公司担保的养老服务业贷款。

2. 优先安排贷款资金。各金融机构在符合信贷要求的前提下，优先向养老服务机构给予信贷支持。并在国家允许的贷款利率浮动幅度内给予利率优惠，合理确定贷款期限。

3. 提升服务水平。鼓励金融机构针对部分养老产业项目周期长、盈利水平低等特点，适当延长贷款期限；鼓励开发适合老年人的养老金收付服务结算和理财产品；为境外资本投资我省养老服务业提供配套人民币结算服务。

4. 积极支持融资信贷需求。各级人民政府要积极支持社会力量投资举办养老服务机构的融资需求，通过信贷贴息、融资补贴、融资担保等多种途径，引导更多资金投入养老服务业。鼓励金融机构创新金融产品和服务方式，加大对社会力量投资举办养老机构的信贷支持，合理确定贷款期限，并在国家允许的贷款利率浮动幅度内给予利率优惠。对产权明晰、管理规范、诚信度高、偿债能力强的社会力量投资举办养老机构及其建设项目，金融机构应通过多种方式给予融资支持。鼓励金融机构拓宽抵质押担保物范围，允许社会力量投资举办养老机构利用有偿取得的土地使用权、产权明晰的房产等固定资产办理抵押贷款，国土资源、房产管理部门应予办理抵押登记手续。

5. 承接主体。符合《湖南省人民政府关于推进政府购买服务工作的实施意见》（湘政发〔2014〕20号）文件的相关规定，取得《湖南省养老机构设立许可证》并依法办理法人注册登记的社会力量办养老机构（含公建民营养老机构）、依法办理法人注册登记的城乡社区居家养老服务机构和组织、经过注册或备案登记的城乡基层老年协会具备承接政府购买养老服务的主体资格。

6. 购买内容。(一)购买居家养老服务。主要包括购买助餐、助浴、助洁、助急、助医、护理等上门服务及养老服务信息系统营运服务。(二)购买社区日间照料服务。主要包括购买社区日间照料服务、老年康复护理服务。(三)购买机构养老服务。主要为年满60周岁散居的农村五保供养对象和城市“三无”老人购买机构供养、护理服务。(四)购买养老服务人员培训。主要包括为养老护理人员购买职业培训、职业教育和继续教育等。(五)购买养老评估。主要包括老年人能力评估和服务需求评估的组织实施、养老服务评估等。具体服务内容、服务标准、服务数量等要素,由购买服务的民政、老龄部门根据当地实际情况研究确定,并以签订服务合同的方式加以具体明确。

7. 各地建设银行要对经民政部门推荐和认可的养老机构积极提供信贷支持,将经过民政部门评定,获得养老机构星级和信用良好的养老机构作为贷款投放的重点扶持对象,切实解决养老机构在经营过程中融资难的问题。市县民政部门要推荐有资金意向需求的养老机构与属地建设银行进行对接,助推养老机构健康有序发展。

长沙市养老机构补贴资金实施细则

(2020年11月2日　长民发〔2020〕23号)

第一章　总　　则

第一条　为促进养老服务供给,规范养老机构补贴资金管理,为老年人群体提供成本可负担、方便可及的养老服务,根据《长沙市人民政府办公厅关于全面放开养老服务市场提升养老服务质量的实施意见》(长政办发〔2019〕1号),结合我市实际,制定本细则。

第二条　本细则所指养老机构为我市行政区域内的公办养老机构和经法人登记、已在民政部门备案且通过消防备案或者消防验收合格的民办养老机构、公建民营(民建公助)的社会福利中心。

第三条　本细则所称自建新增床位是指新开办的养老机构通过新建房屋所设置的床位;已运营的养老机构为扩大规模,通过新建房屋而增加的床位。租用

（改、扩建）新增床位是指在原有房屋基础上，进行改造新增加的床位。

开展医疗卫生服务的养老机构应区分医疗床位和养老床位，备案床位数不含医疗床位，仅限养老床位。

第四条 本细则所称老年人是指本市户籍60周岁以上人员。自理老人、部分失能老人、全失能老人依据湖南省质量技术监督部门2017年发布的《老年人能力筛查评估》（湖南省地方标准〔DB43/T 1309－2017〕）和《长沙市民政局关于印发〈长沙市财政补贴老年人能力评估实施细则〉的通知》（长民发〔2019〕22号）评估确定。

第五条 本细则涉及的养老机构补贴资金为财政预算安排资金（含福彩公益金），实行专账管理，专款专用。养老机构补贴资金项目包括：养老机构建设补贴、运营补贴、消防补贴和责任险补贴。

第六条 区县（市）民政部门负责补贴项目的实地核查和补贴资金的审核、公示、申报、资金使用情况检查及绩效评价自评等工作；市级民政部门负责市本级公办养老机构补贴资金的审核、区县（市）补贴项目的抽查核实、资金使用情况监督检查及绩效评价自评等工作；财政部门负责补贴资金预算安排、资金拨付、资金使用情况监督检查以及绩效综合评价等工作。

第二章 补贴标准、范围

第七条 养老机构建设补贴和运营补贴纳入市和区县（市）财政预算。市本级公办养老机构运营补贴由市财政负担。区县（市）养老机构建设补贴和运营补贴，由市、区县（市）两级财政按4∶6的比例分担。

民办养老机构消防补贴、责任险补贴在福彩公益金中列支，区县（市）自行制定配套政策。

第八条 建设补贴标准：对建筑面积300平方米（含）、床位10张（含）以上、已在民政部门备案且通过消防备案或者消防验收合格、未获取过建设补贴的民办养老机构，自建新增床位每张给予10000元的一次性建设补贴，租用（改、扩建）新增床位每张给予5000元的一次性建设补贴。养老机构正式运营（收住老人）1年（含）以上，方可申请建设补贴。同一地址同类型养老机构，建设补贴只发放一次。

第九条 运营补贴标准：已在民政部门备案且通过消防备案或者消防验收合格

格的民办养老机构每接收1名本市户籍老年人、公建民营（民建公助）的社会福利中心每接收1名非特困供养对象的本市户籍老年人，按照自理、部分失能、全失能老人分别给予每床每月160元、350元和500元的运营补贴，运营补贴的床位数不得超过备案床位数。公办养老机构在满足特困人员集中供养需求基础上接收本市户籍、非特困供养对象的部分失能、全失能老人，按照每床每月200元的标准给予运营补贴。补贴床位所对应的老人至少连续入住机构15日（含）以上，方可申请当月运营补贴。

第十条　消防补贴标准：对于2018年12月31日前取得法人登记并运营、50张床位（含）以上的民办养老机构，通过消防改造获得消防备案或者验收合格凭证并在民政部门备案的，市级按照1000元/床的标准给予一次性消防补贴。已获取过消防补贴的不再重复补贴。

第十一条　责任险补贴标准：对已购买养老机构责任险的，公办养老机构按实际购买床位数、已在民政部门备案且通过消防备案或者消防验收合格的民办养老机构和公建民营（民建公助）的社会福利中心，按照不超过备案床位数的原则，市级财政补贴购买责任险发票金额的50%。

第三章　申报要求、补贴程序

第十二条　申报要求。养老机构应当确保备案承诺事项、申报材料的真实性、准确性，未出现违法违规情形，方可申请补贴资金。

第十三条　在申请补贴资金时，民办养老机构、公建民营（民建公助）社会福利中心应当提供单位法人登记证书、法定代表人身份证明、设置养老机构备案书、备案回执、消防备案或验收合格凭证和其他相应证明资料；公办养老机构应当提供单位法人登记证书、法定代表人身份证明和其他相应证明资料。申请建设补贴时还应当提供与建设方式相佐证的资料，申请消防补贴时还应当提供消防备案或验收合格凭证，申请责任险补贴时还应当提供购买责任险的发票复印件。

第十四条　申请。符合条件的养老机构申请建设补贴、运营补贴、消防补贴时，应当据实填报相应申请表（详见附件1、2、3），提供相关证明资料。申请建设补贴、运营补贴每年2次，时间为上半年和下半年各1次；申请消防补贴、责任险补贴每年1次，时间为下半年。

第十五条　审核。市级民政部门负责审核市级养老机构申请资料。区县

(市)民政部门负责审核本辖区内养老机构的申请资料,联合同级财政部门对养老机构建设、运营、消防改造和购买责任险等情况进行实地核查。

第十六条 公示。区县(市)民政部门应将拟进行补贴的养老机构情况在同级政府门户网站上公示,公示期不少于5天;公示期满后,由区县(市)民政部门汇总上报市级民政部门,申请拨付市级补贴资金。

第十七条 抽查。市级民政、财政部门对拟拨付市级补贴资金的养老机构情况进行抽查核实,抽查核实情况作为拨付市级补贴资金的依据。

第十八条 资金拨付。对区县(市)民政部门申请的补贴资金,市级财政、民政部门审核后将资金拨付至区县(市)财政部门。

建设补贴:按建设类型予以一次性拨付。

运营补贴:每年拨付两次,上半年、下半年各1次。

消防补贴、责任险补贴:下半年从长沙市本级福彩公益金中拨付。

第四章 监督管理

第十九条 市级民政部门负责市级养老机构的指导和监督管理,区县(市)民政部门负责本辖区内养老机构的指导和监督管理。民政部门应当及时了解养老机构法人登记情况,加强日常监管,及时公布辖区内养老机构信息,规范养老机构运行管理。

第二十条 养老机构应及时登录长沙市养老服务监管平台,及时填报、更新相关数据,按月上传享受政府运营补贴的入住老人信息。未按规定上传入住老人信息的,不予享受未上传信息当月的运营补贴。

第二十一条 长沙市养老服务监管平台正式运营后,养老机构收住老人情况纳入该平台进行管理,平台实时监控可替代日常检查,从平台调取的老人入住信息应当作为养老机构申请运营补贴的依据。

第二十二条 养老机构有下列违法违规行为的,民政、财政部门应当追回养老机构冒领的补贴资金,停发其半年的运营补贴,情节严重的,停发其一年的运营补贴;并将违法违规的养老机构和单位法定代表人列入失信名单,实施联合惩戒;涉嫌犯罪的,依法移送有权机关追究刑事责任:

(一)备案承诺事项不真实的;

(二)虚报床位和入住老人数量,冒领有关补贴资金的;

（三）本年度受到有关政府部门行政处罚，或者行政处罚尚未执行完毕的；

（四）被登记管理机关列入经营（活动）异常名录或严重违法失信名单的；

（五）组织或参与非法集资的；

（六）本年度出现食品安全、消防安全等重大责任事故的；

（七）有严重侵犯老人合法权益等其他违法违规行为的。

第二十三条　有关行政机关及其工作人员，在养老机构资金补贴工作中滥用职权、玩忽职守、徇私舞弊的，由上级行政机关或者监察机关责令改正；对直接负责的主管人员和其他直接责任人员依法给予处分；涉嫌犯罪的，依法移送有权机关追究刑事责任。

第五章　附　　则

第二十四条　养老机构备案管理按照《养老机构管理办法》（中华人民共和国民政部令第66号）和《民政部关于贯彻落实新修改的〈中华人民共和国老年人权益保障法〉的通知》（民函〔2019〕1号）有关要求执行。

第二十五条　本细则由长沙市民政局、长沙市财政局负责解释。

第二十六条　本细则自发布之日起正式施行，有效期五年。《长沙市民政局长沙市财政局关于印发〈长沙市养老机构备案管理和补贴资金实施细则（试行）〉的通知》（长民发〔2019〕18号）同时废止。

附件：1. 长沙市民办养老机构建设补贴申请表

2. 长沙市养老机构运营补贴申请表

3. 长沙市民办养老机构消防补贴申请表

附件 1

长沙市民办养老机构建设补贴申请表

填报单位(盖章):　　　　　　　　　　　　　　　填报时间:　　年　　月　　日

<table>
<tr><td colspan="12">基本情况</td></tr>
<tr><td colspan="3">机构名称</td><td colspan="3"></td><td colspan="3">机构地址</td><td colspan="3"></td></tr>
<tr><td colspan="3">法定代表人</td><td colspan="3"></td><td colspan="3">法定代表人身份证号码</td><td colspan="3"></td></tr>
<tr><td colspan="3">项目负责人</td><td colspan="3"></td><td colspan="3">联系电话</td><td colspan="3"></td></tr>
<tr><td colspan="3">法人登记证号码</td><td colspan="3"></td><td colspan="3">法人登记时间</td><td colspan="3"></td></tr>
<tr><td colspan="3">备案时间</td><td colspan="3"></td><td colspan="3">备案床位数(张)</td><td colspan="3"></td></tr>
<tr><td colspan="3">占地面积(m^2)</td><td colspan="3"></td><td colspan="3">建筑面积(m^2)</td><td colspan="3"></td></tr>
<tr><td colspan="3">使用面积(m^2)</td><td colspan="3"></td><td colspan="3">房屋产权形式</td><td colspan="3">□自有　□租赁</td></tr>
<tr><td colspan="3">建筑形式</td><td colspan="9">□单层　　□多层　　□电梯房</td></tr>
<tr><td colspan="3">投资总额(万元)</td><td colspan="3"></td><td colspan="3">机构启动运营时间</td><td colspan="3"></td></tr>
<tr><td colspan="12">员工概况</td></tr>
<tr><td colspan="2">管理人员</td><td colspan="2"></td><td colspan="2">医技人数</td><td colspan="2"></td><td colspan="2">护士人数</td><td colspan="2"></td></tr>
<tr><td colspan="2">护理员数</td><td colspan="2"></td><td colspan="2">工勤人数</td><td colspan="2"></td><td colspan="2">员工总数</td><td colspan="2"></td></tr>
<tr><td colspan="12">申请内容
(下表内容仅限本年度新增床位情况)</td></tr>
<tr><td colspan="3" rowspan="2">新增床位数</td><td colspan="3">自建新增</td><td colspan="6"></td></tr>
<tr><td colspan="3">租用(改、扩建)新增</td><td colspan="6"></td></tr>
<tr><td colspan="6">新增床位启动运营时间</td><td colspan="6"></td></tr>
<tr><td colspan="3">市级补助金额</td><td colspan="3">______万元</td><td colspan="3">区县级补助金额</td><td colspan="3">______万元</td></tr>
<tr><td colspan="12">本机构承诺以上及所附数据资料真实有效,如有不实,愿承担相关法规之处罚。

法定代表人(签名)　　　　(单位盖章)
年　　月　　日</td></tr>
<tr><td colspan="12">审核意见</td></tr>
<tr><td colspan="3">区县(市)民政部门
审核意见</td><td colspan="9">经核实,该机构□自建/□租用(改、扩建)新增床位______张,根据《长沙市养老机构补贴资金实施细则》,本次可申请市级补助______万元、区县级补助______万元。

经办人(签名):
主要负责人(签名):
(章)
年　　月　　日</td></tr>
</table>

附件 2

长沙市养老机构运营补贴申请表

填报单位(盖章):　　　　　　　　　　　　　　　　填报时间:　　年　　月　　日

<table>
<tr><td colspan="9">基本情况</td></tr>
<tr><td>机构名称</td><td colspan="3"></td><td colspan="3">机构地址</td><td colspan="2"></td></tr>
<tr><td>法定代表人</td><td colspan="3"></td><td colspan="3">法定代表人
身份证号码</td><td colspan="2"></td></tr>
<tr><td>项目负责人</td><td colspan="3"></td><td colspan="3">联系电话</td><td colspan="2"></td></tr>
<tr><td>法人登记证号码</td><td colspan="3"></td><td colspan="3">备案时间</td><td colspan="2"></td></tr>
<tr><td>机构性质</td><td colspan="3">□公办　□民办
□公建民营(民建公助)</td><td colspan="3">备案床位数(张)</td><td colspan="2"></td></tr>
<tr><td>占地面积(m^2)</td><td colspan="3"></td><td colspan="3">建筑面积(m^2)</td><td colspan="2"></td></tr>
<tr><td>使用面积(m^2)</td><td colspan="3"></td><td colspan="3">启动运营时间</td><td colspan="2"></td></tr>
<tr><td colspan="9">员工概况</td></tr>
<tr><td>管理人员</td><td></td><td colspan="2">医技人数</td><td colspan="2"></td><td colspan="2">护士人数</td><td></td></tr>
<tr><td>护理员数</td><td></td><td colspan="2">工勤人数</td><td colspan="2"></td><td colspan="2">员工总数</td><td></td></tr>
<tr><td colspan="9">申请内容</td></tr>
<tr><td>所属年月</td><td>____月</td><td>____月</td><td>____月</td><td>____月</td><td>____月</td><td>____月</td><td>总人数</td><td>补助金额</td></tr>
<tr><td>自理老人数</td><td></td><td></td><td></td><td></td><td></td><td></td><td></td><td></td></tr>
<tr><td>部分失能老人数</td><td></td><td></td><td></td><td></td><td></td><td></td><td></td><td></td></tr>
<tr><td>全失能老人数</td><td></td><td></td><td></td><td></td><td></td><td></td><td></td><td></td></tr>
<tr><td>市级补助金额</td><td></td><td></td><td></td><td></td><td></td><td></td><td></td><td></td></tr>
<tr><td>区县补助金额</td><td></td><td></td><td></td><td></td><td></td><td></td><td></td><td></td></tr>
<tr><td colspan="9">本机构承诺以上数据及所附资料真实有效,如有不实,愿承担相关法规之处罚。

法定代表人(签名)　　　　　　　　(单位盖章)
年　　月　　日</td></tr>
<tr><td colspan="9">审核意见</td></tr>
<tr><td>市/区县(市)民政部门审核意见</td><td colspan="8">经核实,该机构符合补贴条件的自理老人______人次、部分失能老人______人次、全失能老人______人次,根据《长沙市养老机构补贴资金实施细则》本次可申请市级补助______万元、区县级补助______万元。

经办人(签名):
主要负责人(签名):
(章)
年　　月　　日</td></tr>
</table>

附件 3

长沙市民办养老机构消防补贴申请表

填报单位(盖章):　　　　　　　　　　　　　　填报时间:　　　年　　月　　日

基本情况			
机构名称		地址	
法定代表人		法定代表人身份证号码	
项目负责人		联系电话	
法人登记时间		法人登记证号码	
备案时间		备案床位数(张)	
消防改造启动时间		消防改造完工时间	
申请内容			
申请补贴床位数		申请市级补助金额(万元)	
本机构承诺以上数据及所附资料真实有效,如有不实,愿承担相关法规之处罚。 法定负责人(签名)　　　　(单位盖章) 年　月　日			
审核意见			
区县(市)民政部门审核意见	经核实,该养老机构可享受消防补贴床位______张,根据《长沙市养老机构补贴资金实施细则》,本次可申请市级补助______万元。 经办人(签名): 主要负责人(签名): (章) 年　月　日		

附件四　课题调研访谈笔录

第一节　行政部门访谈

一、湖南省H市行政部门访谈

（一）H市A区民政局

问：民办养老机构设立审核的重点内容是哪些？有哪些补贴？

答：我市对民办养老机构设立审核的重点内容包括消防、食品安全、场地、床位数等，一般是联合财政局进行检查。民办养老机构设立补贴主要有建设补贴，补贴金额为5000元到10000元不等，运营一年以上的民办养老机构会给一次性直接补贴。运营补贴是每年都有的，金额大概在160元、350元或者500元。此外，还有从业人员补贴，但这些需要机构先垫付，年底再进行核算。

问：对民办养老机构的日常运营如何监管？

答：监管的主要方面是床位、机构安全情况，再联合其他部门进行督察，现在民间资本对进入养老市场展现出强烈兴趣，我们市民政局也与时俱进，搭建了一个养老机构监管平台。每季度区领导至少一次带队进行消防安全排查，提供收费凭证，询问老年人返利等相关情况，市里面有个文件要求不能提前预缴费超过一年，如有收取超过一年预交费的民办养老机构会被直接扣除补贴，对于机构的数据监管，其实际的各方面数据都是需要实地进行调查的。

问：事先如何预防民办养老机构“爆雷”？

答：目前的监管主要是属地管辖，各部门之间信息不畅通，各自为战，我们只能先重点关注备案的民办养老机构。

问：民办养老机构“爆雷”的原因有哪些？

答：民办养老机构属于投资大、盈利慢的朝阳企业。“爆雷”的原因之一在监管方面，尤其是民政局现在人手不够，其下属的养老科只有4人，却要负责58个居家养老中心，可能会“力不从心”。

（二）H市B区民政局

问：本区的养老机构现状如何？

答：现在全区有15家养老机构，有一家还未备案，其中有2家公办的，大部分是民办非营利机构。

（三）H市C区民政局

问：如何看待养老机构的发展前景和其中问题？

答：养老是一个福利工作，而不是一个产业工作。一方面，养老是一个民生工程，鱼龙混杂的社会资本大举进入养老行业主要动机是逐利，而养老的特殊性又在于其是一个投资大、利润低、回报周期长的行业，因而通过养老进行积累和变现是不现实的。目前养老机构资金的运作方式不明朗，更加容易出现非法集资的情形。另一方面，政府监管方面有时也出现监管缺位问题，养老机构“爆雷”之前往往很难察觉异样，一旦察觉就已经“爆雷”或濒临“爆雷”了，且由于监管权限问题，政府对于分支机构的监管很难，在未“爆雷”之前部门提前介入将会激化社会矛盾。

（四）H市D区政法委

问：政府发现非法集资的养老机构如何处理？

答：一般街道发现会及时向上汇报，目前是希望进一步打通信息互通渠道，实现部门机关之间的信息共享，将会更加有利于发现黑名单的养老机构。同时我们对社区进行户籍筛查时，实施网格化群防群治的管理方式，对于非法集资机构的发现处理会借鉴物业社区强制报告制度。

（五）H市E区民政局

问：如何看待民办养老机构非法集资？

答：养老事业是政府的事，养老产业是市场的事，目前养老机构市场化很难运行，只有30%的养老机构微利或者能够存活，70%多少存在集资可能。养老机构一般按月、季度或半年收取费用，收取超过一年的费用就会有非法集资的可能，养老行业利润一般只有6%，国企央企因要承担社会责任能负担得起，但是民间资本进入养老机构的市场将会很难存活。目前我们区只有4家养老机构，其中有1家公办养老机构。目前本市老年人占比达到15.3%，已经进入了中度老年化社会，事实上真正进入养老机构的人员只有3%，其中收治的全失能老年人较多，需要收治60%的老年人才能回本，60%以上的老年人入住才能实现微利。防范民办养老机构非法集资需要加强行业监管，由民政局牵头，公安、金融办、检察院、法院联动，社会也需要改变观念对养老市场进行支持，希望以后养老机构能成为更多老年人养老的选择。

（六）F市民政局

问：目前F市民办养老机构现状如何？

答：全市有9家养老机构，其中一家因为打非行动被扫除了，2015年开始清查时，这家养老机构在融资过程中因非法集资被除名，现在进入了诉讼程序，但追赃挽损率10%都不到。

问：民政局对本市民办养老机构如何监管？

答：2015年之前对养老机构采取的是行政许可制，2019年之后变为了备案登记制。市场门槛降低到零门槛后，我们希望市监局将设立的企业信息交给民政局，由养老科进行排查，这样民政局可以及时发现异样，多进行宣传报道，遇到情况及时跟金融办沟通。我们也会每个季度进行一次排查。

问：民办养老机构的登记性质有什么影响？

答：现在民办养老企业以民办非企业单位性质注册其实不好监管，因为民办非企业单位组织资产属于社会大众，但是又是以公司化运作。民办非企业单位注册的最大好处是税收减免，民办非企业单位有可能拿到划拨地，但是融资有困难，民办非企业单位性质存在的需要是针对国企，对于以民办非企业单位注册的养老机构，我们是不能进行有效监管的。但若民办非企业单位转变为法人只需要再进行工商登记，便于养老科审查。

问：民办养老机构与公办机构在政策扶持上有什么区别？

答：扶持最大的区别就是建设用地，但是土地用途改变不了，即使交了出让金，也还是慈善用地，有些人就会以此钻空子。

问:对于民办养老机构非法集资如何监管?有哪些难题?

答:我们会通过上门排查对机构进行初步排查,对用投资保健品、会员制吸引老年人的方式内容进行重点关注。但现在企业运营手段越来越隐蔽,部分养老机构是甲地注册乙地实地进行融资,没有非法集资对象,民政部门无法及时察觉,且民事纠纷现在是按照合同约定的事项需要,有些情况并不一定存在服务合同。现在“放管服”后市场门槛变低了,但是民政部门监管的责任并未降低,且监管范围还在扩大,实际上我们了解到通过养老登记设立的养老机构有100多家,其中很多是皮包公司,很难对他们进行监管,街道虽然有业务办公室,但是监管权力也有限。

二、湖南省Y市行政部门访谈

(一)市民政局

问:目前你市有多少家民办养老机构?已备案的有多少?经营规模如何?多少床位?多少名老人入住?

答:目前我市有85家民办养老机构,已备案的有85家,经营规模主要以100张床位左右的小型养老机构为主。民办养老机构一共有8520张床位,有3280名老人入住。

问:养老机构目前有哪些类型,情况分别如何?如何做到差异化管理?

答:据统计,我市共有养老机构252家,其中分为公办福利院(中心)、公办特困人员供养机构、民办养老机构三种类型,其中公办福利院和公办特困人员供养机构主要承担社会兜底对象的养老服务工作,民办养老机构承担社会老人的养老服务工作。公办养老机构不存在非法集资风险,民政部门主要是对民办养老机构加强排查和宣传,防范非法集资情况的发生。

问:你市养老机构主要采取何种运营模式?是否规定收费不能超过多长时间?

答:运营模式主要有:公办、民办、公建民营。我市相关文件有规定,养老机构预收入住老年人服务费不得超过月收费标准的3倍。

问:民办养老机构设立时重点审核的内容包括哪些?

答:重点审核的内容包括:(1)备案申请书,包括养老机构基本况(名称、住所、法定代表人或者主要负责人信息等)、服务场所权属、养老床位数量、服务设施面积、联系人和联系方式;(2)养老机构登记证书;(3)符合建筑、消防、食品安全、医疗卫生、特种设备等专业标准要求的承诺书;(4)符合《养老服务标准体系建设指南》的标准和规范。

问:对于设立养老机构的市场准入方面有无看法?(比如风险保证金、投资人信用情况备案)

答:2019年以来由于"放管服"的要求,自开展养老业务或养老机构不必得到民政部门行政许可,大部分在市场监督管理局登记的业务养老机构不对接县市区民政局,也不来备案。获得消防验收合格的养老机构占比不到30%,医养结合、医院监管难。医院开展医养结合业务,养老机构备案后,养老机构在医院管理下运行,不是独立运行的实体,更不是一个经营管理主体,只是该医院护理业务的一部分,护理、消防和后勤等都由医院相关部门牵头负责,统一管理,民政部门配合。

问:从登记备案到日常监管有哪些措施?多久进行一次排查?排查内容包括哪些?养老科人员配备情况如何?是否与其他部门联合排查?对民办养老机构是否有特别监管措施?

答:对已经备案的养老机构,备案民政部门应当自备案之日起20个工作日以内进行现场检查,并核实备案信息;对未备案的养老机构,服务场所所在地的县级人民政府民政部门应当自发现其收住老年人之日起20个工作日以内进行现场检查,并督促及时备案。市级一般半年进行一次抽查,县市区每月进行一次检查。检查的内容包括:养老服务质量、消防安全、食品安全等。市局养老服务科配置3人,并联合了相关部门一起开展检查,也进行了"双随机、一公开"监管检查,对民办养老机构加强非法集资的防范、监督和预警工作,发现养老机构涉嫌非法集资的,按照有关规定及时移交相关部门。

问:民办养老机构转换为企业性质有哪些程序要求?转换后扶持政策有何不同?是否在办转换?有多少已经转了?考量因素是什么?

答:养老机构登记事项变更的,举办者应当向登记管理机关申请变更登记,自变更登记完成后的7个工作日内向原备案的民政部门对外窗口或养老服务业务部门办理变更备案;涉及其他备案事项变更的,养老机构举办者应当自变更之日起7个工作日内向原备案的民政部门对外窗口或养老服务业务部门办理变更备案。养老机构举办者应当真实、准确、完整地提供变更备案信息,填写《养老机构变更备案书》。提交材料信息齐全的,有关部门应当自收到变更备案材料之日起7个工作日提供《养老机构变更备案回执》。

问:是否采取/采取了何种措施预防养老机构集资风险?

答:我们制定了防范非法集资的排查方案,加强了对民办养老机构非法集资的防范、监测和预警工作,发现养老机构涉嫌非法集资的,按照有关规定及时移交相关部门。同时做好宣传工作,向老年人发放《防范和处置非法集资活动宣传手册》和《关于防范养老服务领域非法集资风险的警示公告》,每年开展了2次,各发放5000多份。为提高养老服务对象风险防范意识,我们先后在政府官网、报纸等平台,集中发布了《关于防范养老服务领域非法集资风险的警示公告》,引导老年人入住信誉好、真正从事养老服务的机构,增强了老年人风险意识和辨别能力。

问:对民办养老机构的政策扶持包括哪些?建设运营消防和责任险等方面的补贴发放情况如何?本市是否出台相关法律文件?对民办养老机构从业人员是否有补贴?

答:我市出台了多项扶持政策文件,对民办养老机构的政策扶持包括民办养老机构运营补贴(100元/人/月)、连锁品牌扶持补助(3万元/个),同时本级彩票公益金55%以上的资金用于支持发展养老服务业,其中支持民办养老服务业发展的资金不低于30%。暂无建设、消防、责任险等方面的补贴。暂无出台相关法律文件。今年将实施机构从业人员补贴。

问:对民办养老机构的融资难问题是否出台相关政策解决?信贷支持包括哪些方面?

答:已经出台相关文件,我市通过鼓励社会资本采取建立基金、发行企业债券等方式筹集资金,用于建设养老服务设施、购置设备和收购改造社会闲置资源等,鼓励银行业金融机构以养老服务机构有偿取得的土地使用权、股权等抵质押,提供信贷支持,满足养老服务机构多样化融资需求。

问:民办养老机构在运营中存在哪些法律风险?

答:一是法规不健全,养老机构抗风险能力弱。近几年,全国各地机构养老发展迅猛,但由于相关法律法规的缺失,在规范养老机构和入住老人之间权利义务关系上却经常面临无法可依的窘境。二是民办养老机构面临运营风险。养老行业是高投入、低回报的行业,床位入住率在一定时期甚至长时间内都难达到预期,处于勉强经营状态,运营风险相当大。三是民办养老机构面临入住老人子女恶意逃费、欠费的风险。四是管理服务风险,包括老人走失、坠床、跌倒,老人之间争执引起的伤害、猝死,如烫伤、烧伤、噎食、窒息、自杀、自伤、突发疾病等方面存在管理服务风险。

问:如何对养老机构进行风险评估?如果发现有非法集资的风险如何处置?

答:主要是向对养老机构和入住老人了解情况,同时查阅合同、票据、账簿等资料。发现养老机构涉嫌非法集资的风险,按照有关规定及时将线索向同级人民政府和相关部门移交。

问:发生集资诈骗后如何进行处理?

答:民政部门主要是做好在院老人的服务管理工作,保障在院老人的服务质量。

问:根据打击非法集资专项行动的部署,贵单位主要负责哪些工作?目前是否与其他部门搭建非法集资信息平台?目前各部门是如何协调运作的?

答:一是坚持目标导向、问题导向和结果导向,严格按照省市的要求,进一步在养老机构深入排查,完善台账资料,健全各项养老制度。二是充分发挥各县市区民政局、街道(乡镇)、社区等力量作用,对老年人"点对点"发布风险提示和预警信息。通过印发宣传册、张贴标语、以案说法等形式,让涉老反诈宣传进社区、进超市、进公园、进广场、进家庭,帮助老年人提升法治意识和识骗防骗能力,最大限度挤压"行骗空间"。三是建立养老服务工作联席会议制度,联席会议成员单位各司其职,保障养老服务的发展。

(二)市中级人民法院

问:请问法院现阶段针对养老型诈骗的工作有什么进展?

答:全市法院推行"审判+执行"工作模式,挂图作战、倒排工期,及时查封、扣押、冻结涉案财产,加大对涉案财产甄别、审查、认定和财产刑执行力度,2019年以来,全市法院共受理涉养老诈骗财产刑执行案件几十件,已结18件。今年,全市法院共受理涉养老诈骗财产刑执行案件十几件,我院综合运用民事司法等各种手段,确保应追尽追、颗粒归仓,最大程度挽回受害群众的经济损失,全力守护好老百姓的"养老钱"。

问:法院在预防养老机构非法集资中起到了什么作用?

答:一是加强风险防控。在党委领导、政府支持下,法院对涉众型养老诈骗案件严格落实属地管理原则，积极引导受害人推选民意代表合理合法表达诉求。中院严格落实“三同步”工作原则，建立“一案一策一专班”机制，安排专人24小时值班，随时释法析理、答疑解惑，坚决守住不发生重特大群体性事件的底线。如在办理夕阳红案件时，该案涉及被害人达1.2万人，我们始终将风险防控摆在首位，高度重视收集研判预警相关涉稳情报信息，分管院领导、庭长及合议庭配合市委、市信访局先后接访120余次，及时回应群众诉求，加强解释疏导，防范化解风险隐患。该案开庭及宣判均未发生重大群体性等不稳定事件。

二是加强宣传。充分利用户外专栏、电子屏幕滚动播放宣传标语，在新媒体发布打击整治养老诈骗信息39次，发布宣传片14次，公布典型案例2次3件，制发宣传册14000册，现场普法15次。

问：法院对于老年人的诉讼地位一般如何认定？是证人还是被害人？

答：在诉讼活动中，非法集资案中老年人一般为集资参与人；集资诈骗案中的老年人既是被害人，也是证人。

问：法院对于帮养老机构宣传、吸引投资的“业务员”一般如何定罪处罚？

答：对养老机构宣传、吸引投资的“业务员”，如果情节轻微的，我们根据其在犯罪中的作用、非法所得、退赃等表现，可以对其判处缓刑。但对作用较大、吸收投资数额巨大、受害人反响强烈的，一般认定为非法吸收公众存款罪的从犯，依法处理，没有退赔退赃的，一般不判处缓刑，量刑一般在3年以下有期徒刑，体现宽严相济的刑事政策。

问：对于养老机构诈骗案件中，老年人提起相关民事案件的，法院是如何处理的？

答：对于老年人提起相关民事诉讼的，因为此类案件已经受理为刑事案件，法院一般不予受理，并将其移送至刑事案件立案所在地的公安机关、检察机关并案处置。

问：养老机构可以采取哪些刑事合规措施避免涉及非法集资风险？

答：养老机构不能非法集资，如需要资金可以依规向上级主管民政部门申请资金、向红十字会社会福利机构申请捐助、接收社会捐赠。

问：法院在养老机构诈骗这类案件的证据审查和认定方面应当注意哪些事项，存在哪些困难？

答：在审理养老机关诈骗案件中存在下列问题：非法吸收金额认定难；被转移

的赃款、赃物认定难；鉴定意见的检材不齐全，影响鉴定结论；鉴定机构认定的受害人人数和金额与公安机关认定不一致。

问：法院在执行中一般采取哪些方式追赃挽损？执行有哪些困难？

答：法院在执行中一般采取线上与线下相结合的方式，对被执行人名下财产进行查封、扣押、冻结、评估拍卖等方式追赃挽损。遇到的困难主要有：一是财产执行到位率低，很多被执行人并无财产可供执行；二是有的涉案财产存在权利瑕疵，如抵押权等，导致拍卖变现困难。

问：养老机构"爆雷"前已经支付给老年人的分红和利息等钱款属于什么性质？是否需要追缴或扣减？

答：养老机构案发前已经支付给老年人的分红和利息按照司法解释在本金之内的不用追缴，超过本金之外的，或恶意逃避、隐瞒财产的行为应当由公安机关追缴后，充作退赔款项。

问：一般来说，养老机构非法集资的退赔顺序是什么？

答：一般来说，养老机构非法集资的退赔顺序为按比例退赔（如执行到位的款项不足以清偿）。

问：养老机构涉嫌非法集资，对其在退赔被害人及司法机关罚没中应当如何保障其他债权？

答：对养老机构执行中，款项应优先退赔被害人。其次是罚没，如果有剩余，再按比例偿还民事债权。

问：实务中一般采取哪些方式防止非法集资者转移财产？

答：实务中一般是公安机关打击处置，法院执行局提前介入，与公安机关查清赃款、赃物，保全财产，防止财物流失。对部分可能贬值的财产及时处置以保值。

问：法院介入养老机构涉非一般都是在事发之后，能否通过提供其他司法服务防范养老机构"爆雷"和帮助老年人与职工维权？

答：通过提前介入，由法院民事部门对养老机构进行审查，涉及非法吸收公众存款的及时向相关部门反映。如本院与市工商联联合开展"企业家学法"活动帮助企业纾困解难，开展干部联合企业"送政策、解难题、优服务"活动，在帮助企业排忧解难的同时，帮助老年人与职工维权。

问：法院对防范养老机构非法集资有什么建议？

答：一是建议办理跨区域性涉众型经济犯罪案件时，应当在省级层面统一指挥协调、并案侦查、并案审理、并案执行，以节约司法资源，准确适用法律，打击犯罪。二是建议政法单位加强协同配合，建立政法、民政、妇联、家庭、社会五位一体的老年人合法权益保护机制，筑好识骗防骗屏障，做到安全防范全覆盖，努力营造良好的社会环境和舆论氛围。三是银监局、民政、卫健、市场监督管理等部门要加强监管，对可能涉嫌非法吸收公众存款的企业单位、组织及时监管，及时移送政府职能部门，避免损失扩大。

（三）市人民检察院

问：请问可以介绍一下检察院的办案情况吗？

答：从我们办理的几起案件来看，相关被告人均是为了对外投资而借养老机构名义吸收公众存款（少部分用于养老开支），采取发放小礼品、发传单、召开推介会、组织聚餐、旅游等方式，以老年人群体为主要目标，以交纳入住保证金、签订入住服务合同为幌子，并诱之以高额利息或回报，来对外吸收公众存款。

问：如果相关案件已经提起公诉，受害人又提起民事诉讼，如何处理？

答：《关于办理非法集资刑事案件适用法律若干问题的意见》规定：人民法院在审理民事案件或者执行过程中，发现有非法集资犯罪嫌疑的，应当裁定驳回起诉或者中止执行，并及时将有关材料移送公安机关或者检察机关。根据该规定，相关民事诉讼的当事人在法院裁定驳回起诉或者中止执行后，可以向办理该刑事案件的公安机关或检察机关提供相关证据材料，作为集资参与人享有要求犯罪分子退赔的权利。

问：检察院如何进行追赃挽损工作，遇到了什么问题？

答：追赃挽损工作既是重点，因为集资参与人的首要诉求是要挽回损失；但又是难点，因为该类案件往往是因为资金链断裂而案发。我市司法机关对追赃挽损工作整体还是比较重视的，虽然有所成效，但远不能达到集资参与人的要求。检察机关在开展该项工作时，一是将追赃挽损工作纳入业务考评指标；二是将追赃挽损工作与认罪认罚工作结合起来，对那些认罪认罚又全额退赃的犯罪分子，给予其更大的从宽幅度，对犯罪情节轻微的可不起诉，积极引导犯罪分子退赃退赔，尽可能挽回集资参与人的损失，对于追回的赃款及挽回的损失，一般是通过法院判决按比例返回给集资参与人。

建议明确非法吸收公众存款类案件从犯是否具有退赔责任。一般来说，非法吸收公众存款类养老诈骗案件从犯对非法吸收公众存款资金无实际控制和支配权，对于该类被告人是否应与主犯共同承担退赔责任，存在争议。从司法实践来看，有判决非法吸收公众存款类养老诈骗案件从犯需要承担共同退赔责任的，也有只判决追缴其违法所得而没有判决承担退赔责任的，该问题不明确，将影响到相关当事人权益，且不利于法律的统一、正确实施。

问：在向受害老人取证的过程中，有哪些需要注意的问题？

答：检察机关做的不多，取证这一块主要是公安机关负责，我个人认为结合老年人特点，在对受害老人问话前要了解其心理和身份状况，在问话中要耐心，同时要进行同步录音录像。

问：检察院在办案过程中和其他部门协作工作成效如何？

答：对于相关刑事案件，查办案件的主体是公安机关。检察机关可通过提前介入的方式，引导公安机关开展侦查取证和追赃挽损的工作。现全市检察机关与公安机关已建立起侦查监督和协作配合机制，建议在查办该类案件时充分利用该机制，加强检警联动，形成打击全力。

问：检察院对于有涉及非法集资风险的机构采取了哪些相关措施？

答：一是加强宣传。通过制作宣传视频、编写发放宣传手册等多种方式提高公众特别是老年人群体的防诈反诈意识。二是加强溯源治理。针对相关案件暴露出来的监管漏洞和风险，共向有关部门和单位发出 8 份社会治理类检察建议，督促其及时整改。

问：目前，我国已经在部分地区开展了企业合规不起诉试点工作。也就是当养老机构涉罪时，依照法律规定对养老机构负责人作出批捕及起诉决定，同时也应该结合实际情况，充分考虑养老机构生存发展状况，对于符合不起诉条件的养老机构作出不起诉决定。您对此试点工作有什么看法？

答：根据实施方案要求：对于在从事养老产业经营活动中发生犯罪的涉案企业，综合考虑企业经营、老年人权益保护等实际，可以探索开展企业合规建设，促使其回到正常经营轨道。我们检察机关的指导思想是，有一起符合企业合规试点办理条件的，就办一起，但全市目前没有发现适合的案件。

问：请问贵单位对如何防范、打击养老机构非法集资有什么建议？

答：一是要注重宣传。通过加大宣传力度，提高全民防诈反诈意识，防止老年群体因为贪图小利而踏入非法集资的陷阱。二是要强化监管。在每一起养老机构非法集资案件背后,都可找到相关监管的薄弱环节和漏洞。相关监管部门要建立对养老机构的长效监管机制,做到防患于未然。

问:在作出量刑建议书时会考虑哪些情形?

答:主要考虑:犯罪数额;是主犯还是从犯;是否具有自首、坦白、认罪认罚、积极退赃退赔等从轻减轻处罚情节;是否具有累犯等从重处罚情节。

(四)市公安局

问:如何对该地区存在的养老机构经营合法性状况进行监督?采取何种监督措施?

答:公安机关的主责主业是案件侦办,对于养老机构经营合法性状况公安机关无监督职责。依据国务院《防范和处置非法集资条例》相关规定,主要依靠金融办、市场监管、民政等行政、行业主管部门的检查监督发现问题,涉及犯罪的依法移交公安机关审理。

问:涉嫌非法集资犯罪的养老机构占该地养老机构的比例?

答:养老机构是指依法办理登记的为老年人提供集中居住和照料服务的机构。根据民政部门2020年提供的数据,我市有养老机构229所,包括各级政府举办的福利院12所、敬老院164所、民办养老机构53家。全市涉嫌非法集资犯罪的养老机构共4家,均为民办养老机构。计算得出,涉嫌非法集资犯罪的养老机构占全市养老机构的比例为1.74%,但在民办养老机构的占比为7.54%。

问:是否定期开展对养老机构非法集资类犯罪的摸排活动,成效如何?

答:近年来非法集资犯罪呈井喷态势,案件应接不暇,维稳压力巨大,造成公安机关警力严重不足,能按时办结现有案件已属不易。除了开展必要的打击防范非法集资宣传活动外,公安机关难以主动对养老机构非法集资犯罪进行摸排,现有案件也无一是通过主动摸排发现的,均为集资参与人报案而来。

问:养老机构非法集资类犯罪苗头初生时,是否能及时发现并进行必要的预警信息和防范提示?怎样进行预警与提示?

答:对于某一单独养老机构发生非法集资类犯罪苗头时,公安机关难以及时发现,均靠被动接受报案或相关部门移送。市民政局、市政府金融办、市处非办、市场监管局、银保监分局、市公安局六部门共同向社会联合发布《关于防范养老服务领域非法集资风险的警示公告》进行预警。

问:涉嫌非法集资犯罪的养老机构的集资手段有哪些?老年人最容易上当的手段是哪个?

答:主要是办理会员卡,养老机构以预先收取养老费的形式,许诺在后续入住服务上给予高折扣优惠,不入住者可选择高额返息,以此诱惑老年人集资投资。要想实现以上手段,不法分子对养老机构进行包装后主要依靠投资人口口相传,形成连锁反应,让投资人放松警惕。

问:养老机构非法集资案件发生后,犯罪嫌疑人到案情况、主动归案情况和被动归案的嫌疑人比例?

答:养老机构的法人代表(实际控制人)、股东、财务、营销部门负责人、骨干业务员一般是主要犯罪嫌疑人,主要依靠公安机关抓获,属被动归案,约占比30%左右。普通业务员经公安机关规劝后主动到案退赔违法所得,属主动归案,约占比70%左右。

问:养老机构非法集资案件的侦查期限、证据、事实固定情况如何?

答:养老机构非法集资案件牵涉人员多、时间跨度长,投资人因年老记忆减退,对案件侦查期限的影响很大,往往要经过检察机关二次或以上退回补充侦查才能移送审查起诉,证据、事实固定情况尚可。

问:案件侦查过程中遇到受害人、犯罪嫌疑人阻挠侦查,如何继续开展工作?

答:受害人群因个人利益、理解站位不同,存在分帮立派现象,对公安机关的侦查工作产生一定阻力,但我们仍然坚持依法依规进行侦查工作,不受其阻挠。我市案件未受到犯罪嫌疑人阻挠侦查。

问:犯罪嫌疑人具有非法占有老年人财产目的的产生时间、产生原因如何?

答:此问题要分两个方面来讲。根据我局案件情况而言:(1)养老机构非法集资犯罪产生的原因主要是企业负责人因经营不善导致亏损,铤而走险实施非法集资;(2)养老服务市场主体,如各种打着养老名义的公司,大多数是以实施犯罪为目的而成立公司,其一开始就以非法占有为目的。

问:养老机构非法集资案件中涉案资金掌握情况如何?外流资金所占比例有多少?可回收资金所占比例有多少?可回收资金是如何处留的?

答:经聘请会计师事务所,涉案资金一般能查清去向,目前我市暂时仅有1起养老机构非法集资案件存在外流资金,占全案涉案金额约1.2%左右。因我市尚未有任何养老机构非法集资案件完成资金清退工作,故现无法计算可回收资金所占比例。

问:非法集资案件发生后,采取了哪些措施安抚被骗老年人,以维护社会稳定?

答:一是坚持阳光办案,定期向投资人代表公开案件办理进展。二是加快办案进度和追赃挽损力度,用汗水换取被害人最大程度的理解支持。三是指定专人负责接待投资人代表来信来访,向其答疑解惑。四是依靠党委政府相关部门,多方举措共同发力做好被骗老年人安抚工作。

问:为预防老年人上当受骗,采取了哪些宣传手段,宣传效果是否有成效?

答:一是通过广播、电视、网络等媒体渠道宣传;二是通过社区服务、志愿者工作主动进门入户宣传;三是联合金融、市场监管、银保监等单位在“5·15”全国经侦宣传日、防范打击非法集资活动宣传月等节点集中定点开展宣传活动,发送传单、赠送小礼品、公示案例、现场解答。宣传效果较为理想。

问:老年人发现自己的“养老钱”被骗走后,会采取一些极端手段,如在政府门前聚众示威等,公安机关会采取何种手段解决?

答:首先需要纠正一点,问题所指应为方式,而非手段。老年群体因非法集资受损,到政府等机关门前聚众上访现象较为突出,公安机关作为承担维护社会安全稳定的主要力量,将在第一时间派出安保警力和具体办案单位相关人员赶赴现场,配合党委政府、信访部门及时劝导上访群体移至专门信访场地,统一通报案件进展情况,警示群众依法依规维权,对个别挑头人员独约谈。对于经劝阻仍拒不离开非法上访地带,执意闹访、闹事者,公安机关将强制将其带离,并依法给予治安处罚。对于上访闹访造成严重后果、恶意挑拨群众攻击诋毁党委政府、串谋境外敌对势力破坏党群关系的,依法严肃追究刑事责任。

问:打击民办养老机构非法集资类犯罪时,与其他部门是如何进行联动的?公安机关担任何种角色?在联动中开展工作是否顺利,有无需要改进之处?

答:除法律程序要求呈报检察机关移送起诉、配合法院开展资产处置外,公安机关办理案件过程中要向属地党委政府及时报告案件进展情况,做好投资人维稳工作,担任案件侦查、投资群体维稳任务,配合相关部门处置清退涉案资金资产。这也是整个打击链条的主要工作内容。我市养老机构非法集资案件尚未正式开展资金清退工作,但在一般非法集资案件中存在法院部门将资产处置工作交由公安机关负责,而公安机关难以开展的情况,需要部门间进一步加强协调沟通。

(五)市市场监督管理局

问:贵单位在进行市场监管时发现养老机构在经营管理、进入和退出市场上有何问题?

答:我局在进行市场监管时发现养老机构在经营管理中存在基础设施条件较差的问题,部分养老机构食堂未达到食品“三防”要求。养老服务机构申请注册进入门槛低,个人租用办公室和场所就能注册成立养老服务机构,机构服务人员缺少专业服务水平和基础理论知识。退出市场按照企业申请原则依法进行注销。

问:贵单位在养老机构非法集资风险防范上做了哪些努力?目前取得了哪些成果和进展?

答:一是建立和完善双随机抽查工作机制。各级市场监管部门认真贯彻落实《市场监管总局关于推进企业信用风险分类管理进一步提升监管效能的意见》,将双随机抽查与企业信用风险分类结果有机结合,科学运用信用风险分类结果,合理确定双随机抽查的对象和抽查比例、频次,增强抽查检查的靶向性和准确性,提高问题发现率,提升市场监管效能。对营利性养老机构重点行业和涉嫌存在非法集资风险隐患的养老机构增加抽查比例和监管频次,严格检查其登记事项、公示信息、餐饮、食品和特殊食品、特种设备、价格、广告等,确保防患于未然。各业务口重点检查养老服务企业食品餐饮、特殊食品、价格、广告、特种设备等情况,对存在的问题及时予以整改,确保养老机构守法经营。

二是强化对营利性养老机构的信用监管。按照“谁检查、谁录入”原则归集公示双随机抽查结果。抽查结果为未发现问题、未按规定公示应当公示的信息、公示信息隐瞒真实情况弄虚作假、通过登记的住所(经营场所)无法联系、发现问题已责令改正、不配合检查情节严重、未发现开展本次抽查涉及的经营活动、发现问题待后续处理八种类型,抽查结果在国家企业信用信息平台企业名下予以公示。对抽查中抽查结果为“未按规定公示应当公示的信息”“公示信息隐瞒真实情况弄虚作假”“通过登记的住所(经营场所)无法联系”的,依法列入经营异常名录,使企业“一处违法、处处受限”,督促其诚信经营。

问:在实地抽查中,贵单位发现的问题最终是否得到了解决?解决过程中遇到的障碍是什么?

答:在实地抽查中,我们对部分食堂未达到食品“三防”要求的养老机构进行了提醒告诫,大部分养老机构及时整改,个别未及时整改的我们在日常巡查中再督促其进行整改。

问:贵单位是否开展过养老诈骗专项行动?在行动过程中,养老机构的情况如何?

答:自2022年4月开展打击整治养老诈骗专项行动以来,我局结合市场监管职能,推进全市市场监管系统深入开展打击整治养老诈骗专项行动,切实维护老年人合法权益。工作总体开局良好、专项行动稳步推进。市局、各县市区市场监督管理局、园区分局均组建工作专班,及时制定工作方案,建立运行机制。自开展专项整治行动以来,我们充分利用各种媒体平台,结合日常市场巡查,积极开展宣传报道。全市市场监管系统制作宣传标语、宣传横幅近200条,制作打击整治养老诈骗专项行动易拉宝展页20余块,印发宣传折页、宣传手册、宣传海报、消费提示等宣传资料11000余份,全市市场监管系统掀起专项行动的宣传热潮,为开展打击整治养老诈骗专项行动营造良好的社会氛围。

今年上半年,我单位共出动执法人员1182人次,检查全市养老服务机构305家,检查广告宣传点位2000余处,发放资料4000余份,排查电梯设备安全隐患8项,整改8项,处理12315投诉2件,没收不合格大米150斤,立案3起,罚没金额13万元。

问:贵单位是否结合本地实际建立了风险管控名单,并确定了相关养老机构的涉诈风险等级?

答:各县市区市场监管局结合本地实际建立了风险管控名单,并根据日常巡查和双随机一抽查情况确定养老机构的涉诈风险等级。

问:贵单位对"一企一档"如何看待?"一企一档"制度在养老机构上的适用如何?

答:我局所有的企业登记资料都是实行"一企一档",所以对在市场监管部门登记的养老机构注册资料都是实行"一企一档"。

问:贵单位在执法过程中遇到过什么问题?在与其他部门协作时,权限分工是否足够明确?

答:我局在执法过程中遇到部门协作不够的问题。在与其他部门协作时,权限分工不够明确。建议应建立一个联合机构,形成一套协作制度,将公安、民政、市监等部门统筹联动起来,防止单打独斗,防止责任不明。

问:对于极有可能转为刑事案件的案件,贵单位在行政执法时会如何处理呢?

答:对于极有可能转为刑事案件的案件,我局在行政执法时会移交公安等相关部门。

问:在行政转刑事的过程中,是否建立了相关的行政司法合作机制,如固定证据、商请司法机关提前介入。

答:我局正在进行“行刑”衔接工作制度的拟制,目前正在广泛征求意见,预计第三季度可以出台。按照“行刑”衔接工作制度,在固定证据上,若有证据证明涉嫌犯罪的,公安机关及时派员提前介入。“行刑”衔接工作制度的建立健全,将在一定程度上理顺行转刑工作的顺畅展开,也将更有利于打击整治养老诈骗等违法行为。

问:对于公安机关没能受理贵单位移送的案件,或者未在规定期限内作出立案或者不予立案决定的,贵单位是如何处理的?

答:对于公安机关没能受理贵单位移送的案件,或者未在规定期限内作出立案或者不予立案决定的,我局按照“行刑”衔接工作制度建议同级检察机关依法监督,同级检察机关应当依法受理并进行审查。

(六)市金融办

问:目前辖区内的民办养老机构有什么融资难问题?针对民办养老机构有什么融资扶持?

答:银行钱是够的,但没有好项目,导致向银行融资难。大部分民办养老机构不符合银行的放贷条件。

问:对于民办养老机构的资金流向是否有效监管?

答:目前的监管是打击式、截面性的监管,几个部门共同监管一个机构,各负责一个部分,缺少联动,且涉及数据太大,监管难度大。

问:根据不同的民办养老机构的性质,是否会采取不同的融资扶持政策?主要考量的因素是什么?

答:养老机构的运营真正能赚钱的并不多,老年人的风险承受能力也不同。主要考虑的还是养老机构的营利能力。

三、湖南省 Q 市行政部门访谈

(一)市民政局

问:请就你市目前的老龄化现状和养老机构总体情况进行描述。

答:我市目前常住老年人共 82.8 万人,老龄化严重。目前共有 143 家养老机构,其中公办 118 家、民办 25 家,床位 14197 个,入住人口 4694 人。

问:你市养老服务工作的大致情况如何?采取了哪些措施推动引导养老机构发展?

答:首先,本市通过地方立法规范养老服务市场,出台了养老服务综合监管办法,明确各部门职责,引导机构健康有序发展;起草了居家养老条例,预计年底正式出台;其次,本市因地制宜,出台了一系列配套制度,如建立分级评定补助机制、人才队伍补贴制度等;再次,本市通过多种手段促进养老服务多元化,努力实现机构、社区、居家、农村互助养老模式共同发展,主要采取的方式有:社区嵌入式养老服务模式、三社联动养老服务模式、政府购买上门服务、设置家庭照护床位;最后,本市为养老机构提供了 1700 万元财政资金,促进机构和服务的发展。

问:贵单位为防范非法集资采取了哪些创新性措施?

答:本市民政局重视宣传作用,力求最大程度地发挥宣传对于防范非法集资的作用。首先,通过对广大市民发布提示函,进行集资风险提示;其次,针对全市人民和养老机构发出倡议书,由各级民政部门在官方网站上公布举报电话及倡议书;再次,要求养老机构在登记时签订承诺书,保证不以任何形式非法集资,努力在养老行业建设信用诚信制度;除此之外,广泛开设宣传栏,通过各种线上线下各种宣传渠道宣传风险防范意识;最后,在老年人与养老机构签订服务合同时,要求养老机构主动给老年人提供一份入住须知,提示老年人签合同之前主动监督机构资质、证件、收费等。

问:对于涉嫌非法集资的企业,贵单位如何开展后续工作?

答:首先,对四家涉嫌非法集资的企业分类管理,部分制订帮扶方案,部分制订应急预案,对四家涉案企业发出督办函,建立工作台账,每个月 23 日进行汇报,预计今年年底前彻底解决现存矛盾;其次,对于涉案企业在住的 245 名老人均委托其他机构继续提供服务,保障其合法权益,对于受到损失的老年人,依法依政策保障权益;最后,以案为鉴,本市在全省领先出台了地方的养老机构监管办法,对养老机构的运营全过程进行有效监管，涉及17个职能部门，加大排查力度，壮大排查队伍。

（二）市中级人民法院

问：贵单位在办理民办养老机构非法集资案件中遇到了哪些难题？

答：首先，在定罪量刑方面，实务工作中集资诈骗罪与非法吸收公众存款罪的界限难以划分，对于机构的组织者容易认定，但对机构其他工作人员，尤其是参与营销的人员的行为如何定性存在争议，被骗老人认为定罪量刑过轻，导致维稳难题；其次，在受害人数和金额统计方面，一般采取集中申报的方式，但在大部分情况下，实际受害人数多于申报和认定人数，但案件审结有期限，是依据现有证据"审"还是"等"难以决断；最后，关于涉案财产处置问题，现有财物如何能在偿还抵押贷款和减轻受害老人损失之间达到平衡是最大难题，除此之外，跟集资人有关的财产，包括其亲属的财产大多都被冻结，难以查清资金来源，且长期冻结往往造成财物的贬值，影响退赃退赔效率。

（三）市人民检察院

问：贵单位在办理民办养老机构非法集资案件中遇到了哪些难题？

答：民办养老机构非法集资案件办案难度极大，首先，维稳压力大，老人受骗后情绪激动，甚至通过偏激的方式向政府各单位施压，各单位在办案之余还需要努力安抚老人情绪，分身乏术；其次，追赃挽损难度大，集资人收取集资资金后要么挥霍要么转移，资金去向难以查明；再次，事实案件中集资人并不是完全虚构养老项目，而是有一定项目实体，且集资资金确实有一部分用于项目建设中，对于集资人是否有集资诈骗的主观目的难以取证证明；复次，集资参与人即老年人的诉讼地位尴尬，学术上有证人、受害人和其他参与人几种争议，目前我市处理时一般将老年人比照刑事受害人处理；最后，对于集资企业的后续处理问题争议也极大，如果不能对原机构及其经营者给予减轻处罚等优惠，其就没有重整或合规的意愿，但如果对其减轻处罚，老年人意见极大，难以平息，陷入两难境地。

（四）市公安局

问：贵单位在办理民办养老机构非法集资案件中遇到了哪些难题？

答：首先，是追赃挽损方面，对于资金去向难以查明，在侦查阶段追赃已经成了难题，许多机构没有规范财务人员和账簿，为了规避监管，养老机构与老年人之间用现金直接交易，难以追查资金线索；其次，涉老又涉非法集资的案件有难办特性，一方面，非法集资时间周期长，几个养老项目之间互相交织，涉及人群广泛，取证困难；另一方面，老年人属于特殊群体，身心更为脆弱，许多老年人对于风险和法律都没有正确的认识，不配合取证和诉讼进行，维稳压力大；最后，案件资产处置难，涉及民刑交叉问题，许多老年人不愿意走刑事退赔，希望通过民事赔偿挽回损失，但现有财产难以达到老年人心理预期。

问：贵单位对防范养老诈骗民办养老机构非法集资的相关工作开展还有什么意见？

答：我单位认为，首先，防范民办养老机构非法集资需要加强部门协作，加强银保监、金融办和公安的交流，增强预警机制，提早介入案件，"打早打小"；其次，我单位需要继续开展常态化扫楼工作，虽然难度大、工作量大，但是效果开展好，对于存在隐患的公司能提前行政介入进行打击；最后，推动防范化解非法集资条例和细则需要尽快落地落实，让各单位在执法时有法可依，明确职责才能提高工作效率。

（五）市市场监督管理局

问：贵单位采取了哪些措施防范打击民办养老机构非法集资行为？

答：首先，我们加大了养老机构市场主体排查，将无法联系的机构列入经营异常的名单中，进行清理；其次，我们主动向市场主体送达倡议书，倡导提供养老服务的机构依据市场规则运作，不开展违法犯罪的活动；最后，我们除了经常性开展防范养老诈骗宣传外，还对市场中的广告进行常态化监测，对养老机构的价格进行监管，并对不合理的广告和价格予以警告和公示。

问：贵单位认为在防范打击民办养老机构非法集资案件中有哪些工作还需要完善？

答：首先，在养老机构登记注册方面，现在采取的是"非禁即入"的模式，对于养老机构的入市和退出制度规定得较为宽泛，可操作性有待加强；其次，在民办养老机构收费方面，当前非法集资采取的主要手段就是通过"预收费"或"会员费"的形式进行缴纳，养老机构在收取这些资金时没有建立台账，对于其资金收取行为和资金使用行为是否合法又如何监管缺少具体的规定；最后，在与其他政府部门接洽方面还存在一定的问题，民办养老机构在我单位登记后不主动向民政部门备案，我单位通过口头和书面多种形式告知备案行为，但依旧有机构不配合导致与民政相关数据差别较大，且市场中存在经营范围不涵盖“养老”但依旧开展养老服务的情况，难以全面监管。

四、湖南省R市行政部门访谈

（一）市民政局

问：目前养老机构存在的主要问题有哪些？

答：目前，养老机构的市场准入门槛低，在资料完备的情况下，最快1个小时即可以在市场监督管理部门登记一家合法的养老服务机构。我市涉及社会融资的养老机构中，大部分机构负责人在进入养老行业之前，多从事与养老服务无关的行业，如有长期从事养殖业的、有的是经营超市的，这些人对养老行业不了解，对整个养老产业缺乏专业规划，高估盈利期望，低估建设及运营难度，甚至认为规模越大盈利越快，前期盲目投入，导致经营过程高开低走。

问：有什么解决方案吗？

答：探索建立第三方存管办法。

（二）市中级人民法院

问：法院对于老年人的诉讼地位一般如何认定？是证人还是被害人？

答：在审理养老诈骗案件中，老年人的诉讼地位既可以是被害人，也可以是证人，通常，法院会将集资参与人及其近亲属的证言作为证据使用。

问：法院对于帮养老机构宣传、吸引资金的“业务员”一般如何定罪处罚？

答：在审理案件中，对于“业务员”的定性是一个难点，通常对于起到重要作用的、明知其行为是犯罪的，会作为共同犯罪的非法吸收公众存款罪定罪，对于情节较轻的可以考虑适用缓刑。

问：法院对于养老机构诈骗案件中，老年人提起相关民事案件，法院如何处理？

答：按照先刑后民的原则，对具体民事案件的审理我不太了解。

问：如果养老机构被认定为非法集资，老年人投入资金和需要享受的养老服务应当如何平衡？

答:非法集资案件中,大多数机构打着养老服务的名义集资,基本上不存在机构或者机构不符合资质,更谈不上让老年人享受到养老服务,可能压力会给到行政单位。

问:养老机构可以采取哪些刑事合规措施避免涉及非法集资风险?

答:法院是审判机关,处于被动位置,基本上都是"爆雷"之后采取的补救措施,至于如何规避集资风险,可能关口要前移,主要在监管上下功夫。

问:目前被认定为非法集资的养老机构一般属于什么性质(公办民办等)?

答:从法院审理的相关案件来看,涉嫌非法集资的基本上都是民办养老机构,他们从开办之初就想在老年人身上薅羊毛。

问:法院在养老机构诈骗这类案子的案件证据审查和认定方面应当注意哪些事项,存在哪些困难?

答:养老集资诈骗案件,涉案人数众多,案卷众多,时间跨度大,证据审查困难,需要办案团队花费大量时间阅卷审查;对被告人犯罪的犯意"明知"证明困难,这就给案件的定性造成了困难;由于被害人数众多,有很大一部分没有签订合同,是通过微信转账、现金等方式付款,犯罪数额认定困难;对于共同犯罪中"业务员"的定性也存在不同观点。

问:法院在执行中一般采取哪些方式追赃挽损?执行有哪些困难?

答:法院在追赃挽损方面,主要是对公安机关已经扣押在案的财产进行处置,在这类案件中,最大的困难也在这里,审理的案子中,可供执行的财产较少,追赃挽损的比例都比较低,致使老年人的资金返还困难,这也是导致舆情风险的最大原因。

问:对于"爆雷"前已经支付给老年人的分红和利息等欠款属于什么性质?是否需要追缴或扣减?

答:已经支付的分红和利息抵扣本金。基本上没有追缴或扣减。

问:一般来说,养老机构非法集资的退赔顺序是什么?养老机构涉嫌非法集资的对其在退赔被害人及司法机关罚没中应当如何保障其他债权?

答:债权中,有优先权的,按照法律规定顺序退赔;为了维护社会稳定、控制舆情风险,可以在党委政府的主导下按比例、分批次给被害人退赔,这也是我们探索的模式。

问:实务中一般采取哪些方式防止非法集资者转移财产?

答:我们建议,对于这类机构的资金进行监管,有异常流动时要及早调查控制，防止转移财产。

问：法院介入养老机构涉嫌非法集资的一般都是在事发之后，能否通过提供其他司法服务防范养老机构“爆雷”和帮助老年人与职工维权？

答：这是一个牵涉面极广的社会问题，法院作为审判机关，基本上都是事后补救。这方面，我们建议还是要将工作做在前面，到乡镇、社区，一家人一家人地进行宣传，确保每一个老年人都了解相关防诈知识，提高辨别能力；在需要签订相关合同的时候，法院可以提供相关法律咨询，帮助老年人规避潜在风险。

（三）市人民检察院

问：导致涉养老犯罪高发的因素有哪些呢？

答：一是利用政策扶持和行业监管漏洞。犯罪分子看准这一朝阳产业的发展前景极大，在强大扶持政策下得以迅速发展起来。养老产业属于新兴行业，其监管体系并不完善，有的领导干部在不正确的政绩观引导下，放低准入审核要求，一些不符合资金和资历条件的不法分子趁机而入；有的领导干部甘于被围猎，积极为不法分子取得不正当行业竞争优势；有的领导干部回避维稳压力，强行压制已暴露出来的问题，导致部分犯罪未及时查处。

二是行业串联营造虚假繁荣。首先，犯罪分子进行内部勾连。养老诈骗犯罪的成本低、回报率高，吸引了不少社会闲散资金，形成了鱼龙混杂的发展局面，在行业内部交流中，不法分子之间资金相互周转，营销策略相互借鉴，有的还相互入股营造规模效应。其次，他们进行虚假宣传。我市养老诈骗犯罪企业有个共同的人事安排特点，即围绕宣传部门构建管理体系，主要表现在区域负责人不要求精通养老业务管理，而是深谙营销之道；在企业内设机构中，宣传部门一家独大，不仅人员庞大，还享受其他部门没有的业绩提成，其他部门的存在主要是为宣传服务。

三是犯罪分子采用的手段针对老年人需求有的放矢。首先，他们根据老年人经济、情感、健康设计养老产品。现步入老年时期的多是经历了计划生育阶段的人，其独生子女在外奔波，与老人交流不多，一般以经济形式补偿，因而不法分子利用老人想资产保值升值或期望健康长寿、老有所养等心理，通过平日里小恩小惠、嘘寒问暖来取得老年人的信任。其次，他们根据老年人生活轨迹宣传产品。不法分子详细研究了老年人的交谈习惯、作息规律，对业务员专门进行话术培训，强调高息回报、规模宏大、政府扶持、安全可靠等宣传点，每日早起去公园、菜市场、超市、社区等老年人聚集的场所派发传单与小礼品，并发动已上当的老年人在其朋友圈内进行再宣传。

问：针对这些情况，有什么建议吗？

答：一是增加工作合力。利用"两法衔接"平台和侦查监督与协作配合办公室平台优势，刑事检察部门在政法委领导下，与公安、法院合力依法严惩养老诈骗犯罪，强化释法说理，加大追赃挽损力度；民事行政和公益诉讼检察部门与市场监管、民政、银行、电信等单位强强联合，主动分析研判养老领域存在的管理漏洞和风险隐患，推动社会综合治理。二是贯彻宽严相济。司法机关在法定刑基础上，主要从被告人的主观恶性、犯罪情节、悔罪态度来精准量刑，即除自首、立功、主从犯、年龄要素等法定量刑情节外，还要考虑其参与犯罪时长、获利情况、退赃退赔程度、再犯危险性等。为防止案件处理失衡，省人民检察院还制定了经济犯罪案件报告和备案机制，要求各院在各诉讼阶段向上级检察院报告或报备集资诈骗、非法吸收公众存款相关法律文书。

（四）市市场监督管理局

问：对养老机构的监管上存在哪些困难？

答：一是登记制度层面存在缺陷。2014 年国务院注册资本登记制度改革以来，原企业注册资本"实缴制"改"认缴制"，养老、投资等风险类主体登记把关缺乏相应操作规程，加之受新冠疫情影响，市场主体增速显著提升，包括今年全省强力推进的"市场主体倍增工程"，但新增市场主体普遍质效不高、寿命短暂，长期未经营或者"僵尸"失联的养老机构被吊照或者强制注销，"出清"存在现实困难。

二是监管执法层面存在漏洞。将企业"年检"实地检查调整为了通过公示系统自主"年报"，对除质量安全、公共利益等特殊领域实行重点监管外，其他行业包括养老领域全面推行"双随机、一公开"抽查监管，养老机构根据主体性质分属市场监管、民政、事业登记部门登记，容易出现养老机构同时持有 2 个以上证照的现象，事后监管存在一定难度。

三是排查整治层面存在风险。根据《老年人权益保障法》、《防范和处置非法集资条例》、民政部《养老机构管理办法》和国务院相关养老服务综合监管规范性文件明确的职责分工，市场监管部门负责涉"金融"名称、经营范围登记审核及会同政府金融监管机构对涉嫌非法集资广告的监测工作，依法不具有养老机构非法集资排查整治法定职责职权，开展养老机构非法集资风险排查整治工作存在法律风险和职业风险。

(五)市卫健委

问：卫健委是否会监管医养结合趋势下由养老机构增设医疗机构提供的“医＋养”服务的模式和医疗机构开办养老机构提供“医＋养”服务的模式？监管哪些方面？是否会有风险预警？

答：医养结合机构是指兼具医疗卫生资质和养老服务能力的医疗机构或养老机构，主要包括养老机构设立或内设医疗机构以及医疗机构设立养老机构或开展养老服务的形式。医养结合机构主要为入住机构的老年人提供养老、医疗、护理、康复、辅助与心理精神支持等服务项目。

随着老年人口数量的增长，养老需求也随之增加，对医养结合机构而言，既是机遇又是挑战。近年来，党中央高度重视医养结合机构发展，要求建立符合国情的医养结合体制机制和政策法规体系，形成覆盖面广、规模满足需求、功能完善和能够提供连续性医疗养老服务的医养结合服务网络。

但从目前情况来看，只出台了一系列的政策文件，没有出台一部关于医养结合方面的法律法规。因此，建立针对医养结合机构的法律法规正当其时，对于促进医养结合机构高质量发展意义深远。养老服务机构设立医疗机构的，经卫生健康行政部门(医政科)审批。从事医疗护理、康复治疗的专业技术人员，应当具备相应资格，医疗卫生服务标准和技术人员的执业活动由卫生健康部门进行行业监督管理，必须严格遵照医疗卫生法律法规。同时，明确医养结合机构的主体责任：养老机构有医疗床位的由民政部门管理，医疗机构有养老床位的由卫生健康部门管理。医养结合机构违反医疗卫生行业相关法律法规的，由卫生健康行政部门依法查处。

问：养老机构内设医疗机构是否需要向卫健委备案？卫健委是否审查养老机构内设医疗机构的资质？如何进行审查？审查标准是什么？

答：需要备案并审查其资质。

养老机构申请内部设立诊所、卫生所(室)、医务室、护理站的，根据原国家卫生计生委办公厅《关于养老机构内部设置医疗机构取消行政审批实行备案管理的通知》(国卫办医发〔2017〕38号)有关要求,取消行政审批,实行备案管理。申办人应当向所在地的县级卫生健康行政部门备案。卫生健康行政部门审核养老机构内设医疗机构的相关材料,资质合格后发放《医疗机构执业许可证》。

养老机构申请设立二级及以下医疗机构,依据国家卫生健康委员会、国家中医药管理局《关于进一步改革完善医疗机构、医师审批工作的通知》(国卫医发〔2018〕19号)有关规定,设置审批与执业登记"两证合一",卫生健康行政部门不再核发《设置医疗机构批准书》,在受理医疗机构执业登记申请后,按照管理权限,经公示、审核合格后发放《医疗机构执业许可证》。

养老机构申请设立三级医疗机构的,应当向省卫生健康委提交申请,省卫生健康委依据相关法律法规,对医疗机构进行设置审批,并依法核发《设置医疗机构批准书》。申办人收到《设置医疗机构批准书》后,向省卫生健康委申请医疗机构执业登记并提交相关材料。省卫生健康委审核合格后,发放《医疗机构执业许可证》。

养老机构设置医疗机构,属于社会办医范畴的,按规定享受相关扶持政策,卫生健康及相关部门应当及时足额拨付补助经费,兑现有关政策。按照有关法律法规,养老机构举办营利性医疗机构的,应当先到市场监管部门进行登记注册,办理《营业执照》,再到卫生健康行政部门按程序办理《医疗机构执业许可证》,再到民政部门进行社会服务机构登记,办理《民办非企业单位法人登记证书》。

问:当没有行医资质的养老机构擅自开展诊疗活动,卫健委的预警与后续处理措施是什么?

答:强化养老服务机构的主体责任:对卫生健康、医保和民政等部门依法进行的监督检查,养老机构应当积极配合,如实提供相关资料和信息,不得隐瞒、拒绝、阻碍。医养结合养老服务机构违反医疗卫生行业相关法律法规的,由卫生健康、医保部门依法进行查处,要求其停业整顿;违反《养老机构管理办法》有关规定的,由民政部门责令改正,给予警告;情节严重的,处以3万元以下的罚款。

问:据了解,医院或者养老机构在医养结合模式中资金诈骗手段主要是什么?扮演何种角色?发挥何种作用?

答:非法集资活动涉及内容广、表现形式多,主要包括债权股权、商品营销、生产经营等类别。最突出的是以项目开发、庄园开发、投资基金、入股分红、优惠券、消费卡等名义进行非法集资。常见手法有:一是承诺高额回报;二是编造虚假项目;三是以虚假宣传造势;四是利用亲情诱骗。

问:卫健委对医养结合模式下的资金诈骗是否有可采取的预警措施与针对性措施?其措施是什么?

答:打击养老领域非法集资、诈骗专项整治行动开展以来,全市卫生健康系统集中开展严厉打击以"黑诊所""假义诊""假白大褂""祖传秘方包治百病"为幌子,诈骗老年人钱财、危害老年人权益的专项整治行动。全市卫生健康行政部门高度重视,将专项整治与医疗腐败、打击非法行医结合起来,加大行政执法力度,规范行业秩序,推动卫健领域养老诈骗问题整治工作走深走实。

问:应对人口老龄化问题,医养结合的推进是否促使医疗机构与养老机构建立合作关系?大概是什么类型的养老机构(公办/民办)?同公办/民办养老机构建立合作的顾虑有哪些?

答:现有的政策文件主要侧重于健全不同服务主体之间的沟通协作机制,将医疗卫生服务扩展到社区和家庭,并鼓励医疗机构和养老服务融合发展:(1)推动养老机构与周围医疗卫生机构积极开展各种形式的合作,建立和完善合作机制;(2)加强基层医疗机构与社区养老机构间的连接,推动基层医疗机构和医务人员与社区养老合作;(3)统筹规划医疗卫生与养老服务的资源布局,重点加强护理院、老年病医院、康复医院等建设,推行安宁疗护发展。

主要顾虑有:服务内容单一;经费紧张,养老机构难以履行合作协议规定的所需经费。

问:医院、养老机构协同合作/沟通的过程中会出现什么问题?是否会涉及资金的问题?是否有解决的方案?

答:目前,开展的医养结合养老重点在公立医院,只有少量的民营机构,但是存在的问题也不少。其中,最大的影响因素主要有三个:政策壁垒、经济利益及医养结合本身。

经济利益抑制了公立医院参与医养结合的积极性。相对于看病开药、做检查等,医院发展医养结合产业投资大、风险大、收益小,对大型公办医院吸引力不足。医养结合机构成本比较高,在实施过程中缺乏政府的资金支持,这使老年人的花销需要靠自己和医院承担,大大加重了老年人以及医院的负担,实施起来困难重重。要明确医养结合中公立医院的身份定位,建立健全行业标准体系,将国家支持医养结合的政策做实做细,要做到以下三点。

一是形成一体化管理体制。打破行业界限,划分好各自职权范围,提高行政效率和管理水平,明确公立医院参与医养结合的定位,鼓励公立医院和民营养老机构合作。

二是民政部门要在医养结合上加大投资力度。足够的资金支持、良好的政策环境是医养结合工作发展的基础。现阶段,民政部门对医养结合的资金投入很小,导致加大了入住老人以及公立医院的经济压力。老年人无法承担"医养服务"经费,公立医院也没有更多的资金完善设备和加强人才培养,这是阻碍"医养结合"发展的主要原因。民政部门要在尽可能的前提下,为公立医院的医养结合机构提供资金支持,减轻老年人以及公立医院的经济负担,又能提升医疗服务质量。

三是推行分地区制定医养结合行业标准。由于地区医疗资源差异较大,经济发展水平不平衡,群众对医养结合的需求存在较大差异。因此建议探索分地区推进医养结合行业标准、医疗资源使用标准、养老服务标准、服务评价标准的建立,这样才能有利于形成行业良性发展的环境。

问:卫健委在未来可以承担哪些养老机构诈骗防范的职能?

答:一是宣传引导;二是摸底排查;三是依法查处;四是司法移送。

问:对防范养老诈骗贵单位的建议是什么呢?

答:第一,提高防范意识。通过各种途径普及全民防范非法集资知识,增强防范非法集资意识,提高识假防骗能力。充分发挥"震慑犯罪、树立形象、教育公众、防范风险"的积极作用,加强防范和打击非法集资工作的紧迫感和责任感,坚决依法打击非法集资行为。第二,加强部门联动。健全打击和处置非法集资工作的领导机制,加强经常性的沟通与交流,做到信息共享。建立多主体协同机制,构建科学的考核评估体系。第三,制定法律法规。以管理为出发点,以技术、人员、服务、信息等方面作为突破口,制定针对医养结合机构的法律法规。逐步建立长期护理保险制度,健全长效筹资机制。增强供给侧结构的适应性和灵活性,提高资源配置率,形成可供学习和借鉴的示范典型。明确基层医养结合机构的激励政策,营造良好服务环境,提升基层参与意愿,重塑与健康中国相适应的新时期医养结合新模式。第四,强化社会监督。在开展好防范非法集资宣传工作的同时,健全举报制度,加强社会监督。建立健全预防打击非法集资的长效机制,从源头上遏制非法集资行为的发生,营造良好的医养结合发展环境。

(六)市金融办

问:民办养老机构主要存在的融资问题和原因?

答:主要是四个问题。

首先,社会对民办养机构的信任度普遍较低。一是近年来民办养老领域频频爆发的非法集资案(事)件以及媒体对民办养老机构偶发性的虐待、安全事故、医护纠纷等问题的负面舆情炒作,导致民众对民间养老机构的信任度降低。二是多数民办养老机构的逐利性和高收费,导致民众产生民办养老机构就是为了赚钱的倾向性认识,导致信任度降低。

其次,民办养老机构融资渠道普遍较窄。民办养老机构不仅直接融资困难,而且间接融资也受诸多条件限制。我市民办养老机构的主要融资方式有两个方面:一是政府财政资金的资助。但政府财力薄弱,提供的财政性和政策性融资支持十分有限,无法解决民办养老机构资金紧缺这一迫切的问题。二是银行机构融资。目前国家法律在民营非企业组织承贷主体的认定上还不够完善,同时受到民办养老机构无抵押、担保难问题的限制,民营养老机构要想通过抵押担保或信用评级来获得贷款仍然十分艰难。

再次,民办养老机构获得银行贷款的门槛普遍较高。尽管国家层面出台了支持政策,银行机构也拿出了相关举措,但实际操作层面,银行机构在很大程度上把"企业的经营水平和财务状况"作为是否愿意提供贷款的一项重要依据,而很大一部分民营养老机构因其自身规模限制,经营效益欠佳、业绩不理想、抵质押物不足,无法达到贷款门槛要求,无法按照政策进行有效衔接。

最后,社会资本参与民办养老机构的信心普遍不足。一是尽管政策方向对社会资本参与养老服务非常利好,但相关扶持政策的不完善和未完全落实到位,在一定程度上挫伤了社会资本对养老服务领域的投资热情。二是民办养老机构的高投入、低回报和高风险导致了社会资本进入养老机构后陷入进退两难的境地:收费高了老百姓不接受,收费低了只能自己亏损,这在一定程度上影响了社会资本参与养老服务的动力。

问:针对这些问题,贵单位有什么建议吗?

答:要充分发挥政府投融资的支撑和引导作用,灵活运用融资工具,推动银行业务创新,强化银行主渠道的作用,以适宜的政策银行以及平台的搭建凸显中小企业融资中银行的主渠道地位。各类银行应立足养老服务业，从拓宽抵押担保范围、创新信贷方式、完善信贷管理等方面入手，积极推出面向民营养老服务机构的信贷产品和服务，进一步提升信贷对民营养老服务机构的融资支持力。完善多层次的养老服务业市场性融资组织体系。多元化创新养老服务业市场融资方式。积极创新并使用多元化的市场融资方式，如上市融资、债券融资、PPP 项目融资等，以引导保险、房地产、公益性基金等多样化的社会资本投资民营养老服务业。鼓励银行、证券、保险、基金等金融机构积极开发适合养老服务业特点的金融产品，不断增强其对民营养老服务机构的服务能力。多方面引入社会资本与公益基金，加大民办养老机构与大型公益基金合作，建立公益基金支持的公益项目，以获取发展过程中所必需的资金。特别是在民办养老机构的建设用地与自建房屋方面，如果能够赢得公益性基金支持，其运作过程中便会免受房地产价格变动的影响，从而为入住的老年人带来实惠。积极鼓励民间资本投入民办养老机构。作为丰富和发展养老产业的重要组成部分，民间资本的加入能够有效缓解养老机构资金匮乏的现状，提升其整体运营效率。

五、湖南省 R 市 T 县部门访谈

(一) T 县人民法院

问：在案件中，老年人通常是什么身份？被害人还是被告人？

答：涉养老的非法吸收公众存款案件中，老年人应被认定为被害人；假如非法吸收公众存款案被认定为集资诈骗案，老年人更加会被认定为被害人。

问：养老机构“爆雷”后，对于业务员一般怎么处理？

答：需要分情况看：(1) 一般业务员，积极退赃的，检察院可以作不起诉处理，需要检察院把关，法院也不会提司法建议；(2) 对吸收资金较多的业务员，一是积极退赃、缴纳罚金的，一般判处缓刑较为适宜；二是不积极退赃、不缴纳罚金的，依法判处实刑。

问：养老机构“爆雷”后，对于该养老机构怎么处理？

答：涉养老案件，因涉及的被害人系老年人，且人数众多、社会影响大，一般吸收的资金存在消耗，将涉案养老机构完全取缔，也不利于保障老年人权益，可以由当地政府民政部门牵头，对涉案养老机构进行管理，可以从追回的损失中根据老年人意愿作为新的投入资金，并由政府筹集一部分资金，继续经营涉案养老机构。

问：如何预防养老机构涉嫌非法集资？

答：养老机构卷入非法集资风险，一般都存在预收养老服务费的情况。要预防非法集资风险，一般可以从以下几点入手：一是对养老机构，政府部门必须加强监管；二是杜绝预收养老服务费；三是对已经收取的养老服务费，必须建立专款账户，防止养老机构挪用；四是要加强养老服务宣传，防止涉犯罪情况出现。

问：对于养老机构的诈骗金额如何判定？

答：在涉养老非法集资案中，主要是依托司法审计鉴定报告，再通过相应的书证和言词证据进行佐证，确定集资金额、非法获利等情况。此类案件中，司法审计鉴定报告属于关键性证据，但是司法审计鉴定报告是通过侦查机关提供的相应的证据进行的鉴定，此类报告属于专业性司法鉴定，得出的结论是否失真，我们无法确定。

问：在追到赃款后，怎么分配？

答：根据最高人民法院《关于刑事裁判涉财产部分执行的若干规定》第 13 条之规定，一般除了医疗费外，先退赔被害人的损失，再执行其他民事债务，后执行罚金刑；若存在优先债权，在医疗费受偿后，先实现优先债权。

问：平常怎么预防养老型非法集资？

答：扩大宣传。以案释法，进社区、进养老机构进行法治宣传。

（二）T 县公安局

问：案发前怎么预防？

答：加强对养老诈骗的预防是最有效的手段。我们在平时的工作中了解到，一般的民营养老机构的资金投入大，而实际控制人的自有资金不足以运营该机构，他们为了快速回笼资金，基本上都会采取预收费的模式开展运营。因为在实际中对他们的监管存在一定的难度，通过一般的摸排、巡查、检查等方法难以发现其中存在的违法违规问题，为防止这类养老机构发展到非法集资犯罪的程度，这就需要从源头着手，民政、市场监督等部门要对他们的经营合法性、实际运营情况进行深层次的了解，并监督他们严格守法经营。同时民政、税务等部门要对这类养老机构的账户及资金予以严格监管，严防资金外流和机构控制人挥霍资金，对可能涉及非法集资苗头的情况，督促涉非法集资类的养老机构立即整改，并及时对接公安机关。另外，针对老年人群体要开展形式多样的宣传引导，创新宣传内容,增加宣传的频次和力度,切实增强老年人的防范意识。要摸清底数,做到心中有数。

问:案发后如何进行后续维稳?

答:针对养老案件参与人数多、金额大、关注度高、集资参与人上访次数频繁的特点,县公安局制定了多种方案。一是对挑头人员进行重点管控,密切关注他们的行为,定期或不定期地对他们进行约谈,做好心理疏导,如出现群访等苗头,及时训诫,并落实五包一责任制。二是对集资参与人中的部分特困人员通过救济等方式予以帮助,杜绝出现因生活困难引发的极端事件,并引导他们积极开展正面宣传。三是及时公布案件办理进度。四是针对可能出现的集访事件,做到及时预警。

(三)T 县市场监督管理局

问:在进行市场监管时发现养老机构在经营管理、进入和退出市场有何问题?

答:商事制度改革后,实行“先证后照”,办理营业执照进入和退出都可以进行网上申报。养老机构只要办理营业执照后再在民政部门进行备案登记就可以。现在我们主要在广告宣传、特种设备、食品安全、收费公示等方面进行监管。

问:在养老机构诈骗风险防范上做了哪些努力?目前取得了哪些成果和进展?

答:我们开展了防范非法集资宣传教育工作,发放张贴宣传海报1000余份,电子显示屏宣传60次,悬挂横幅20条,签订《不参与非法集资、电信诈骗承诺书》500余份,通过“3·15”消费者权益保障日进行宣传活动1次,参加全县“6·15”非法集资集中宣传一次。开展了防范整治养老服务等领域涉众型非法经营活动专项行动,出动执法人员400人次,排查养老机构28家,排查带养老、老年等字样经营范围的家政公司、奶粉店、物业公司等主体25家,通过排查,对登记发照的住所(或者营业场所、经营场所)失联的养老服务市场主体,及时列入“经营异常名录”,督促投资人申请办理注销登记,或者依法吊销其营业执照。我局已变更经营范围1家、注销3家、列入异常名单1家、吊销6家。加强了其他涉众型风险机构的清理工作。排查会销式经营场所14家,规范了其经营行为,张贴了“打击非法集资,防范养老诈骗”及“保健品不能代替药品”的提示,到现在为止,有4家会销场所已经停业。

问:在实地抽查中发现的问题最终是否都得到了解决? 遇到的障碍是什么?

答:通过专项行动,我局今年共检查养老机构排查价格公示问题共 6 个、食品安全问题 14 个、特种设备问题 1 个,现已全部整改到位。农村地区条件简陋,从业人员素质不高,设备、设施条件有限,改造费用较高,个别从业人员年纪大,未经过专业的培训,服务老年人的质量还是有差距。

问:是否开展过养老诈骗专项行动? 在行动过程中,养老机构的情况如何?

答:开展了养老诈骗专项行动,除桃江一家养老公司已被公安立案查处外,现有的养老机构未发现非法集资和诈骗问题,养老机构运营良好。

问:是否结合本地实际建立了风险管控名单,并确定了相关养老机构的涉诈风险登记?

答:我们建立了风险管控名单,确定了相关养老机构的涉诈风险登记,经过排查,我县现有的养老机构暂未发现诈骗和非法集资情况,我县现正常营业的民办养老机构为 13 家,我局对这 13 家企业都进行了重点监管,今年由分管副局长带队进行了 1 次地毯式排查,并交由当地市监所进行日常监管。我局对目前已经“爆雷”的养老机构进行“一企一档”监管,交由开发区所每周进行检查。

问:对“一企一档”如何看待? “一企一档”制度在养老机构上适用如何?

答:我局坚决落实“一企一档”制度,对所有养老机构明确副所长以上人员进行一对一监管。我局认为通过“一企一档”制度,能够明确责任,不留盲区和死角,有利于对养老机构的监管。

问:在执法过程中遇到过什么问题? 在与其他部门协作时,权限分工是否足够明确? 在执法过程中遇到过哪些问题?

答:一是老年人证据收集意识不强,被骗过程多表现为“口头承诺”,没有文字聊天记录或者转账支付证明。二是对“会销”这一模式尚无相应的规范,政府部门对于这类问题的监管并没有出台明确的法律条文。三是在打击通过虚假宣传、打亲情牌、免费赠送礼品等手段向老年人推销保健品的“会销”模式过程中,由于老年人防范意识不强、情感孤独、缺少子女陪伴,盲目信任违法分子的花言巧语虚假宣传,在执法部门取缔取证过程中甚至帮助违法分子阻扰执法取证。四是违法分子无孔不入,利用老百姓贪小便宜的心理,建立各种平台骗钱,这些平台资金少、参与人数多、运营时间短,他们经常快速换场所或注销平台,防不胜防,根本找不到人。在与其他部门协作时,权限分工足够明确,县政府、金融办有文件规定。

问:对于极有可能转为刑事案件的案件,贵单位在行政执法时会如何处理呢?

答:对于此类案件,我局接到举报后先是登记了受害人资料,以及通过询问笔录等形式初步摸清诈骗经营模式,后移交至公安。

问:在行政转刑事的过程中,是否建立了相关的行政司法合作机制,如固定证据、商请司法机关提前介入?

答:在行政转刑事的过程中,我们建立了相关的行政司法合作机制,不在我局职责职权范围内的及时移送相关单位。案情复杂的案件也会商请司法机关提前介入探讨交流。

问:对于公安机关没能受理贵单位移送的案件,或者未在规定期限内作出立案或者不予立案决定的,贵单位是如何处理的?

答:达到移送标准的案件,我局会积极对接公安机关,达到公安立案标准的案件,公安都会办理。

(四)T 县金融办

问:民办养老机构可以通过哪些方式进行融资?

答:据了解,暂无针对养老机构的贷款项目,养老机构可以通过信用、抵押等方式进行融资。

问:民办养老机构资金由哪些部门进行监管?

答:民政、银行、养老机构三方进行监管。

问:在养老机构出现"爆雷"时,会采取什么措施?

答:我们每年会组织开展专项排查(含养老领域)。发现线索后,一是组织公安、市监、人民银行及行业主管部门进行会商;二是分类处置(市场救活、行政处置、刑事处置)。

问:善后措施有哪些?

答:一是确保养老机构正常运营;二是加大追赃挽损力度;三是进行困难救助;四是主动接访下访。

问:所经手案件的特点?

答:主要是业务员上门宣传;集资参与人不认为自己是非法集资。

六、中国银行保险监督管理委员会 K 监管局

问:银保监局在打击养老诈骗中主要起什么作用?

答:首先介绍一下我单位的职能定位。银保监会的总体构架是“一委一行两会”:“一委”指政策委,负责政策制定,作为立法前提;“一行”指人民银行,主要负责货币信贷投放、确定行业资金投放规模,如宏观统筹关系民生的金融、利率、支付结算;“两会”指银保监会和证监会,主要负责行业监管,监督有许可证的金融行业对政策法规的落实,并进行行政处罚,维护全国金融稳定,保证不发生区域性、系统性金融风险。银保监会属于养老诈骗整治组,起的是协调作用,非法集资案目前没有涉及银行。

问:如何看待预收费问题?

答:养老诈骗、非法集资很多采取预收费、会员卡、投资返点等模式,这就有必要厘清商业行为和金融行为。建议对省内的相关行业预付款行为进行规范管理,因为预消费形式在市场中其实属于商业行为,很多行业都采用这类模式,其并不在金融领域的管辖范围。如果是以高额利息的名义吸收存款则属于金融机构坚决打击的范围,但是付利息的行为在现实中往往具有隐蔽性,需要具体分析,需要严格定义非法集资,否则会对商业活动造成限制,但规范预售模式是非常有必要的。

问:如何看待民办养老机构土地不能抵押的问题?

答:民办养老机构使用的是专门的划拨土地,这就大大降低了经营成本,土地不能抵押的限制、贷款的限制是前者便利的代价。划拨用地要想抵押必须转换土地性质。

问:在经济金融机构的生存环境压力下,您认为养老机构贷不到款的原因是什么?

答:企业自身资质对于能否贷到款起决定性作用。银行说到底是商业机构,不可能进行无本投资,在发放贷款时看其是否符合贷款条件,必须对其资金流进行稳定评估,看是否符合贷款条件、有没有相应企业规划和预案。目前养老机构融资过度依赖银行贷款,但本身又缺乏金融知识,因此可以要求养老机构在最初开办时就制定运营可行性研究报告和发展规划。

问:融资政策现实中难以落实的原因是什么?

答:主要是制度层面缺乏省内顶层设计。根据银发〔2016〕25 号文要求民政、

银行、银保监会建立联合协调机制,但目前省里面并未建立相应机制。

问:如何引导投资主体将资金流入养老行业?

答:从经济、金融的视角,必须判断养老利润点在哪儿,没有营利则为公益性,则应当参考公益性相关规定。养老机构本身对规模有一定要求,对现金流有保证,公益性不可能延伸至乡村的每一个角落,必须要规模化降低成本,这就要求老年人集中。目前湖南省102家农商行涉及养老领域的资金达到5亿元,而这些落实需要国家层面的顶层设计,需要可行的方案。需要思考没有营利性的情况下如何吸引社会资金扶持养老行业。一种方式是试点,摸索、试探出一种可行的方案。政策、国家顶层设计是支柱,银行等机构是补充。

问:贵单位对贷款资金的监管和政策性银行有什么看法?

答:建议实行专款专用、封闭式账户管理。政策性银行的投资不逐利,只对国家的项目负责,采用的是国家财政拨付的资本金而不是存款金。公益基金和西方国家的社会福利资金可以作为一个融资渠道,但资金只能来自捐赠,银行无法参与。

问:您认为民办养老机构是否还有其他融资渠道?

答:正式挂牌且规模越大的机构融资渠道越多,如债券、捐赠。不过福利制度的发展是一个长期过程,必然带来一系列社会问题,需要慢慢摸索。北欧等社会福利发达国家也是经历了漫长的发展。

问:如何看待养老担保机构的可行性?

答:担保是利用杠杆,行业主管部门规定其担保规模,目前担保机构都是政府性的,但不建议设立专门的养老担保机构。

七、中国建设银行G分行

问:您认为贷款难的原因是什么?

答:主要是抵押物的问题,养老机构的不动产如土地是不能抵押的,一般企业正常流程中动产很少作抵押,除非走例外审批(突破准入规章),主要针对背景强大、项目较好的企业。准入审批条件主要看企业集团背景、股东实力,银行作为商业机构底线是要还本付息,不可能针对没有抵押、没有资产的企业发放贷款,否则一旦资金收不回则银行债权人的利益会受损。建设银行公司部一般针对大中型民办养老企业发放贷款,而这些目前没有先例。民办养老机构可持续的公式应当是：自有资金＋多元融资渠道。

问：您认为民办养老机构如何才能更好地贷到款？

答：诈骗主要针对的是贩卖焦虑，如养老诈骗主要把握“老人怕死”的心理，养老行业的定位应当是针对普罗大众的，如何提供这一部分人可负担得起的服务是一个值得思考的问题。任何项目都要有资本金，自有资金越高这样捆绑风险越低，如果零本金养老机构经营者的风险太高容易出问题。养老机构在发展初期就应当对经营定价规划、建构成本等通盘考虑。因为银行考虑是否发放贷款要进行信用风险评估，即从财务指标等模型系统评估在未来发生违约的可能性。

问：如何扩宽养老机构的融资渠道？

答：需要一系列配套政策来投入和鼓励养老产业的发展，需要国家层面的支持，单单靠任何一个社会力量都无法做到。由于养老行业的公益性和微利特征，因此更好的方法是依靠财力雄厚的企业来做，以此能够保证现金流，并以养老行业的公益性辅助该本行业的发展。建议政府成立一个政策基金，可以找一个（财力雄厚的）社会成功人士来做这个行业。银行贷款是从行业的中高端开始选择对象，适格主体是中端以上的养老机构，中端应当是靠自身和政策支持，低端则完全由国家保障。

问：在发放贷款时会考虑哪些因素？

答：主要是市场环境、企业自身实力，如股东背景、企业经营、现金流、风险防治措施、实控人专业背景等。《民法典》对于抵押部分有明确规定，健康、医疗等公益性的财物不能抵押，这就从政策层面决定了公益性的养老机构应当有政府更大的支持。这些抵押物就算抵押也不能被拍卖，这实际上增大了银行放贷的风险。对动产抵押最好是由农村信用银行实施，因为同一个集体经济组织知己知彼，能够防止动产转移。

问：银行放贷之后有哪些监管措施？

答：主要是从账户检测资金流向、走访，确保专款专用——受托支付和自主支付、根据项目进度发放贷款。建议政府定期发布养老企业白名单，并动态管理降级升级，让银行发放贷款更加放心。

第二节　养老机构经营者访谈

(一)U养老机构

问:机构运营存在什么问题?

答:我们机构属于非营利性企业,市场进入的门槛很低,进入后没有完整的运营模式。之所以不采取民办企业性质,是可以不交或者少交房产税、地产税等。

问:机构有融资渠道吗?

答:养老机构的融资是难题,机构不能进行抵押,租赁地也不能进行融资贷款,融资问题难以解决。据我所知,发改委会给白名单企业机构背书进行贷款,4A等级有10万额度,3A等级8万,2A等级5万,进入行业早的话能更好地规避风险,但这个钱相对来说还是比较少的。而且机构对于费用预收都是按照法律规定执行,因为民政部门担心机构运营不到一年,会出现非法集资情形,限制得很紧,政策是好的但还是不利于现在机构融资难题的解决。

(二)V养老机构

问:请简要介绍一下机构情况。

答:我们是一个家族企业,主要吸收失智老人,我们的自有资金比较雄厚,没有融资合伙人,打算先在乡镇逐渐累积客源再循序渐进。对于失能失智的退休老年人,护理员的招聘比较困难,护理人员从这里流失较多,会走入有更高工资的养老机构,目前护理员的补贴没有落实。

在老人入住前我们会提前规避风险,签订合同,跟他们的合同期限是不定期,合同费用按月交,老人护理等级变更时告知,最高收费为2980元/月,半自理2680元/月,可自理的1000多元/月,入住人数达到80~90人,这也只能达到50%左右的入住率,五保户、计划生育、安置对象,家庭对于这笔费用还是难以承担。

(三)W养老机构

问:请简要介绍一下贵机构的情况。

答:我们这家养老机构规模较大,是2009年创办的民办非营利性质的企业,租赁好场地后开始运营，目前的场地是2009年9月租的，我们在2010年1月成立党支部，荣获全国创先争优先进基层党组织称号，后和县政府协商划拨用地，医疗慈善用地，占地8万多平方米，楼有7栋，有2000个床位，收费2000多元一个月，1期建立时床位供不应求，后扩建规模建立2期。因为民办非企业性质，产权不能在银行贷款，为盘活养老产业，我们想将划拨用地变为出让用地。

问：民办非营利性质对机构运营有什么影响？

答：养老目前还没有完整的体系，也没有规范的模式，在登记设立时没有注意到企业性质，民办非营利性质的企业最初是解决国际司慈善事业发展不足，国家早就出台了政策支持民办非企业单位，成立公司用股权模式投资与他人合作，进行公司化模式运作，运作后的利润进行继续运营。现在《民办非企业单位登记管理暂行条例》是1998年的，随着社会发展不适应时代需求。创办人没有利益分配方式，其实可以改为以适当比例分配利益的方式进行鼓励。

问：怎么看待养老机构设立性质的影响？划拨用地对你们机构运营有什么影响？

答：养老和地产需要分开，养老的本质是服务，党和政府在政策层面对于真正的养老机构进行政策扶持，目前党政干部对于养老产业的态度还是比较谨慎，敢为或者不敢为，养老作为产业进行市场淘汰将带来很大的维稳问题，养老产业还没有形成一个危机感，资产不能脱钩，需要混合制进行运作，现在划拨土地的性质难以盘活我们的资本。据我所知，浙江将划拨地转为出让用地，转到企业名下，将民办非企业注销，不支持养老医疗教育产业化，在不改变民办非企业性质的前提下，将土地性质变更，破解融资难题，不存在意识形态的改变，改变得比较好，可以借鉴。

问：关于养老公寓的非法集资有何了解？

答：养老公寓涉诉方面的案件较少，一般是一年一个案子，因为我们都是按月缴费，按年缴费的较少，合同也是一年一签，或者第二年再签，根据老人的身体状况进行，设立公益岗位，提升护理地位，所以我们养老公寓出现非法集资一般还是不可能的。区县社会福利院政府购买服务也是防治非法集资的一个选择，弊端是商业化的运作模式，很有可能降低老年人的生活水平，服务质量也很难保障。

（四）X 养老机构

问：请介绍一下机构医养结合的形式？

答：我们在 2013 年开始尝试做医养结合，当时批下来的是民办非营利性的企业，医院和养老院法人分开，同时设立，财务独立核算，养老院配套医院。近些年医养结合逐渐兴盛，中高端机构的理念和收入上不去，主要依靠中低收入水平群体，收取的押金是 8000 元，其中包括 3000 元房间物品押金、5000 元风险应急押金，收费按月交。出让地可以作抵押，租赁地目前较为常见，以医院的名义向银行申请贷款，养老机构虽然属于朝阳产业，但是不能盲目扩张，水电费用是民用电的定价，而且用地租金每年是递增的，势必会加重养老机构的压力，租房也需要交房产税，可能需要交到两年 10%，各项成本的支出还是比较大的。

问：机构有何经营难处？

答：现在养老护理员工作辛苦，而且文化程度参差不齐，毕业生从事护理工作既不适应也不愿意，会出现护理员人员脱节，所以护理员年纪一般也比较大，且现在护理员一般要求持证上岗，我们需要通过第三方机构寻找合适的护理员，成本在无形中增加了。

（五）Y 养老机构

问：简要介绍一下机构情况。

答：现在机构的入住率在 85% 左右。

问：觉得养老机构的行业发展有何难点？

答：现在主要是政府监管，降低了市场监管的成本，养老需要充足的资金来进行。现在老年人心理上对于非法集资的防范意识不够，且政策资金可能还是支持劳动密集型产业比较多，且政府支付能力也有限，我国养老行业具有特殊性，养老行业目前吸引不了特殊人才，核心问题的解决还需要些时间。其实可以发挥养老协会的作用，支持养老协会集结行业的声音，从而对政府的决策和监管提供借鉴意义。

（六）Z 养老机构

问：机构如何收费？

答：我们是采取普惠形式的，目前本机构共有 360 张床位，有 232 张床位正在使用,自理老人、半自理老人、失能老人各占总数的三分之一,机构参考第一、第二福利院的收费标准进行费用制定,一般是每个月月底交费,押金公开,不预收费用,押金中含2000元物品保证金和3000元医疗保证金,押金方面没有与老年人纠纷,每个月为老人提供一次免费外出。

问:对养老机构的投资人群有何看法?

答:我认为养老机构投资人群的目的有两种:一种是最大利益化的盈利,另一种是利益保障情况下为社会分担一些责任。

问:为何老年人易受非法集资的侵害?有何解决方式?

答:从老年人的角度来说他们内心没有安全感,老年人缺少的是陪伴,即使知道会受侵害,但还是有内心需求,而此时机构人员可以供给需求,满足了老年人求陪伴、求关注的特殊心理需求,但养老机构非法集资还是不能指望靠政府将养老企业救起来,推荐政府培训一批居家服务的人员,使他们了解老人特点、掌握一定的技能,将会降低老年人的照护难度。如今,养老机构缺乏专业护理人员,对老年人的服务内容、服务认可度和服务风险比较大,导致居家照护很难运行。

(七)J养老机构

问:你认为保险办养老的模式是否具有可复制性?

答:一方面,保险养老模式是目前市场化、商业化最具可持续发展的方式,将保险资金筹集、管理、使用(风险)与保险公司的商业模式相结合利益是一致的,因为两者都希望老人少疾病、多长寿。健康、医疗体系为保险客户服务,能够降低医疗支出。另一方面,保险模式能够有效落地实际服务,实际上将收到的保费花到养老项目的资金不到20%,但传统的养老模式回报周期很长,而这种模式保险的资金能够有效滋养养老,通过保险端融资,再供应养老。保险办养老模式在商业模式、资金来源、资金成本都区别于其他传统养老机构。

由于企业属性不同,这种模式只能保险公司做。企业属性决定了其做养老的目的,医药行业的养老主要是为了卖药,房地产企业做养老是为了卖房子,因此社会资本做养老必须考虑回到养老行业的公益属性、福利属性是否能长远地做下去,考虑企业主体本身的经营行为、战略属性能否用长期的时间来收回回报周期。

问:泰康模式是如何运作的?

答:保险养老模式提供的是市场化、营利性养老服务,即按《民法典》来调整押金标准,如交多少的押金才有资格入住社区。该模式实行的是泰康养老和泰康人寿保险(200 万是寿险)分开的机制,只是针对买保险的人有两项权利:一是入住权,二是优先入住权。单纯依靠养老方面的床位费等无法实现盈利,或者说微利,泰康模式的主要作用是固定、吸引保险客户。

问:泰康模式做养老机构有何优越性?

答:一般养老机构提高利润的方法之一是控制成本,因此服务质量很难提升。资金成本是一个决定性的问题,资金成本在一定程度上决定了运营成本,而保险行业做养老的资金成本是很低的,因此资金成本越低越适合做养老,而社会资金的使用成本是最高的。

问:对已经"爆雷"企业有什么看法?

答:民政部门对市场化的行业缺乏管理经验和执法能力,公办兜底保障和普惠服务必须要激励社会资本参与养老行业,目前许多中小企业加入养老行业的信心大为挫伤,目前是高端的养老机构解决高端消费养老群众、公办的进行兜底,如果影响了信心无法建立多元化的养老体系,无法为中端消费老年群体提供服务。养老服务市场需要充分竞争,才能提供供给均衡的养老服务,如果规定养老机构政策过紧容易矫枉过正、形成寒蝉效应。信心是市场的重要活力来源,必须要让不同大小、不同规模的机构都存在,才能保证养老行业的活力、提供市场化的服务。民办养老机构的监管应当是在现有法律框架内监管,养老行业市场化使养老行业与其他市场主体没有区别。该行业特殊之处无非是在于对老年人主体的保护,但不应该过度干涉养老这个行业,建议从老年人的角度出发,借鉴电信诈骗的经验来防止老年人被骗,毕竟现实中诈骗是个案处理的。

问:对民办养老机构发展有何建议?

答:中小民营企业是社会市场的重要活力主体,市场问题的解决应当用市场化的手段。养老行业需要用长时间收回成本,又要保证持续低成本的资金来源,因此扶持该行业发展除了政策扶持,还可以采取产业基金、股权投资等多种方式。国家应当出台政策引导产业投资,建立一支由国家财政出资、代表政府意志的产业基金,来进行产业引导、产业整合。必须根据养老行业特点和养老行业未来发展趋势,来确定其基金的设计结构、回收成本,要匹配养老行业成本大、回收期长的特点。此外,还要发挥行业协会的作用,因为民政部门的监管资源难以实现全面的监督。

（八）K 养老机构

问：请简要介绍一下贵机构。

答：我这个养老服务机构是新开的，在性质上属于民办非营利养老机构。现在机构内设置有 40 个床位，已入住 33 个老人。我们的安全保障措施包括防摔、防走失，为老人购买安全责任险等。

问：养老机构分为公办和民办两大类，如果细分的话，又可以分为公办公营、公办民营、公建民营、民办民营，民办民营又分为民办营利机构和民办非营利机构。您觉得哪种更好？

答：作为民办养老机构的负责人而言，我认为民办非营利机构比民办营利机构更好。纯民办性质的养老机构的所有权和经营权都归一人所有，自由度较高。虽然民办非营利机构按规定不允许分红，但相比民办营利养老机构，能获得的优惠政策扶持力度也更大。

问：其与公办的相比呢？

答：与公办养老院对比，公办敬老院只提供最基本的生活保障，如他们只收可以自理的老人入住，我们机构的优势是服务和管理更加到位，劣势是租房、建地投入大。

问：请问您这个机构用地是政府划拨的还是？

答：我是租赁的农民安置房。

问：我们了解到许多涉嫌非法集资犯罪的民办养老机构，负责人其实一开始并不是抱着非法集资的目的，而是实在没有渠道融资，只能铤而走险，采取让老人预缴费的形式，结果拆东墙补西墙，最后资金链断裂。请问您在开设养老机构前期的资金筹措中遇到了什么困难吗？

答：我这个机构前期投资大概有 300 万元，是以个人名义通过自有房屋抵押来向银行贷款。创办养老机构是需要巨大资金投入的，虽然现在国家和政府对养老行业有信贷政策，但由于缺乏抵押，银行发放贷款总是不放心的。

问：2100 至 5000 元是单纯的床位费吗？

答：包括床位费、护理费、生活费等。

问：机构有没有雇用一个法律顾问来帮助规避违法犯罪风险？

答：机构内有会计，没有法律顾问。

问：您刚刚提到相比民办营利养老机构，您能获得的优惠政策扶持力度更大，请问这个优惠政策扶持具体指的什么？

答：政府的扶持有以下几种：一是政府向民办养老机构购买上门服务，一般是按照划分的片区以套餐制购买，我们定期上门为老人提供服务；二是我们机构为老人购买安全责任保险，民政局以奖励形式予以补贴，还有一笔补贴给老人的资金，失能老人500元、半失能老人300元；三是水电费方面，按照居民用电收费，此外，还有床位费补贴，一张床一个月的补贴金额大概为100元；四是在消防建设资金方面也有补贴，而且民办非营利养老机构是免税收的。

问：在建设机构房屋以及购买设施方面有没有补贴？

答：没有收到建设费补贴。

问：政府会定期检查你们的收费情况吗？

答：老人缴费都有文字和电子信息记录，财政局一年大概来两到三次查银行流水；审计局也会来对账对人，一般两年一次，有时候是抽查；民政财政在补贴前也要对财务账目、住建、食品安全等进行随机抽查和暗访。

问：请问养老服务行业协会对民办养老机构的监管在防范非法集资犯罪方面的作用大不大、对机构发展的支持力度大不大？

答：养老协会是养老机构自发组织的，并不是由民政部门牵头的，现在包括敬老院在内约有70多家会员，主要负责养老机构的星级评定和学习交流日常工作、运营经验，在监管和支持方面其实起不到什么作用。

问：请问您对民办养老机构的发展有什么建议，或者说有什么想要反映的问题？

答：养老机构主要是缺乏养老服务、管理人才，我机构的养老服务人员的工资目前在3000~5000元左右。很多养老机构的服务人员年龄都很大了，形成了老人照顾老人的局面。建议政府培养一些年龄在40~50岁之间的养老服务人员。另外，建议养老机构和高校合作，组建大学生助老公益队伍。

问：您想必对民办养老机构非法集资犯罪也有一定了解，能不能就此谈谈您的看法？

答：关于养老机构非法集资的问题我也了解过，我认为主要原因是养老机构老板好高骛远。这些非法集资的机构通常建设许多床位，但实际入住率却很低，这怎么可能实现长期发展呢？我觉得他一开始就是以非法集资为目的的，以前是通过隐蔽的手段来发展客户吸收资金，后来一发不可收拾了。这也是我经常对新入行的从业者说的，养老行业投入大、收益少，很多人不了解，抱着赚大钱的目的进入这个行业，结果发现和想象大相径庭。

问：您认为民办养老机构的发展空间大不大，对于民办养老机构的退市制度您有何看法？

答：民办养老机构的数量近年一直猛增，据我了解没有主动退市的，关闭的都是因为不合格被强制叫停。总的来说，我还是对未来养老机构市场的发展充满信心的，也希望有越来越多有情怀的人投身我们这个行业。

（九）L 养老机构

问：请问可以介绍一下你们机构吗？

答：我们是民办营利性质的企业，政府会向我们购买社区养老服务，这主要是针对失能、半失能老人以及其他有需要的低收入老人，他们可以向社区申请，在家里设立免费床位，我们上门服务。我们现在有 100 个床位，目前入住率达到 60%以上。

问：请问公司的营利情况怎么样？

答：略有营利吧，总的来说，经营状况还是较好的。

问：我们在调研中了解到民办养老机构面临的一个难题就是融资难，不知道贵机构在前期设立阶段和运营过程中有没有面临这个问题？

答：这个倒还好，我们成立所需的资金，总公司投入了 70%，剩下的由合伙人自筹。我自己名下还有其他企业营利，所以资金问题不用愁。

问：你们前期投入了多少资金？

答：大概 700 万元吧。

问：租金的话多少钱一年？

答：一年 18 万元吧，每年根据行情递增。

问：在用地方面有没有遇到什么问题？

答：这个土地是政府代为租赁的，政府支付前 5 年的费用，5 年后政府代我们支付一半费用。

问：政府除了租赁土地，还有什么优惠政策？

答：政府针对居家养老社区服务提高建设费用补贴，这个补贴是一次性的，有 20 万元；还有运营补贴，每张床每个月补贴 100 元；还有星级评定的奖励，等级高的会有一定补贴;还有免税以及水电费按居民用电收费。

问:政府代为租赁这种模式在养老机构常见吗?

答:只是极个别的。主要是因为我们机构所在区政策好,而且当时也没有什么大型民办养老机构。

问:那些没有享受到这方面优惠政策的机构怎么营利呢?

答:打价格战。我这里最低收费都要3000元一个月,其他机构就可以收费1000多元。我这边还算是比较高端的,配备的服务人员也足够多,服务人员工资平均4000元一个月。

问:贵机构的收入来源有哪些?

答:主要收入来源就是入住老人交的费用,每个老人每月平均收费3500元至3800元,60多个老人入住,一个月有20多万元收入。

问:您所在机构的总公司对各地的分公司怎么管理呢?

答:总部直接管理。总公司系统有财务部门,所有分公司和总公司都是联网的,如入住老人的数量等信息都可以共享。

问:有法律顾问吗?

答:总公司有,我们这里没有。

问:您应该也听说过民办养老机构非法集资的事情,从同行的角度,您觉得这里面有什么原因,或者说怎么规避这种犯罪?

答:我觉得首先做养老行业要有情怀,不能抱着暴富的目的来。其次就是要慎重入行吧,我之所以选择加入这个机构,很大原因就是它有不少分公司,已经发展得很好,也有供我学习的经验,不需要由我来一步步摸索。

问:您觉得民办养老机构"爆雷"有没有什么客观环境方面的原因?

答:我觉得客观环境还是比较好的。现在各个部门对养老机构的监管力度很大,尤其是民政局监管收支账户,如果有异常就会约谈我们。政府也经常派人过来给老人宣传。

问:您觉得您还需要政府提供哪些帮助?

答:我觉得本市的养老机构还是幸福的,政府给了很多扶持。市民政局会分批次免费给护理人员进行培训,我每个月都派1~2个护理人员去参加培训。资金这一块,虽然政府的支持给我们的帮助很大,但这在整个经营成本中只是一小部分,不能完全依靠政府的扶持。

问：您觉得要避免养老机构发生非法集资风险有什么举措？

答：我们市长上次开会的时候提到了要提高准入门槛，主要是两个条件：一是老板要有 2 年以上从业经验，二是资金雄厚。

问：现阶段我国民办养老机构退市制度尚不完善，也就是说，民办养老机构运营不下去了，如果有完善的退市制度，是不是就可以避免非法集资了。请问您对此有什么看法？

答：我觉得如果养老机构经营不善了，可以机构内互相合作、合并。

（十）M 养老机构

问：请简要概述前机构集资过程？

答：前机构于 2018 年注册成立，政府部门于 2019 年发现前机构有集资苗头并下发整改函，但已经约谈不到经营者，涉案老年人对集资行为也持隐瞒态度，不愿配合调查。后经查实，前机构建设床位只有 40 余个，但集资老人已经达 700 余名，最后于 2019 年在公安局立案，2020 年“爆雷”。

问：机构现在的经营状况如何？

答：2020 年 12 月，由民政局委托新院长代管机构，以“经理人”的身份介入，成立了新院，民政、老年人代表、原新工作人员四方盘点原机构财产，重新签订服务协议。机构现建设了 3 层共 36 间房，现有房间基本全部住满，排除运营成本外处于“微利”状态。

问：前机构“爆雷”后，采取了哪些措施解决矛盾？

答：政府和机构都在尽力保障老年人的权益，对于已经入住的集资参与人，根据集资额减免房费、服务费，不收押金，只需要每月月初缴纳服务费用即可；对于没有入住的老人，政府通过救助、低保、暂时安置等方式进行救济。同时多部门联动，加大追赃挽损的力度。

问：您认为对已经“爆雷”的养老机构设置临时接管制度有何好处？

答：我认为，在满足一定条件时，设置接管制度是必要的。老人参与集资的目的无非是获取投资收益或享受养老服务两种，究其本质都是“老有所养”“老有所去”，原机构因为集资而被取缔使老年人期望落空，难免情绪激动，但现在有一个“看得见、摸得着的”、实体的养老机构继续维持经营，避免老人因为“念想”没有了做出一些过激行为，探索和设置接管制度对于安抚老人、开展维稳工作非常重要。

问:您认为设置接管制度时需要注意哪些事项?

答:依据我们机构还算成功的接管经验,我认为接管一定是由政府主导的、临时的一种手段。我现在是受政府的委托,由政府每个月发放5000元工资雇佣我管理机构,我自己并没有投入资金,所以与机构不存在直接的利益关系,未来等政府处理好前面遗留的事情后,我打算正式接盘这个机构,但也需要依据流程、通过审批才能实现。接管初期,机构的运转靠政府提供财政的支持,在经营了一段时间后,通过收取老年人的服务费用已经能够维持微利的收入。我们现在的支出和收入都是受到政府全程监管的,资金使用和运营服务都非常规范。

问:您认为每一个涉嫌非法集资“爆雷”的企业都可以适用接管制度吗?

答:我认为不行,首先,能够通过接管继续经营需要满足有房有地、有设施的条件,才能够继续为入住老人提供养老服务,而这些动产与不动产不能因为案件被没收或扣押;其次,要考虑当地政府是否愿意或有能力支持养老机构继续运转,有一些机构集资涉案金额太多,继续接管经营没有意义和可能性;最后,要听取入住老人的意见,老年人参与集资的目的是享受养老服务还是获得投资收益,要考虑“爆雷”后老人是否还愿意继续住在养老院里。

问:您认为接管机构之后做得最成功的事情是什么?

答:我认为做得最成功的事情是建立了清晰规范的财务制度。我接管机构后委托第三方专业的财务公司做账,每一笔收入支出款项罗列清晰,除了由我进行确认外,我们还从入住老人中挑选委托了一位老人代表,这位老人退休前就是做会计的,由他对每月的财务报表进行核查。这位老人非常细致,每一笔开支都会进行询问和核对,最后我和他共同签字后上报民政局审核。

问:您对于民办养老机构未来的发展有何看法和意见?

答:我还是很看好未来民办养老机构未来的发展潜力。但在发展过程中,首先需要解决养老机构用房用地的问题:一方面,房和地的资金支出确实是民办养老机构前期投入和运营支出中最大的部分;另一方面,房和地的取得形式影响机构的性质和补贴的力度以及融资的难易。除此之外,民办养老机构在运营过程中,一定需要聘请专业的财务人员,建立规范的财务制度,注重成本管理,不要为了享受政策盲目拓展建设,要时刻防范风险发生,还要通过多种手段提高入住率,扩大收入。

（十一）N 养老机构

问：请问贵机构是怎么收费的？

答：我们将老人分为自理型和护理型。自理型的老人，人均收费 3500 元；护理型的老人最低的收费是 4800 元/月，最高的是 8400 多元/月，主要按等级收费。

问：这是没有护理的吗？

答：我们的户型都是一样的。客厅住一个房间，住一个两个人的话就是床位费加生活费加护理费。一套房住两个人可以收得到一万、一万二到一万八之间。

（十二）P 养老机构

问：您对那些“爆雷”机构有什么看法？

答：作为同行，我觉得他们没有用心做养老，如果真的想做养老就不会去干违法犯罪的事。当然这里有一个问题，在缺乏资金的情况下如果贷不到款，确实很难继续做下去。

问：政府目前的补贴和补助程度，您觉得是不是已经到位了？这些钱对整个机构的收入平衡帮助大不大？

答：是有一点帮助，但是相较于投入来说是杯水车薪，还是需要有贷款的支持。有的机构所有人在缺乏资金的情况下向老人借钱，最后还不上了才“爆雷”，但是现在不允许向老人筹资了。

问：确实是这样，集资其实就是一种民间借贷的形式，借的过多最后难以收场，难以收场导致越借越多，拆东墙补西墙，最后还不上就“爆雷”了。我们跟很多养老机构的老板也都聊过，有的机构经营人表示遇到困难需要通过集资的方式融资，但这种又不被政府所允许，因为一旦集资最后想要收手也很困难，目前缺乏一个较好的退出方式。您觉得政府要出台哪些政策来实现更好地退出呢？

答：我了解到我国有一笔发展基金。国家有一个发展期间，可以用 20 年，建设 3 年，而且利息只有银行当期利息的 4%。

问：您觉得设立监管账户，把从老年人那里融到的资金放到监管账户来预留床位，然后再去扩大建设，这个方法可行吗？

答：这个现在不允许。

问:为什么呢?

答:以前是可以这么操作的,但没收到效果,主要是很难真正做到有效监管。

问:贵单位有法务吗?

答:有很多朋友都说我们做养老机构的应该请一个律师,但是我们请不起。

问:听说您原来不是做养老的,在这个陌生领域,您觉得自己具备哪些优势?进入这个行业之前有充分了解这个市场和行业吗?

答:主要是国家优惠政策吸引。

问:这个机构的地原来是做什么用的?

答:原来是耕地。

问:如果是有一个资金池,国家把补贴都放在资金池里,这个池子归银行、民政或者是市场监督管理局来管,养老机构需要则从中拿出一部分,这具有可操作性吗?

答:这其实就是长期照护险的模式。他有个标准的,假设收5000元钱,政府补贴60%就是3000元。但是我们国家好像还没有普及,只是发补贴。

问:可能跟养老保险也差不多。就是年轻上班的时候你从公司里面抽一部分钱到那个里面,然后老了再用。

答:它是公益的基金,像红十字会之类的,不过这目前缺乏可行的操作。

问:现在您是全职在做养老,还是说有其他的产业?

答:我现在全职做这个。

问:您刚刚提的问题具体很实在,也是一些共性的问题,你这里有的,其他地方也存在同样的问题。当然我们也可以去比较研究,怎么样是最好的、怎么样是一个更好的途径,具体路径我们也可以去探索,但是肯定也不是一蹴而就,要慢慢地有一个逐步的长期的发展过程。在这个长期的过程中,我们希望你能够坚持自己的这个工作和理想,慢慢地做得更好。希望我下次我们还有机会做深度的交流。

答:好的。

第三节　受害老人访谈

(一)

调研组:您是通过什么渠道了解到的这个养老机构?

A:是我儿子送我来的,他也是听他朋友介绍的。

调研组:您觉得这里还有什么需要改进的地方?

A:饮食质量和住宿环境方面有待改进。

调研组:您对于如何预防养老型非法集资有什么建议?

A:一是人不能贪心,天上哪里会掉馅饼呢?二是大事不要一个人决定,我一般有事都会和我儿子商量。我们年纪大了,很容易上当受骗。

(二)

调研组:您是通过什么渠道了解到这个养老机构的,又是因为什么选择这个机构?

B:我是听说的,我老家有人向我推荐这里。我去看了几家,觉得这里各方面综合水平都不错,周围环境也可以,这里不在市区,白天晚上都不吵闹。

调研组:您对养老机构非法集资有什么看法?

B:现在的老年人大多是空巢老人,缺乏家人孩子在身边的陪伴。机构集资者就是掌握了老年人这种心理,陪老人聊聊天、嘘寒问暖、送些礼品,老人就容易相信他们。

调研组:所以您认为缺乏陪伴慰藉是老人上当受骗的重要因素吗?

B:我认为是的。我的子女也不在身边,他们都在国外,一年到头都见不到人的。

(三)

调研组:请问您是怎么了解到这个养老机构的?

C:他们上门提供服务,我们小区里好几个人都享受上门服务,我听说这件事,就过来看看,觉得好像还可以。

调研组:您听说过养老机构非法集资的事情吗?

C:政府会定期派人过来宣传,让我们不要上当受骗。

调研组:那您觉得这种宣传可以有效杜绝养老机构非法集资吗?

C:杜绝不杜绝不好说,但是起码我了解到了,我就不会上当了。

调研组:您觉得还有什么方法可以避免老人上当受骗呢?

C:我认为宣传很重要,至少要让老人充分认识到常见的诈骗方式;政府要做好监管工作，守好我们的钱袋子。

（四）

调研组：您是怎么想到住到养老院来的呢？

D：我的孩子都在外地，老伴去世了，我一个人在家里又不愿意请保姆，后来我儿子知道这里建了家养老院，我觉得有其他老年人一起活动、讲话，就让儿子送我过来了。

调研组：您儿子是通过什么途径知道这家养老院的呢？您又是什么时候住进来的？

D：一开始是这里有人来我住的小区里陪老年人跳广场舞、打篮球、搞活动做宣传，我们就知道了。后来我儿子通过实地考察认为建设和条件还不错就决定入住了。

调研组：机构之前的老板您见过没有？

D：我们刚来的时候见过面，后来就见不到人了。他每次来这边的时候都开着车子，有时候还是不同的车子，自己请了保安，左一批右一批，非常奢侈。

调研组：您住进来的时候这家养老机构收费是怎么样的呢？有没有额外收你们的钱？

D：一开始是一个月收费1900元，住进来之后每个月多交200元伙食费，总共大概两千多。当时的老板要装修，就让我们入住老人每个月多交300元钱，大概交了3个月，后来就没交了，他说把我们的钱拿去装修四楼，再后来他就被公安带走了。

调研组：除了住进来的老年人之外，原机构老板还有跟外面的老人收钱吗？是以什么名义收费呢？

D：我听说他在外面多收了好多老人的钱，那些老人应该和我们一样，都是投资进来的。

调研组：您也参与了投资吗？

D：是的，我也投资了，如果不交投资款的话就订不到床位。有的人被收了2万元，有的人被收了5万元，收了5万元的可以选择好一点的楼层。

调研组：原老板收了老年人这么多钱，有没有提供更好的服务呢？

D：其实也没有，他收的钱大部分自己拿走了，并没有改善我们的生活条件和质量。

后　记

习近平总书记指出，满足数量庞大的老年群众多方面需求、妥善解决人口老龄化带来的社会问题，事关国家发展全局，事关百姓福祉，需要我们下大气力来应对。养老服务机构作为养老服务体系的重要组成部分，其建设的合法化、规范化与专业化是保障养老服务体系建设成效的关键一环。近年来民办养老机构非法集资案件所引发的一系列纠纷直接损害了老年人的合法权益和养老服务行业的生存基础与社会形象。通过梳理湖南省涉养老非法集资相关案件不难发现，此类案件往往涉及面广、受害人数多、维稳压力大，且犯罪分子作案手段隐蔽，作为事后处理的司法打击手段很难有效挽回损失。“老吾老，以及人之老”，这些受害老人曾挺起社会主义新中国建设的脊梁，兢兢业业工作了大半辈子，积蓄如今却被“一骗而光”，我们满是心痛和愤怒。我不禁开始思考，究竟该如何建设有序的养老服务市场体系？究竟该如何有效保障老年群体的养老需求？

在梳理卷宗和案件审理过程中，我们初步总结和分析了民办养老机构非法集资案件的发生机理和相应特征，并试图从溯源治理探索风险防范与化解对策。然“纸上得来终觉浅”，恰逢2021年湖南省长沙市法学会法学研究课题招标，我们便把初步的想法以《民办养老机构非法集资法律风险防范与化解研究——以长沙市为例》为题写成申请书，并有幸中标，由此开始了本课题“绝知此事要躬行”的第一步。在梳理长沙市近年来查办的民办养老机构非法集资类涉众型犯罪的同时，我们组织了课题组成员实地到长沙市各区县进行调研和访谈，与十余家民办养老机构、行政主管部门、司法机关办案人员、银行、受害老人进行了深入探讨，并讯问了在押犯罪嫌疑人，以求形成预防和惩治民办养老机构非法集资违法行为有效对策的第一手资料。在此基础上，我们又成功中标湖南省法学会2022年重点课题《湖南省养老行业非法集资法律问题现状及对策研究》、最高人民法院2022年司法统计重点课题《我国养老行业非法集资法律问题实证研究》,并进一步拓宽了实地调研的范围和样本,梳理了全国有关政策文件资料及相关案例,选取了湖南省长沙市、益阳市、衡阳市、郴州市等地具有代表性的养老机构21所,其中民办民营的18家、公建民营的1家、公办民营的2家、民建公助的1家。正如马克思所言,社会生活在本质上是实践的,实践是认识的来源,是认识发展的动力,也是检验认识正确性的唯一标准。正是实地走访民办养老机构并与其经营者交流,我们才了解到民办养老这个行业的特殊性和经营痛点;正是与养老领域各监管机关的与谈,我们才发现目前监管体制的难点和不足。也明白了只有直面养老行业中民办机构的自身矛盾、部门监管的漏洞以及政策落实的脱位,才能做到民有所需、法有所为。

本书以四章的内容从不同的角度分析民办养老机构非法集资的规律特征、生成机理和防范路径。第一章对比分析了养老机构的不同经营模式,发现民办民营养老机构所显现出的非法集资风险更大,究其深层原因,包括固有性质使然、决策机制不科学、预付费机制泛滥、监管机制不协调等。第二章从行政主体市场监管和优惠扶持的角度分析,当传统的监管方式已难以应对新时代的监管需求时,行政机关如何在“放管服”背景下把握其监管限度、如何实现有效监管、如何保证扶持资金行之有效。第三章聚焦于民办养老机构本身,从深度掣肘其发展的融资难题和营销团队“绑架式”嵌入机构的风险入手,探索从源头上解决民办养老机构“融资难”“融资贵”的路径,并有效识别营销团队“绑架式”嵌入机构可能带来的非法集资风险。第四章以维护和保障受害老人权益为中心,重点解决当非法集资案件发生以后,如何构建老年消费者权益综合性国家保护机制,探讨政府对“爆雷”后民办养老机构临时接管的必要性和可行性,以及临时接管的路径设计和后续处理。在最后的附件部分,本书整理了有关民办养老机构非法集资的相关案例、调研过程中的有关访谈记录等。以上四章包含四个主体视角和维度,力求以真实数据和描述综合剖析此类案件的全貌。本书的作者按篇章顺序排列如下:第一章第一节为我和龙峰、第二节为陈依婷;第二章第一节为颜秋诗、第二节为我和吕香;第三章第一节为胡芷晴、第二节为喻珏;第四章第一节为胡雪萌、第二节为陈艳秋,全文由我负责篇章排列和章节梳理。其中,龙峰、吕香协助我完成全书统稿、修改工作。全国人大宪法和法律委员会原副主任委员、中国法学会副会长、湖南大学兼职教授江必新同志为本书作了序。感谢长沙市中级人民法院审判监督二庭副庭长王新平为本书校稿,感谢中南大学法学院的黄先雄、余卫民、刘益灯、王红霞、罗树志、李沫、王健等老师以及湖南大学的蒋海松老师对本书的指导。感谢法律出版社编辑李群、冯高琼认真负责编审工作。

在此由衷感谢所有为课题调研提供方便的单位和各位同仁,感谢江必新老师的厚爱;感谢最高人民法院审判管理办公室、湖南省法学会办公室以及长沙市法学会办公室给予的课题机会;感谢长沙市、衡阳市、郴州市、益阳市政法委及各职能部门,与你们的交流和学习让课题组受益匪浅;感谢接受调研的21家养老机构及与谈经营者,你们真实的回答大大丰富了课题调研资料;感谢课题组成员:长沙市法学会办公室主任黄俊峰同志、中南大学法学院硕士研究生缪祥功、刘蓓、李婷婷、吕香、陈艳秋、胡雪萌、颜秋诗、陈依婷、喻珏以及湖南大学法学院硕士研究生胡芷晴,从实地调研到资料收集再到课题报告的撰写,你们认真负责的态度对本书的完成功不可没。

最后我提出一些有待各位专家学者进一步思考和研究的问题。一是本书主要侧重于民办养老机构非法集资事前的风险预警,而对于案件的事后司法处置研究不足,尤其是在"非法集资"罪与非罪、此罪与彼罪认定方面;在犯罪主体、犯罪数额认定方面;甚至在界定"老年消费者""受害人""共犯"方面都有待各位学者深入研究。虽然事前防控涉及各监管部门如何进行市场监管、如何识别和防控非法集资风险,但是关于行政机关究竟何时干预,才不会"引爆"养老机构非法集资的"地雷",这个时间节点和干预限度的把握也有待继续思考。二是民办养老机构经营过程中一些具体问题亟待进一步研究,如书中提到的民办养老机构非转换土地性质无法抵押的问题、如何在民办养老机构资金链断裂走向非法集资道路之前及时退出市场,以及如何兑现融资配套措施等问题,这些都需要可行的制度和方案从理论层面落实到具体可行的操作中来。三是养老领域非法集资"爆雷"后的最大难题就是追赃挽损,如何有效挽回受害老人的损失、如何妥善解决受害老人的"养老问题",同样有待进一步研究和思考。

今天正值我国宪法宣传日,《宪法》从国家根本大法层面明确了维护和保障基本养老需求的重要意义,其中第45条第1款规定:"中华人民共和国公民在年老、疾病或者丧失劳动能力的情况下,有从国家和社会获得物质帮助的权利。国家发展为公民享受这些权利所需要的社会保险、社会救济和医疗卫生事业。"目前我国养老产业方兴未艾,养老产业给社会主义市场经济注入新活力的同时也引发了一系列的问题,只有坚持运用法治思维和法治方式肃清养老服务市场乱象,只有正视改革带来的"阵痛",直面养老行业中民办机构的自身矛盾、部门监管的漏洞以及政策落实的脱位,才能真正做到"防祸于未然,避危于无形,图患于将来"。

龙兴盛

2022 年 12 月 4 日写于长沙市斑马湖畔